Hartmut Häußermann
Andreas Kapphan
Berlin: Von der geteilten
zur gespaltenen Stadt?

D1732613

Hartmut Häußermann
Andreas Kapphan

Berlin: Von der geteilten zur gespaltenen Stadt?

Sozialräumlicher Wandel seit 1990

2. überarbeitete Auflage

Leske + Budrich, Opladen 2002

Gedruckt auf säurefreiem und alterungsbeständigem Papier.

Die Deutsche Bibliothek – CIP-Einheitsaufnahme
Ein Titeldatensatz für die Publikation ist bei Der Deutschen Bibliothek erhältlich

ISBN 3-8100-3676-5

© 2002 Leske + Budrich, Opladen

Druck: DruckPartner Rübelmann, Hemsbach
Printed in Germany

Inhaltsverzeichnis

I. Verzeichnis der Tabellen

II. Verzeichnis der Karten

III. Verzeichnis der Abbildungen

Danksagung

Dieses Buch ist das Ergebnis verschiedener Forschungsarbeiten am Arbeitsbereich Stadtsoziologie der Humboldt-Universität Berlin. Viele Kolleginnen und Kollegen haben uns dabei begleitet, uns in Diskussionen verwickelt und kritisiert. Ihnen und den Studentinnen und Studenten, die sich in unseren Seminaren mit den Themen dieses Buches auseinandergesetzt haben, möchten wir danken. Für Vorarbeiten zum Kapitel 2 bedanken wir uns bei Birgit Glock und Veronika Gottmann. Die Erkenntnisse über den Wandel im Prenzlauer Berg verdanken wir der gemeinsamen Arbeit mit Daniela Zunzer und Andrej Holm.

Die empirischen Grundlagen für die Analysen konnten wir zum Teil im Rahmen einer Auftragsarbeit für die Berliner Senatsverwaltung für Stadtentwicklung, Umwelt und Technologie schaffen, die wir als freie Mitarbeiter des Instituts für Stadtforschung und Strukturpolitik GmbH in den Jahren 1997/98 durchführten. An dieser Studie waren auch Gabriele Mersch und Christoph Speckmann von S.T.E.R.N. GmbH beteiligt. Die Ergebnisse wurden von der Senatsverwaltung in der Broschüre ‚Sozialorientierte Stadtentwicklung' veröffentlicht.

Wir möchten es an dieser Stelle nicht versäumen, den Mitarbeitern der Senatsverwaltung, Heidrun Nagel, Hajo Bergandt und Dietrich Flicke für die verlässliche, manchmal fordernde, aber stets produktive Kooperation zu danken. Unser Dank richtet sich auch an Dr. Horst Schmollinger vom Statistischen Landesamt, der unsere Arbeit durch die Datenbereitstellung mit großem Verständnis unterstützt hat.

Die Mühen der damaligen Arbeit haben sich gelohnt, weil Senator Peter Strieder die Ergebnisse aufgegriffen und zum Anlass für die Entwicklung einer politischen Strategie für die ‚soziale Stadt' genommen hat.

An der Herstellung der Karten haben Thomas Rühl und Stefan Wiese verlässlich und engagiert mitgearbeitet. Bei der Endredaktion und der Erstellung der Druckvorlage war Peter Podjavorsek eine unersetzbare Hilfe. Ihnen gilt ebenfalls unser Dank.

Eine Notiz in eigener Sache: Für die Kapitel 4, 5, 6, 7 und 9 ist Andreas Kapphan als Autor der alleinige Urheber.

Hartmut Häußermann,
Andreas Kapphan   Berlin, August 2000

/

Die Transformation von Berlin

In diesem Buch wird der sozialräumliche Wandel der Stadt Berlin in den 90er-Jahren des 20. Jahrhunderts beschrieben und analysiert. Berlin hat mit der Befreiung aus seiner räumlichen und gesellschaftlichen Isolation und mit der Wiedereinsetzung als politische Hauptstadt des vereinigten Deutschlands eine neue Zukunftsperspektive gewonnen. Nach der unverhofften ‚Wende‘ herrschte in der Stadt eine ungeheure Wachstumseuphorie, auch weil Berlin seine Internationalität zurückgewonnen zu haben schien. Die Entwicklungen des ersten Jahrzehnts nach der Vereinigung sahen dann aber doch ganz anders aus: Stagnation der Bevölkerungsentwicklung, anhaltende ökonomische Krise mit hoher Arbeitslosigkeit und katastrophale Finanznot der öffentlichen Haushalte waren die Kennzeichen eines Übergangs, der möglicherweise mit dem Abschluss des Umzugs von Bundesregierung und Bundestag 10 Jahre nach dem Beitritt der neuen Bundesländer sein Ende findet. Im Jahr 2000 mehrten sich in der Stadt die Zeichen, dass die Talsohle der Anpassungsprozesse durchschritten ist und dass sich neue ökonomische und kulturelle Kräfte regen.

In den Jahren von 1990 bis 2000 haben in der Stadt dramatische Veränderungen stattgefunden. Durch den Wandel der Eigentumsverhältnisse, durch die Neubewertung des Standortes Berlin, durch eine massive, auf hohes Wachstum spekulierende Investitionstätigkeit privater und öffentlicher Akteure und durch die Reorganisation der Zentrenstruktur hat sich die sozialräumliche Struktur der Stadt gewandelt. Alte Milieus lösen sich auf, neue soziale Formationen entstehen und prägen Räume in der Stadt, die sich dadurch auch äußerlich wandeln – alles in großer Geschwindigkeit. Wie sich dies in neuen sozialräumlichen Mustern niederschlägt und welche Risiken für die zukünftige Stadtentwicklung sich daraus ergeben, ist das Thema dieses Buches. Ob die politische Teilung abgelöst wird durch eine sozialräumliche Spaltung, ist dabei die Leitfrage.

In der Zeit nach der Vereinigung der beiden deutschen Staaten überlagerten sich in Berlin drei Prozesse, von denen jeder alleine ausgereicht hätte, die gewohnten Strukturen der Stadt zu erschüttern: zum Ersten der Transformationsprozess im Ostteil der Stadt von einer staatlich gesteuerten Planwirtschaft und einer staatlich gelenkten Wohnungsversorgung zu marktwirtschaftlichen Steuerungssystemen und einer neuen Eigentumsstruktur; zum Zweiten das Ende der politischen und ökonomischen Sonderstellung des

1

Westteils, welche einen abrupten Rückgang staatlicher Alimentation von Beschäftigung und Wohnungsversorgung zur Folge hat. Diese Veränderungen vollziehen sich, drittens, vor dem Hintergrund eines epochalen Strukturwandels von der Industrie- zur Dienstleistungsstadt, der in Berlin nun innerhalb kurzer Zeit große Veränderungen auf dem Arbeitsmarkt nach sich zieht – weil er sich zuvor im sozialistischen System des Ostteils nicht durchsetzen konnte und im Westteil der Stadt durch die staatliche Subventionierung arbeitsintensiver Produktion aufgestaut wurde.

Während die ersten beiden Prozesse historische und lokale Sonderfälle darstellen, deren Umrisse wir in Kapitel 4 skizzieren, ist der Übergang von der Industrie- zur Dienstleistungsstadt ein Vorgang, der alle westeuropäischen Großstädte erfasst hat. Dieser Übergang ist eingebettet in die Globalisierung ökonomischer und kultureller Beziehungen, die nach ihrem bisherigen Verlauf eine Denationalisierung politischer Gestaltungsmöglichkeiten zur Folge haben. Damit sind nationale Modelle sozialstaatlicher Steuerung unter erheblichen Druck geraten – und davon ist auch die Stadt- und Wohnungspolitik nachhaltig betroffen. Traditionelle Steuerungs- und Integrationsmodelle werden in Frage gestellt, mit neuen Instrumenten staatlicher und städtischer Steuerung wird experimentiert. Im Übergang von der nationalstaatlich stark regulierten Epoche der Industriegesellschaft zur in übernationalen Verbänden organisierten Epoche der Dienstleistungsökonomie verändern sich Machtstrukturen, staatliches Selbstverständnis und institutionelle Rahmenbedingungen für die gesellschaftliche Entwicklung. Modellhaft kann der Epochenbruch als Übergang von der Moderne zur Postmoderne bezeichnet werden. Dieses Begriffspaar kann ebenfalls für die Analyse des Wandels der Städte verwendet werden, wie wir im Folgenden zu zeigen versuchen.

Welcher grundlegende Wandel für die europäischen Stadtgesellschaften angebrochen ist, wird am ehesten deutlich, wenn man sich die Krise der ‚Europäischen Stadt' vergegenwärtigt. Denn dieser historische Stadttypus, der nicht nur ein besonderes rechtliches, ökonomisches und kulturelles Gebilde darstellte, repräsentierte auch eine spezifische Form sozialer Integration, die von zeitgenössischen Tendenzen aufs Spiel gesetzt wird. Die ‚Konturen der postmodernen Stadt' stehen am Anfang unserer Betrachtungen zu den Berliner Transformationen, denn die lokalen Spezifika wie Postsozialismus oder neue politische Geographie sind in diesen epochalen Wandel eingebettet.

Das Thema dieses Buches muss mit einer historischen Perspektive angegangen werden, denn sozialräumliche Strukturen bilden sich in einem langen Entwicklungsprozess allmählich heraus. In ihnen überlagern sich verschiedene historische Epochen, und Weichenstellungen aus früheren Jahrhunderten können bis heute bestimmte Konstellationen erklären. Daher zeichnen wir im 2. Kapitel die Herausbildung sozialräumlicher Strukturen in Berlin bis 1945 nach. Es ist überraschend, wie groß die Kontinuitäten in der räumlichen Abgrenzung spezifischer Milieus sind, und insbesondere erstaunlich ist, wie groß der Anteil politischer Entscheidungen an diesen Strukturen ist. In der Zeit der Teilung haben sich die beiden Stadthälften einerseits sehr unterschiedlich entwickelt, andererseits zeigen sich aber auch deutliche Parallelen. Im 3. Kapitel wollen wir zeigen, zu welchen Ergebnissen die Bemühungen der DDR geführt haben, die kapitalistische Stadtstruktur auf den Kopf zu stellen und wie sich die Konflikte der West-Berliner Gesellschaft auf die Raumstruktur ausgewirkt haben. Die Hauptteile des Buches sind allerdings den Entwicklungen seit 1990 gewidmet: Nach einer Skizzierung des ökonomischen und sozialen Wandels in den 90er-Jahren (Kapitel 4) analysieren wir in Kapitel 5 die Resultate der neuen Mobilitätsfreiheit und die sich daraus ergebenden neuen Muster sozialer Segregation. Auf den sozialen Wandel in den westlichen und östlichen Großsiedlungen gehen wir im 6. Kapitel ein. Im 7. Kapitel betrachten wir die Entwicklung in den Innenstadtgebieten an je einem Beispiel in West- und Ost-Berlin und gehen in Kapitel 8 näher auf die Hintergründe des sozialen Wandels im Prenzlauer Berg im Zuge der Sanierung ein. Das 9. Kapitel beschreibt die räumlichen Muster der Wohnorte von Ausländern in der Stadt, in Kapitel 10 widmen wir uns den Wirkungen der sozialräumlichen Segregation. Das abschließende 11. Kapitel versucht, eine Einschätzung der gegenwärtigen Stadtpolitik gegen die Spaltung der Stadt zu geben und geht dabei nochmals auf die Trennung von Ost- und Westteil ein.

1. Konturen der postmodernen Stadt

An der Wende vom 19. zum 20. Jahrhundert wurde an vielen Orten Europas am Bild der modernen Stadt gebastelt. Dieses Bild war vor allem gegen die kapitalistische Stadt des 19. Jahrhunderts gerichtet, deren schlimmsten Fall Friedrich Engels am Beispiel Manchesters beschrieben hatte. Jenseits der Stadtbaumodelle und Architekturentwürfe, die von niedlichen Gartenstädten bis zu hoch aufragenden Monumentalskulpturen reichten, gab es einen Grundkonsens darüber, dass in der ‚modernen' Stadt nicht mehr die isolierten Einzelinteressen und nicht mehr das Diktat des Bodenpreises über die Stadtstruktur und über die räumliche Verteilung von Funktionen und Bevölkerung entscheiden dürfe, sondern dass dies auf der Grundlage von Stadtentwicklungsplänen kollektiv festgelegt werden solle. Die Überwindung der sozialen und räumlichen Spaltung der Stadt, die Verringerung der schreienden Unterschiede in der Wohn- und Lebensqualität verschiedener Teilräume der Stadt waren Ziele einer sozial orientierten Stadtpolitik. In Berlin wurde während der Weimarer Republik eine solche Politik energisch und exemplarisch betrieben – und die Stadt erntete damit Weltruhm als ‚Metropole der Moderne'.

Gegen das angelsächsische Modell der liberalen Stadt, in der die öffentliche Verwaltung nur eine marginale Rolle spielt, hat sich in Kontinentaleuropa ein Stadtmodell entwickelt, das wesentlich auf dem Grundsatz der öffentlichen Verantwortung beruht. Die historischen Wurzeln liegen im Gegensatz zwischen Stadt und Land, welcher sich im Mittelalter unter heftigen Kämpfen etablierte und in der Renaissance, der Blütezeit der Stadtstaaten, seine schärfste Zuspitzung erfuhr. Seine materiellen und technischen Grundlagen wurden transformiert, aber auch im Modell der ‚modernen Stadt' ist das Erbe noch deutlich zu erkennen. Welches Schicksal es in der Postmoderne erleiden wird, ist noch offen.

1.1 Das Integrationsmodell der europäischen Stadt

Die Stadt des Mittelalters war nach innen integriert durch eine klare Abgrenzung nach außen. Sie war ein besonderer politischer, ökonomischer und sozialer Ort:

- sie war ein besonderer politischer Verband mit Formen kollektiver Entscheidungsfindung;
- sie war eine besondere Form der Organisation der Ökonomie: der Marktwirtschaft;
- und sie war eine besondere soziale Formation, nämlich ein Ort, an dem die Herrschaft von einem Kollektiv ausgeübt wurde: der Bürgerschaft.

Politisch stellte der Schwurverband der Stadt eine Vorform der Demokratie dar, weil die politische Organisation auf dem vertraglichen Zusammenschluss von Gleichen beruhte. Ökonomisch stand die Tauschwirtschaft der Stadtgesellschaft im Gegensatz zur Fronwirtschaft des Feudalismus und wurde so zur ‚Wiege des Kapitalismus‘, wie Max Weber in seinen Studien zur Entstehung des abendländischen Rationalismus gezeigt hat (vgl. Schluchter 1979); in der Stadt wurde anerkannt, dass nicht die Herkunft der Geburt, sondern die individuelle Leistungskraft ausschlaggebend für die Einordnung in das städtische Sozialgefüge sein soll.

Die Städte waren durch Mauern klar abgegrenzt, und diese Grenzen galten für beide Seiten als Grenzen von Privilegien. Innerhalb dieser Mauern entwickelte sich eine sozial vielfältig differenzierte und materiell sehr ungleiche Gesellschaft, was Anlass zu heftigen inneren Auseinandersetzungen und revolutionären Aufständen war. Aber in diesen Kämpfen entwickelte sich auch das, was heute als europäische Zivilisation oder Kultur bezeichnet wird. Die Städte waren also die Wiege des politischen, sozialen und ökonomischen Fortschritts.

Innerhalb der gesamten Stadt gab es starke soziale Differenzierungen, Hierarchien und Gegensätze, die auf ungleichen Vermögen und gestuften Rechten beruhten – aber trotz dieser inneren Differenzierung bildete die Zugehörigkeit zur Stadt eine scharfe Grenze gegenüber dem politisch, ökonomisch und sozial gänzlich anders strukturierten feudalen Land.

Die Stadtgrenze trennte Gesellschaften, und da die Besonderheit und Unabhängigkeit der Stadtgesellschaft ständig bedroht war, musste sie durch Mauern gesichert werden. Aus den Bedingungen und Notwendigkeiten der Wehrtechnik ergab sich eine räumliche Dichte, die als unbeabsichtigte Nebenfolge ein gemeinsames Bewusstsein der Städter erzeugte, ein Bewusstsein von der Schicksalsgemeinschaft. Die Erfahrung der Stadtgesellschaft als einer besonderen Gesellschaft wurde durch das Zusammenleben auf engstem Raum intensiviert, konnten sich doch so besonders intensive Kommunikations- und Austauschbeziehungen und damit auch innovative Formen einer starken Arbeitsteilung entwickeln.

1.2 Die industrielle Verstädterung

Mit dem Aufbau der Territorialstaaten wurden den Städten die politischen Freiheiten von den neuen Landesherren weitgehend genommen und die Mauern als äußere Zeichen einer gesellschaftlichen Grenze beseitigt. Politisch und ökonomisch begann damit die Urbanisierung des Landes bzw. die Ausbreitung von politischen und ökonomischen Regeln von der Stadt auf die gesamte Gesellschaft. Der Zusammenschluss der Städter auf engstem Raum als Schutz- und Trutzgemeinschaft gegen das feindliche Umland war nicht mehr nötig. Die industrielle Verstädterung richtete sich zunächst in der vorhandenen Dichte ein und steigerte sie sogar noch.

Nicht mehr soziale und politische Gegensätze zwischen Stadt und Land, sondern die Beschränkungen der Verkehrs- und Kommunikationstechnik sorgten nun (noch für einige Zeit) dafür, dass die Stadt ein besonderer Ort blieb. Die Arbeits- und Konsummärkte waren nur für diejenigen erreichbar, die in räumlicher Nähe zu den vielfältigen, lokal abgegrenzten Märkten wohnten. Weil die ökonomischen Aktivitäten in den Städten in exponentialen Wachstumsschüben zunahmen, und weil die vom Hunger bedrohte Landbevölkerung ihr Heil in den Städten suchte, steigerten diese ihre Bevölkerungs- und Nutzungsdichte in der (relativ kurzen) Phase der Hochindustrialisierung auf historisch einmalige Höhen. Vergleichbare Chancen des Lohnerwerbs, aber auch Chancen für den Aufbau einer eigenen, individuellen Biographie gab es außerhalb dieser dichten Siedlungsgebiete nicht.

Die Großstädte bzw. Ballungsgebiete blieben bis zur Mitte des 20. Jahrhunderts regional abgegrenzte Industriegesellschaften mit einer besonderen Produktionsweise. Sie waren die Standorte der fordistisch organisierten Industrieproduktion und die Orte einer besonderen Sozialstruktur: In den Städten bildeten sich die für die moderne Gesellschaft typischen Schichten der Angestellten und die Klasse des Proletariats, während es auf dem Lande – je nach Region – bei den traditionellen Gruppen von Adligen, Bauern und Landarbeitern blieb. Es gab also weiterhin erhebliche soziale Differenzen zwischen Stadt und Land, aber die Grenze war nicht mehr prinzipiell. Die räumliche Mobilität zwischen beiden Welten nahm zu und die ländlichen Bewohner gehörten immer weniger einer gänzlich anderen Gesellschaft an (vgl. auch Ipsen 1990).

Die räumlichen Grenzen der industriellen Stadtgesellschaft ergaben sich aus ökonomischen und technischen Notwendigkeiten: Die Unternehmen waren für die Rekrutierung von Arbeitskräften auf die großen Städte angewiesen und für Konsumgüterproduzenten war die Nähe zu den großen Absatzmärkten ein entscheidendes Standortkriterium. Insgesamt waren für die Industrie die Zulieferbeziehungen, also die Arbeitsteilung und Verflechtung innerhalb des

Großstadtraums leichter organisierbar. Die damit verbundene stärkere Konkurrenz förderte durch ihren Zwang zur Spezialisierung die Produktivität und die Innovation der städtischen Ökonomie. Die Stadt war technisch und ökonomisch notwendig für die Entfaltung der industriellen Produktion, sie war selbst eine Produktivkraft. Die Bedürfnisse der meisten Bewohner waren für ihren Wohnstandort noch irrelevant, denn sie hatten keine Wahl: Sie mussten in den dichten Städten leben, wenn sie an den neuen Möglichkeiten der Industriegesellschaft teilhaben wollten. Die ländlichen Erwerbslosen strömten in die Stadt, weil sie dort Arbeit bzw. überhaupt eine Überlebensperspektive fanden, nicht weil sie von den Wohn- und Lebensverhältnissen angezogen worden wären. Denn angenehm war es nicht, was sie dort erwartete: schlecht ausgestattete und dennoch teure und daher überfüllte Wohnungen in dicht aneinander gereihten Häusern ohne Gärten, in einer stinkenden und lauten Gegend, mit langen Wegen zum Arbeitsplatz und ständigen Konflikten mit Vermietern.

1.3 Die Auflösung der dichten Stadt

Einen vergleichbaren Zwang zur städtischen Verdichtung gibt es inzwischen nicht mehr. Wir erleben heute das Ende der industriellen Verstädterung. Die Entwicklungen in der Verkehrs- und Kommunikationstechnik haben die räumliche Auflösung der ökonomischen und sozialen Einheit ‚Stadt' ermöglicht, und die moderne Stadtplanung hat diese Auflösung seit dem Beginn des 20. Jahrhunderts unterstützt. Die galoppierende Konzentration im Einzelhandel, der zunehmende Flächenverbrauch des Gewerbes als Folge moderner Produktions- und Logistik-Konzepte, die Orientierung von Warenlieferung und Kundenströmen auf das Auto – insgesamt die ökonomische Rationalität von Flächenbedarf und Verkehrsbeziehungen fördert die Dezentralisierung und Randwanderung von Distributions- und Produktionseinrichtungen, und viele Bewohner der Großstadt haben sich dieser Tendenz bereitwillig und massenhaft angeschlossen. Die Einwohnerdichte der Großstädte in den Industrieländern sinkt seit den 20er-Jahren kontinuierlich.

- Die industrielle Massenproduktion verlässt die Städte und siedelt sich entweder in der Peripherie an, wo die Transportleistungen per LKW leicht organisiert werden können, oder in solchen Gebieten, wo frei über billige Arbeitskräfte und Flächen verfügt werden kann: im Ausland.
- Der PKW verbindet Wohnstandorte und Arbeitsplätze weitgehend unabhängig von einer geplanten Struktur; zusammen mit dem Ausbau des ÖPNV hat er die funktionale Reichweite von Großstadträumen so erwei-

8

tert, dass die Wohndichte enorm gesenkt und die Wahlfreiheit beim Wohnstandort gesteigert wurde. Dies ist eine tatsächliche Freiheit, die es in der Stadt des 19. Jahrhunderts nicht gegeben hat. Die Pendelmobilität nimmt trotz aller gestiegenen materiellen und zeitlichen Kosten beständig zu. Von Jahr zu Jahr fahren mehr Beschäftigte täglich längere Wege zwischen Arbeitsplatz und Wohnung.

- Beim Einzelhandel vergrößern Einkaufszentren, Fachmärkte, Factory Outlets usw. beständig ihre Umsatzanteile, obwohl Stadtpolitiker und Stadtplaner seit Jahrzehnten dagegen anplanen und den kleinteiligen innerstädtischen Einzelhandel zu schützen versuchen. Dessen Zukunft sieht jedoch düster aus, denn er verliert sowohl relativ wie absolut Anteile am gesamten Einzelhandelsumsatz. Die größten Umsatzzuwächse werden heute außerhalb der Städte erzielt.

- Da für die modernsten, technologisch innovativen Branchen der Materialtransport nur noch marginale Bedeutung hat, machen die modernen Nachrichtentransport- und Verarbeitungstechnologien im Prinzip jeden Ort als (Produktions-)Standort möglich, der über einen Telefonanschluß verfügt bzw. von dem aus ein Satellit angepeilt werden kann. Die räumliche Nähe zu Kooperanden oder Kunden ist unwichtiger geworden. Ähnliches gilt für die Kommunikations- und Kulturbedürfnisse der privaten Haushalte. Telekommunikativ mit der ganzen Welt verbunden, ist die Teilnahme am Informations- und Kulturgeschehen von überall aus gleichermaßen möglich. Es gibt keine „Idiotie des Landlebens" mehr, von der Marx und Engels Mitte des 19. Jahrhunderts noch mit Überzeugung sprechen konnten.

Die ökonomischen und technischen Notwendigkeiten, die zur industriellen Verstädterung geführt haben, gehören also der Vergangenheit an. Zu welchem räumlichen Muster Ökonomien tendieren, die fast vollständig von tertiären Funktionen (Dienstleistungen) geprägt sind, ist heute aber noch nicht mit Sicherheit zu sagen. Denn es gibt widersprüchliche Entwicklungen und räumliche Logiken: Einerseits sind – wie beschrieben – starke zentrifugale Kräfte auch bei der Standortwahl von Dienstleistungsunternehmen am Werk, die zu Desurbanisierung (Auflösung des städtischen Zusammenhangs) bzw. neuen Formen der Ex-Urbanisierung (neue Siedlungskerne in peripheren Regionen) führen. Andererseits aber gewinnen in einem ökonomischen Wettbewerb, der weitgehend auf dem Handeln mit und der Verarbeitung von Informationen beruht, gerade die nicht technisch verfügbaren Informationen enorm an Wert. Und diese sind am ehesten an Orten mit einer Konzentration von ähnlichen Tätigkeiten zu erwarten – die klassischen Urbanisierungsvorteile, die sich früher aus Lieferbeziehungen von Material und Halbprodukten ergaben, reproduzieren sich im Informationszeitalter auf erstaunliche Weise. Darauf beruht die Konzentrationstendenz von hochwertigen Finanzdienstleistungen, die inzwischen verschiedentlich beschrieben wurde (vgl. Sassen 1996). Insgesamt beobachten wir also starke Dezentralisierungs- und Dekonzentrationstendenzen, jedoch gibt es auch innerhalb des tertiären Bereichs spezifische Funktionen, die eine ökonomische Grundlage für Zentralisierungs- und Urbanisierungstendenzen bilden. Obwohl die Städte als Orte der Erwerbsarbeit an Gewicht verlieren, hat sich dies – wie die nach wie vor hohen und weiter steigenden Bodenpreise in den Zentren der größten Städte zeigen – noch nicht in einem Verlust von Zentralität niedergeschlagen.

Beim Wohnen sind – ebenso wie bei vielen gewerblichen Aktivitäten – die Freiheitsgrade der Standortwahl für die Mehrheit der Haushalte im Laufe des 20. Jahrhunderts enorm gesteigert worden. Die Ausweitung des Wohnungsangebots und die Verbesserung der Mobilitätsbedingungen für Pendler zwischen Wohnung und Arbeitsplatz haben zu einem starken Absinken der Einwohnerdichte in den Großstädten geführt. Bei gestiegenen Wahlmöglichkeiten zwischen verschiedenartigen Wohnquartieren und -milieus kann sich soziale Distanz in räumliche Distanz umsetzen und eine feinkörnige soziale Sortierung der Bewohner verschiedener Quartiere nach sich ziehen. Die Tendenz zur räumlichen Distanzierung von Bewohnerschichten oder Lebensstilgruppen, die als sozial und kulturell fern gelten, gibt es zwar schon seit Beginn der industriellen Verstädterung, aber sie blieb für lange Zeit ein Privileg der Vermögenden. Seit einem halben Jahrhundert ist die Flucht aus der dichten, sozial durchmischten Großstadt jedoch zu einer Massenbewegung geworden – heraus aus der Großstadt in die suburbanen Gartenlandschaften oder noch weiter in die Kleinstadt oder das Dorf. Die Sehnsucht nach mehr Wohnfläche, nach wohnungsnahem Freiraum und nach sozialer Homogenität sowie die Flucht vor den physischen und psychischen Zumutungen des Großstadtlebens sind dabei die treibenden Kräfte.

1.4 Die europäische Stadt ist (war) eine ‚soziale Stadt'

Die Städte des 19. Jahrhunderts waren ‚Klassenstädte' mit krassen sozialen Ungleichheiten und Gegensätzen. Sie waren durch eine starke sozialräumliche Segregation geprägt, da Wohnungsproduktion und Wohnungsverteilung der privaten Wirtschaft und damit dem Markt überlassen waren. Die Position am Arbeitsmarkt, d.h. die Stabilität der Beschäftigung und die Höhe des Einkommens, bestimmten unmittelbar die Wohnsituation, also Größe, Qualität und Lage der Wohnung. Die sozialräumliche Struktur spiegelte die Bodenpreisunterschiede des Immobilienmarktes wieder.

Dieser Zustand krasser sozialer Ungleichheit, die ‚Klassenstadt', wurde zu Beginn dieses Jahrhunderts von der Mehrheit der Stadtbewohner als politischer Skandal empfunden. Nachdem mit der Verfassung der Weimarer Republik durch die Einführung des allgemeinen und gleichen Wahlrechts (auch der Frauen) der sozialdemokratische Einfluss in den Stadtparlamenten verstärkt worden war, hatte die sozial geprägte Stadtentwicklungspolitik vor allem das Ziel, die Wohnverhältnisse für die unterprivilegierten Schichten zu verbessern: durch eine aufgelockerte Bebauung neuer Stadterweiterungsgebiete (äußerlich angelehnt an das Modell der ‚Gartenstadt') sowie durch die finanzielle Unterstützung der Errichtung von guten, z.T. ‚vorbildlichen' Wohnungen, die ohne diese Förderung von den meisten Lohnabhängigen nicht hätten bezahlt werden können. Explizites Ziel war es, die Position auf dem Arbeitsmarkt und die Wohnungsversorgung zu entkoppeln durch das Dazwischenschieben eines mit öffentlichen Mitteln geförderten Wohnungsbestandes – eines gemeinnützigen Sektors, später „sozialer Wohnungsbau" genannt (vgl. Häußermann/Siebel 1996). Die Zugehörigkeit zur Unterklasse sollte nicht mehr gleichbedeutend sein mit krankmachenden Wohnbedingungen. Die staatlich-städtische Intervention löste also die direkte Übersetzung von Niedrigeinkommen in schlechte Wohnverhältnisse auf.

Der gemeinnützige Wohnungsbau war ein gesellschaftspolitisches Projekt, das insbesondere auf die soziale Integration der Stadtgesellschaft zielte. Er war nie als in dem Sinne sozial konzipiert, dass er vor allem die Ärmsten und Bedürftigsten versorgen sollte; er war also nie sozial im Sinn von residualer Fürsorge, sondern sozial im Sinn von Gesellschaftspolitik – wie es später in den bundesrepublikanischen Wohnungsbaugesetzen formuliert wurde: er sollte zur Wohnungsversorgung der ‚breiten Schichten' des Volkes beitragen. Es ging also nicht um eine erweiterte Obdachlosenfürsorge, sondern um den Aufbau eines ‚marktfernen' Segments der Wohnungsversorgung, das nicht mehr den unberechenbaren Bewegungen der Märkte ausgeliefert ist, und das die soziale Ungleichheit, die sich aus den Erwerbseinkommen ergab, nicht einfach reproduzierte.

Herausragendes Merkmal der europäischen Stadt des 20. Jahrhunderts war und ist, dass sich zwischen soziale Ungleichheit und Wohnbedingungen ein Puffer schob, der die Verdoppelung von Benachteiligung und damit Ausgrenzung verhinderte. Das unterscheidet die europäische von der amerikanischen Stadt. In dieser gab es immer nur einen marginalen Anteil von ‚public housing', der 2% des Wohnungsbestandes selten überstieg. Der in verschiedensten Formen öffentlich beeinflusste und gesteuerte Sektor in der Wohnungsversorgung der europäischen Städte belief sich dagegen auf bis zu 30% (vgl. Harloe 1995). Dadurch wurden jene Fragmentierungen und sozialräumlichen Zuspitzungen vermieden, die in den amerikanischen Städten zu periodischen Unruhen und Aufständen geführt haben – und die dort heute zu einer alltäglichen Beunruhigung und Bedrohung geworden sind. Die europäische Stadt ist – trotz aller augenfälligen Ungleichheit – also eine ‚soziale Stadt' in dem Sinne, dass sie eine hohe Integrationskraft entfalten konnte.

Mit der öffentlichen Förderung gewann die Stadtplanung Einfluss auf die Standorte des Wohnungsbaus, die Formung der sozialräumlichen Struktur der Stadt war daher nicht allein dem Markt überlassen. Eine sehr wichtige Konsequenz dieser Stadtentwicklungspolitik war das Entstehen von Wohngebieten mit einer sozial gemischten Bewohnerschaft – durch den verstreuten Einbau von geförderten Wohnungen in bestehende und neue Wohngebiete, aber auch in Siedlungsprojekten mit Beständen des sozialen Wohnungsbaus. Der Zugang zu diesen Wohnungen war an weit gezogene Einkommensgrenzen gebunden – im Grunde wurden nur die Reichen ferngehalten –, darüber hinaus wurde das Verbleiben in der Wohnung nicht von einem dauerhaft niedrigen Einkommen abhängig gemacht. Während in den 50er und 60er-Jahren bis zu zwei Drittel aller Haushalte sozialwohnungsberechtigt waren, betrug dieser Anteil in den 70er und 80er-Jahren noch etwa die Hälfte, und er ist in den 90er-Jahren auf weniger als ein Drittel gefallen (vgl. Ulbrich 1992). Die damit verbundene Verteilungsungerechtigkeit, also die indirekte Subventionierung von mittleren Einkommensgruppen, hätte man durch eine sinnvolle Abgabenregelung sicherlich beseitigen können und müssen – aber aus sozialräumlicher Perspektive war die hohe Zahl der ‚Fehlbeleger', die von den Gegnern einer sozialen Wohnungs- und Stadtpolitik seit vielen Jahren als Argument bei Forderungen nach dem Rückzug des Staates aus der Wohnungsversorgung benutzt wird, ein hohes soziales Gut.

Die soziale Segregation ist vor allem im Verlauf der zweiten Hälfte des 20. Jahrhunderts – im ‚goldenen Zeitalter des sozialen Wohnungsbaus' – in den Städten tatsächlich vermindert worden. Dies hat zwar auch mit der Auflösung der alten Klassengrenzen zu tun und mit der Herausbildung einer breiten Mittelschicht, in die große Teile der früheren Arbeiterklasse integriert wurden. Jedoch auch durch die verschiedensten Formen öffentlich geförderten Wohnungsbaus seit den 20er-Jahren haben die europäischen Städte eine sozialräumliche Struktur entwickelt, die sie klar von den amerikanischen Städten unterscheidet. Die extreme räumliche Fragmentierung nach Einkommen und sozialem Status konnte in den europäischen Städten im 20. Jahrhundert weitgehend vermieden werden.

1.5 Strukturwandel der Stadt am Ende des 20. Jahrhunderts

Am Ende des 20. Jahrhunderts stehen wir möglicherweise an einem Wendepunkt in der Entwicklung der europäischen Stadt, und jene Integrationsleistung, die die Städte vor und während der Industrialisierung erbracht haben, steht auf dem Spiel. Dies ist deshalb zu befürchten, weil sich einige Parameter der Großstadtentwicklung grundlegend verändert haben und sich aus ihrem Zusammenwirken daher auch andere Effekte ergeben. Fast das ganze 20. Jahrhundert über war Stadtentwicklung geprägt
- von einem Wachstum der Bevölkerung;
- von einem Wachstum der Arbeitsplätze;
- und von starken planerischen und sozialstaatlichen Interventionen in das räumliche und soziale Gefüge der Stadt.

Im Zusammenwirken von ökonomischem Wachstum und stadtpolitischer Regulierung haben sich die Städte im Zuge der Landflucht am Beginn des Jahrhunderts und auch im Zuge der großen Fluchtbewegungen nach dem Zweiten Weltkrieg als Integrationsmaschinen erwiesen: Unglaubliche Mengen von Zuwanderern sind in die Stadtgesellschaft integriert worden. Die Klassenspaltung des 19. Jahrhunderts ist überwunden worden, die Lebens- und Wohnbedingungen für alle Städter haben sich im Laufe dieses Jahrhunderts erheblich verbessert. Bewohner einer Stadt zu sein, hieß bis in die 1970er-Jahre hinein für alle, teilzuhaben an einem Prozess des sozialen Aufstiegs und an der Zivilisierung und Verfeinerung des Lebens. Aus den Unterschichten sind Stadtbürger geworden, die Flüchtlinge und Vertriebenen aus der Zeit nach dem Zweiten Weltkrieg sind vollkommen integriert und ihre Fremdheit ist nur noch als folkloristischer Erinnerungsverband lebendig. Im Vergleich zur Stadt des 19. Jahrhunderts – und im Vergleich zur Stadtentwicklung in den USA – hatten sich unter sozialstaatlichen Bedingungen in der Bundesrepublik relativ homogene Stadtgesellschaften entwickelt: Tiefgreifende Spaltungen und Fragmentierungen konnten, wenn nicht überwunden, dann doch so weit abgemildert werden, dass alle damit einigermaßen gut leben konnten.

Dies scheint sich nun, an der Schwelle zum 21. Jahrhundert, zu ändern. Die soziale Formation der europäischen Stadt steht auf dem Spiel, und es droht die Rückkehr des 19. Jahrhunderts – zwar in anderer Form und aus anderen Gründen, aber es gibt doch starke Tendenzen zu einer neuen sozialräumlichen Fragmentierung der Städte. Die sozialräumliche Struktur der Städte könnte dadurch selbst zu einer Ursache für soziale Ausgrenzung werden.

Gesellschaften sind heute mehr denn je von globalen Tendenzen, von globalem Wettbewerb geprägt. Ebenso wie die Gesellschaft in Deutschland insgesamt befinden sich die Städte in einer Phase des Übergangs. Dieser Übergang wird geprägt

- vom Wandel von der Industrie- zur Dienstleistungsgesellschaft, d.h. Abbau von Arbeitsplätzen mit Fertigungstätigkeiten, dagegen Wachstum von Dienstleistungstätigkeiten;
- von der wachsenden internationalen Konkurrenz, die zu einem Druck auf die Produktions- und damit die Lohnkosten führt sowie zu abnehmenden Möglichkeiten nationalstaatlicher Steuerung im Sinne einer keynesianischen Wirtschafts- und Strukturpolitik;
- vom demographischen Wandel in Deutschland, d.h. von einem wachsenden Anteil von Zuwanderern und deren Kindern unter der Bevölkerung.

Dieser gesamtgesellschaftliche und ökonomische Strukturwandel verändert die Rahmenbedingungen der Stadtentwicklung. Welche sozialen Formationen sich daraus jedoch in den Städten ergeben, ist durch keine Gesetzmäßigkeiten festgelegt. Die sozialräumliche Struktur der Stadt, insbesondere das System der Wohnungsversorgung produziert selbst soziale Strukturen. Wie Wohnstandorte festgelegt werden, wer wo, wie und zu welchem Preis eine Wohnung findet, entscheidet mit darüber, welche konkrete Form soziale Unterschiede annehmen. Die Stadtstruktur spiegelt soziale Strukturen nicht nur wider, sie produziert auch soziale Strukturen.

Durch das Zusammenwirken von drei Prozessen, nämlich demographischer Wandel, Arbeitsmarktentwicklung und Reorganisation der Wohnungsversorgung werden sich neue sozialräumliche Strukturen in den Städten ergeben (vgl. dazu Kecskes 1999; Keim 1999). Da sich die politische Steuerung aus diesen Prozessen durch Liberalisierung und Deregulierung immer stärker zurückzieht, so die These, geht die ‚europäische Stadt' einer Krise entgegen.

1.5.1 Arbeitsmarkt

Die Beschäftigungsstruktur der Großstädte ist gekennzeichnet durch den Verlust von Industriearbeitsplätzen, dem Prozess der Deindustrialisierung fallen vor allem die unqualifizierten Tätigkeiten zum Opfer. Aufgrund der Transport- und Kommunikationstechnologien, die zusammen mit den Arbeitskosten die Standortbedingungen für die Produktion verändert haben, verlieren die Städte insgesamt an Gewicht als Standorte der Erwerbstätigkeit. Schließlich führt die Tertiarisierung sowohl der Produktion wie der Beschäftigung insgesamt zu einer dualen Qualifikationsstruktur, die sich künftig noch verstärken wird: Im wachsenden Dienstleistungsbereich nimmt einerseits die Zahl der hoch qualifizierten Tätigkeiten in den unternehmensorientierten Dienstleistungen wie EDV, Werbung und Marketing, Forschung und Entwicklung, Informations- und Kommunikationsdienste sowie in der Unterhaltungsindustrie zu. Andererseits steigt aber auch die Zahl der Tätigkeiten, für die nur niedrige

14

Qualifikationen verlangt werden und die deshalb auch sehr niedrig bezahlt werden: Bewachungs- und Reinigungsdienste, Transport, Hotel und Gastronomie, Gesundheits- und Soziale Dienste.

Die Ausweitung von Dienstleistungsbeschäftigung bedeutet also, dass das Wachstum der Beschäftigung in der Großstadt durch eine größere Polarisierung gekennzeichnet ist. Andererseits wächst die Lücke zwischen Nachfrage und Angebot an Arbeitsplätzen, d.h. die Arbeitslosigkeit wächst und die Anzahl der Personen steigt, die von staatlichen Transfereinkommen abhängig ist.

Arbeitslosigkeit ist nur eine Ursache für wachsende Unterschiede in der materiellen Situation von privaten Haushalten. Auch bei den Erwerbstätigen selbst klaffen die Einkommen immer weiter auseinander. Dies hat einerseits mit der Flexibilisierung von Beschäftigungsverhältnissen zu tun, die sich u.a. in der rasch wachsenden Zahl von Arbeitsverträgen ausdrückt, die unterhalb der Sozialversicherungsgrenze liegen (sog. Billig-Jobs), andererseits aber auch mit dem Übergang von der Industrie- zur Dienstleistungsgesellschaft. Denn wenn die Arbeitskräfte, die aufgrund von Produktivitätssteigerungen und Rationalisierungen in der Produktion materieller Güter nicht mehr benötigt werden, in Dienstleistungstätigkeiten unterkommen sollen, dann müssen die personen- bzw. haushaltorientierten Dienstleistungen erheblich ausgeweitet werden, und dies ist nur auf der Grundlage einer sehr viel stärkeren Einkommensspreizung möglich (vgl. Häußermann/Siebel 1994). Die Dienstleistungsökonomie ist durch eine stärkere Ungleichheit der Einkommen gekennzeichnet als es die Industriebeschäftigung in den mittleren Jahrzehnten des 20. Jahrhunderts (in der ‚fordistischen' Phase) war, und der entsprechende Wandel ist in Deutschland bereits in vollem Gang.

In den 20 Jahren zwischen 1975 und 1995 gab es in Westdeutschland ein enormes Reichtumswachstum, aber parallel zum Anstieg dieses Reichtums hat die Zahl der Personen, die auf staatliche Hilfe angewiesen sind, dramatisch zugenommen (Huster 1993, 18). Zwischen 1963 und 1973 lag die Zahl der Sozialhilfeempfänger konstant jährlich bei etwa 1,5 Mio. In den 70er-Jahren stieg die Zahl auf 2,14 Mio. (1980), in den 80er-Jahren auf 3,75 Mio. (1990), 1993 waren es schließlich 4,27 Mio. (Freyberg 1996, 48).

Die Einkommenspyramide ähnelt einem Dreiklassystem. Das obere Drittel der privaten Haushalte hatte 1988 einen Anteil von 57% des gesamten verfügbaren Haushaltseinkommens, das mittlere Drittel 27%, das untere Drittel 16% (vgl. zum Folgenden: Freyberg 1996, 51 ff.). Die Einkommen aus Unternehmertätigkeit und Vermögen stiegen 1994 brutto um 13% und netto um 17,5%. Die polarisierende Entwicklung, die seit den 80er-Jahren deutlich geworden ist, setzte sich in den 90er-Jahren fort: Die Arbeitnehmer hatten zwar 1995 netto einen gegenüber 1994 unveränderten Durchschnittsverdienst von 2.530 DM, durch die Preissteigerungen war dieser jedoch real 2,4% weniger wert.

In der Folge von Arbeitslosigkeit und Niedrigeinkommen entstehen für die Städte die bekannten Folgen: Die Einnahmen aus der Einkommen- und Gewerbesteuer der Städte sinken, während die Sozialausgaben steigen. Diese Tendenz verengt den Handlungsspielraum der Städte enorm. Selbst wenn die Stadtverwaltungen an die sozial integrativen Konzepte der früheren Stadtentwicklungsplanung anknüpfen wollten, hätten sie aufgrund der sinkenden kommunalen Finanzen erhebliche Schwierigkeiten, dies zu finanzieren. Die Stadtentwicklungspolitik ist zur Kooperation mit privaten Investoren gezwungen, und in dem Maße steigt auch die Bedeutung von Rentabilitätskriterien in der städtischen Politik. Die Ökonomisierung politischer Entscheidungen schreitet daher rasch voran.

1.5.2 Wohnungsversorgung

Die Wohnungspolitik in der Bundesrepublik ist seit den 70er-Jahren durch die klare Tendenz dominiert, die Wohnungsversorgung stärker den Marktmechanismen zu überlassen. Das Zielmodell der Wohnungsversorgung lautet: Versorgung über den Markt, Ausgleich sozialer Probleme bzw. Kompensation von Defiziten bei der Marktteilnahme durch Wohngeld. Gegen diese Politik gibt es inzwischen keine nennenswerte Opposition mehr, und Ende 1996 ist der soziale Mietwohnungsbau ex officio vom Bundesbauminister für beendet erklärt worden. Abbau des staatlichen Einflusses auf Qualität und Standort von Wohnungen bei gleichzeitiger Förderung der Eigentumsbildung sind die Kernelemente der ‚Deregulierung‘ der Wohnungspolitik.

Auf dem Wohnungsmarkt verringert sich das Angebot an billigen Wohnungen, die schon immer die Wohnmöglichkeiten für die Bewohner mit dem geringsten Einkommen gebildet haben. Durch Abbruch, Zusammenlegung und Modernisierung von Wohnungen wird dieses Segment beständig verringert. Man kann von einer sozialen Umwälzung der innerstädtischen Altbaugebiete durch ‚Gentrification‘ sprechen, die in einer Polarisierung der sozialräumlichen Struktur der Städte mündet (vgl. Dangschat 1995; Alisch/Dangschat 1998).

Das Ende des Neubaus und die auslaufenden Bindungen in den Beständen des sozialen Wohnungsbaus führen zu einer starken Abnahme des Angebots von Sozialwohnungen. Insgesamt gibt es also eine klare Tendenz zur Verringerung von ‚marktfernen Beständen‘, die nach Kriterien des Bedarfs – und eben nicht nach sozial-ökonomischem Status – zugeteilt werden könnten. Die Abnahme dieser Bestände hat eine räumliche Konzentration von Wohnungen mit Belegungsrechten in den am ungünstigsten gelegenen Gebieten zur Folge, weil die jüngsten Jahrgänge des sozialen Wohnungsbaus, deren Bindungen noch am längsten in die Zukunft reichen, in den Randlagen errichtet wurden.

In diesem Wandel verschwinden die sozial gemischten Quartiere allmählich. Die soziale Sicherung der Mieter durch Wohngeld kann diesen Prozess kaum aufhalten, denn alle Erfahrung zeigt, dass sich dort, wo Gebäude nicht gegen maximale Verwertung geschützt sind, die sozial schwächeren Mieter nicht lange halten können – und als Wohnungssuchende haben sie eine faire Chance nur dort, wo sie nicht ungeschützt dem Markt ausgesetzt sind.

1.5.3 Wachsende Heterogenität der Großstadtbevölkerung

Herausragendes Merkmal des demographischen Wandels, der sich in den Großstädten vollzieht, besteht – neben dem steigenden Durchschnittsalter – vor allem in einem wachsenden Anteil von Großstadtbewohnern ohne deutschen Pass. Selbst wenn es gelänge, keinen einzigen Zuwanderer mehr über die Grenzen nach Deutschland kommen zu lassen, würde der Ausländeranteil in den Großstädten weiter steigen, denn die ausländische Bevölkerung ist im Durchschnitt jünger, lebt häufiger in Familien zusammen und hat daher auch mehr Kinder. Inzwischen hat sich bekanntlich auch in der Bundespolitik die Einsicht durchgesetzt, dass Deutschland eine Einwanderungspolitik braucht – von der Abwehr der Zuwanderung wird jetzt auf Anwerbung umgeschaltet, wobei nach beruflichen Fähigkeiten selektiert wird. Damit sollen künftig jene Probleme nicht mehr auftreten, die sich heute in den Großstädten deutlich zeigen. Denn die ausländische Bevölkerung besetzte vor allem die Arbeitsplätze in der Industrie, für die keine berufliche Qualifikation vorausgesetzt wurden, und diese werden jetzt kontinuierlich abgebaut. Die Arbeitslosigkeit von Ausländern in den Großstädten ist demzufolge sehr viel höher als die unter der deutschen Bevölkerung.

Zunehmende Heterogenität der Großstadtbevölkerung, Deregulierung der Wohnungsversorgung und stärkere Spreizung der Haushaltseinkommen – diese Tendenzen zusammen formen ein Szenario, in dem scharfe sozialräumliche Ausgrenzungen bzw. Polarisierungen (wieder) möglich sind, und die Herausbildung von Slums ist dann auch in deutschen Städten nicht mehr unwahrscheinlich. In den USA und in Frankreich gibt es bereits seit einigen Jahren eine lebhafte politische Debatte über die Bildung einer neuen städtischen Unterklasse, die durch die Überlagerung von sozialer und räumlicher Ausgrenzung definiert ist.

1.6 Eine neue städtische Unterklasse?

Das Ausmaß und die Formen räumlicher Segregation sind in den Städten unterschiedlich. Generell ist die Segregation nach Einkommen und ethnischer Zugehörigkeit in europäischen Städten niedriger als in den amerikanischen. Die Orte größter Segregation in Frankreich (vgl. Wacquant 1997a), den Niederlanden, in Großbritannien (vgl. Buck 1996) und Deutschland (vgl. Breckner u.a. 1989; Musterd u.a. 1998) sind bis heute nicht in vergleichbarem Ausmaß von den politischen und sozialen Systemen der übrigen Stadt abgekoppelt. In all diesen Stadtteilen gibt es Aktivitäten von Sozialarbeit und Stadterneuerung, weil es in den europäischen Stadtverwaltungen immer noch soziale Verantwortung und eine Ahnung von der Gefahr der sozialen Desintegration gibt (vgl. z.B. Voscherau 1994).

Das ist allerdings keineswegs ein Grund für beruhigende Entwarnung. Denn selbst wenn in europäischen Städten heute keine mit den amerikanischen Hyperghettos vergleichbaren Situationen anzutreffen sind, so gibt es doch einen stärker werdenden Trend sowohl zu ökonomischer Marginalisierung und sozialer Exklusion (vgl. Kronauer 1997) als auch zu stärkerer sozialräumlicher Segregation. Beunruhigend ist die heutige Marginalisierung schon deshalb, weil sie sich grundlegend von der ‚traditionellen‘ bzw. ‚alten‘ Armut unterscheidet. Seit mit der Philosophie der Aufklärung der Gedanke Allgemeingut geworden ist, dass jeder Mensch ein Recht auf Leben hat, dass also Verhungern oder Dahinsiechen keine Ereignisse sind, die von einer zivilisierten Gesellschaft mehr oder weniger gelassen toleriert werden können, hat sich die Armut in den ökonomisch produktiveren Ländern tatsächlich beständig verringert. In den Städten wurde die Elendsbevölkerung, die sich aus Landflucht – die oft genug die Flucht vor noch größerem Elend war – und Proletarisierung rekrutierte, daher auch als notwendiger Preis für eine industrielle Modernisierung angesehen. Sie bildeten eine Ressource für die Lohnarbeit und mit ihrer Integration in die expandierende industrielle Ökonomie war der Kampf um Anerkennung als Staatsbürger mit sozialen Rechten verbunden. Ihre Situation verbesserte sich in periodischen Abständen (vgl. Mingione 1996).

Die ‚neue‘ Armut jedoch entsteht in Städten, die sich auf dem Höhepunkt ihrer Reichtumsentwicklung befinden und die den Gipfel der Beschäftigungsexpansion überschritten zu haben scheinen. Die Arbeits- und Erwerbslosen können daher nicht länger als eine ‚Reservearmee‘ des Arbeitsmarktes betrachtet werden, die disziplinierende Funktionen für die Erwerbstätigen hat. Die Funktion, Normen von Anpassungs- und Leistungsbereitschaft zu stärken sowie die Akzeptanz von ‚Anspruchsreduktionen‘ zu verbreiten, verliert zwar auch eine hohe Arbeitslosigkeit nie. Es geht jedoch eine lähmende und zerstörerischere Wirkung von der neuen Botschaft aus, dass man die Ausgeschlossenen überhaupt nie mehr brauchen wird, dass sie überflüssig sind und nur noch eine Last (vgl. Bude 1998). Zwar gibt es nach wie vor ‚absolute' Armut, also das Leben am Rande der puren Existenzmöglichkeit, aber das sich ausbreitende Problem liegt eher in den schwindenden Möglichkeiten, ein gesellschaftlich angemessenes und akzeptiertes Dasein führen zu können: Nicht der Hungertod bedroht nunmehr Leib und Leben, sondern die Demütigung durch Marginalisierung und Ausgrenzung.

Armut in der modernen Gesellschaft, so zeigen empirische Untersuchungen zu Dauer und Ursachen von Armut (vgl. Leibfried u.a. 1995), ist nicht immer ein Dauerzustand, in den man gerät und darin gefangen bleibt, sondern kann sich in (wiederkehrende) Phasen unterschiedlicher Dauer auflösen. Gleichzeitig hat sich der Kreis der davon Betroffenen erheblich ausgeweitet. Dieser Befund ist keine Verharmlosung des Phänomens, sondern stellt die klare Abgrenzung von Integration, Armut und Exklusion in Frage (vgl. dazu Siebel 1997). So wie in den USA Armut keineswegs mit Arbeitslosigkeit verbunden sein muss (‚working poor'), so lösen sich die Ränder der Arbeitsgesellschaft auf in eine Grauzone des Übergangs mit marginalen, öfter unterbrochenen Erwerbsmöglichkeiten, für deren Bewältigung sehr stabile sozialmoralische Fähigkeiten Voraussetzung sind.

Vor dem Beginn der Industrialisierung war Armut vor allem ein Problem der Landbevölkerung. Danach konzentrierte sie sich jedoch zunehmend in den Städten, und daran hat sich bis heute nichts geändert. Die Paradoxie bestand und besteht darin, dass die Städte mit ihrer ökonomischen und kulturellen Vielfalt einerseits immer ein Ort der Hoffnung auf sozialen Aufstieg waren, andererseits aber aufgrund ihrer stärker individualisierten und anonymisierten Lebensweisen weniger verlässliche soziale Netzwerke bieten, in denen vorübergehende oder dauernde materielle Notlagen unterhalb der Schwelle von sozialstaatlichen Einrichtungen aufgefangen werden könnten. Die steigenden Sozialhilfequoten in den Städten rühren einerseits von den verstopften Zugängen zum Arbeitsmarkt her, andererseits aber auch von der fortschreitenden Erosion des Familienmodells als Lebensform. Die zunehmende Zahl von Alleinerziehenden, Singles und anderen postmodernen Existenzformen sind ja nur zum Teil selbstgewählte Lebensformen; ‚Brüche' in der Biographie gehören zu den wichtigen Ursachen sozialen Abstiegs. Die soziale Isolation in der Krise ist die Kehrseite der Individualisierung.

1.7 Die Integrationskraft der Städte schwindet

Im Zuge von Tertiarisierung, Informatisierung und Globalisierung lösen sich die tradierten lokalen bzw. regionalen ökonomischen Strukturen auf. Teile der Stadt werden in globale ökonomische Systeme integriert, deren Wachstum bzw. Erfolg immer weniger mit der lokalen Ökonomie zu tun hat und immer weniger mit ihr verbunden ist. In der Stadtgesellschaft bilden sich daher konträre Entwicklungsperspektiven:

- einerseits wächst die Zahl der hoch qualifizierten Dienstleistungsangestellten, die in neuen Wachstumsbereichen viel Geld verdienen;
- andererseits verstetigt sich die große Gruppe derjenigen, die nur über geringe berufliche Qualifikationen verfügen, die immer länger bzw. häufiger arbeitslos bleiben und das Personal für die neue Armut bilden.

Das Drama der Industriestadt des 19. Jahrhunderts waren Ausbeutung und Klassenkampf – das Drama der postindustriellen Stadt besteht darin, dass immer größere Anteile der Bevölkerung nicht einmal mehr ausgebeutet werden. In den Städten entsteht eine gewissermaßen überflüssige Bevölkerung, die von Ausgrenzung bedroht ist. Daher stellt sich die Frage nach der städtischen Integrationskraft. Der Arbeitsmarkt leistet diese Integration nicht mehr, die er mit wechselndem Erfolg über 150 Jahre in den Städten garantiert hat. Die Bevölkerung wird heterogener und sozial fragmentierter, die Bezüge der in den neuen Dienstleistungsbereichen und in den weltmarktorientierten Produktionsunternehmen Beschäftigten auf die lokale Ökonomie werden geringer, damit werden auch die Bezüge auf eine Stadtgesellschaft als einer sozialen Einheit schwächer.

In diesem Kontext gewinnen sozialräumliche Strukturen in zweierlei Hinsicht eine besondere Bedeutung:

a) Durch die wachsende Ausdehnung von Siedlungsflächen und die Senkung der Einwohnerdichte rücken die Haushalte in den Großstadtregionen immer weiter auseinander. Durch die neuen Transport- und Kommunikationstechnologien ebenso wie durch die Globalisierung ökonomischer Beziehungen sind die Zwänge zu räumlicher Verdichtung geringer geworden. Der säkulare Prozess der Suburbanisierung von Bevölkerung und Gewerbe hat sich dadurch beschleunigt, Dezentralisierungs- und Dekonzentrationsprozesse sind zu einem Haupttrend der Regionalentwicklung geworden. Unter diesen Bedingungen gewinnt bei der Wohnstandortwahl eine Komponente größere Bedeutung, die sich früher nicht hat durchsetzen können: die Sehnsucht nach Homogenität und Harmonie. Diejenigen Haushalte, die aufgrund ihrer materiellen Situation eine Wahlfreiheit bei der Wohnstandortwahl haben, sorgen für den beständigen Prozess einer feinkörnigen sozialen Sortierung – in den weniger beliebten Quartieren bleiben diejenigen Haushalte zurück, die nicht die Mittel haben, ihre eigenen Wohnwünsche Realität werden zu lassen. Das führt zwar auch zu einer sozialen Homogenisierung, aber zu einer erzwungenen.

Je stärker die soziale Ungleichheit in einer Gesellschaft ist, desto stärker sind auch die sozialräumlichen Ungleichheiten, wenn nicht durch staatliche Interventionen andere Verteilungsmuster durchgesetzt werden. Die marktförmige Organisation bei der Wohnungsversorgung in Deutschland führt auch zu einer stärkeren sozialräumlichen Polarisierung, wie an der Entwicklung der Durchschnittseinkommen in verschiedenen Stadtteilen am Beispiel Hamburgs gezeigt worden ist (vgl. Dangschat 1995).

b) In den Großstädten sind Tendenzen wirksam, die neue Formen einer städtischen Exklusion hervorbringen bzw. zur Bildung einer neuen städtischen Unterklasse beitragen. Die Kämpfe des städtischen Proletariats im 19. und am Beginn des 20. Jahrhunderts waren Kämpfe um die städtische Integration: für die Verbesserung der Wohn-, Arbeits- und Lebensbedingungen, gegen die Gleichung ‚schlechte Bausubstanz gleich schlechte Bevölkerung' (d.h. politisch und sozial diskriminierte Bevölkerung). Die Integration in die städtische Ökonomie war demgegenüber von geringerer Bedeutung, da die wachsende Industrie das zugewanderte Proletariat ohnehin aufsog.

Heute ist die Integration in die Stadt vollzogen, soweit sie durch bauliche Vorsorge beeinflussbar ist. Städtische Auseinandersetzungen entstehen nun um die ökonomische Integration und um soziale Anerkennung, die immer prekärer wird. Neben den traditionellen Altbaugebieten mit billigen Wohnungen bilden sich auch in Gebieten, in denen die Sanierung mit öffentlichen Mitteln bereits abgeschlossen ist, sowie in Neubaugebieten Orte der sozialen Exklusion. Dort sind die Wohnverhältnisse in Ordnung, die soziale und ökonomische Integration jedoch fehlt (vgl. Kronauer u.a. 1993).

Bevölkerung, die von Arbeitslosigkeit, Armut, Sucht und anderen sozialen Problemen betroffen ist, wird entweder durch die Zuweisung von Sozialwohnungen oder über marktförmige Prozesse in bestimmte Viertel abgeschoben. In diesen stark segregierten und isolierten Vierteln gibt es keine Arbeitsgelegenheiten, die Distanz zum Arbeitsmarkt nimmt generell und für alle zu. Die sozialen Netze werden instabil, weil die Umzugsmobilität hoch ist, gleichzeitig haben diese Umzüge eine weitere selektive Wirkung. Gewalt im öffentlichen Raum und auch in den Häusern wird ein allgegenwärtiges Phänomen, das eine lähmende Wirkung für bürgerschaftliches Engagement hat. So kann eine fatale Kumulation sich gegenseitig verstärkender negativer Faktoren entstehen, die zu einem Milieu der Benachteiligung führt. Aus den

Quartieren, in denen die Benachteiligten leben, werden benachteiligende Quartiere.

Von solchen Gebieten wird keine Bedrohung der restlichen Stadt ausgehen, denn die ökonomisch Ausgeschlossenen, die ‚Überflüssigen' verfügen über kein Drohpotential mehr; ihr politisches Verhalten ist eher durch Apathie geprägt. Die trotzdem aufflackernden Widerstände sind polizeilich beherrschbar, wie die Ereignisse in Los Angeles oder in jüngerer Zeit in New York zeigen. Das Interesse der Gesamtstadt an ‚ruhigen Verhältnissen' kann für einige Zeit auch durch Repression gewährleistet werden, ohne dass ein Programm der sozialen Integration ernsthaft angestrebt wird (vgl. Wacquant 1997b).

Aber das ist keine Perspektive für eine Entwicklung, die in der Tradition der europäischen Stadt steht. Weder die politischen Assoziationen noch die politischen Ziele, die für die Stadt der Moderne charakteristisch waren, werden sich wiederbeleben lassen. Die postmoderne Stadt ist fragmentierter, ihre Probleme sind disparater, und die Instrumente der Stadtpolitik sind scheinbar schwächer, weil sie stärker auf Kommunikation und Kooperation mit privaten Akteuren angewiesen sind. Die beschriebenen Ungleichheiten und Differenzierungen der postmodernen Stadt in einer Balance pluralistischer Optionen zu halten, Ausgrenzungen und sozialräumliche Spaltungen also zu vermeiden, ist die zentrale Problemstellung für die Stadtpolitik in der Postmoderne.

Im Zuge des Wandels von der Industrie- zur Dienstleistungsgesellschaft, der zusammenfällt mit der Globalisierung und Denationalisierung ökonomischer Beziehungen, wandeln sich auch die Bedingungen für die Stadtpolitik (vgl. Healey u.a. 1995). Zwar ist die Theorie vom ‚Fordismus' ein makroökonomisches Konzept, d.h. es bezieht sich auf Gesellschaftsformationen (vgl. Jessop 1994), aber die Rolle und die Handlungsmöglichkeiten der Städte sind ebenso wie die politischen Konstellationen im Rahmen einer solchen Theorie zu interpretieren. Während in der Phase eines starken nationalen Wirtschaftswachstums die großstädtischen Regionen von den Investitionswünschen des Industriekapitals bedrängt wurden und Regeln für eine geordnete Siedlungsentwicklung durchsetzen mussten, sind sie in der Phase der Deindustrialisierung durch Einnahmeausfälle und soziale Probleme finanziell so geschwächt, dass sie sich – um überhaupt noch handeln zu können – immer öfter privatwirtschaftliche Partner zur Erfüllung ihrer öffentlichen Aufgaben suchen müssen. In der Epoche des Fordismus wurden die starken Gewerkschaften an der politischen Macht beteiligt und sie trugen zur keynesianischen Steuerung von Konjunktur- und Lohnpolitik bei, die Grundlage für den wachsenden Massenkonsum waren. Auch in der Stadtpolitik war es eine selbstverständliche Zielsetzung, die Früchte des Wachstums in der Stadt durch Infrastrukturausbau und soziale Dienste umzuverteilen, also einen lokalen Wohlfahrtsstaat zu entwickeln, der zur städtischen Integration beitragen konnte. In der postmodernen bzw. postfordistischen Stadt (vgl. Borst u.a. 1990; Mayer 1994) ändert sich die Rolle der Stadtpolitik. Finanziell am Boden steht sie in einer wachsenden Standortkonkurrenz, die sie zu Vorleistungen und Kompromissen mit internationalen Investoren zwingt. Ökonomisches Wachstum ist nicht mehr identisch mit Arbeitsplatzwachstum, und die Arbeitslosigkeit in den Großstädten scheint zu einer dauerhaften Erscheinung geworden zu sein. Durch die Globalisierung der ökonomischen Beziehungen werden Kostenreduktionen und Deregulierungen erzwungen, die in einem Abbau und in der Privatisierung öffentlicher Dienste münden. Gegenüber dem Steuerungsanspruch der staatlichen Organe in der fordistischen Epoche wird das Selbstverständnis lokaler Politik im Postfordismus auf Moderation und Anregung ökonomischer Prozesse reduziert.

Die traditionellen Formen der sozialen Integration in der europäischen Stadt stehen damit auf dem Prüfstand. Das Ende der fordistischen Stadt ist sicher nicht gleichbedeutend mit der Auflösung der Stadt als einer sozialen Veranstaltung, aber mit ihm setzt ein tiefgreifender Wandel ein, der auch die sozialräumlichen Strukturen betrifft. Sicher ist, dass weniger staatliche Steuerung und mehr marktförmige Austauschprozesse die soziale, ökonomische und räumliche Entwicklung der Städte bestimmen werden. Für die europäische Stadtpolitik kommt es dabei entscheidend darauf an, zu verhindern, dass sich die sozialräumliche Polarisierung in den Großstädten so zuspitzt, dass dort Orte der sozialen Exklusion entstehen.

In diesem Kontext vollzieht sich die Transformation Berlins von der geteilten Stadt auf der Frontlinie des Ost-West-Konflikts, der die zweite Hälfte des 20. Jahrhunderts beherrscht hat, zur Hauptstadt des wiedervereinigten Deutschland. In den folgenden Kapiteln wollen wir diese Transformation in ihren sozialräumlichen Ausprägungen und Folgen beschreiben und analysieren. Ob aus der ‚geteilten‘ Stadt eine ‚gespaltene‘ Stadt wird, ist dabei die leitende Frage.

2. Arbeiterviertel und Villenkolonien: Die Herausbildung sozialräumlicher Strukturen vor 1945

Die heutige sozialräumliche Struktur der Stadt Berlin beruht in ihren Grundzügen auf Entwicklungen, die sich in der Zeit der Industrialisierung und des stärksten Bevölkerungswachstums zwischen 1860 und 1914 vollzogen haben. Eine Weichenstellung mit langfristigen Wirkungen wurde während des Ausbaus von Berlin zur Residenzstadt in der Zeit vom 16. bis zum 18. Jahrhundert vorgenommen, nämlich die Orientierung der aristokratischen Stadterweiterung in Richtung Westen. Die soziale Prägung von einzelnen Stadtteilen ist nur vor diesem historischen Hintergrund zu verstehen. Die räumliche Verteilung von Funktionen und Bevölkerungsgruppen im Prozess des starken Stadtwachstums bis zu der Zäsur, die der Zweite Weltkrieg bildete, soll daher im Folgenden skizziert werden.

In der vorindustriellen bürgerlichen Stadt wurden die Bauplätze und die Wohnorte nach Regeln vom Rat festgelegt, der Status und die Zugehörigkeit zu Zünften und Ständen spielten hierbei eine wichtige Rolle. Nach der Unterwerfung der Städte durch die Landesherren lag rechtlich und ökonomisch alle Macht in deren Händen, und sie nutzten sie, um die Residenzstadt repräsentativ auszubauen und eine ökonomische Entwicklung anzustoßen, die ihre Steuereinnahmen erhöhen sollte. In diesem Regime wurden die Standorte von gewerblichen und militärischen Einrichtungen sowie die Wohnorte verschiedener sozialer Schichten ‚von oben‘ festgelegt, sofern die für die Stadterweiterung vorgesehenen Böden im Eigentum des Fürstenhauses waren. Für die Bebauung der übrigen Gebiete erließen die Landesherren mehr oder weniger genaue Regelungen.

Gegen die Regulierungsansprüche der Fürsten regte sich seit dem Ende des 18. Jahrhunderts der liberale Anspruch des Bürgertums, selbst über den Umgang mit seinem Eigentum entscheiden zu können. Im Allgemeinen Preußischen Landrecht wurde dies im Grundsatz anerkannt.

Mit der industriellen Entfaltung der kapitalistischen Produktion und der damit einhergehenden Umwälzung der Siedlungs- und Stadtstrukturen änderten sich die Bedingungen für die Verteilung der sozialen Schichten auf den

Stadtraum. Von nun an prägten die Standortanforderungen und der Raumbedarf der Industrie die Stadtstruktur. In den Städten entstand eine neue soziale Klasse, das Proletariat, und deren rasch steigende Wohnungsnachfrage wurde von einer neuen Unternehmerschicht, den Immobilienspekulanten (eine damals als wertneutral geltende Bezeichnung) befriedigt. Marktkräfte begannen die Stadtentwicklung zu bestimmen, und die Verfügbarkeit über Lage und Qualität von Wohnungen wurde zu einer Frage des Einkommens. Bis zum Ende des Kaiserreichs dominierte der privatwirtschaftliche Städtebau in verschiedenen Varianten die Stadtentwicklung und führte zum sozialräumlichen Muster der nach gesellschaftlichen Klassen strukturierten Stadt.

Mit der Demokratisierung nach dem Ersten Weltkrieg setzte in Deutschland ein starker staatlicher Einfluss auf Wohnungs- und Städtebau ein, denn der Klassengegensatz der kapitalistischen Industriegesellschaft wurde auch mit städtebaulichen Mitteln zu mildern gesucht. Diese Tradition wurde nach der Teilung der Stadt Berlin, die ein Ergebnis des Zweiten Weltkriegs war, im Osten fortgesetzt und bis zu dem Extrem verstärkt, dass die Zuteilung von Wohnungen zur Staatsangelegenheit erklärt wurde (vgl. Kapitel 3). Im Westteil Berlins ergab sich nach dem Zweiten Weltkrieg ein vergleichsweise hoher Staatseinfluss auf die sozialräumliche Struktur dadurch, dass die meisten Investitionen im Wohnungsbau mit öffentlichen Subventionen verbunden waren und die Behörden dadurch Einfluss auf Standortentscheidungen von Bauherren und auch auf die Wohnungsbelegung bekamen.

Mit dem Ende der Teilung, die im ehemals sozialistischen Teil mit der Restitution von Privateigentum und mit der Einführung von marktförmiger Steuerung verbunden war, sowie mit der Marktöffnung im Westteil änderten sich die Bedingungen für die sozialräumliche Strukturierung der Stadt erneut. Welche Muster sich unter diesen neuen Konditionen herausbilden, ist Gegenstand von Kapitel 4 und 5.

2.1 Die Residenzstadt

Nachdem zu Beginn des 15. Jahrhunderts Fehden und Kämpfe in der Mark Brandenburg ausgebrochen waren, ernannte König Sigismund den Hohenzollern Friedrich zum Hauptmann für die Mark. Nach der Unterwerfung der Pommern und des aufständischen Adels wurde Friedrich 1417 zum Markgrafen befördert und mit der Würde des Kurfürsten versehen. Damit begann die fünfhundertjährige Herrschaft der Hohenzollern in Berlin. In den Folgenden 30 Jahren hat Berlin/Cölln, das sich als Doppelstadt zu einem wichtigen Handelsort entwickelt hatte, immer wieder versucht, seine städtischen Rechte gegen den Markgrafen zu verteidigen. In Städtebünden mit Frankfurt und Brandenburg wie auch in Kooperation mit den Hansestädten versuchte Berlin seine Eigenständigkeit zu behalten. 1448 kam es beim „Berliner Unwillen" zum Eklat zwischen den Bürgern und dem Landesherrn, bei dem die Bürger klein beigeben mussten. Der Landesherr beschloss daraufhin, seine Residenz in Berlin zu bauen, um weitere Unruhen und eine zu große Selbständigkeit der Stadt im Keim zu ersticken. Die städtische Selbstverwaltung wurde stark eingeschränkt, der Stadtrat musste vom Hof Weisungen entgegennehmen. Im Jahre 1514 wurde das gemeinsame Rathaus der Doppelstadt abgerissen, eine Demonstration der politischen Abhängigkeit der Stadt (Ribbe/Schmädecke 1994, 50 f.). Eine bis 1918 anhaltende Folge war, dass die Stadtplanung in Berlin dem preußischen Innenministerium unterstand.

Mit dem Bau der ständigen Residenz des Kurfürsten ging eine entscheidende sozialstrukturelle Veränderung in Berlin/Cölln vor sich. Hatten bisher Kaufleute das bürgerliche Leben der Doppelstadt bestimmt, so kamen nun Bedienstete des Hofes, Beamte und vor allem Militär nach Berlin. Im Stadtgebiet und in der Umgebung entstanden Schlösser und Paläste, Kasernen, Exerzier- und Schießplätze sowie Verwaltungsgebäude und Ministerien. Das Schloss wurde zwischen 1443 und 1451 im nordwestlichen Teil von Cölln (heutiger Schlossplatz) gebaut, der – wie das westliche Spreeufer – zu dieser Zeit noch unbebaut war. Der landesherrliche Grundbesitz befand sich vor allem am westlichen Spreeufer, weil dort Wälder, Wiesen und Äcker gekauft werden konnten, um Jagdgelände und Gärten anzulegen (Escher 1985, 7). Bis zum Jahre 1786 gehörten 45% der Stadtfläche dem Königshaus.

Die Bevölkerungsentwicklung der jungen Residenzstadt war wegen der Pest zunächst rückläufig, danach erlebte sie jedoch als Immigrantenstadt eine steilen Aufstieg. Die entscheidende Wende in der Entwicklung der Stadt brachte das Ansiedlungsprivileg für jüdische Familien von 1671 und der Erlass des Edicts von Potsdam im Jahre 1685, welches die Zuwanderung von Glaubensflüchtlingen in das protestantische Berlin attraktiv machte. Die Hugenotten, calvinistische Flüchtlinge aus Frankreich, galten als kenntnisreich, tüchtig und sparsam. Ihre Anwerbung gelang durch die Garantie der Glaubensfreiheit, durch zusätzliche Privilegien wie die Befreiung vom Militärdienst sowie von Teilen der üblichen Abgaben. „Um 1700 war etwa jeder fünfte Einwohner Berlins französischer Herkunft" (Hofmeister 1990, 62). Weitere 5% der Berliner Bevölkerung waren so genannte Schutzjuden, die direkt an den Kurfürsten Steuern zahlen mussten.

Die Bevölkerungszahl Berlins stieg rasch an. 1688 hatte Berlin 20.000, im Jahr 1712 bereits 61.000 und 1755 schon 126.000 Einwohner. Neben den französischen Calvinisten siedelten sich auch andere protestantische Zuwanderer an: Orangeois (aus Orange/Provence), Wallonen, Waldenser, Flamen, französische Schweizer, Kurpfälzer, nach 1732 auch 20.000 Salzburger, Holländer aus den von Spanien regierten Gebieten und zwischen 1733 und 1737 böhmische Zuwanderer: die Hennersdorfer, die Herrnhuter und die Gerlachsheimer. Die Herrnhuter wurden 1737 im Lehnsschulzengut Rixdorf (Böhmisch-Rixdorf) untergebracht, das vom König extra hierfür gekauft wurde (Hofmeister 1990, 64f.). Zwischen Berlin und Schöneberg entstand das hugenottische Neu-Schöneberg. Die Zuwanderung in die Stadt war bis 1800 vor allem Fernwanderung aus Regionen jenseits des deutschsprachigen Raums, erst im 19. Jahrhundert rekrutierte sie sich aus den umliegenden Gebieten.

Am westlichen Spreeufer gründete der Kurfürst neue Siedlungen, die zunächst eigenständige Verwaltungseinheiten bildeten. Die erste Stadtgründung war Friedrichswerder, dann folgten die Dorotheenstadt und die Friedrichstadt als Stadterweiterungen an der Grenze zu Cölln (vgl. Karte 2.1). In ihnen sollte sich das neue Zentrum des Städtebundes entwickeln. Während die östlich davon gelegene Altstadt Berlin mit ihren verwinkelten und schmalen Gassen das Zentrum des Handels bildete, entstanden in den neuen westlichen Stadtteilen Verwaltungs-, Forschungs-, Kultur- und Repräsentationsgebäude sowie Manufakturen für Edelprodukte. Das Herz der Dorotheenstadt bildete die Prachtstraße Unter den Linden, das Zentrum der Friedrichstadt die Friedrichstraße. 1709 wurden die fünf Städte zur Einheitsgemeinde Berlin vereinigt, kurz nachdem sich Friedrich I. 1701 in Königsberg die preußische Königskrone aufs Haupt hatte setzen lassen.

Die Hugenotten bildeten vor allem in der Friedrichstadt und in der Dorotheenstadt große Gemeinden. In diesen neuen Stadtteilen gab der Kurfürst den Zuwanderern Land, verbunden mit der Auflage, Häuser zu bauen. Die Dorotheenstadt wurde in erster Linie Wohnquartier der Adligen und Begüterten mit großen palaisartigen Häusern und stattlichen Gärten. Die Hugenotten gründeten Manufakturen und brachten viele neue kulturelle Einflüsse nach Berlin. Am südlichen und nördlichen Rand des Tiergartens („An den Zelten") entstanden Kaffeegärten und im ‚Moabiterland' wurden Maulbeerplantagen angelegt. Schließlich gründeten sie die ersten Berliner Woll-, Seiden- und Baumwollmanufakturen und legten damit den Grundstein für die Berliner Textilindustrie (Hofmeister 1990, 64).

Berlin blieb lange vom Hof und vom Militär geprägt. Königliche Entscheidungen und Ausbaupläne bestimmten die räumliche Entwicklung der Stadt. Da östlich des Schlosses die dicht bebaute bürgerliche Stadt den Erweiterungsplänen im Wege stand, orientierten sich alle Ausbauvorhaben Richtung Westen. Neue Bevölkerungsgruppen und innovatives Gewerbe prägten dort die Stadterweiterung.

Um 1800 gehörten von 172.000 Einwohnern noch 33.300 zum Militär, also fast 20% der gesamten Stadtbevölkerung. Ihr Anteil nahm mit dem

Wachstum der zivilen Funktionen ab und war 1880 auf weniger als 2% geschrumpft. Durch die Zuwanderung bildete sich im 18. Jahrhundert neben der Residenzstadt die Gewerbestadt. Tuchmanufakturen lebten in erster Linie von den Aufträgen des preußischen Militärs, für das sie die Stoffe der Uniformen herstellten. Auch die frühe Metallindustrie produzierte für das Militär.

Der Einfluss des Militärs und des Hofes war auch in der Stadtstruktur prägend. Berlin war von Schieß- und Exerzierplätzen umgeben, im Westen und Südwesten lagen die vom Hof genutzten Flächen. Auf dem heutigen Gelände des Zoologische Gartens lag die königliche Fasanerie, das königliche Jagdgehege im Tiergarten. Vom Lustgarten wurde der Botanische Garten an die Potsdamer Straße im Südwesten verlegt (heute Kleistpark). Am südlichen Tiergartenrand entstand das Diplomatenviertel. Im Westen und Südwesten der Stadt siedelten sich die Wohlhabenden an. Durch die vielen Schlösser und Schlösschen des Königshauses, die vor allem im 18. Jahrhundert entstanden, wurde die südwestliche Entwicklungsrichtung mit dem Fluchtpunkt Potsdam vorgegeben, und dort folgten später auch die Paläste der Industriellen (Kreße 1977, 48f.; Leyden 1995, 65f.).

Karte 2.1: Berliner Stadtteile und Stadttore um 1760

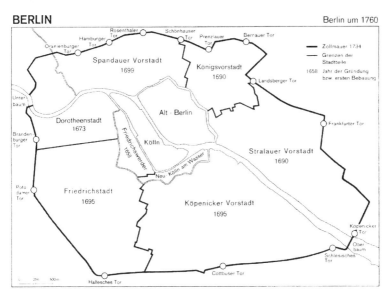

Quelle: Senator für Bau- und Wohnungswesen 1987: Topographischer Atlas Berlin.
Berlin: Reimer

Bis zur Mitte des 19. Jahrhunderts war Berlin von einer Zollmauer umgeben, die die Stadtgrenzen genau markierte. Ihre Ausmaße sind bis heute an den Ortsbezeichnungen zu erkennen: vom Brandenburger Tor zum Frankfurter Tor, und von der Torstraße zum Halleschen Tor. Innerhalb dieser Grenzen lagen sehr unterschiedlich strukturierte Teile der Stadt (vgl. Karte 2.1).

- Die mittelalterliche Altstadt dehnte sich vom Schloss in Richtung Osten aus – ungefähr bis zum heutigen Verlauf der S-Bahn, die auf den alten Festungsgräben gebaut worden ist. Dieser Teil der Stadt war sehr dicht und eng bebaut, die Häuser hatten im Erdgeschoss in der Regel einen Laden oder eine Werkstatt. Dieser Stadtteil entsprach strukturell am ehesten dem, was heute als ‚Bürgerstadt' bezeichnet wird;
- Im Norden und Osten schlossen sich planlos bebaute Vorstädte an, die noch sehr stark mit landwirtschaftlicher Nutzung durchsetzt waren: Hier überwogen einfache ärmliche Bebauungen, Schuppen und Scheunen (vgl. Skoda 1985), in denen die Armutsbevölkerung wohnte;
- Westlich des Schlosses erstreckte sich die von den preußischen Königen geplante Residenzstadt mit den typischen Merkmalen der barocken, d.h. absolutistischen Stadt: lange Achsen, geometrische Raster als Stadtgrundriss, Plätze und Fassaden, die der Repräsentation und der Inszenierung der Macht dienten. Die größte Achse bildete der Straßenzug Unter den Linden, der sich schnurgerade bis zum Charlottenburger Schloss fortsetzte; eine andere bildete die Friedrichstraße, das Rückgrat der Friedrichstadt, in der Adel, Offiziere und wohlhabende Bürger in großen Mietwohnungen lebten.

Wohnhäuser und Lebensverhältnisse in der Altstadt entsprachen den damals üblichen Strukturen von Kleinstädten, und in den Vorstädten ging es sogar ländlich zu. Wasserleitungen und Kanalisation gab es noch nicht. Das Wasser wurde den ca. 5.000 Brunnen in der Stadt entnommen, und das Abwasser wurde ebenso wie der Müll einfach auf die Straße in den Rinnstein gekippt. Dreck und Gestank waren – wie in allen vorindustriellen Großstädten – vor allem in der Altstadt allgegenwärtig, weil die Straßen eng und die Wohnungen dicht belegt waren.

Dorotheen- und Friedrichstadt gaben der zwischen Schloss und Brandenburger Tor gelegenen Residenzstadt durch ihre einheitliche und massive Bebauung ein großstädtisches Gepräge. In den ersten 40 Jahren des 19. Jahrhunderts wurden in der Stadtmitte jene klassizistischen Bauten der staatlichen Repräsentation errichtet, die das Stadtbild im Zentrum bis heute prägen. Die Straße Unter den Linden „bildete das Gehäuse der aristokratischen Welt" (Siedler 1997, 4), in ihrem westlichen Teil entwickelte sich bereits eine urbane Mischung aus Schichten und Funktionen, die zum Treffpunkt der bürgerlichen Gesellschaft wurde.

Mit dieser Hochphase des hoheitlichen Städtebaus fand die absolutistische Stadtentwicklung ihr Ende, und mit dem Beginn der Industrialisierung setzte eine vollkommen andere Entwicklung ein, die weder durch den König noch durch Stadtplaner, deren Berufsstand sich im letzten Drittel des 19. Jahrhunderts herauszubilden begann, entscheidend kontrolliert werden konnte. In der zweiten Hälfte des 19. Jahrhunderts entstand in der Stadt jene Struktur, die bis heute als typisch für Berlin gelten kann: die Polarität zwischen Mietskasernenstadt und Vorortsiedlungen.

Mit den politischen Veränderungen seit den Befreiungskriegen am Anfang des Jahrhunderts war ein wachsender Einfluss des Bürgertums auf die Bauregulierung verbunden. Mit den Stein-Hardenberg'schen Reformen war dem städtischen Bürgertum die Selbstverwaltung der ‚örtlichen Angelegenheiten' zugestanden worden, was zur Einrichtung eines Stadtparlaments führte, in dem die Haus- und Grundbesitzer eine konstitutionelle Mehrheit besaßen. Gegen ihren gemeinsamen Willen konnten keine planerischen Regeln mehr erlassen werden. In der zweiten Hälfte des 19. Jahrhunderts bildete sich eine systematische, wissenschaftlich untermauerte Stadtplanung in permanenter Auseinandersetzung zwischen einem aufgeklärten Expertentum in der Stadtverwaltung und den Grundbesitzern im Stadtparlament heraus (vgl. Fisch 1988). Mit der Industrialisierung entstand die ‚Wohnungsfrage' als Teil der ‚sozialen Frage' (vgl. Zimmermann 1991). Die Wohnungsversorgung für die mittellosen Massen, die die rasch wachsende Industrie mit sich brachte, wurde zu einem politischen Problem. Gleichzeitig wurde in der Wohnungsversorgung auch ein Mittel zur Domestizierung und Integration dieser neuen Klasse von Stadtbewohnern gesehen (vgl. Häußermann/Siebel 1996, 85ff.). Ob und wie die Klassen und Schichten in der Industriestadt sich räumlich voneinander separieren sollten oder ob eher eine soziale Mischung in den Wohngebieten anzustreben sei, wurde zu einer zentralen stadtpolitischen Frage (vgl. Saldern 1995).

2.2 Die Mietskasernenstadt

Seit der Mitte des 19. Jahrhunderts wuchs die Stadt über ihre von der Zollmauer definierten Grenzen endgültig hinaus. Noch innerhalb der Zollmauer lagen Spandauer Vorstadt, Königsstadt, Stralauer Vorstadt und Luisenstadt, Friedrichstadt und Friedrich-Wilhelm-Stadt; 1841 kamen nun auch die Rosenthaler, Oranienburger und die Friedrichsvorstadt zu Berlin, 1861 außerdem Moabit, Wedding, sowie die Schöneberger und Tempelhofer Vorstadt. Im Jahre 1862 präsentierte der vom preußischen Innenminister beauftragte James

Hobrecht einen Bebauungsplan für Berlin, der ein vielfaches der bisher besiedelten Fläche umfasste. Die Zollmauer wurde 1867/68 abgerissen.

Nach 1870 erlebte die Stadt ein unglaubliches Wachstum: In der Folge des Deutsch-Französischen Krieges und der Reichsgründung begann die ‚Gründerzeit'. Vom militärischen Sieg des neuen Kaiserreichs profitierte die junge Hauptstadt stark. Innerhalb von wenigen Jahrzehnten wurde Berlin der führende und größte Industriestandort des europäischen Kontinents, wobei das Textilgewerbe zunächst die meisten Beschäftigten aufwies. Vor allem die Konfektionsindustrie wurde zu einem wichtigen Gewerbezweig der Stadt, gefolgt von Metall verarbeitenden Unternehmen, insbesondere Eisengießerei und Maschinenbau. Gegen Ende des Jahrhunderts wurde dann die Elektroindustrie zum Wachstumsmotor der großen Industriestadt.

Die ersten Manufakturen konnten noch innerhalb der bebauten Stadt, in den Hinterhöfen und in Werkstatträumen aufgebaut werden (vgl. Reulecke 1985, Spode 1994). Das Textilviertel Berlins bildete die südliche Friedrichstadt und die Luisenstadt im heutigen Kreuzberg. Das erste Industriegebiet Berlins lag an der Chauseestraße direkt vor den Toren der Stadt, heute im nordwestlichen Teil des Bezirks Mitte. Hier hatte sich 1804 die Königliche Eisengießerei angesiedelt, um 1840 folgten Borsig, Zoller&Pflug, Wöhlert und andere. Von der Chausseestraße aus expandierte die Industrie in den 1840er-Jahren entlang der Verkehrswege – und dies waren damals vor allem die Wasserwege und die Eisenbahnstrecken – in Form einer Randwanderung. Die erste Expansionsphase verlief westwärts nach Moabit und nordwärts nach Wedding. Weitere Industriezonen entstanden in den 1880er-Jahren in Schöneweide und in Spandau an der Spree, in Neukölln am Treptower Schifffahrtskanal sowie am Tegeler See (vgl. Zimm 1959, Thienel 1973).

Die Einwohnerzahl Berlins nahm im 19. Jahrhundert und insbesondere seit der Industrialisierung rasch zu: 1820 hatte Berlin knapp 200.000 Einwohner, 1849 dann 412.000 Einwohner, 1871 waren es 826.000, und 1877 überschritt die Zahl der Bewohner die 1-Millionen-, 1905 die 2-Millionengrenze. 1912 war der Höhepunkt der Bevölkerungsentwicklung innerhalb der alten Stadtgrenzen erreicht. Seitdem nimmt die Bevölkerungszahl in diesem Areal stetig wieder ab: 1925 waren es 1 971.000, 1939 nur noch 1 779.000 Einwohner. Die Stadt dehnte sich ins Umland aus, der Prozess der Suburbanisierung setzte ein. Das Verhältnis der Bevölkerungszahl von Berlin zu seinem Umland änderte sich von 90:10 im Jahre 1871 auf etwa 50:50 im Jahre 1919.

Das ganze 19. Jahrhundert über blieben Stadtplanung und Bauordnungen in den Händen von Beamten, die vom preußischen Staat eingesetzt wurden. Zuständig für die Bauordnungen war der Polizeipräsident, denn die private Bautätigkeit wurde nur unter dem Gesichtspunkt der Feuersicherheit überwacht. In der ersten Bauordnung von 1853 wurde bestimmt, dass das Polizeipräsidium die Fluchtlinien für neu zu bebauende Straßen und Plätze festlegt und dass Hintergebäude nur dann errichtet werden dürfen, wenn eine etwa 2,5 m breite Zufahrt für die Löschfahrzeuge frei gehalten wird und im Hof ein Platz von mindestens 5,34 m Durchmesser zum Wenden der Feuerspritze zur Verfügung steht. Eine einheitliche Höhe der Gebäude von 11,30 m wurde für Straßen unter 15 m Breite festgelegt, an breiteren Straßen durfte höher gebaut werden. Für die Hinterhäuser wurden nur minimale Abstände gefordert, was eine so dichte Bebauung zuließ, dass es in den unteren Stockwerken auch tagsüber kaum hell wurde und die Luft kaum noch zirkulieren konnte. Die Intensität der Bodennutzung (Bebauungsdichte) war durch keine weitergehende Regelung beschränkt. Wie viele Hinterhäuser gebaut werden konnten, hing von der Straßenplanung ab, die über die Größe der Grundstücke entschied. Im ‚Hobrecht-Plan' von 1862 (vgl. Bodenschatz 1987, 54; Geist/ Kürvers 1984, 329ff.; Peters 1995, 100f.) wurde durch die planerische Festlegung der Fluchtlinien der städtebauliche Rahmen für die Stadterweiterung gesetzt, indem – nach Pariser Vorbild – Straßen mit einer Mindestbreite von 22 m geplant wurden. Die Höhe der Häuser wurde ebenfalls auf 22 m festgelegt, was eine einheitlich Bebauung mit fünfgeschossigen Häusern zur Folge hatte. Der Hobrecht-Plan schuf für die Stadterweiterung ein weitmaschiges, überwiegend rechtwinkliges Straßenraster, bei dem durch Nicht-Bebauung eines Blocks regelmäßige Stadtplätze entstehen konnten (z.B. Teutoburger Platz, Arnimplatz und Helmholtzplatz im Bezirk Prenzlauer Berg).

Die Bebauung auf den tiefen Grundstücken, die sich durch die 200 bis 400 m langen Blöcke ergaben, erfolgte in der Regel mit Vorderhaus, Seitenflügel und Quergebäude, wodurch mehrere Hinterhöfe entstanden. Das Zulassen der großen Blöcke war – zumindest in der Perspektive Hobrechts – mit gesellschaftspolitischen Zielen verbunden. Als mit der Industrialisierung das Bevölkerungswachstum in der Stadt explodierte, hatte man in Frankreich und England, wo Industrialisierung und Verstädterung schon früher eingesetzt hatten, bereits Erfahrungen mit der neuen sozialräumlichen Struktur der Industriestadt gemacht. Dort hatte sich, wie Friedrich Engels am Beispiel Manchester (Engels 1845) eindringlich beschrieb, eine scharfe soziale Segregation herausgebildet: Arbeiterquartiere mit elenden Wohnungen im Zentrum, während die Reichen die Stadtmitte verlassen und sich in den Vororten angesiedelt hatten. Eine solche polare Struktur wollte Hobrecht vermeiden, der die soziale Mischung *in den* Quartieren, ja auf jedem Grundstück zum städtebaulichen Programm erhob: „Nicht ‚Abschließung', sondern ‚Durchdringung' scheint mir aus sittlichen und darum aus staatlichen Rücksichten das Gebotene zu sein. ... In der Mietskaserne gehen die Kinder aus den Kellerwohnungen in die Freischule über den selben Hausflur wie diejenigen des Rats oder Kaufmanns auf dem Weg nach dem Gymnasium. Schusters Wilhelm aus der

Mansarde und die alte bettlägerige Frau Schulz im Hinterhaus, deren Tochter durch Nähen oder Putzarbeiten den notdürftigen Lebensunterhalt besorgt, werden in dem I. Stockwerk bekannte Persönlichkeiten. Hier ist ein Teller Suppe zur Stärkung bei Krankheit, da ein Kleidungsstück, dort die wirksame Hilfe zur Erlangung freien Unterrichtes oder dergleichen, und alles das, was sich als das Resultat der gemütlichen Beziehungen zwischen den gleich gearteten und wenn auch noch so verschieden situierten Bewohnern herausstellt, eine Hilfe, welche ihren veredelnden Einfluss auf den Geber ausübt." (Hobrecht, zitiert nach Scarpa 1995b, 205).

Hobrecht war ein naiver Verfechter von zivilisierenden Wirkungen der nachbarschaftlichen Koexistenz verschiedener sozialer Klassen. Damit setzte er zwar an historischen Erfahrungen einer lokalen Organisation von sozialer Integration in der Großstadt an (vgl. Hoffmann-Axthelm 1993, 178 ff.; Scarpa 1995a), die künftige Zuspitzung und Schärfe der Interessengegensätze hat er jedoch nicht erahnt – diese ließen seine Vorstellungen von sozialer Mischung und ‚gemütlichen Beziehungen' Makulatur werden.

Insgesamt wurden Bauordnung und Fluchtlinienplan als Einladung zur intensivsten Flächenausnutzung gesehen, die es je in deutschen Städten gegeben hatte (vgl. die Kritik von Hegemann 1930). Diese Einladung wurde von einem neuen Investorentypus angenommen, der Wohnungs- und Städtebau als kapitalistische Verwertung betrieb. Bis zur Mitte des 19. Jahrhunderts waren üblicherweise die Bodeneigentümer selbst die Bauherren gewesen, und sie bauten Häuser, in denen sie auch selbst wohnen bzw. residieren wollten. Die Hausbesitzer waren die „Bürger" der Stadt, und sie identifizierten sich mit der politischen, sozialen und baulichen Entwicklung der gesamten Stadt. Die neuen Investoren, typischerweise in der Form ‚anonymer Kapitalgesellschaften' (Aktiengesellschaften), waren reine Geschäftsleute, denen es auf einen raschen Umschlag ihres eingesetzten Kapitals und auf eine möglichst hohe Rendite ankam. Die bürgerschaftlich kontrollierte Stadtentwicklung wurde vom kapitalistischen Städtebau abgelöst – die Identität von Nutzer und Eigentümer löste sich auf. Und weil dem Kapital in dieser Zeit so wenig Zügel seitens der öffentlichen Planung angelegt wurden, entstanden Wohnungen, in denen das Elend ständiger Gast war (vgl. Asmus 1982).

Die Mietskasernenstruktur als solche legte aber keineswegs fest, welche soziale Schicht darin wohnen konnte oder nicht – ihr Potential sollte ja gerade in der Mischung auf engem Raum liegen. Tatsächlich entstanden im letzten Drittel des 19. Jahrhunderts rings um die alte Residenzstadt Wohnquartiere mit einer ähnlichen Baustruktur – aber mit höchst unterschiedlicher sozialer Zusammensetzung der Wohnbevölkerung. Mietskasernen lassen sich nämlich sowohl für die ärmsten Haushalte als auch für die Aristokratie und großbürgerliche Familien bauen. Licht, Luft und Sonne sowie technische Ausstattung sind vor allem eine Frage des Preises. In den Arbeitervierteln wurden überwiegend Kleinstwohnungen in verdichteten Strukturen gebaut; die Wohnungsnot der Arbeitermassen war wohnungswirtschaftlich eine „Kleinwohnungsfrage" (vgl. Rodríguez-Lores/Fehl 1987), weil ihre Einkommen unstet und niedrig waren. Die erschwinglichen, also kleinen Wohnungen entstanden in den Hinterhäusern, dicht an dicht um die Hinterhöfe; im Vorderhaus waren die Wohnungen etwas größer und die Bewohner wohlhabender.

Soziale ‚Durchmischung' wurde also durch Differenzierung der Wohnungsgröße und -qualität nach Vorder- und Hinterhaus und nach Etage auf ein und demselben Grundstück realisiert (hinten und ganz oben war es billiger) – eine Durchmischung freilich, die innerhalb eines begrenzten Ausschnitts der sozialen Status-Skala lag. Denn die Großbourgoisie hauste nie Seite an Seite mit dem Proletariat, aber in einigen Quartieren wohnten Bürger und Arbeiter durchaus in räumlicher Nachbarschaft.

Auch bürgerliche Haushalte und Familien hoher Beamter bewohnten Mietskasernen, dann aber die Wohnungen mit 5, 6 oder mehr Zimmern, die sich vom Vorderhaus in den Seitenflügel hineinziehen. Solche gab und gibt es vor allem in Charlottenburg, Wilmersdorf und Schöneberg. In den Hinterhöfen dieser Häuser befanden sich kleinere Wohnungen für Haushalte mit Einkommen, die unterhalb dem der ‚feinen Leute' lagen – eine ‚Durchmischung' auf einem hohen Niveau. Diese Wohnquartiere entstanden erst um die Jahrhundertwende, als die Arbeiterviertel im Norden und Osten bereits errichtet worden waren. Dort gab es zwar auch eine Differenzierung der Wohnungsgrößen zwischen Vorder- und Hinterhaus, aber die Unterschiede waren erheblich geringer. In den Hinterhöfen der westlichen Stadtteile wohnten (und wohnen) die im Handel und in Verwaltungen beschäftigten unteren Einkommensschichten, in den Vorderhäusern die wohlhabenden Angestellten und höheren Beamten. In den Arbeitervierteln bewohnten die ungelernten und hoch mobilen Arbeiter die Hinterhöfe, während sich in den Vorderhäusern Facharbeiter und Kleinbürger niederlassen konnten – eine ‚soziale Mischung' also innerhalb segregierter Strukturen.

Die Mietskasernenstruktur führte also tatsächlich zu einer stärkeren sozialen Mischung als eine Bebauung mit Wohnungen gleicher Größe und Qualität. Insbesondere im Kreuzberg der Manufakturperiode war dies der Fall, denn dort existierte eine Mischung auf dem einzelnen Grundstück nicht nur sozial, sondern auch funktional, d.h. nach der Nutzungsart: die so genannte Kreuzberger Mischung. Im Vorderhaus wohnten kleinbürgerliche Bevölkerungsgruppen, Beamte und Angestellte, aber auch die Besitzer kleiner Fabriken; in den Seitenflügeln wohnten die Handwerker und die Arbeiter, in den Hintergebäuden befanden sich die Fabriken und Werkstätten. So konnten alle Schichten der Belegschaft eines Betriebs in unmittelbarer Nähe auch wohnen.

Diese Struktur war allerdings vorindustriell. Wo sich die Großindustrie entwickelte, im Norden, Osten und Südosten, war eine funktionale Mischung die Ausnahme und die soziale Segregation bereits deutlicher ausgeprägt. Die hier vorzufindenden Geschosswohnungen der Jahrhundertwende dienten vorwiegend der Unterbringung der zunehmenden Menschenmassen mit niedrigsten Einkommen. Ein großer Teil der Bevölkerung musste in dunklen, schlecht durchlüfteten, oft feuchten und in den meisten Fällen hoffnungslos überbelegten Wohnungen leben. 1918 hatten 40% aller Berliner Wohnungen nur 1 Zimmer. Die soziale Frage äußerte sich in Berlin für alle sichtbar (auch) als Wohnungsfrage, und das Symbol des Wohnungselends war die Mietskaserne.

2.3 Wohnungsgröße und soziale Schicht

„Der Begriff Kaserne enthält die Aufhebung des Einzelwesens und des Einzelwillens und die Unterwerfung unter einen übergeordneten Zweck. Für das Wohngebäude, das jede Individualität der Bewohner verwischt und das Wohnungswesen durchaus den Zwecken der Spekulation unterwirft, konnte deshalb in der Tat keine treffendere Bezeichnung gefunden werden als die der Mietskaserne. Der Ausdruck bezeichnet den Haustypus, der in Hofwohnungen, Seitenflügeln, Quergebäuden eine unterschiedslose Masse von Wohnräumen umschließt." (Eberstadt, zitiert nach Bodenschatz 1987, 55f.). Wo statt von Mietshaus von Mietskaserne geredet wird, ist also die Sozial- und Kultur-Kritik an dieser Art von Wohnungsbau immer schon enthalten. Ihr Maßstab ist die individuelle Selbstbestimmung hinsichtlich des Wohnens, eine angesichts des rapiden Tempos der Verstädterung allerdings ziemlich unrealistische Vorstellung.

Das System der Mietskaserne war von Anfang an Gegenstand heftigster Kritik. Um 1910 war die Fachwelt einhellig gegen diesen Typus von Stadtentwicklung eingestellt. Prominenteste Kritiker in Berlin waren Rudolf Eberstadt, Professor für Nationalökonomie an der Universität Berlin, und Werner Hegemann, Generalsekretär der Städtebauausstellung in Berlin um 1910. Die Kritik an den Mietskasernen kann (nach Bodenschatz 1987, 55ff.) eingeteilt werden in eine Kritik an der Stadtentwicklung (a), an den sozialen Verhältnissen (b) und an den ästhetischen Qualitäten (c):

a) Die planerische Kritik richtete sich dagegen, dass durch die Straßenplanung und die Liberalität gegenüber der Bebauung im Hinterhof die Bodenpreise so hoch getrieben wurden, dass zwangsläufig dicht gebaut und überbelegt gewohnt werden musste. Durch das Straßensystem sei die Bodenaufteilung, der Bodenpreis und das System der Mietskasernen vorbe-

36

stimmt. Die Straßen galten den Kritikern als übermäßig breit, sie bemängelten, dass nicht in Verkehrs- und Wohnstraßen differenziert wurde und dass die Straßen in zu großem Abstand voneinander lagen. Ihrer Ansicht nach lag schon vor Baubeginn fest, dass die Wohnverhältnisse schlecht werden. Der Grund für die schlechten Wohnverhältnisse war allerdings die (fehlende) Bauordnung.

b) Die soziale Kritik an den Mietskasernen stützte sich auf die Behauptung, dass sie gesundheitliche, sittliche und damit auch politische Gefahren hervorbringe (vgl. Teuteberg 1987). Bei dieser Art von Kritik wurden die Mängel, die aus der Baustruktur resultieren, nicht unterschieden von jenen, die aus der Belegungsdichte entstehen, so sehr war es offenbar selbstverständlich, dass kleine Wohnungen überbelegt werden. Kritisiert wurde also der hohe Anteil von Hinterhof- und kleinen Wohnungen. Die kleine Wohnung mit Stube und Küche ohne eigene Toilette, die Normalwohnung der Mietskasernenquartiere, wurde durch die hohen Mieten zum sozialpolitischen Problem, denn diese konnten nur aufgebracht werden, wenn viele Bewohner aus ihrem Einkommen dazu beitrugen oder wenn sich ein großer Haushalt auf engstem Raum zusammendrängte. Eine größere Wohnung, die entsprechend mehr gekostet hätte, hätte das Kostenproblem allerdings auch nicht gelöst. Die Überbelegung der Wohnungen zeigte sich aufgrund der hohen Mieten in der Verbreitung von Untermieterwesen und Schlafgängern (vgl. Häußermann/Siebel 1996, 72f.). Daneben wurden das Fehlen von Freiflächen in der Nähe der Wohnungen und der Mangel an Licht, Luft und Bewegungsfreiheit in den hochverdichteten Quartieren zu einem zentralen Problem.

Die Mietskasernenviertel wurden von ihrem Hauptkritiker, Werner Hegemann, insgesamt als ein großer, riesiger Slum beschrieben. Die politischen Gefahren, die seiner Ansicht nach hiervon ausgingen, lagen in der Formierung einer Arbeiterbewegung, die gegen die gesellschaftlichen Verhältnisse aufbegehrte, und in der Unkontrollierbarkeit der Arbeiterviertel. Niemand wusste in den Arbeitervierteln aufgrund der hohen Fluktuation, wer wann genau wo lebte, und dies beflügelte die Angst vor rebellischen Machenschaften des Proletariats.

c) Die ästhetische Kritik an den Mietskasernengebieten erinnert sehr an die heutige Kritik des modernen Städtebaus. Die Mietskasernengebiete wurden als städtebauliche Unkultur beschrieben, nichts sagende Straßenzeilen seien durch Verödung, Langweiligkeit und Charakterlosigkeit gekennzeichnet. Andererseits seien die Baufronten mit Ornamenten und Aufbauten für schreiende Reklame überladen und böten ein trostloses Bild. Die endlosen schnurgeraden Straßen, Plätze ohne Gestaltung, schablonenhafte Blockeinteilung usw., die Häufung von im Prinzip absolut gleichen Häusern führten zu einer ‚Monotonie der Straßen'. Scheffler (1910) bezeichnete die Mietskasernenbebauung als eine Kulturlosigkeit im neuen Berlin, das am häufigsten gebrauchte Schimpfwort hieß: Schablone (vgl. Bodenschatz 1987, 67).

Überbelegung, schlechte Ausstattung der Wohnungen und hohe Mieten sind in Berlin historisch zwar mit der Mietskaserne verknüpft, die damit verbundenen Probleme können jedoch nicht der ‚Mietskaserne' als Bautyp angelastet werden. Das Elend hauste ja nicht in Charlottenburg und Wilmersdorf, wo ebenfalls Mietskasernen entstanden waren, sondern im Wedding, in Friedrichshain und in Neukölln. Das Hauptproblem lag in der immensen Wohnungsnot, in der mangelhaften technischen Ausstattung der Wohnungen und in der großen Zahl von Kleinstwohnungen, die große Haushalte beherbergen mussten – weil diese Haushalte nicht über eine höhere Kaufkraft auf dem Wohnungsmarkt verfügten.

Bis zum Ende des Kaiserreichs waren in Berlin die großen Wohnungen zugleich die luxuriös ausgestatteten und die kleinen Wohnungen die schlecht ausgestatteten. In letzteren wohnten die Haushalte mit niedrigem Einkommen, unabhängig von ihrer Personenanzahl. Die Bewohner der 1-Raumwohnungen mussten sich in der Regel die Kochgelegenheiten und das Klo mit anderen Haushalten teilen, die 2-Raumwohnung bestand aus einer heizbaren Küche und einer Stube. In den großen Haushalten der Aristokratie, der hohen Beamten und Offiziere sowie des Bürgertums wohnte neben dem engeren Familienkreis auch das Hauspersonal, das mindestens ein Dienstmädchen, je nach Einkommenslage auch Kutscher und Köchin umfassen konnte. Die Verteilung der Wohnungen nach Größe, wie sie die folgende Tabelle 2.1 für die inneren Stadtbezirke Berlins im Jahre 1925 zeigt, kann daher auch als eine Tabelle gelesen werden, die wiedergibt, für welche soziale Schichten die Wohnungen eines Bezirks vor allem gedacht waren.

Arbeiterhaushalte, die aufgrund ihres Einkommens nur eine kleine Wohnung mieten konnten, hätten – abgesehen von den Distanzen zu den Arbeitsplätzen in der Industrie, die ohnehin andere Wohnstandorte nahe legten – in Charlottenburg, Schöneberg und Wilmersdorf sehr viel weniger Wohnmöglichkeiten gehabt als in Wedding, Friedrichshain oder Kreuzberg. Umgekehrt war das Wohnungsangebot für die reichen Haushalte in Charlottenburg, Schöneberg und Wilmersdorf erheblich größer als in den übrigen Bezirken. Die gebauten Strukturen entsprachen also sozialen Strukturen, die städtebauliche Planung war eine Determinante für die sozialräumliche Verteilung der Bevölkerung auf die verschiedenen Stadtteile.

Tabelle 2.1: Anteil der kleinen und sehr großen Wohnungen an allen Wohnungen in % in den ‚Kernbezirken' von Berlin (1925)

Bezirk	1 und 2 Räume	5, 6 und mehr Räume
Wedding	**52,2**	5,1
Friedrichshain	**49,8**	6,0
Kreuzberg	**44,6**	11,7
Prenzlauer Berg	**42,2**	10,0
Neukölln	**40,3**	7,8
Mitte	37,3	14,4
Tiergarten	33,8	21,4
Charlottenburg	22,4	**34,6**
Schöneberg	20,2	**40,0**
Wilmersdorf	12,1	**52,1**

Quelle: Wohnungszählung 1925

In der zweiten Hälfte des 19. Jahrhunderts bemühten sich die Stadtverwaltungen, ein Instrument für eine ‚geordnete' bauliche Entwicklung zu schaffen (vgl. Fisch 1988). Mithilfe der Bauordnungen, die allmählich entwickelt wurden, konnte die Qualität (und damit auch der Preis) von Wohngebieten genauer bestimmt werden: Indem die Stadtplanung die Möglichkeit hatte, Bebauungsdichte, Grundstücksausnutzung, Bauhöhe, Abstände und Straßengestaltung etc. festzulegen, bestimmte sie auch die soziale Zuordnung von Wohngebieten. Wie Fisch gezeigt hat, war dies die Voraussetzung dafür, dass die Grundeigentümerparlamente Eingriffen in ihre privaten Verfügungsrechte überhaupt zustimmten. Denn durch die planungsrechtliche Regelung z.B. einer niedrigen Grundstücksausnutzung war sichergestellt, dass sich alle Bauherren gleich verhalten und eine ‚exklusive' Struktur für das gesamte Quartier entsteht. Durch eine entsprechend hohe Miete konnte der Einnahmeverzicht, der sich aus niedriger Bebauungsintensität ergaben, kompensiert werden. Voraussetzung dafür aber war, dass es keine Extravaganzen gab, sondern dass sich alle Eigentümer an die Beschränkungen hielten – und dies war durch eine rechtliche Einschränkung der Baufreiheit zu organisieren.

So lange es einen deutlichen Zusammenhang zwischen Wohnungsgröße und Zugehörigkeit der Bewohner zu einer sozialen Schicht gibt, ist die Wohnungsgrößen-Struktur eines Stadtteils ein Element der Sozialstruktur eines Gebiets. Denn abhängig von der klaren Dominanz einer bestimmten sozialen Schicht, wie sie angesichts der Wohnungsgrößen-Anteile für Wedding und

Friedrichshain auf der einen, für Schöneberg und Wilmersdorf auf der anderen Seite zu erwarten ist, entwickelt sich auch die kommerzielle Infrastruktur (Läden, Gaststätten usw.). Damit wird sie zu einem Merkmal der Wohngegend, das weitere Bewohner der gleichen Sozialschicht anzieht. Das heißt: die gebaute Segregation entwickelt ab einem bestimmten Grad einen sich selbst verstärkenden Effekt – sowohl ‚nach oben' als auch ‚nach unten'.

2.4 Die Vororte: geplante Segregation

Ab 1863 wurden außerhalb der Mietskasernenstadt in neu gegründeten Vororten oder bei kleinen dörflichen Siedlungen systematisch Villenkolonien geplant, beginnend 1863 mit der Kolonie Alsen (Wannsee), gefolgt von Westend (1866), Friedenau (1871), Grunewald (1889), Schlachtensee (1894), Nikolassee und Dahlem (1901) sowie Neu-Westend (1913). Im Westen bildeten die Villenkolonien von Halensee ausgehend bis zum Wannsee ein zusammenhängendes Band, das auch Teile des Grunewalds einschloss. In diesem Band lagen und liegen heute noch die exklusivsten Wohngegenden von Berlin. Auch im Ostteil der Stadt wurden Ende des 19. Jahrhunderts Villenkolonien (z.B. Pankow und Karlshorst) gebaut, diese waren jedoch kleiner als die am westlichen Stadtrand und bildeten auch kein zusammenhängendes Gebiet.

Die Vorortgründungen gingen ebenso wie der Ausbau der Mietskasernenstadt auf private Initiativen zurück. Aber während für die Spekulation mit Mietskasernen das städtebauliche Raster durch den Hobrecht-Plan vorgegeben war, schufen bei den Vorstädten die privaten Investoren selbst auch den Straßenplan und den Stadtraum. Pionier und städtebaulicher Großunternehmer, der für Berlin wichtigste Vorortgründer, war Carstenn. Er hat Halensee, Friedenau, die Kolonie Wilmersdorf (links und rechts der heutigen Bundesallee mit Prager Platz und Nicolsburger Platz) ebenso gegründet wie Lichterfelde Ost und West, die zu beiden Seiten des Teltowkanals liegen.

Carstenn war ein ‚Developer', der mit sicherem Gespür die Nachfrage einer wachsenden und vermögenden Angestelltenschicht bediente. Deren Repräsentations- und Distinktionsbedürfnisse erfüllte er mit Villenkolonien: Orte außerhalb der Stadt auf billigem Boden, in denen auch solche Leute ihr eigenes Haus würden bauen können, die den mittleren Einkommensgruppen angehörten. Die Grundlage für seinen Erfolg in Lichterfelde lag darin, dass er eine vollständige eigene Stadt baute, mit allen Infrastruktureinrichtungen und Anschluss an das Berliner S-Bahn-Netz – ein Vorbild für die nach 1992 propagierten ‚neuen Vorstädte' der Senatsbauverwaltung. Eisenbahnstation, Post,

Telegraphenamt, Arzt, Apotheker, Schulen – alles, was Familien zum Leben brauchten, war vorhanden (vgl. Posener 1986).

Carstenn kalkulierte mit der Sehnsucht der Mittel- und Oberschicht nach hochwertigem Wohnen außerhalb der hochverdichteten und sozial gemischten Gebiete, und dafür stellte er neue Stadtteile bereit. Die Villenkolonien waren ein städtebauliches Instrument zur sozialen Entmischung der alten Stadt, und aus dem Wunsch nach sozialer Exklusivität konnten die Wohnungsunternehmer gutes Geld machen. Eine Baupolizeiverordnung von 1892 sicherte für die Vororte den Charakter der Bebauung: Grundstücksgröße und Wohnungsausstattung verlangten einen hohen Preis, den die meisten Berliner Haushalte nicht bezahlen konnten – und dies sicherte die Exklusivität. Damit war durch stadtplanerische Festlegung die erwünschte soziale Segregation garantiert.

Dies ist ein erstes Beispiel für die geplante Suburbanisierung der Mittelschicht in Berlin – ein Verfahren, das in den USA typisch ist für die Planung neuer Siedlungskerne. Dort wird dies ‚zoning out' genannt, womit die legale Festlegung von Bebauungsplänen durch die Gemeinde, die bestimmte soziale Schichten als potentielle Bewohner ausschließt, präzise bezeichnet ist. Mindestgrößen von Grundstücken, Maße für maximale Bebauung und Gestaltungsvorschriften sind dabei die wichtigsten Mittel. Die neuen Vororte verstärkten auch in Berlin die sozialen Unterschiede zwischen den Stadtvierteln.

2.5 Die sozialräumliche Struktur um die Jahrhundertwende

Die sozialräumlichen Strukturen um die Jahrhundertwende zeigten etwa folgendes Muster: Um die Altstadt hatte sich von Nordwesten (Wedding) bis Südosten (Neukölln) ein Dreiviertel-Ring gebildet, in dem die Arbeiterbevölkerung die stärkste Bewohnergruppe bildete. In der baugeschichtlichen Analyse von Peters (1995) zeigt dieser eine Karte der ‚Kernzone' der Arbeiterwohngebiete, die anhand des Anteils der Bevölkerung abgegrenzt ist, welcher in Wohnungen mit höchstens einem heizbaren Zimmer lebte (vgl. Karte 2.2). Dieser ‚Dreiviertelring' schließt die größten Industriegebiete ein. „1910 wohnten fast 1,5 Millionen Menschen in Wohnungen mit nur einem heizbaren Zimmer. [Man zählte] rund 100.000 Wohnungen mit mehr als 600.000 Menschen. Als überfüllt galt jetzt eine Wohnung, wenn mehr als vier Personen in einem heizbaren Zimmer lebten" (Peters 1995, 146f.). Von der Stadtmitte ausgehend in Richtung Westen und Südwesten erstreckten sich dagegen Wohngebiete, in denen kaum Gewerbe lag. Dies waren einerseits die bürgerlich geprägten Mietskasernenviertel von Charlottenburg, Schöneberg und Wilmersdorf, andererseits die zuvor beschriebenen Villenkolonien und neuen

Vorstädte. Dass in diesen Gebieten kein Gewerbe vorzufinden ist, obwohl gerade hier die ersten Einbahnlinien entstanden, ist nicht dem Zufall zu verdanken, sondern mit finanzpolitischen Motiven zu erklären: „Eine der Haupteinnahmequellen der Gemeinden waren die Zuschläge zur staatlichen Einkommenssteuer. Diese Steuer war einkommensabhängig, und die Zuschläge wurden in Prozentwerten von dem Betrag der Staatssteuer erhoben, wobei die Höhe des Prozentsatzes durch die Gemeinde festgelegt wurde. Eine wohlhabende und entsprechend steuerkräftige Einwohnerschaft brachte der Gemeinde auch bei niedrigem Steuersatz erheblich höhere Einnahmen als eine arme (=steuerschwache) Bevölkerung mit hohen Zuschlägen" (Kreße 1977, 50). Gewerbegebiete zogen aber eine ‚arme Bevölkerung' an. Die unterschiedliche Besteuerung war damit ein wichtiges Element zur Verstärkung der Randwanderung und der damit einher gehenden sozialen und räumlichen Entmischung. Die Zuschläge auf die Steuern waren entsprechend unterschiedlich. Grunewald erhob einen Zuschlag von nur 45% auf die staatliche Steuer, Rummelsburg im Osten Berlins Zuschläge bis zu 220% (Kreße 1977, 50f.). Wer es sich leisten konnte, verließ also die armen Viertel mit hohem Steuersatz. Um die Ansiedlung von wohlhabenden Bewohnern zu sichern, wurden die zu bebauenden Gebiete als Villenvororte ausgewiesen und die Grundstücke möglichst groß gehalten. Gleichzeitig wurden störende Industrieansiedlungen vermieden.

Im 19. Jahrhundert wohnten die Arbeiter überwiegend in der Nähe der Fabriken, weil es noch keine öffentlichen Verkehrsmittel gab und die Wege zur Arbeit zu Fuß zurückgelegt werden mussten. Industriebezirke waren also auch Arbeiterbezirke. Dieser Zusammenhang löste sich nach der Jahrhundertwende langsam auf, nachdem Straßenbahn, S- und U-Bahn gebaut worden waren. Nach der Berufszählung von 1925 (vgl. Tabelle 2.2) können die Berliner Industrieregionen Wedding, Spandau und Treptow zu der Gruppe von Bezirken gezählt werden, die Grzywatz als Arbeiterbezirke bezeichnet, weil sich die Arbeiterquote in diesen Bezirken zwischen 50 und 57% bewegte. Es gab 1925 auch Bezirke mit überwiegender Arbeiterbevölkerung, in denen aber nur wenig Industrie lokalisiert war: Friedrichshain, Weißensee und Neukölln. Hier waren neben der Industrie vor allem Handelsbetriebe anzutreffen. Der Anteil der Angestellten und Beamten an der Gesamtbevölkerung dieser Bezirke lag im Allgemeinen bei 25%, die Selbständigenquote erreichte ca. 12%. Als ‚annähernd Arbeiterbezirke' stuft Grzywatz die Bezirke Prenzlauer Berg, Lichtenberg, Köpenick, Reinickendorf und Kreuzberg ein, weil die Arbeiterquote in diesen Bezirken unter 50% lag, aber doch noch erheblich höher als in den übrigen Bezirken. Die niedrigsten Arbeiteranteile wurden mit 16 bzw. 19 % in den Bezirken Zehlendorf und Wilmersdorf gezählt. Die höchsten Bevölkerungsanteile mit Angestellten und Beamten verzeichneten Steglitz

Karte 2.2: Dreiviertelring der Arbeiterwohngebiete um 1910

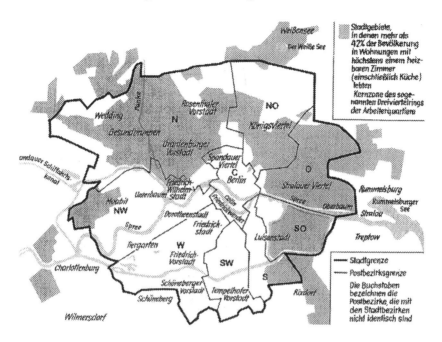

Quelle: Peters, Günter 1995: Kleine Berliner Baugeschichte. Von der Stadtgründung bis zur Bundeshauptstadt. Berlin: Stapp, 147

und Zehlendorf, mit jeweils etwa 40%. Wilmersdorf und Schöneberg hatten ebenfalls überdurchschnittliche Quoten, lagen aber noch unter 40%. Bei der Selbständigenquote fand sich in Wilmersdorf der höchste Anteil (ca. 20%). In Tempelhof und Pankow hielten sich die Bevölkerungsanteile von Arbeiterschaft und Angestellten/Beamten in etwa die Waage (Grzywatz 1988, 356 ff.).

Charlottenburg hatte 1883 Gelände an Siemens verkauft und damit weitab von den Wohngebieten, an der Grenze zum Moabiter Industrierevier, ein erstes und einziges Industriegebiet bewilligt. Hier entwickelten sich in den 1880er-Jahren die Fabrikanlagen von Siemens, in unmittelbarer Nachbarschaft zu Borsig in Moabit. Als Siemens jedoch seinen Betrieb erweitern und weitere angrenzende Flächen erwerben wollte, sperrte sich die Stadt Charlottenburg, sodass Siemens auf Spandauer Gelände ausweichen musste. Charlottenburg wollte die Entstehung der Siemensstadt damals mit allen Mitteln verhindern, da die Stadt in unmittelbarer Nähe Villengebiete ausweisen wollte

43

und durch die Industrieansiedlung und die Anlage von Mietshausbebauung eine Abwertung der eigenen Flächen befürchtete (Kreße 1977, 55 f.). Dies macht deutlich, wie stark die Konkurrenz und gegenseitige Abstoßung von Industrie- und Arbeiterwohngebieten einerseits und der Villenbebauung mit einer statushöheren Bewohnerstruktur andererseits waren. Die Villengebiete im Westen und Südwesten wirkten förderlich auf die Planung weiterer Villengebiete: Wo es bereits Villen in landschaftlich schöner Umgebung mit Seen und Wäldern gab, kamen neue Villengebiete hinzu (Kreße 1977, 50). Hier ließen sich die Grundstücke problemlos verkaufen, das soziale und landschaftliche Umfeld in diesen Gebieten war ebenso entscheidend für die Ansiedlung wie die geringeren Steuern, über die sich langfristig die Grundstücks- und Baukosten amortisierten. Die arme Bevölkerung jedoch verblieb in den innerstädtischen Mietskasernenquartieren, ohne Grün und saubere Luft, dicht gedrängt und unter der Last der hohen Steuerabgaben.

Die Gemeinden und Städte mit großbetrieblicher Industriestruktur finanzierten einen großen Teil ihrer Einnahmen über die Industrieunternehmen. Siemens war der bedeutendste Steuerzahler für Spandau, Borsig wichtigste Einnahmequelle der Gemeinde Tegel. Jene Gemeinden, die über keine Großindustrie verfügten, sondern lediglich das Proletariat behausten und einige Handwerker und Tagelöhner besteuerten, waren die ärmsten Gemeinden im Berliner Umland am Ende des 19. Jahrhunderts. Um die Einnahmen der Gemeinden aufzubessern, verkauften sie Anfang des 20. Jahrhunderts ihre Felder an die Stadt Berlin und an die neu entstandenen Städte Charlottenburg, Rixdorf und Schöneberg. Diese nutzten die ehemaligen Ackerflächen, um ihre Abwässer auszubringen. Die hieran grenzenden armen Siedlungen waren damit zusätzlich stigmatisiert. Vor allem im Nordosten Berlins lagen die Rieselfelder Berlins relativ nah an der städtischen Bebauung und verhinderten über lange Zeit die weitere Entwicklung der Stadt in diese Richtung. Erst in den 70er und 80er-Jahren des 20. Jahrhunderts wurden die (ehemaligen) Rieselfelder auf der Gemarkung von Lichtenberg und Weißensee bebaut – hier entstanden die Großsiedlungen Marzahn, Hohenschönhausen und Hellersdorf.

Gleichzeitig mit der Randwanderung der Industrie begann im Zentrum der Stadt die City-Bildung in dem Gebiet zwischen Alexanderplatz und Leipziger Platz, zwischen Leipziger Straße im Süden und Bahnhof Friedrichstraße im Norden. Gegen Ende des 19. Jahrhunderts wurden dort immer mehr Wohnungen zu Büros oder Praxen umgewidmet. Wohngebäude wurden abgerissen und durch Geschäfts- bzw. Bürohäuser ersetzt. Dadurch nahm die Einwohnerzahl im Bereich der Altstadt und in den barocken Stadterweiterungen zwischen Schloss und Brandenburger Tor so stark ab, dass Leyden von einer ‚Entvölkerung' der Innenstadt spricht (vgl. Karte 2.3). Entlang der Wilhelmstraße hatte sich eine Konzentration von Einrichtungen der Reichsregierung

Tabelle 2.2: Die Bevölkerung in den Berliner Verwaltungsbezirken nach der Stellung im Beruf 1925 in % (Berufszählung)

	Selbständige	Beamte und Angestellte	Arbeiter
Mitte	15,0	25,2	42,0
Tiergarten	13,9	32,2	37,2
Wedding	9,1	20,9	59,6
Prenzlauer Berg	11,6	27,5	49,3
Friedrichshain	11,6	22,0	55,4
Kreuzberg	13,6	27,4	46,0
Alt-Berlin	12,4	25,7	48,7
Charlottenburg	16,3	34,8	29,7
Spandau	7,6	25,8	53,6
Wilmersdorf	20,9	38,3	16,3
Zehlendorf	16,0	40,1	19,3
Schöneberg	17,6	38,9	23,5
Steglitz	13,9	43,5	23,6
Tempelhof	11,7	37,5	37,5
Neukölln	10,3	26,1	53,8
Treptow	9,0	31,2	50,1
Köpenick	12,6	26,6	47,7
Lichtenberg	10,3	28,5	48,9
Weißensee	14,1	19,3	55,1
Pankow	10,5	34,6	38,5
Reinickendorf	9,8	28,8	47,5
Stadt Berlin	13,2	29,4	43,1

Quelle: Grzywatz 1988, 356

gebildet, südlich von Unter den Linden war das Bankenviertel entstanden, und dazwischen, entlang und um die Friedrichstraße, entwickelte sich eine vitale urbane Mischung aus Cafés und Einzelhandel, Theater und Varietés, Hotels

45

und Rotlichtviertel, wie sie in keiner anderen deutschen Stadt anzutreffen war und die den Ruf Berlins als moderne Metropole erheblich mit begründete. Die Industrien waren überwiegend in die Randbereiche der Stadt gewichen, sie konzentrierten sich im Nordwesten der Stadt und im Südosten. Im Südwesten lagen die besten Wohnquartiere, im Osten und Nordosten dagegen die belastenden Nutzungen: Rieselfelder, Irrenhäuser und Schlachthöfe. „Je nach den Bedürfnissen des Augenblicks und der engsten örtlichen Perspektive ist das heutige Groß-Berlin zusammengebaut worden. Irgendwo in der Landschaft fängt es an, bei Lichterfelde wie bei Weißensee, und irgendwo in der Landschaft verdichtet sich die lockere Vorortsiedlung allmählich oder ohne Übergang zu demjenigen Gebilde, das man als den großstädtischen Kern bezeichnen könnte. Wer die näheren Umstände kennt, die z. B. bei der Anlage von Siemensstadt und der Wahl der hierfür in Betracht kommenden Örtlichkeit ganz überwiegend fiskalische Gesichtspunkte hat maßgebend sein lassen, wird den Versuch als aussichtslos aufgeben, im Groß-Berlin ein großes Berlin, mit einheitlichen und weitwirkenden baulichen Gesetzmäßigkeiten, suchen zu wollen." (Leyden 1995, 63). Anders als in vielen anderen Großstädten legt sich in Berlin nicht eine Reihe von Stadterweiterungszonen konzentrisch um einen historischen Stadtkern, vielmehr addieren sich verschiedene Siedlungskerne und historische Schichten, die durch ein Verkehrssystem miteinander verbunden sind.

2.6 Der Einfluß der Politik auf die Struktur der Stadt

Mit dem Mietskasernenbau war es nach dem Ersten Weltkrieg vorbei. Die neuen Bauordnungen ließen keine Hinterhofbebauung mehr zu, die Bebauungsdichte wurde allgemein gesenkt. Der Unterschied zur ‚Spekulationsstadt' war, dass es keine Hinterhäuser mehr gab. Begrünte Freiflächen traten an die Stelle der beengten Höfe – was im Straßenbild nicht erkennbar war, wenn die Planer noch an der geschlossenen Blockrandbebauung und damit am Korridorraum der Straße festhielten. Diese Gestaltung wurde in den meisten neuen Siedlungen aber aufgegeben zugunsten einer Ausrichtung der Hauszeilen, die sich am Lauf der Sonne orientierte und den Straßenraum auflöste.

1920 erfolgte eine zweite Gebietsreform. Durch die Zusammenlegung von 8 Städten, 59 Landgemeinden und 27 Gutsbezirken entstand Groß-Berlin. Die in 20 Bezirke gegliederte neue Stadt hatte 3 858.000 Einwohner. Dem ‚steinernen Berlin' wurde mit den Domänengütern, den Villenvororten und den großen Wald- und Seengebieten das ‚grüne Berlin' hinzugefügt. Politisch bedeutete die Gründung Groß-Berlins eine Stärkung der bürgerlichen Partei-

*Karte 2.3: Abnahme der Bevölkerungszahl in der Innenstadt von Berlin 1885-
1930*

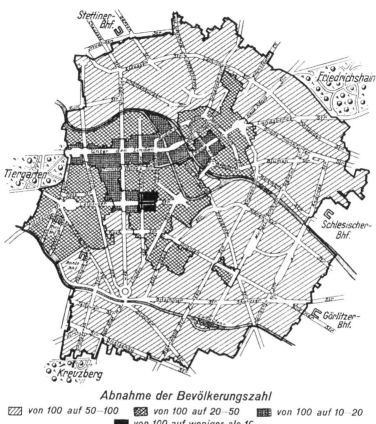

Abnahme der Bevölkerungszahl

▨ *von 100 auf 50–100* ▨ *von 100 auf 20–50* ▨ *von 100 auf 10–20*
■ *von 100 auf weniger als 1C*

40. Entvölkerung der Berliner City 1885 bis 1930.
(Nach Berliner Wirtschaftsberichte 1932.)

Quelle: Leyden, Friedrich 1995: Groß Berlin. Geographie der Weltstadt. Berlin: Gebr.
Mann, 102

en, denn im Kaiserreich war Berlin trotz aller politischen Unterdrückung und
Verfolgung immer mehr zu einer ‚roten' Stadt geworden. In der Berliner
Kommunalpolitik hatte seit den 60er-Jahren der Linksliberalismus dominiert.
Während des ganzen Kaiserreichs stand das bürgerliche Berlin stets deutlich
links von der Reichsregierung, selbst in der Weimarer Republik war von 1921
bis 1929 mit Gustav Böss ein linksliberaler Oberbürgermeister an der Spitze

47

der kommunalen Verwaltung, der allerdings auf die Unterstützung der SPD angewiesen war. Die Eingemeindungen verstärkten das wirtschaftliche Gewicht Berlins. Große Industrieunternehmen, die seit der Jahrhundertwende an den Stadtrand oder ins Umland abgewandert waren, befanden sich nun wieder innerhalb der Stadtgrenzen. Auch die Steuern der Vorortgemeinden flossen nun wieder in den Berliner Haushalt – eine Lösung des großstädtischen Finanzproblems, von dem heute Städte wie München oder Köln nur träumen können.

Der Hobrecht-Plan hatte kurz nach der Jahrhundertmitte ein städtebauliches Raster für die Entwicklung der Stadt vorgegeben, das von privaten Investoren ausgefüllt wurde. Dabei hatte sich – entgegen der Intentionen des Planverfassers – großräumig ein Muster krasser sozialer Segregation ergeben, und in den Arbeitervierteln waren Wohnverhältnisse entstanden, die zum Sinnbild von Elend und Not wurden. Davon setzten sich die neuen städtebaulichen Vorstellungen deutlich ab, die sich im Leitbild der Gartenstadt verdichteten. Darüber bestand in der internationalen Fachwelt Konsens. Mit dieser städtebaulichen Reaktion sollten die Übel der Stadt des 19. Jahrhunderts vermieden werden.

Eine solche Städtebaureform wäre aber ohne eine Sozialreform nicht möglich gewesen. Denn bessere Wohnungen, die auch von Haushalten mit unstetem und sehr niedrigem Einkommen hätten bezahlt werden können – das kam der Quadratur des Kreises gleich. Die Wohnungs- und Städtebauer in der privatwirtschaftlich kalkulierten Stadt zur Zeit der Industrialisierung waren schließlich nicht dumm oder zynisch gewesen, sie hatten vielmehr rational und effektiv unter den gegebenen sozio-ökonomischen Randbedingungen gehandelt. Nur ein Eingriff in die Finanzierungsbedingungen konnte auch zu anderen städtebaulichen Strukturen führen. Der Zusammenhang, dass ein geringes Einkommen auch zu einer kleinen und schlecht gelegenen Wohnung führte, musste durch eine öffentliche Subventionierung des Wohnungsbaus durchbrochen werden. Finanziert wurden die Subventionen in der Weimarer Republik durch eine neu geschaffene Hauszinssteuer (vgl. Ruck 1988; Schulz 1993, 46). Dies war nach dem Untergang des Kaiserreichs und mit der Demokratisierung auch der kommunalen Selbstverwaltung denkbar geworden. Die Quadratur des Kreises, zugleich bessere und bezahlbare Wohnungen neu zu bauen, wurde durch den gemeinnützigen, öffentlich subventionierten Wohnungsbau möglich. Berlin wurde nach 1925 zu einem Zentrum des modernen Siedlungsbaus, bei dem die Architekten der Avantgarde Wohnungen für die lohnabhängigen Massen entwarfen.

Der Großsiedlungsbau der 20er-Jahre hatte für den Wohnungsbau eine revolutionäre Wirkung: Es wurde vorgeführt, dass hohe Wohnqualität, günstige Grundrisse, gute Ausstattung mit Bad, fließendem (auch warmen) Wasser und Zentralheizung, Besonnung und Belüftung möglich sind und die Mieten trotzdem bezahlbar bleiben. Die Wohnungen des Altbestands waren dem gegenüber schlecht ausgestattet.

In der Weimarer Zeit entstanden in Berlin bis 1930 etwa 135.000 Wohnungen, davon 83.000 durch gemeinnützige Gesellschaften. Zwischen 1925 und 1933 wurden mehrere Wohnsiedlungen errichtet (die teilweise nach 1933 weitergebaut wurden). Die Standorte im Norden und Westen orientierten sich an der schon vor dem Ersten Weltkrieg abgeschlossenen Wanderung der Industrie aus dem Stadtinneren in die Außengebiete mit den niedrigeren Bodenpreisen und großen Erweiterungsflächen (Schulz 1993, 69):

- Hufeisensiedlung Britz, die erste Berliner Großsiedlung des ‚Neuen Bauens'. Den Kern der Siedlung bildet ein großes hufeisenförmiges Haus, das einen Teich umschließt. Die Siedlung besteht aus 1600 Geschosswohnungen und 679 Ein-Familien-Reihenhäusern;
- Waldsiedlung Zehlendorf (Onkel Toms Hütte): 1100 Geschosswohnungen und 809 Einfamilien-Reihenhäuser;
- Wohnsiedlung Tempelhofer Feld: 1800 Geschosswohnungen;
- Friedrich Ebert-Siedlung (Afrikanisches Viertel) in Wedding: 1433 Geschosswohnungen;
- Großsiedlung Siemensstadt: 1370 Geschosswohnungen;
- Großsiedlung Schillerpromenade Reinickendorf, die ‚Weiße Stadt': 1286 Geschosswohnungen;
- des weiteren die Wohnstadt Carl Legien im Bezirk Prenzlauer Berg, die Wohnanlage ‚Sonnenhof' in Lichtenberg, der Lindenhof in Schöneberg und andere kleinere Wohnquartiere.

All dies waren Reformsiedlungen mit hohem Wohnstandard, modernem Architekturstil, farbigen Fassaden und klar gegliederter Siedlungsform. Die Wohnungen hatten in der Mehrzahl 1½ und 2 Zimmer, die Reihenhäuser 3½ Zimmer. Die Grundrisse waren typisiert und die Wohnfläche kaum größer als in den Elendswohnungen der Mietskasernen. Zum Standard gehörten allerdings Bad, WC, zumeist Balkon, zentrale Beheizung und Warmwasserversorgung durch Fernheizungen (Siemensstadt). Die Bebauung in diesen Siedlungen war weniger dicht als in der Innenstadt und meist nur drei, manchmal 4 oder 5 Geschosse hoch. Zudem gab es viele Grünflächen. Dadurch wurden die Siedlungen zu Alternativen sowohl der Mietskasernenstadt als auch der Villenvororte – und darin lag ihre stadtentwicklungspolitische Bedeutung. Sowohl der Form als auch der Zugänglichkeit nach sollte die Dichotomie zwischen der hochverdichteten Innenstadt und der durchgrünten Vorstadt aufgelöst werden.

Die Lokalisierung der Onkel-Tom-Siedlung in Zehlendorf war eine stadtplanerische Provokation: Nicht nur, dass mit Hilfe öffentlicher Förderung

49

Wohnungen für weniger begüterte Bevölkerungsschichten in diesen exklusiven Stadtteil transportiert werden sollten, auch die moderne Ästhetik bewegte die Zehlendorfer Gemüter. Das Flachdach, mit dem der Architekt Bruno Taut die Reihenhäuschen bedecken wollte, stieß auf hysterische Ablehnung und entfachte den „Zehlendorfer Dächerkrieg". Dieser bestand darin, dass private Bauherren in der Umgegend nun ostentativ hohe Steildächer auf ihre Häuser setzen ließen. Die Bevölkerung eines sozial exklusiven Stadtteils hat in der Regel – wie auch dieser Fall zeigt – ein feines Näschen dafür, wann und wo Widerstand zu leisten ist, wenn sich eine andere Sozialschicht oder eine andere Kultur in ihrem Revier breit zu machen droht.

In den neuen Siedlungen sollten nicht nur beispielhaft bessere Wohnungen gebaut werden. Es sollte auch ein neuer Lebensstil möglich werden, in dem Elektronik und die Rationalisierung der Hausarbeit eine große Rolle spielten. Das Ideal der Zeit-, Wege- und Kraftersparnis wurde propagiert, und mit dem Ausbau der Stromversorgung wurde für elektrische Hausgeräte geworben (vgl. Beer 1994). 1928 kamen auf 100 Berliner Haushalte schon 76 elektrische Geräte (insbesondere Bügeleisen und Staubsauger). Die Neubausiedlungen der 20er-Jahre hatten keinen geringeren Anspruch, als Gehäuse für neue Menschen und für eine neue Gesellschaft zu sein. Diese neue Gesellschaft sollte – der technischen Utopie von Henry Ford folgend – durch Gleichheit im Konsum- und Wohnstil gekennzeichnet sein, die soziale Segregation sollte der Vergangenheit angehören.

Bei den Bewohnern der Siedlungen des Neuen Bauens handelte es sich allerdings weniger um einfache Arbeiter oder Proletarier, denn trotz der öffentlichen Förderung waren die Mieten noch so hoch, dass eine bessere Berufsposition mit einem entsprechenden Einkommen notwendig war, um sie bezahlen zu können. Die Bewohnerschaft setzte sich demnach aus Angestellten und Facharbeitern zusammen, Berufsgruppen, die sich zu Beginn des 20. Jahrhunderts in Berlin stark ausweiteten. Die Haushalte bestanden überwiegend aus zwei Verdienern – die Frauen arbeiteten in den neu entstandenen Büros und Dienstleistungsberufen –, sodass die Bezahlung der Mieten möglich wurde. Für die untere Mittelschicht war dadurch der Aufstieg zu modernen Wohnstandards und die Vermeidung der räumlichen Abschiebung in die proletarischen Regionen möglich.

2.7 Der Wandel der Berufsstruktur: von der Industrie- zur Verwaltungsstadt

Die Umbrüche in der Sozialstruktur im frühen 20. Jahrhundert, die vor allem durch die Herausbildung einer großen Angestelltenschicht geprägt waren, hatten auch Folgen für die Sortierung der Bevölkerung in der Stadt. Es ist ein deutlicher Zusammenhang zwischen der Entwicklung neuer beruflicher Gruppen und der zeitgleichen Entstehung neuer Wohngebiete zu beobachten: Die im 19. Jahrhundert gebauten Wohnungen waren entweder für Industriearbeiter oder für wohlhabende Unternehmer bzw. hohe Staatsbeamte gedacht. Die Schicht der Angestellten und Beamten trat als Nachfragegruppe erst zu Beginn des 20. Jahrhunderts massenhaft auf. Die Stadterweiterung, die Wohnungen vor allem für diese Schichten bereitstellte, konnte sich logischerweise nur dort vollziehen, wo nicht bereits Häuser aus früheren Bauperioden standen.

Tabelle 2.3: Erwerbspersonen nach der Stellung im Beruf in Berlin und im Deutschen Reich in den Jahren 1907, 1925 und 1933 (in % der Erwerbspersonen insgesamt)

	Berlin 1907	Berlin 1925	Reich 1925	Berlin 1933	Reich 1933
Selbständige	15,7	12,0	15,9	11,9	16,4
Angestellte und Beamte	12,8	31,6	17,0	30,9	17,1
Arbeiter	61,1	48,2	46	50,0	46,3
Mithelfende Familienangehörige	1,7	2,2	17	2,4	16,4
Hausangestellte	8,7	6,0	4,1	4,8	3,8

Quelle: Grzywatz 1988, 325 f.

Im Wandel der Berufsstruktur der Bewohner Berlins zwischen 1907 und 1933, wie er in der Tabelle 2.3 ablesbar ist, zeigt sich der Aufstieg der Angestellten- und Beamtenschicht, deren Anteil sich von 12,8% im Jahr 1907 auf 30,9% im Jahr 1933 fast verdreifacht. Der Anteil der Selbständigen hat im selben Zeitraum um 4 Prozentpunkte, der Anteil der Arbeiter um über 10 Prozentpunkte abgenommen. Diese Veränderungen vollzogen sich vor dem Hintergrund einer insgesamt wachsenden Beschäftigung.

Die starke Zunahme von Angestellten und Beamten in Berlin in der Zeit zwischen 1907 und 1925 ist nicht nur der veränderten beruflichen Stellung sondern auch dem durch die Bildung von Groß-Berlin veränderten räumlichen Zuschnitt geschuldet. „Bereits im Jahre 1907 dürfte ein großer Teil der in Berlin beschäftigten Angestellten und Beamten in den angrenzenden Vororten gewohnt haben, sodass sie im Jahre 1907 nicht unter die Erwerbstätigen Berlins subsumiert werden konnten" (Grzywatz 1988, 326). Beide Effekte addieren sich zu der enormen Zunahme von Angestellten und Beamten von 18,8 %-Punkten zwischen 1907 und 1925, also einer Zunahme um das Zweieinhalbfache. Auch zwischen 1925 und 1933 nahm die Zahl der Angestellten und Beamten weiter zu, jedoch sank ihr Anteil an den Beschäftigten vorübergehend. Die Zunahme zwischen 1925 und 1933 war im Gegensatz zum vorherigen Zeitraum „ausschließlich auf eine Zunahme der weiblichen Angestellten zurückzuführen", die als „Folge der Rationalisierung der Büroarbeit, der Durchsetzung der mechanisch-maschinellen Arbeit im Bereich des Handels-, Bank- und Börsenwesens, aber auch des öffentlichen Dienstes" zunehmend im Dienstleistungssektor beschäftigt wurden (Grzywatz 1988, 329 f.). Die Expansion der Verwaltungen erfolgte also vor allem mit weiblichen Arbeitskräften, und da diese Arbeitsverhältnisse von den jungen Frauen wegen besserer Bezahlung und günstigeren Arbeitszeiten bevorzugt wurden, hatten die begüterten bürgerlichen Haushalte ein ‚Dienstmädchenproblem' – sie fanden keine zuverlässigen, gebildeten Mädchen mehr als Domestiken. Auch nahm der Anteil der Haushalte ab, deren Einkommen die Beschäftigung einer Hausangestellten überhaupt zuließ.

In Berlin bildete sich eine neue Schicht und eine neue Kultur heraus: die Angestelltenkultur – trefflich beschrieben von Siegfried Kracauer in seiner Studie „Die Angestellten" (Kracauer 1930). Die ‚Tertiarisierung' der Beschäftigungsstruktur war in Berlin stärker als in anderen Großstädten, weil hier die großen Bürokratien der Reichsregierung, der Banken und der großen Industriekonzerne expandierten. Mit der Bildung der parlamentarischen Demokratie nahmen außerdem die Aktivitäten und damit die Angestelltenzahlen von Parteien und Verbänden zu, die ihren Sitz in der Reichshauptstadt hatten.

Innerhalb einer insgesamt wachsenden Zahl von Beschäftigten in der Stadt nahm daher der Anteil der Angestellten und Beamten besonders rasant zu. Der relative Rückgang der Arbeiteranteile zwischen 1907 und 1925 ist noch mit einer absoluten Zunahme der Erwerbstätigen in diesem Bereich verbunden, aber dies änderte sich. „Ein besonderes Merkmal der Weimarer Zeit stellte die Kontinuität hoher Arbeitslosenzahlen dar. Die Erwerbslosigkeit lag in Berlin während der einzelnen Abschnitte – Nachkriegskonjunktur, Inflationskrise, Stabilisierungsphase mit Reinigungskrise, Weltwirtschaftskrise – durchschnittlich höher als in Deutschland" (Grzywatz 1988, 373). In der Zeit nach dem Ersten Weltkrieg waren vor allem ungelernte Arbeiter von Entlassungen betroffen, aber durch den Personalabbau im öffentlichen Dienst auch Angestellte. In der Weltwirtschaftskrise dehnte sich die Arbeitslosigkeit auf alle Schichten aus, ledige ungelernte Frauen übernahmen als billigste Arbeitskräfte die Beschäftigungsverhältnisse der gekündigten Arbeiterschaft.

In den ausführlichen statistischen Berichten von Grzywatz lässt sich für die 20er-Jahre die Tendenz einer selektiven Migration ablesen. Die Innenstadtbezirke verlieren zwischen 1925 und 1933 stark an Einwohnern; vor allem die Zahl der Angestellten und Beamten ist dort rückläufig. Zwar nimmt in diesen Bezirken auch die Anzahl der Arbeiter ab, aber nur unterdurchschnittlich, sodass sich ihr Anteil wegen der selektiven Abwanderung der anderen Berufsgruppen erhöht. Die Innenstadtbezirke mit ihrem hohen Arbeiteranteil setzten sich also sozialstrukturell immer stärker gegen die vorstädtischen Bezirke ab. Sie nahmen auch die (häufig unqualifizierten) Zuwanderer auf, die das Bevölkerungswachstum trugen.

2.8 Nationalsozialismus

In der Zeit des Nationalsozialismus hat sich an der Stadtstruktur und an den Wohngebieten relativ wenig verändert. Zwar gab es megalomanische Planungen zur vollkommenen Neugestaltung der Stadt Berlin (vgl. Reichardt/ Schäche 1990), allerdings konnte davon nur wenig ausgeführt werden. Während des Nationalsozialismus wurden 102.000 Wohnungen gebaut, also nicht ganz so viele wie während der Weimarer Republik – wobei die Statistik allerdings den realen Zuwachs überhöht darstellt, da auch Wohnungsteilungen zu ‚neuen‘ Wohnungen gerechnet wurden. Bleibende Relikte der nationalsozialistischen Zeit in Berlin sind – sieht man von den katastrophalen Zerstörungen am Ende des Krieges ab – der Flughafen Tempelhof, das Reichssportfeld mit den Veranstaltungsorten der Olympischen Spiele 1936, das Messegelände in Charlottenburg, die Verwaltungsbauten der Reichsbank (heute Außenministerium), des Reichsluftfahrtministeriums (heute Finanzministerium) sowie der Verwaltungsgebäude am Fehrbelliner Platz. Wohnungen wurden insbesondere dort gebaut, wo bereits Siedlungen lagen und weitere Flächen erschlossen werden konnten. Die Siedlungen Siemensstadt, Grazer Damm, Afrikanisches Viertel, Haselhorst, Südwestkorso/Breitenbachplatz und Wittenau, alle in den 20er-Jahren begonnen, wurden im Dritten Reich erweitert.

So gering die vollzogenen baulichen Eingriffe in die Stadt während der Zeit des Nationalsozialismus waren, so umfassend und verheerend war der Eingriff in das Wohn- und Lebensrecht der jüdischen Bevölkerung. Die meisten Juden, die in Berlin wohnten, kamen aus dem Osten des Deutschen Reiches und aus dem osteuropäischen Ausland. Die enorme Vielfalt des Berliner Judentums begründete seine kosmopolitische Rolle im Leben der Reichshauptstadt. 1871 lebten in Berlin 47.000 Juden, 1910 waren es 151.000 (Hofmeister 1990, 66), die in hunderten von jüdischen Gemeinden und Institutionen mit Vertretern aller religiösen und politischen Richtungen des Judentums organisiert waren. Dem etablierten deutsch-jüdischen Bürgertum liberaler Prägung, darunter ein starkes jüdisches Kleinbürgertum, stand das umfangreiche, vorwiegend ‚ostjüdische‘ Proletariat gegenüber. Da die Juden rechtlich diskriminiert waren und bis 1871 nicht Beamte oder Offiziere werden konnten, war ihnen sozialer Aufstieg nur über Bildung und Besitz möglich, ihre Aktivitäten konzentrierten sich fast zwangsläufig auf Kunst und Wissenschaft sowie auf Finanzwesen, Industrie und Handel.

Seit 1880 hatte die Einwanderung von ausländischen Juden zugenommen – vor allem aus Polen und Galizien, wo Verfolgung und Hungersnot die jüdische Bevölkerung zur Auswanderung veranlasste. Die ausländischen Juden in Berlin waren überwiegend proletarischer Herkunft und sprachen jiddisch. Die verschiedenen sozialen Schichten des Judentums wohnten in verschiedenen Wohngegenden. Der erste Wohnort der Zuwanderer war meist das Stadtzentrum, von wo aus sich die Aufsteiger in den Westen begaben. Diese Bewegung setzte um 1880 ein, und 1910 wohnten schon 40% aller Berliner Juden in Charlottenburg (wo 1912 eine neue Synagoge gebaut wurde), Tiergarten, Wilmersdorf und Schöneberg. Bei der Volkszählung 1925 zeigte sich, dass allein im Bezirk Charlottenburg ebenso viele Juden (30.000) wie im Bezirk Mitte lebten. Den prozentual höchsten Anteil jüdischer Wohnbevölkerung hatte mit fast 14% allerdings Wilmersdorf. Die jüdischen Bürger bewohnten die komfortablen Mietwohnungen der westlichen Bezirke, die jüdischen Angehörigen der Oberschicht strebten in die Villenviertel im Grunewald und am Wannsee. Innerhalb einzelner Bezirke gab es ‚ethnische‘ Konzentrationen, z.B. im Hansaviertel im Tiergarten und um den Bayerischen Platz in Schöneberg. Im Bezirk Mitte konzentrierten sich die ärmsten Zuwanderer im ‚Scheunenviertel‘. Dieses Gebiet nordwestlich des Alexanderplatzes um die Grenadier- und Dragonerstraße zeigte alle Anzeichen eines Slums (Leyden 1995, 105). 1904 wurde in der Rykestraße eine große Synagoge errichtet, um die sich die jüdische Gemeinde organisierte, die aus dem Scheunenviertel in Richtung Prenzlauer Berg gezogen war.

Der „Speer-Plan“, der eine neue Straßen-Achse vom Spreebogen bis zum Tempelhofer Flughafen vorsah, wurde nicht ausgeführt, dafür war die Zeit bis zum Kriegsbeginn zu kurz. Dennoch: Die Ausführung wurde vorbereitet, und dies hatte furchtbare Folgen. Speer selbst hatte offenbar die teuflische Idee, für die ‚Abrissmieter‘ aus den Häusern, die seiner Achsen-Planung im Wege standen, andere Wohnungen frei zu machen – und dafür Personen, denen die

Menschenrechte genommen worden waren, aus ihren Wohnungen zu weisen: die Juden. Mit bürokratischer Genauigkeit wurden die Wohnungen von Juden und die Immobilien von jüdischen Eigentümern registriert, um in einer ersten Stufe die Häuser nicht-jüdischer Eigentümer von Juden ‚frei' zu machen. Ziel waren „judenreine Gebiete", und dafür musste die „Zusammendrängung der Juden in anderen Gebieten" (Geist/Kürvers 1995, 73) organisiert werden. Zunächst wurden sie in Wohnungen eingewiesen, aus denen Emigranten weggezogen waren; dann wurden Wohnungen geräumt und die Bewohner in „Judenhäusern", d.h. in Häusern mit jüdischen Eigentümern, untergebracht. 1941 begann die systematische „Evakuierung" zunächst in das Ghetto von Lodz, dann direkt in die Vernichtungslager. Ab 1942 mussten nicht mehr nur die Personen (was bereits seit 1941 Vorschrift war), sondern auch die Wohnungen mit einem Judenstern gekennzeichnet werden. Das Vermögen der Opfer wurde eingezogen, Eigentümer wurden entweder zum Verkauf gezwungen oder enteignet (vgl. Zunzer 1996 und 1997). In die „judenreinen" Gebiete die im Südwesten von Berlin lagen (die Villenkolonien sowie Hansa-Viertel, Tiergarten, Charlottenburg, das bayerische Viertel und Wilmersdorf), zogen ab 1941 Angehörige der SS, Parteimitglieder und Staatsbedienstete ein, begehrt waren vor allem die großen Wohnungen in Wilmersdorf, wo es zuvor die größte Konzentration jüdischer Berliner gegeben hatte.

Von den 170.000 jüdischen Bürgern, die zur Zeit der Weimarer Republik in Berlin gewohnt hatten, wurden 50.000 in den Konzentrationslagern ermordet. Nach dem Ende des Dritten Reiches im Jahre 1945 lebten noch 5.000 Juden in der Stadt, die übrigen waren emigriert oder abgeschoben worden (vgl. Richarz 1986).

Mit der Vertreibung und Ermordung der jüdischen Bevölkerung wurde die großstädtische Kultur Berlins empfindlich geschwächt. Im Westen Berlins, wo das jüdische Bürgertum und die jüdischen Intellektuellen vor allem in Charlottenburg und Wilmersdorf ihre Wohnsitze hatten, konnte nach dem Ende des Nationalsozialismus dieser Teil des Berliner Kulturlebens nur ansatzweise wieder belebt werden. In der Fasanenstraße wurde am Ort der zerstörten Synagoge ein jüdisches Gemeindezentrum errichtet. Im Ostteil der Stadt gab es zu DDR-Zeiten nur eine schwache Wiederbelebung der jüdischen Gemeinden. Das ostjüdische Milieu im nördlichen Teil des Stadtbezirks Mitte ist heute vollkommen verschwunden. In der Oranienburger Straße wurde die große Synagoge nur in den nicht zerstörten Teilen rekonstruiert und zu einem jüdischen Kulturzentrum ausgebaut. Durch die Rückgabe jüdischen Grundbesitzes in den östlichen Bezirken nach 1990, der sich vor allem in der Stadtmitte und im Bezirk Prenzlauer Berg konzentriert hatte, sind allerdings an verschiedenen Stellen der Stadt wieder neue Ansätze für jüdisches Leben entstanden. Besondere Bedeutung für das jüdische Berlin hatte die Zuwanderung russischsprachiger Juden in den 1990er-Jahren. Die jüdische Gemeinde in Berlin zählt heute ca. zur Hälfte russischsprachige Mitglieder, vor allem aus den Großstädten der Ukraine und Russlands. Die Wohngebiete der russischen Migranten lehnen sich an jenen der Juden zu Beginn des Jahrhunderts an: Charlottenburg und Schöneberg sowie Mitte und Prenzlauer Berg bilden die Hauptwohngebiete und auch die Zentren der wirtschaftlichen Aktivität der Zuwanderer (vgl. Kapphan 1997b, 1997c).

3. Die geteilte Stadt

Im Zweiten Weltkrieg war jede dritte Wohnung in Berlin zerstört worden.
Von den 4,4 Mio. Einwohnern, die vor Kriegsanfang in Berlin lebten, waren
am Kriegsende noch 2,8 Mio. in der Stadt registriert. Bereits im Jahre 1946
war die Wohnbevölkerung jedoch wieder auf 3,2 Mio. Personen angewachsen, von denen nur 6% vor dem Krieg nicht in der Stadt gelebt hatten (Hofmeister 1990, 70). Die evakuierte oder geflohene Bevölkerung war also zu-
rückgekehrt. Der Wiederaufbau der Stadt und der Neubau von Wohnraum
stellte nun eine enorme Aufgabe dar, zumal die wirtschaftliche Situation Berlins für lange Zeit extrem problematisch wurde. Die Rahmenbedingungen für
eine ‚normale‘ Entwicklung fehlten, solange die Frontlinie des ‚Kalten
Kriegs‘ mitten durch die Stadt lief. Viele Unternehmenszentralen verlegten
nach dem Krieg ihren Sitz in die amerikanische Verwaltungszone in Westdeutschland, da dort die Bedingungen für eine baldige Wiederaufnahme der
Produktion und für die Sicherheit des Eigentums am günstigsten schienen.

Auf der Potsdamer Konferenz (Juli/August 1945) wurde von den Sieger-
staaten die Aufteilung Berlins in vier Sektoren (Besatzungszonen) beschlossen: der Sowjetunion wurden die acht östlichen Bezirke unterstellt, die zwölf
westlichen Stadtbezirke den USA, Großbritannien und Frankreich. Die politische Situation Berlins war formal durch das Vier-Mächte-Abkommen festgelegt, das bis 1990 in Kraft blieb und Berlin unter die internationale Verwaltung der Siegermächte stellte. In der Realität setzte sich im Zuge weltpoliti-
scher Abgrenzungen jedoch bereits Ende der 40er-Jahre die faktische Teilung
der Stadt in zwei getrennt verwaltete Bereiche durch, die gegensätzlichen politischen Systemen angehörten.

Die räumliche und wirtschaftliche Isolation des Westteils sowie die sozialistische Umgestaltung der Ostbezirke schufen neue Bedingungen für die
Stadtentwicklung, die keine Fortsetzung bisheriger Tendenzen erwarten ließen. In beiden Teilen der Stadt wurden die bis dahin wirksamen Mächte und
Märkte außer Kraft gesetzt. Der staatliche Einfluss auf die räumliche und
bauliche Entwicklung war in beiden Teilen groß, die städtebaulichen Konzepte in der unmittelbaren Nachkriegszeit waren sehr ähnlich (vgl. Hain
1992a und Bodenschatz 1992). Im Ostteil gab es in den 40 Jahren der Teilung
keinen privat finanzierten Wohnungsbau, im Westteil spielten öffentliche
Mittel bei der Wohnungsbaufinanzierung eine sehr viel größere Rolle als in
anderen westlichen Großstädten. In der ‚Hauptstadt der DDR‘ wurde das Pri-

vateigentum an Grund und Boden abgeschafft, und die Vergabe von Wohnungen wie die gesamte Bautätigkeit gingen in staatliche Hand über. Im Westteil war wegen der Behinderungen und Blockaden der Zufahrtswege sowie wegen der ständigen politischen Attacken gegen die Westbindung das Risiko für private Investitionen so groß geworden, dass faktisch jede Investition durch staatliche Förderung subventioniert werden musste – auch im Wohnungsbau. Die Erwerbstätigen in der Stadt wurden mit einer 8%igen ‚Berlin-Zulage', im Volksmund ‚Zitterprämie' genannt, dafür belohnt, dass sie in der ‚Frontstadt' ausharrten und sich nicht dem Strom der ökonomischen Aufsteiger anschlossen, die die stagnierende Stadt seit 1961 in großem Umfang verließen. Berlin war zu einem Schauplatz der weltpolitischen Ost-West-Konfrontation geworden, für das private Kapital war die Stadt ein zu unsicheres Terrain geworden.

Mit der Inkorporation der DDR in das kommunistische Wirtschafts- und Militärsystem war ein politischer und wirtschaftlicher Zentralismus verbunden, der sich in der herausgehobenen Stellung der ‚Hauptstadt der DDR', wie die östlichen Stadtbezirke dann bezeichnet wurden, manifestierte und durch die damit verbundenen Eingriffe erhebliche Folgen für die Stadtstruktur hatte. Ost-Berlin hatte als Hauptstadt des sozialistischen Staates eine eindeutige Funktionsbestimmung, die auch einen ausgeprägten baulichen Ausdruck finden sollte (vgl. 3.1).

West-Berlin war eine Teilstadt, eine Insel in einem politisch und wirtschaftlich feindlichen Land: politisch unter Besatzungshoheit, wirtschaftsgeographisch von seinen früheren Ressourcen und Märkten isoliert, ohne Umlandbeziehungen und nicht mehr in der Lage, seine früheren zentralen Funktionen für Deutschland wahrzunehmen. So lange der Kalte Krieg vor allem in Europa ausgetragen wurde, hatte West-Berlin aber eine weltpolitische Funktion, für die die Stadt vom westdeutschen Bundesstaat finanziert wurde. Nach der Konsolidierung der Beziehungen innerhalb der zwischen Ost und West aufgeteilten politischen Welt in den 70er-Jahren verlor die Situation jene Dramatik, die der westlichen Stadthälfte bis in die 60er-Jahre immerhin eine klare Funktion gegeben hatte. Eine andere Funktionsbestimmung jenseits ihrer weltpolitischen Sonderstellung wurde für die isolierte Halbstadt aber nicht gefunden (vgl. 3.2).

Die Stadtplanung ging noch bis in die 70er-Jahre von der Wiedervereinigung der Stadt und der Wiederherstellung der verlorenen Funktionen aus, sodass – anders als im Ostteil – kein neues Zentrum geplant und auch das Verkehrssystem immer mit Bezug auf das gesamtstädtische Netz ausgebaut wurde. Sozialräumlich gesehen war die östliche Stadthälfte von den ‚gehobenen' Wohngegenden im Westen und Südwesten, den Wohnorten der früheren wirtschaftlichen und politischen Eliten abgeschnitten, während dem Westteil zunächst nur funktional, später, nach der Absperrung durch die Mauer im Jahre 1961 dann auch real, das Stadtzentrum – und damit ein Großteil der traditionsreichen kulturellen Einrichtungen – abhanden gekommen war. Damit sind zwei Aufgaben einer räumlichen Neuordnung der jeweiligen Stadthälften benannt, die die sozialräumliche Struktur tangierten: die Zuweisung von Wohnstandorten an die politischen und kulturellen Eliten im Ostteil, der Aufbau zentraler politischer und kultureller Institutionen im Westteil.

3.1 Ost–Berlin

Für das Thema dieses Buches sind vor allem diejenigen Veränderungen in der ‚Hauptstadt der DDR' von Bedeutung, die zu einem Wandel der sozialräumlichen Struktur geführt haben. Dazu sind zweifellos der Wohnungsneubau und die Wohnungsvergabe zu rechnen. Aber auch der Um- und Neubau des Stadtzentrums spielt eine wichtige Rolle, da mit den funktionalen Veränderungen auch eine soziale Umdeutung des Stadtzentrums verbunden war. „Stadtplanung lief für die neue politische Führung von Anfang an in erster Linie auf symbolhaft repräsentative Aneignung von Stadt hinaus" (Hain 1992a, 41). Das Stadtzentrum, also der Bezirk Mitte, stellt außerdem einen Brennpunkt des baulichen und sozialen Wandels in der Zeit nach der Vereinigung dar. Neben der Wohnungspolitik gilt daher der Zentrumspolitik der DDR unsere Aufmerksamkeit.

Die sozialistische Stadt

Der staatssozialistische Umbau und Neubau von Städten in der DDR kann charakterisiert werden durch die Entkommerzialisierung von Stadtentwicklung und Wohnungsbau, welche die Grundlage bildete für eine von Staat und Partei geplante revolutionäre Neuordnung der Stadtstruktur und der Wohnungsversorgung. Der Boden wurde verstaatlicht, Neubauten wurden praktisch nur noch unter staatlicher Regie und als ‚Volkseigentum' errichtet. Die Wohnungsbelegung und die Ausgestaltung der städtischen Infrastruktur, wozu auch alle Handels- und Dienstleistungseinrichtungen zählten, lagen in staatlicher Hand. Dies führte zur ‚sozialistischen Stadt', die – außer bei faktischen Stadtneugründungen wie z.B. Hoyerswerda oder Eisenhüttenstadt – allerdings noch die Überreste der vorsozialistischen, d.h. der kapitalistischen Stadt in sich barg. Der Umgang mit der historischen Stadt war ein schwieriges Kapitel der Stadtpolitik in der DDR, und er war von wechselnden strategischen Entscheidungen geprägt.

Flierl (1991, 57ff.) nennt drei „konstitutive Prinzipien" der Stadtentwicklung und Stadtgestaltung, die die DDR-Städte von denjenigen in kapitalistischen Ländern unterscheiden sollten:

a) Ganzheitlichkeit, d.h. Städtebau in Ensembles, die die „komplexen städtischen Funktionen gleichzeitig berücksichtigen" sollten;

b) Zentralität, d.h. dass die Mitte der Stadt auch als Mitte des gesellschaftlichen Lebens aufgefasst und zu gestalten versucht wurde. „Im bewussten Gegensatz zur City der ‚kapitalistischen Stadt'" sollte das Stadtzentrum „Ort nicht vordergründig kommerzieller Zentralität des Kaufens und Verkaufens, des Handels und der Geschäfte, ... sondern primär als Ort kommunikativer Zentralität ... als Ort einer auf gesellschaftliche Gemeinsamkeit orientierten räumlichen Ordnung" konzipiert werden. „Charakteristisch sollte sein, dass im Mittelpunkt der Zentren ... Gebäude und Anlagen der Bildung, Kultur und Erholung, der Tagungen, Kongresse und Begegnungen, also zentrale Einrichtungen gesellschaftlicher Kommunikation angeordnet sind. ... Ebenso charakteristisch ist, dass im Zentrum gewohnt wird.";

c) ‚Dominanz' als drittes städtebauliches Prinzip beabsichtigte die „Hervorhebung und Betonung des gesellschaftlich Bedeutsamen ... zum Zwecke gesellschaftlicher Präsentation und vor allem Repräsentation. ... [Beabsichtigt wurde], das für den Sozialismus Bedeutsame ... vor allem auch gegenüber dem Alten baulich-räumlich hervorzuheben". Dazu gehört auch die Betonung von wichtigen Straßen und zentralen Plätzen sowie die Idee, dass jede Stadt eine „Höhendominante höchster Zentralität als neue sozialistische Stadtkrone" haben sollte. In der Mitte Berlins übernahm der Fernsehturm diese Rolle.

Das Stadtschloss der preußischen Könige wurde als symbolische Geste für den historischen Sieg des Sozialismus nicht abgetragen, sondern spektakulär in die Luft gesprengt. Die sonstigen Hof- und Kulturbauten des preußischen Staates westlich des Schlossplatzes wurden jedoch überwiegend restauriert. Östlich des Schlossplatzes blieb nur die Marienkirche stehen, während die noch vorhandenen Reste von Fischerinsel und Nicolaiviertel, von der Altstadt zwischen Spree und Alexanderplatz, der Königstadt und der Stralauer Vorstadt vollständig abgeräumt wurden – ein Schicksal, das auch der gesamten Altbaubsubstanz in den Bezirken Mitte, Prenzlauer Berg und Friedrichshain drohte. Aus Kapazitätsgründen und in den 80er-Jahren auch wegen des wachsenden Widerstands seitens eines Teils der Stadtplaner und anderer Stadtliebhaber wurde dies jedoch nicht vollzogen. Die Altbauwohnungen wurden von der ‚Kommunalen Wohnungsverwaltung' vergeben und bewirtschaftet – soweit man von einem bewirtschaftenden Umgang überhaupt sprechen kann, da kaum Instandhaltungs- geschweige denn Modernisierungsinvestitionen vorgenommen wurden.

Der sozialistische Umbau des Zentrums

Nach der Gründung der DDR, mit der die endgültige administrative Teilung der Stadt Berlin verbunden war, begann die ‚sozialistische Umgestaltung' der östlichen Stadthälfte zur ‚Hauptstadt der DDR'. Diese Umgestaltung beinhaltete zweierlei: Zum einen den Abriss der historischen Reste der Stadt im zentralen Bereich und – damit verbunden – die funktionale Neugliederung der Innenstadt. Die gesamte Verfügung über den Stadtraum, über die verschiedenen Nutzungen, über Zeitpunkt und Ausmaß von Investitionen lag in staatlicher Hand – ideale Voraussetzungen also für die Planung: Das Endprodukt ‚Stadt' konnte in politischen und fachplanerischen Entscheidungsprozessen theoretisch konstruiert und dann ‚aus einer Hand' realisiert werden, da die staatlichen Organe über alle Instrumente verfügten, die Planung zu implementieren. In der DDR hatten die Kommunen als eigenständige politische Instanzen faktisch keine Bedeutung (vgl. Neckel 1992), auch die Vorgaben für die Umgestaltung des Stadtzentrums von Berlin zur repräsentativen Mitte des sozialistischen Staates kamen vom Politbüro der SED.

Mit dem ‚Aufbaugesetz' aus dem Jahr 1950 wurde das staatliche Verfügungsrecht über den Grund und Boden eingeführt. Das Aufbaugesetz sollte die „rechtliche Basis für die Überwindung von Bodenspekulation und ausufernder Mietentwicklung" bilden, die „Beseitigung sozialer Zonierung in den Städten" und eine „architektonisch ansprechende Gestaltung der Städte" (Lassak 1991, 243) ermöglichen. Mit dem Gesetz wurden auch umfassende Enteignungsinstrumente eingeführt. Zusammen mit den ‚16 Grundsätzen des Städtebaus' (abgedruckt in Beyme u.a. 1992), die das Leitbild der sozialistischen Stadt umrissen, bildete das Aufbaugesetz den Kern des städtebaulichen Instrumentariums in der Aufbauphase. Die „Grundsätze verstanden sich als eine Art Gegenmodell zu den 1933 verfassten und als Charta von Athen bekannt gewordenen städtebaulichen Grundsätzen" (Flierl 1991, 51) der Architekten des Neuen Bauens. Simone Hain bezeichnet die 16 Grundsätze als „Charta von Moskau" (Hain 1993, 60), denn sie waren auf einer Reise nach Moskau formuliert worden, die führende DDR-Planer unternommen hatten und während der sie ihre städtebaulichen Grundsätze radikal veränderten (vgl. Hain 1992b). Die Entwürfe für die ‚moderne Stadt', die von den DDR-Planern vorbereitet worden waren, erschienen den sowjetischen Kollegen zu idyllisch, zu kleinbürgerlich. Sie fragten: „Wo gehen die Demonstrationen hin? Wo ist der Aufmarschplatz? Wo sind die Aufmarschstraßen? Wo sind die Regierungsinstitutionen und zentralen Kulturstätten?" Die Stadt sollte eine Bühne für die Darstellung der neuen ‚Volksdemokratie' sein: „Die Straße ist ein Mittel zum festlichen Leben ... sie muss die politische Bedeutung der Massen unterstreichen" (Hain 1993, 56). Wer heute solche Straßen begeht, spürt deutlich, was gemeint war: Nur Massen können sie ausfüllen, als Individuum fühlt man sich in diesen weiten Räumen und auf den alptraumhaften Straßenkreuzungen verloren.

Die Bedeutung des Zentrums wurde in den 16 Grundsätzen, die Gesetzescharakter hatten, festgelegt: „Das Zentrum bildet den bestimmenden Kern der Stadt. Das Zentrum der Stadt ist der politische Mittelpunkt für das Leben seiner Bevölkerung. Im Zentrum liegen die wichtigsten politischen, administrativen und kulturellen Stätten. Auf den Plätzen im Stadtzentrum finden die politischen Demonstrationen, die Aufmärsche und die Volksfeiern an Festtagen statt. Das Zentrum der Stadt wird mit den wichtigsten und monumentalsten Gebäuden bebaut, beherrscht die architektonische Komposition des Stadtplanes und bestimmt die architektonische Silhouette der Stadt." (Grundsätze Nr. 6 und 8). In den Dokumenten wird immer wieder sozialistische Zentralität beschworen, sie steht im Mittelpunkt; gefordert werden „zentrale Gebäude am zentralen Platz im System zentraler Straßen und Plätze" (Flierl 1998, 124). Dies war das bauliche Abbild des Zentralismus im Staatssozialismus.

Die Überlegungen, wie der Raum um den Marx-Engels-Platz und zwischen diesem und dem Alexanderplatz zu gestalten sei, bewegte sich zwischen den Inszenierungen sozialistischer Zentralität und den damit verbundenen Massendemonstrationen (‚Fließdemonstrationen'). Als zentrale stadtbaukünstlerische Achse galt der „Hauptstraßenzug" von der Stalinallee bis zum Brandenburger Tor, in dessen Zentrum sich der architektonische Höhepunkt Berlins befindet. Kurt Liebknecht, damals Oberstadtarchitekt, formulierte: „Der Lustgarten hat besonders politische Tradition und als Abschluss der Hauptanmarschstraße Unter den Linden eine günstige Lage für Demonstrationen. Er ist der beste Platz für fließende und stehende Demonstrationen. Die erforderliche Größe ist aber nur durch Abriss der Schlossruine zu erreichen" (Flierl 1998, 124).

Die Massenchoreographie des staatlichen Sozialismus der DDR drückte sich in den städtebaulichen Kulissen deutlich aus. Die vorgesehenen Manifestationen waren die „fließenden oder stehenden Demonstrationen der werktätigen Massen als ritualisiertes Bekenntnis zum eigenen Staat, also Bekenntniskundgebungen." (Flierl 1998, 129). Im Jahre 1958 wurde vom Direktor der Bauakademie, Gerhard Kosel, ein rigoroser Plan für das Zentrum vorgelegt: Östlich der Spree sollte ein großes zentrales Gebäude mit Marx-Engels-

Denkmal entstehen (zwischen Unter den Linden und Rathausstraße), die zu beiden Seiten angrenzenden Blöcke sollten abgerissen und durch Seen ersetzt werden – was das Versenken des Nikolaiviertels vorausgesetzt hätte. Der damit demonstrierte verschwenderische Umgang mit Freiflächen wurde vom Architekten bewusst als „Kontrapunkt zur kapitalistischen Ausbeuterordnung des Brückenkopfes Westberlin" (Flierl 1998, 137) gesetzt. Dieser Plan wurde allerdings nie realisiert.

Bis 1972/73 wurden entlang der Rathausstraße und der Karl-Liebknecht-Straße lang gestreckte Wohnhochhäuser errichtet. Nachdem 1964 das Staatsratsgebäude und bis 1967 das (inzwischen wieder abgerissene) Außenministerium gebaut worden waren, fand die zentrale Inszenierung des Sozialismus 1976 mit der Eröffnung des Palastes der Republik seinen Abschluss. Ab 1977 wurden dann die Demonstrationen und Paraden aus logistischen Gründen in die Karl-Marx-Allee verlegt, der zentrale Platz auf der Spreeinsel verwaiste, wurde „zum Unort, funktionell und baulich zu einem Loch in der Mitte der Stadt, metaphorisch zu einem Loch in der DDR-Gesellschaft" (Flier 1998, 162) – ein Parkplatz!

Der sozialistische Stadtumbau hat die funktionale Ausstattung des Stadtzentrums verändert – und zwar umso radikaler, je weniger von der alten Bausubstanz übrig blieb. Da im Bereich des neuen Zentrums zwischen Marx-Engels-Platz (heute Schlossplatz) und Karl-Marx-Allee nur ganz wenige historische Gebäude stehen blieben, war der funktionale Wandel tiefgreifend (vgl. Karte 3.1). Zwar wurden auch im Zentrum des sozialistischen Berlin keine prinzipiell anderen Funktionen untergebracht und repräsentiert als in einer kapitalistischen Großstadt, aber die Größenordnungen, die Anzahl und die räumliche Verteilung folgten einem einheitlichen Plan, der sich daran orientierte, welche ‚Versorgungsleistungen' der Bevölkerung zugeteilt werden sollten.

Die auf den beiden Karten abgebildeten Bebauungsstrukturen der Innenstadt von Berlin zeigen die wenigen historischen Gebäude, die sowohl 1940 als auch 1990 vorhanden waren. Im Übrigen werden die radikale Beseitigung der historischen Stadt und die Veränderung der Grundstückszuschnitte durch die sozialistische Stadtplanung zwischen Schlossplatz und Alexanderplatz deutlich. Augenfällig ist die Zerstörung des alten Stadtgrundrisses durch gigantische Straßentrassen. Arztpraxen oder Einrichtungen des privaten Handels sowie Einrichtungen für den Tourismus (Gastronomie, Hotels, Reisebüros) waren seltener vertreten. Selbst der Einzelhandel spielte eine sehr untergeordnete Rolle, da in den neu gebauten Blöcken keine privaten Einzelhandelsgeschäfte mehr Raum fanden. An der Straße Unter den Linden hatte sich die Zahl der Läden im Vergleich zum Jahre 1925 von 84 auf 20 reduziert.

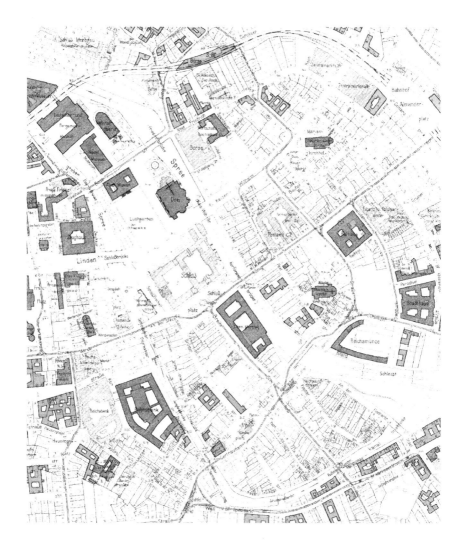

Karte 3.1a: Historisches Zentrum 1940
Gebäude, die aus diesem Bestand 1990 erhalten waren, sind hervorgehoben.

Bearbeitung: Stefan Wiese

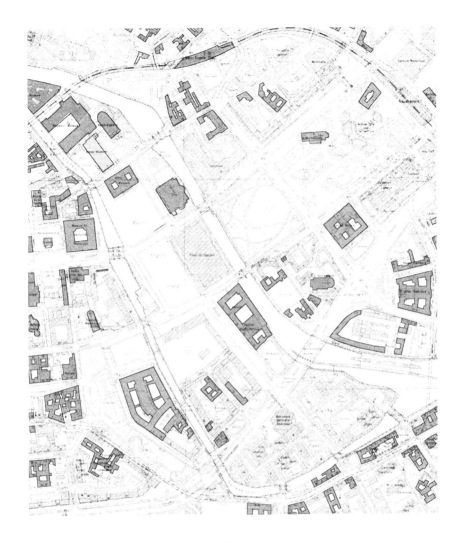

Karte 3.1b: Historisches Zentrum 1990
Die erhaltenen Gebäude aus der Zeit vor 1940 sind hervorgehoben dargestellt

Bearbeitung: Stefan Wiese

Es gab nur noch vereinzelt „Verkaufsstellen" für Bücher, Antiquitäten und Schmuck. Die Verstaatlichung von Handel und Dienstleistungen führte zu einer drastischen Verringerung der Betriebszahlen und einer Reduktion der Vielfalt von Einzelhandel und Dienstleistungsangeboten, wodurch sich jene urbane Mischung, die zu den üblichen Qualitäten eines großstädtischen Zentrums gehört, nicht ergab. Die betriebswirtschaftliche (tayloristische) Rationalität, die in der DDR für die Industrieorganisation ebenso bestimmend war wie für die Ausstattung mit Handels- und Dienstleistungseinrichtungen, hatte eine starke organisatorische und räumliche Konzentration zur Folge. Banken und Versicherungen, Büros und Praxen von freien Berufen (wie Rechtsanwälte oder Ärzte) hatten keine Räume, weil sie im staatlichen Versorgungsplan keine Rolle spielten (vgl. Werner 1977). „So betrug etwa gegen Ende der 60er-Jahre die Zahl der Rechtsanwälte in der DDR, die bereits überwiegend zu so genannten Rechtsanwaltskollegien zusammengefasst waren, wahrscheinlich weniger als die Hälfte der allein in Berlin (West) zugelassenen Rechtsanwälte" (Heineberg 1979, 437f.). Warenhäuser, Buchhandlungen und Läden für spezielle Konsumgüter waren an wenigen Orten konzentriert worden (vgl. Schöller 1987, 458 f.).

Mit den Ausnahmen der historischen Kulturbauten, des Alexanderplatzes – wo die Leitungen großer Kombinate ihre Verwaltung hatten –, und des Marx-Engels-Platz – wo sich die Büros der Spitzen von Staat und Partei konzentrierten – hatte die übrige Innenstadt eine funktionale Struktur, die sich von anderen Neubaugebieten kaum unterschied: Wohnhochhäuser mit Einkaufsmöglichkeiten. Weder die Dichte noch die Komplexität der innerstädtischen Mischung von Waren- und Dienstleistungsangeboten, wie sie für die Hauptstadt eines kapitalistischen Landes selbstverständlich waren, wurden erreicht – aber auch gar nicht angestrebt! Dies nicht nur, weil insgesamt das Konsumniveau niedrig und die für die ‚normale' Bevölkerung käufliche Warenvielfalt gering war, sondern auch, weil sich das sozialistische Zentrum von einem kapitalistischen in charakteristischer Weise unterscheiden sollte. Jeder Anschein eines hedonistischen Konsums, der als ‚unproduktiv' eingeschätzt wurde, sollte vermieden werden.

Insgesamt fehlte Ost-Berlin also die Vielseitigkeit und Attraktivität von Konsumeinrichtungen, die für Stadtzentren ansonsten typisch sind. Da es keine privaten Läden und Dienstleistungen (vor allem im gastronomischen Bereich und im Unterhaltungssektor) gab, hatte der Palast der Republik, der mit seinen Gaststätten und Veranstaltungsräumen eine Mischung zwischen Kulturhaus und Urban Entertainment Center darstellte, große Attraktivität.

In deutlichem Gegensatz zur Tendenz in den kapitalistischen Städten, in denen sowohl genehmigte wie ungenehmigte Umnutzungen von Wohngebäu-

66

den zur Ausbreitung von kommerziellen Dienstleistungsfunktionen und damit zu einem beständigen Sinken der Einwohnerzahlen führen, stand im sozialistischen Stadtzentrum die Entwicklung der Wohnfunktionen im Vordergrund. Da weder der Bodenpreis noch die Zahlungsfähigkeit der Bewohner für die Standorte von Wohnungsbau relevant waren, und weil es keine Nutzungskonkurrenz durch expandierende tertiäre Betriebe gab, wurden in den Stadtzentren auch neue Wohngebäude errichtet: auf der Fischerinsel, in direkter Nachbarschaft zu den obersten staatlichen Einrichtungen, zu beiden Seiten des Marx-Engels-Forums, in der Leipziger Straße und später auch in der Wilhelmstraße.

West-Berlin verfügte demgegenüber nur über wenig staatliche und andere öffentliche Verwaltungs- bzw. Repräsentationsfunktionen. Die neu geschaffenen Kultureinrichtungen waren räumlich dekonzentriert in die vorhandene Bebauung eingestreut. Das West-Berliner Zentrum war stark auf den Massenkonsum ausgerichtet. Mit dem Europa-Center entstand 1965 das erste überdachte Einkaufszentrum in Europa. Am Kurfürstendamm und in den Seitenstraßen konzentrierten sich die exklusiven Modegeschäfte, Parfümerien, Juwelierläden, sonstige gehobene Spezialgeschäfte und zahlreiche unterschiedliche gastronomische Betriebe und Hotels bzw. Pensionen, private Dienstleistungen und Firmenvertretungen.

Bevölkerungsentwicklung und Wohnungsversorgung

Ost-Berlin fungierte bis 1990 als Hauptstadt der DDR. Alle politischen und wirtschaftlichen Funktionen des Landes waren hier konzentriert, in keiner Stadt der DDR war der Anteil von Personen mit Hochschulabschluss größer, nirgends war der Anteil der Beschäftigten in staatlichen Einrichtungen höher. Gleichzeitig blieb Ost-Berlin jedoch auch eine Stadt der industriellen Produktion. Von den 857.000 Beschäftigten waren 1989 197.000 im verarbeitenden Gewerbe beschäftigt, 299.000 (35%) in der staatlichen Verwaltung (vgl. ausführlicher dazu Tabelle 4.6).

Sein Nachkriegsmaximum in der Bevölkerungsentwicklung verzeichnete Ost-Berlin 1949 mit 1 207.000 Einwohnern. Danach ging die Einwohnerzahl kontinuierlich zurück, 1961 waren es nur noch 1 055.000. Bis 1961 arbeiteten noch über 100.000 Ost-Berliner im Westteil, viele zogen auch um in die Westsektoren. Nach dem Mauerbau 1961, der eine Mobilität zwischen den beiden Stadthälften unmöglich machte, nahm im Ostteil von Berlin die Bevölkerungszahl wieder zu. Der Zentralismus der DDR konnte nun seine Wirkungen voll entfalten. Aufgrund seiner enormen politischen und wirtschaftlichen Bedeutung verzeichnete Ost-Berlin nach dem Mauerbau Zuzüge aus dem ganzen Land.

1971 beschloss der VIII. Parteitag der SED, die Wohnungsfrage bis 1990 endgültig zu lösen (vgl. Schumann/Marcuse 1991). In dessen Folge entstanden in Ost-Berlin seit der zweiten Hälfte der 70er-Jahre bis zum Ende der 80er-Jahre mehrere Großsiedlungen in industrieller Bauweise, d.h. aus vorgefertigten Bauteilen. Im Bereich der Karl-Marx-Allee im Bezirk Friedrichshain wurden von 1949 bis 1958 bereits insgesamt 22.000 Wohnungen neu gebaut. 1975 - 1990 entstanden die Stadtteile Marzahn mit 68.000, Hohenschönhausen mit 34.000 und Hellersdorf mit 40.000 Neubauwohnungen. Von 1971 bis 1988 wurden insgesamt 330.000 Wohnungen in Ost-Berlin neu gebaut. In ihnen konnten fast 900.000 Menschen wohnen, also zwei Drittel der Bevölkerung. Das Ziel, die Altbaugebiete überflüssig zu machen, war greifbar geworden.

Die Bevölkerungszahl Ost-Berlins stieg zwischen 1961 und 1988 um insgesamt 230.000 Personen auf 1 285.000 Einwohner. Viele der neu Zugezogenen bekamen in den neuen Großsiedlungen am östlichen und nordöstlichen Stadtrand Wohnungen. Die Altstadt wurde bis auf wenige Ausnahmen dem Verfall preisgegeben. Viele Wohnungen standen leer, teilweise unbewohnbar, andere wurden von jungen Leuten besetzt, die dem uniformen Lebensstil entfliehen wollten, den die Großsiedlungen mit ihren standardisierten Wohnungen mit sich brachten. So kam es, dass – in der Wahrnehmung von außen – die Innenstadtgebiete die lebendigen Orte der Hauptstadt der DDR waren, während die Großsiedlungen den modernen, aber auch standardisierten sozialistischen Lebensstil verkörperten.

Gab es eine Segregation in Ost-Berlin?

Die Frage der sozialen Segregation lässt sich zunächst anhand der Wohnungszuteilung in der DDR beantworten. Bis auf Ein- und Zwei-Familienhäuser wurden alle Wohnungen von der ‚kommunalen Wohnungsverwaltung' vermietet. Da die Mieten extrem niedrig waren und die Höhe zwischen verschiedenen Lagen und Qualitäten kaum differierte, spielte die Kaufkraft für die Wohnstandortwahl keinerlei Rolle. Für die Zuweisung von Wohnraum galten drei andere Kriterien: ein gesellschaftspolitisches, ein volkswirtschaftliches und ein soziales. An erster Stelle stand das gesellschaftspolitische Kriterium, gemäß dem die ‚Kämpfer gegen den Faschismus' bevorzugt wurden bzw. „Personen, die sich durch herausragende Leistungen bei der Stärkung, Festigung sowie zum Schutz der Deutschen Demokratischen Republik verdient gemacht haben" (vgl. Hannemann 1996). Das volkswirtschaftliche Kriterium beinhaltete, dass Betriebe Belegungsrechte hatten, wodurch indirekt die volkswirtschaftliche Bedeutung einer Branche oder eines Betriebes auf die Wohnqualität seiner Beschäftigten Einfluss hatte. In sozialer Hinsicht bevorzugt wurden kinderreiche Familien, junge Ehepaare ohne eigene Wohnung und allein stehende Mütter mit Kind bzw. Kindern (Großsiedlungsbericht 1994, 40) – wobei der Grundsatz galt: pro Person 1 Raum. Weil auch die Küche eingerechnet wurde, bekamen auch zwei Personen nur eine 1-Raum-Wohnung. Betriebe, gesellschaftliche Einrichtungen und Zweige der öffentlichen Verwaltung hatten eigene Vergabekontingente, sodass sich sehr klare Zugehörigkeiten in Gebäuden mit solchen ‚Kontingentwohnungen' herausbildeten.

Werner (1981, 132) hat in einer „Skizze vermutlicher sozialräumlicher Differenzierungen in den Städten der DDR" die neue politische Elite, die neue und alte wirtschaftliche und kulturelle Elite sowie die Selbständigen und die wirtschaftlichen Führungskräfte zu den privilegiert wohnenden Schichten gerechnet. Diese wohnten in Funktionärsghettos (z.b. Wandlitz), in den alten Villengebieten (z.b. Pankow), in den Einfamilienhausgebieten und in den großen, zentral gelegenen Stadtwohnungen. In den geschlossenen Wohnbebauungen (alte und neue Miethausblocks) lebte die ‚Normalbevölkerung', während in den Wohngebieten mit der niedrigsten Qualität (wozu auch die Altbauten in den Kernen der Klein- und Mittelstädte gehören) die alte Bevölkerung, die sozial Diskriminierten und die Außenseiter wohnten (nach Hannemann 1996). Es gab also eine soziale Segregation der Unter- und Überprivilegierten, die dazwischen liegende Masse der Bevölkerung wohnte sozialräumlich vergleichsweise gering segregiert (vgl. Harth u.a. 1998). Die geringe Segregation der breiten ‚sozialistischen Mitte' ergab sich schon deshalb, weil die sozialen Unterschiede in der DDR-Gesellschaft insgesamt sehr gering ausgeprägt waren (vgl. Geißler 1992). Die Vermutung liegt jedoch nahe (und wird durch einzelne Berichte immer wieder bestätigt), dass gerade in einer Gesellschaft, in der es keine freie Wohnungswahl gibt und die Verteilung von Wohnraum nach den politischen Kriterien der herrschenden Partei erfolgt, mit dieser Verteilung Belohnungen für Loyalität bzw. für außerordentliche Leistungen verbunden sind. Monetäre Anreize machen z.B. für einen Arzt oder Künstler wenig Sinn, wenn er sich damit nicht eine bessere Wohnung besorgen kann. Dann wird die Zuteilung einer begehrten Wohnung eben gleich zur ‚außertariflichen' Zusatzentlohnung: „Die Wohnungen wurden auch zu einem Mittel der Belohnung für das systemkonforme Verhalten im realen Sozialismus" (Schulz 1991, 14).

Eines der herausragenden Ziele sozialistischer Städtebaupolitik war es, die soziale Segregation der kapitalistischen Stadt aufzuheben und durch eine soziale Mischung zu ersetzen. Dies zu realisieren war in den Neubaugebieten möglich, wo standardisierte Wohnungen von gleicher Qualität und Größe entstanden, die nicht durch einen Markt verteilt, sondern durch die kommunale Wohnungsverwaltung nach politischen und sozialen Kriterien zugeteilt wurden. In den Neubaugebieten im Ostteil der Stadt entstand dadurch tatsächlich eine neuartige soziale Mischung. Bei der Vergabe von Neubauwohnungen, die außerordentlich begehrt waren, weil sich die Wohnbedingungen in den Altbauten von Jahr zu Jahr verschlechterten, gab es zwar keine Zugangsprivilegien für Höherverdienende, aber doch Zugangsbarrieren nach politischer Zuverlässigkeit: Ausgeschlossen waren politische Dissidenten, so genannte ‚Assis' (Abkürzung für Asoziale, z.b. Alkoholiker) und Personen, die in gesellschaftlich weniger relevanten Bereichen tätig waren. Wer einen Ausreiseantrag gestellt hatte, brauchte z.B. nicht mehr mit der Zuteilung einer Neubauwohnung zu rechnen.

Den wirklich Privilegierten, der Partei-Nomenklatura und den international renommierten Künstlern und Wissenschaftlern waren die auch im Sozialismus besonders begehrten großbürgerlichen Wohnungen im Zentrum oder die Villen im Grünen reserviert – Superstars hatten beides. Auch die Neubauwohnungen im zentralen Bereich, am Marx-Engels-Forum, auf der Fischerinsel, an der Leipziger und an der Wilhelmstraße waren den Kadern der Partei vorbehalten. In die Plattenbauten in den Neubausiedlungen am Stadtrand bevorzugt aufgenommen wurden junge Familien mit Kindern und guter Berufsausbildung, dort wurde exemplarisch die „sozialistische Lebensweise" gelebt. Innerhalb der breiten ‚sozialistischen Mittelschicht' von DDR-Bürgern, die die sozial und politisch Diskriminierten ebenso ausschloss wie die besonders Privilegierten, gab es dann keine weitere sozialräumliche Segregation. Die sprichwörtlich gewordene Mischung („die Putzfrau neben dem Betriebsdirektor") gab es in den Plattenbaugebieten innerhalb dieses Spektrums tatsächlich.

Politisch gewollt wurde die „Annäherung der Klassen und Schichten" also auch im Wohnungsbereich betrieben. "Im Idealbild der sozialistischen Menschengemeinschaft waren Klassen- und Schichtspezifika nivelliert, reale soziale Unterschiede verschleiert und Interessenunterschiede im ‚höheren' Gemeinschaftsinteresse aufgehoben." (Hunger 1991, 36) Deutliche Unterschiede lassen sich in Bezug auf die Altersstruktur feststellen. Ursache dafür ist der phasenweise verlaufende Wohnungsneubau zu DDR-Zeiten, bei dessen Vergabe junge Familien bevorzugt wurden (Grundmann 1984, 231).

Die am dichtesten bebauten Altbauquartiere befinden sich in den Bezirken Mitte, Prenzlauer Berg und Friedrichshain. Sie waren von der DDR-Stadtpolitik links liegen gelassen worden, d.h. sie wurden nicht instandgehalten, nicht saniert und nicht modernisiert. Sie waren dem Verfall preisgegeben und sollten nur solange noch bewohnt werden, bis für sämtliche Bewohner

70

Neubauwohnungen zur Verfügung standen. „Die betroffenen Häuser waren sozusagen zum Auswohnen freigegeben, es wurde auf Verschleiß gefahren" (Dahn 1987, 39).

In der Skala der Wohnpräferenzen standen daher bei den meisten Bewohnern des Ostteils der Stadt die Neubaugebiete ganz oben. Die Präferenz zugunsten der Altbaugebiete war eine politisch-kulturelle Demonstration von Abweichung: Entweder wollte man sich eindeutig als Dissident aus dem Mainstream der sozialistischen Lebensweise ausklinken und nahm dafür das Wohnen in den heruntergekommenen Altbaugebieten in Kauf, oder man war aufgrund irgendwelcher Auffälligkeiten im politisch motivierten Zuteilungsprozess durch die Kommunale Wohnungsverwaltung eben nie in den Genuss einer Umzugsberechtigung an den Stadtrand gekommen (vgl. Kil 1992). Dadurch bildete sich in den Altbaugebieten ein Milieu aus freiwilligen Aussteigern bzw. kritischen Geistern (Künstler und Literaten), zu denen die Gruppe derer kam, die aufgrund ihrer politischen oder religiösen Haltung vom sozialistischen System auf Distanz gehalten wurden. In manchen Teilen der Altbaugebiete, z. B. im Bezirk Prenzlauer Berg, bildeten sich so lokale Inseln oppositioneller Kultur und abweichender Lebensstile, eine Subkultur, die sich von den Ritualen der Loyalitätsbezeugung frei gemacht hatte. Die Altbaugebiete waren symbolische Orte der Nicht-Anpassung, der Abweichung, ja des Widerstandes, während die Neubaugebiete Anpassung, Einordnung und Zustimmung symbolisierten.

In den Altbauvierteln der DDR können im Wesentlichen drei Gruppen unterschieden werden:

- Die *ungewollt dort Lebenden*, die als sozial Diskriminierte (z.B. Alte, ungeplant Zuwandernde, Ausreiseantragsteller) keine Zuweisung für eine begehrte Neubauwohnung erhielten. Für sie war Altbauwohnen weitgehend mit Schlechtwohnen identisch. Ihre Bindung an Wohnung und Quartier kann als nicht sehr ausgeprägt eingeschätzt werden. Mit den sich bietenden Umzugsmöglichkeiten nach 1990 gehörte diese Gruppe zu den Abwanderungskandidaten.
- Die *freiwillig Zugezogenen*, für die sowohl der Altbau als Wohnform, als auch die – im Vergleich zur offiziellen Staats- und Parteikultur – als lebendiger und spontaner eingeschätzte Subkultur eine hohe Attraktivität besaß. Diese Gruppe bildete und schätzte die Subkultur, die mit dem unsanierten Baubestand und mit den vielen Möglichkeiten in aufgegebenen Räumlichkeiten entstanden war. Sie bildeten auch nach der Wende eine kritische Opposition gegen die neuen Entwicklungen.
- Die letzte Gruppe ist als *Übergangsbevölkerung in den Altbauquartieren* zu beschreiben: Familien im Wartestand auf eine Neubauwohnung, Stu-

denten und Zugezogene, für die die Altbauten vielfach als Transitstation für das Ankommen in Berlin fungierten (Kil 1996).

Diese Bewohnergruppen der Altbaugebiete bildeten eine nach Einkommen, aber stärker noch nach Qualifikation und Lebensstil sehr heterogene Bevölkerungsmischung. Diese Heterogenität entzieht sich weitgehend sozialstrukturellen Merkmalen und ist eher über verschiedene Lebensstile und kulturelle Unterschiede zu fassen. So beschrieb Wolfgang Kil die Altbaugebiete wie den Prenzlauer Berg als Orte, in denen sich nischenartig spezifische Milieus der kulturellen wie auch politischen Dissidenz herausbilden konnten (vgl. Kil 1992).

3.2 West-Berlin

West-Berlin gehörte staatsrechtlich bis zur Vereinigung im Jahr 1990 nicht zur Bundesrepublik. Es war kulturell und ökonomisch eine Exklave der BRD, aber alle bundesdeutschen Gesetze mussten vom Abgeordnetenhaus extra beschlossen und von den Alliierten bestätigt werden. Die Kriegszerstörungen, die Abwanderung von Industrieunternehmen und Banken, der Verlust aller zentralen politischen Institutionen und die Unsicherheit der Verkehrswege, die durch die Blockade 1947 offensichtlich geworden war, stellten eine schwere Hypothek für die Entwicklungsmöglichkeiten West-Berlins dar. Eine tragfähige Eigenentwicklung war für die Halbstadt, die ab 1961 auch noch vollkommen von ihrem Umland abgeschnitten war, nicht möglich. So wurde sie zum ‚Schaufenster der freien Welt', wie es in der politischen Funktionszuweisung hieß, und ihr Haushalt wurde zur Hälfte aus dem Bundeshaushalt finanziert.

Bevölkerungsentwicklung

Bis zum Jahr 1957 stieg die Bevölkerung trotz der politischen und wirtschaftlichen Isolation an. Über 1,5 Millionen Flüchtlinge kamen allein aus der DDR und aus Ost-Berlin in den Westteil, von denen etwa 200.000 in der Stadt blieben. Mit dem Mauerbau versiegte der Zustrom aus dem Ostteil und die Bevölkerungszahl von West-Berlin sank, obwohl alle Zweitwohnsitze zur Einwohnerzahl zugerechnet wurden. Die ökonomischen Potentiale in der Stadt waren gering, durch die Mauer waren die Freizeitmöglichkeiten beschnitten und der Weg nach Westdeutschland war nur mühsam über die Transitwege oder mit dem Flugzeug zurückzulegen. West-Berlin war eine schrumpfende und eingeschlossene Stadt, keine Stadt, in der es sich gemütlich leben ließ. „Wer immer in Berlin Karriere machen wollte, musste 40 Jahre lang in den Westen gehen, nach Hamburg oder nach Düsseldorf und nach Frankfurt oder nach Stuttgart und München. Das galt für jeden Bereich, den der Industrie wie den der Wissenschaft und selbst den der Medien, wo die überregionalen Zeitungen, die großen Verlage und Sender bald nicht mehr in der ehemaligen Reichshauptstadt zu Hause waren." (Siedler 1999, 158). Die einzige überregionale Zeitung West-Berlins war die erst 1979 gegründete linksalternative „tageszeitung" (taz).

Die sinkende Bevölkerungszahl nach 1961 alarmierte den (West-)Berliner Senat und die Bundesregierung. Die Anwerbung westdeutscher Fachkräfte wurde forciert, der öffentliche Sektor ausgebaut und Frauen verstärkt zur Erwerbstätigkeit ermutigt, u.a. durch die vermehrte Bereitstellung von Kindertagesstätten. Seit den 60er-Jahren war West-Berlin auch Zuzugsgebiet für politisch und kulturell engagierte Minderheiten. Ein großes Wohnungsangebot, niedrige Mieten, fehlende Wehrpflicht, eine vielfältige Subkultur von studentischen Gruppen über Künstler-, Hausbesetzer-, Autonomen- und Punkszene machten West-Berlin im Vergleich zum ‚satten' Westdeutschland attraktiv. Der städtische Raum in West-Berlin stand nicht unter solch starkem Verwertungsdruck wie dies in anderen Großstädten in der Bundesrepublik der Fall war und bot daher viele Nischen für die Entfaltung von Subkulturen.

Seit Mitte der 60er-Jahre setzten die Industrieunternehmen die Anwerbung von ausländischen Gastarbeitern durch, um den durch den Mauerbau eingetretenen Mangel an Arbeitskräften in der Elektro- und Konsumgüterindustrie auszugleichen. Erst vergleichsweise spät schloss sich West-Berlin damit der ‚Gastarbeiterpolitik' der westdeutschen Bundesländer an. Zu diesem Zeitpunkt war das auswanderungswillige Arbeitskräftepotential Italiens, Griechenlands und Spaniens schon weitgehend abgeschöpft, sodass nach West-Berlin vor allem Arbeiterinnen und Arbeiter aus der Türkei und Jugoslawien angeworben wurden. Mit diesen Ländern hatte die Bundesanstalt für Arbeit 1961 bzw. 1968 Anwerbeabkommen abgeschlossen. Zum Jahresende 1960, also vor dem Mauerbau, lag die Anzahl der ausländischen Berliner noch bei 22.000, sie stellten damit lediglich 1% der Bevölkerung. Zum Jahresende 1969 war ihre Zahl auf über 90.000 angestiegen, Ende 1974 lebten bereits 190.000 Ausländer in Berlin. Die türkischen Zuwanderer waren mit 88.000 Personen die größte Gruppe, gefolgt von Jugoslawen mit 31.000 und Griechen mit 10.000 Personen.

Mit dem Anwerbestopp im November 1973 wegen des nachlassenden Arbeitskräftebedarfs endete der Zuzug ausländischer Arbeitnehmer nach West-Berlin und die Zahl der nicht-deutschen Erwerbstätigen sank in den Jahren 1974 bis 1977 um fast 10%. Auch die Gesamtzahl der Zuwanderer nahm zwischen 1974 und 1976 leicht ab, die meisten von ihnen entschlossen sich jedoch zu bleiben und holten ihre Familien nach. So stieg die ausländische Bevölkerung wieder an und erreichte im Jahr 1982 die Zahl von 245.000 Personen. Bis Anfang der 80er-Jahre ging diese Zunahme noch hauptsächlich auf den Familiennachzug zurück, aber seit Ende der 70er-Jahre waren dann zunehmend Flüchtlinge aus dem Iran, Palästina, Libanon, Vietnam und Polen nach West-Berlin gekommen. Sie sorgten während der 80er-Jahre für einen Anstieg der ausländischen Bevölkerung und damit für eine stabile Bevölkerungszahl. Ende 1989 lebten 293.000 Ausländer in West-Berlin, in Ost-Berlin lediglich 21.000.

Die Zuwanderung von Ausländern war in Berlin – wie auch in anderen Städten Deutschlands – die bedeutendste sozialstrukturelle Veränderung der Nachkriegszeit. Die Auswirkungen auf die soziale Schichtung und die Beschäftigtenstruktur, auf Modernisierungs- und Rationalisierungsprozesse in der Arbeitswelt waren erheblich. In einzelnen Stadtteilen entwickelten sich Konzentrationen von ausländischer Wohnbevölkerung, in denen sich zugewanderte Unternehmer, kulturelle und religiöse Vereinigungen sowie Interessenverbände von Zuwanderergruppen etabliert haben (vgl. ausführlicher Kapitel 9).

Wirtschaftliche Entwicklung

Nach dem Ende des Zweiten Weltkriegs setzte eine Abwanderung der Industrieunternehmen ein, was in West-Berlin eine deutliche Verschiebung der Branchenstruktur bewirkte. Die Hauptsitze der Unternehmen, z.B. die von AEG und Siemens, wurden nach Westdeutschland verlagert. Der Wiederaufbau der Industrie wurde durch den kleinen Binnenmarkt, fehlende Flächenressourcen und die langen und unsicheren Verkehrswege nach Westdeutschland erschwert. Diese Umstände machten die Ansiedlung von neuen Unternehmen in Berlin sehr schwierig.

Die Verlagerung insbesondere der Forschungs- und Entwicklungsabteilungen großer Unternehmen sowie der vollständige Verlust des Finanzsektors stellte West-Berlin in den Schatten der ökonomischen Entwicklung. In der Teilstadt mussten zweitrangige Industriefunktionen mit Subventionen konserviert und der öffentliche Dienst enorm ausgeweitet werden, um die Bevölkerung zu beschäftigen. Militärforschung, die für Entwicklung neuer Technologien eine herausragende Bedeutung hat, war aufgrund des Viermächte-Abkommens in Berlin verboten. Westdeutsche Ersatzstandorte, insbesondere in Oberbayern, wo es solche Behinderungen nicht gab, erlebten als Zentren der neuen Industrien nach dem Zweiten Weltkrieg einen kometenhaften ökonomischen Aufstieg.

Nach 1961 erlebte die Industrie einen erheblichen Beschäftigungsrückgang. Die West-Berliner Industrie wurde durch massive Investitions-Beihilfen gefördert und damit wurden neue Arbeitsplätze vor allem in der Montage- und der Konsumgüterindustrie geschaffen. Die vielfältigen Maßnahmen umfassten Umsatzsteuerermäßigungen, Sonderabschreibungen auf betriebliche Investitionen und Wohngebäude, Investitionszulagen und günstige Darlehen. Der Berliner Arbeitsmarkt sollte für Arbeitnehmer durch eine Zulage von 8% des Arbeitslohnes und durch Umzugskostenerstattung attraktiv gemacht werden. Kredite wurden an junge Familien gegeben, um ihre Abwanderung zu verhindern; die Rückzahlung konnte durch Geburten ermäßigt oder ganz überflüssig werden.

Trotz dieser Maßnahmen ging die Zahl der Industriearbeitsplätze weiter zurück. Zwischen 1961 und 1984 halbierten sie sich von 314.000 auf 158.000. Dennoch blieb West-Berlin eine Arbeiterstadt mit einer Industriestruktur, in der die standardisierte Massenproduktion vorherrschte, die anderswo aus den industriellen Ballungsgebieten mit ihren hohen Löhnen bereits verschwunden war. West-Berlin wurde daher zu Recht auch als ‚verlängerte Werkbank‘ der westdeutschen Industrie bezeichnet. Neben der fordistischen Industriestruktur hatte sich in der Stadt ein Dienstleistungssektor herausgebildet, der vor allem staatlich alimentiert bzw. überwiegend im öffentlichen Sektor angesiedelt war. Das größte überregionale Dienstleistungsunternehmen in West-Berlin war die Bundesversicherungsanstalt für Angestellte, ein öffentliches Unternehmen.

Wohnungsversorgung

Die Kriegszerstörungen hatten in Ost- wie West-Berlin ähnliche Ausmaße, rund ein Drittel des Wohnungsbestandes von 1,5 Mill. Wohnungen war zerstört. Die Schäden konzentrierten sich auf die innerstädtischen Altbaubereiche: Kreuzberg (v.a. südliche Friedrichstraße), Tiergarten (v.a. Hansaviertel, Tiergarten-Süd) sowie das Bayerische Viertel. Teilweise zerstörte Häuser wurden wieder aufgebaut, Lücken, die durch Bombeneinschlag entstanden waren, zumeist mit einfachen fünfstöckigen Gebäuden ohne Hinterhäuser gefüllt. Während in vielen Teilen der Altbaubereiche der Trümmerschutt erst in den 60er-Jahren abtransportiert wurde, konzentrierte sich der Wiederaufbau auf das neue Hansaviertel im Tiergarten, welches für die Interbau 1957 neu geplant und mit ‚modernen‘ Hochhäusern bebaut wurde. Obwohl man das stark beschädigte alte Hansaviertel hätte rekonstruieren können, wollte man hier der städtebaulichen Moderne ein Denkmal setzen – und das hieß Totalabriss, Aufgeben der Blockstruktur sowie veränderte Straßenverläufe, die den öffentlichen Raum in eine Grünanlage verwandelten. Ähnlich rigoros war man zuvor im Osten mit dem Altbaubestand im Zentrum umgegangen.

Neue Wohnungen entstanden in West-Berlin ganz überwiegend durch öffentliche Förderung (vgl. Bohleber 1990; Hanauske 1993). Zwischen 1949 und 1987 wurden 547.000 neue Wohnungen gebaut, davon rund 80% mit öffentlicher Förderung (Hofmeister 1990, 90). Nach der Wohnungszählung von 1987 lag der Anteil von selbst genutztem Wohneigentum in Berlin bei 10,7%. Durch den hohen Anteil an Sozialwohnungen, der in West-Berlin ca. 40% des Wohnungsbestandes ausmachte, war das Mietniveau vergleichsweise niedrig. Im Altbaubestand galt eine Mietpreisbindung (‚schwarzer Kreis‘), die erst 1988 aufgehoben und durch die Vergleichsmietenregelung ersetzt wurde. Durch den hohen Anteil von öffentlich geförderten Wohnungen konnten Wohngebäude mit Belegungs- und Mietbindungen in alle Wohngebiete eingestreut werden, auch in den überwiegend ‚bürgerlichen‘ Stadtteilen Charlottenburg, Wilmersdorf und Zehlendorf.

Mit dem Mauerbau verschwand endgültig die Hoffnung auf eine baldige gemeinsame Verwaltung in der Stadt. Jene Teile von West-Berlin, die nahe an der Mauer lagen, wurden von der Politik – teilweise sicher aus reiner Verlegenheit – weitgehend vernachlässigt (vgl. Schreiber 1986). Private Investoren waren kaum mehr bereit, in Berlin zu investieren, und wenn, dann schon gar nicht in der Nähe der Mauer. Die Beschäftigung der Bauindustrie und die Sicherung von Arbeitsplätzen war ein wichtiges Motiv, die Sanierung der Altbaubestände in der Innenstadt zu beginnen. Im Jahre 1963 wurden weite Teile des Gründerzeitbestandes als Sanierungsgebiete festgelegt. Sie sollten abgerissen und mit staatlichen Geldern neu aufgebaut werden. Am Stadtrand waren zwischen 1965 und 1975 mehrere Großsiedlungen im sozialen Wohnungsbau errichtet worden (Gropiusstadt, Märkisches Viertel, Falkenhagener Feld), in die die Sanierungsbetroffenen umgesetzt werden sollten – städtebaulich also ein ganz ähnliches Konzept, wie es im Ostteil der Stadt verfolgt wurde. Gegen die ‚Flächensanierung‘, diese Stadtzerstörung gigantischen Ausmaßes, erwachte jedoch Ende der 60er-Jahre politischer Widerstand. Aber erst die Befriedungsstrategie nach Hausbesetzungen und Straßenschlachten in den Jahren 1980/1981 setzte der Abrisspolitik ein Ende. In der nun favorisierten ‚behutsamen Stadterneuerung‘ (vgl. Hämer 1990), die auf bauliche Erneuerung und soziale Konservierung angelegt war, wurde mit öffentlichen Geldern in den 80er-Jahren der Bestand saniert und modernisiert.

Die Bevölkerungszahl West-Berlins nahm zwischen 1957 und 1984 um insgesamt 380.000 Einwohner, also ein Sechstel ab. Insbesondere die Vermögenden und die ökonomischen Aufsteiger hatten West-Berlin verlassen. Für große Altbauwohnungen mit fünf und mehr Zimmern fehlte in den 60er-Jahren eine kaufkräftige Nachfrage. Das großbürgerliche Kleid der Wohnungen war der abgemagerten Sozialstruktur zu groß geworden. Die Wohlhabenden zogen sich in die Villengebiete von Zehlendorf, Wilmersdorf und Steglitz zurück. In den großen Altbauwohnungen der West-Berliner Innenstadt konnte sich somit ein neuer Haushaltstyp breit machen: Wohngemeinschaften. Sie waren konkurrenzfähig auf dem Wohnungsmarkt, da jedes Zimmer durch eine Person genutzt wurde und sie somit eine Miete bezahlen konnten, die für einen kleinen Familienhaushalt mit nur durchschnittlichem Einkommen zu hoch gewesen wäre. Der exklusive Charakter der ‚vornehmen‘ Westbezirke verblasste zwar durch den Einzug der sogenannten WG's, die in der Berliner Öffentlichkeit zunächst wahlweise als revolutionäre Zellen oder als hedonistische Lasterhöhlen dämonisert wurden. Die Altbaugebiete erlebten jedoch durch diese Nachfrage und die innovative Nutzung eine Renaissance in der Wertschätzung insbesondere akademischer Gruppen.

Eine ganz andere Nachfragegruppe, die ab Ende der 60er-Jahre auf dem Markt für Altbauwohnungen auftrat, bildeten die Arbeitsmigranten der Mittelmeerländer. Ihre Wohngeschichte ist eng verknüpft mit der Sanierungspolitik in West-Berlin. Im Gegensatz zu den studentischen Wohngemeinschaften mussten sie nämlich mit den überwiegend zerstörten, zum Abriss bestimmten und deshalb weitgehend verkommenen Wohngebieten in Kreuzberg und im Wedding vorlieb nehmen. Die bisherigen (einheimischen) Bewohner dieser Altbaubestände zogen in die modernen, gut ausgestatteten Sozialwohnungen. Die neuen Wohngebiete wurden also von der deutschen Mittelschicht bewohnt, die Altbau- und Sanierungsgebiete von der ausländischen Arbeiterschaft.

Flächensanierung

Der riesige Bestand an heruntergekommenen Altbauhäusern in privatem Besitz war in West-Berlin nach dem Mauerbau nur noch schwer zu vermieten. Der Abriss wurde geplant. Im ersten Stadterneuerungsprogramm 1964/65 war die Sanierung von 60.000 Wohnungen für 140.000 Einwohner vorgesehen, und das hieß: Abriss von 43.000, Neubau von 24.000 und Modernisierung von 10.000 Wohnungen (Geffers 1990, 8). Diese befanden sich in den Bezirken Kreuzberg, Wedding, Tiergarten, Charlottenburg, Schöneberg und Neukölln. Wedding und Kreuzberg gehörten dabei zu jenen Bezirken West-Berlins, die die älteste Bausubstanz und den höchsten Anteil an Wohnungen ohne Toilette aufwiesen.

Die genannten Gebiete galten als ‚rückständige Viertel' (Zapf 1969) und der Abriss der Gebäude sollte den Einzug moderner Lebensweisen fördern. Sanierungspolitik verstand sich als Entwicklungspolitik für rückständige Quartiere – auch wenn sich heute kaum mehr jemand vorstellen kann, dass diese ‚Entwicklung' mit dem Abriss des alten Viertels beginnen sollte. Die Gleichsetzung von schlechtem Bauzustand und problematischer Sozialstruktur war zu dieser Zeit jedoch weit verbreitet. Demnach waren die ‚Defizite' der Bevölkerungsstruktur in der Bausubstanz festgeschrieben und konnten nur durch einen Abriss mit nachfolgender Neubebauung behoben werden. Dieses Vorgehen sollte über die Köpfe der Bewohner hinweg geschehen. Sie wurden nicht nach ihrem Urteil befragt, ihre Wohnwünsche erschienen durch ihre Lebensumstände diskreditiert und in der Politik besaßen sie keine Lobby.

Das Sanierungsziel Flächensanierung verhinderte auch, dass die Eigentümer in den Entscheidungsprozess und in die Durchführung der Sanierung einbezogen wurden. Nach der Ausweisung als Sanierungsgebiet und dem damit verbundenen Abrissurteil wurden die Häuser vollkommen vernachlässigt, es wurden keinerlei Investitionen mehr vorgenommen. Wer wegziehen konnte, verließ den Stadtteil. Geschäfte mussten schließen, Nachbarschaften zerbrachen. Zahlreiche Wohnungen, ganze Häuser und schließlich komplette Straßenzüge waren geräumt. Die alliierten Truppen veranstalteten dort Manöver für den innerstädtischen Verteidigungskrieg. Die Abwärtsspirale von Zerstörung, Vertreibung und Abriss fasste in abgeschwächter Form auch in jenen Gebieten Fuß, die als potentielle Sanierungsgebiete (‚Sanierungserwartungsgebiete') galten.

Um den Abriss durchführen zu können, mussten die vom Senat beauftragten Sanierungsträger die Häuser von den Besitzern aufkaufen. Dieser Aufkauf zog sich jedoch in die Länge, weil immer noch irgendwo irgendjemand wohnte oder irgendein Eigentümer immer noch nicht verkauft hatte. Die Gebäude wurden so erst nach und nach entmietet, die Bewohner bekamen Umsetzwohnungen gestellt, und die meisten Häuser standen leer. Da nur ganze Straßenzüge abgeräumt werden sollten – auch das sollte möglichst rationell geschehen –, wurde in den 60er-Jahren praktisch kein Haus abgerissen. Die Verluste bei den Mieteinnahmen wurden zum größten Teil aus dem Landeshaushalt gedeckt. Der Prozess des Grunderwerbs und des Freiräumens dauerte im Schnitt 13 Jahre – 13 Jahre, in denen in den Häusern nichts passierte. Eine ‚zu gute' Instandhaltung hätte den Bleibewunsch der Bewohner verstärkt und die Freimachung erschwert: die Entmietung hätte dann noch länger gedauert (Lehmbrock 1982, 119). Vor 1975 hatte die eigentliche Sanierung daher noch gar nicht richtig begonnen.

Die Wohnungen wurden dann ‚vorübergehend' an Gastarbeiter vermietet (vgl. Hoffmeyer-Zlotnik 1977). Innerhalb von wenigen Jahren stieg so in

Kreuzberg der Ausländeranteil auf 25% (1974), im Statistischen Gebiet 14, in dem das Sanierungsgebiet Kottbusser Tor gelegen war, lag der Ausländeranteil bereits 1974 bei 37%. Dies ist insofern bemerkenswert, weil der Zuzug von Gastarbeitern erst 1967 richtig begonnen hatte und die Arbeiter zunächst in Heimen untergebracht waren (vgl. Freiburghaus/Kudat 1974). Es hatte sich allerdings schnell herumgesprochen, dass die Mieten in den Heimen vergleichsweise hoch waren und zudem nur wenig Platz zur Verfügung stand. Demgegenüber waren die kleinen Ein- und Zwei-Zimmer-Wohnungen in den Altbauhäusern geräumig, wenngleich nicht modern ausgestattet. Bewohnt wurden die Wohnungen bei den türkischen Haushalten im Schnitt von 5,5 Personen, drei Personen mussten sich einen Raum teilen. In den großen Wohnungen in den Vorderhäusern lebten häufig noch deutsche Haushalte. Ihnen standen im Schnitt 1,4 Räume pro Person zur Verfügung (Hoffmeyer-Zlotnik 1977, 106).

Der rasante Anstieg der Ausländerzahlen in Kreuzberg lässt sich also vor allem darauf zurückführen, dass die als rechtlos betrachteten Gastarbeiter als ‚Zwischennutzer' von zum Abriss bestimmten Wohnungen benutzt werden sollten. Bis zum Anwerbestopp 1973 waren die Wohnungsbaugesellschaften und die Politik immerhin noch davon ausgegangen, dass die Gastarbeiter nach ein oder zwei Jahren wieder in ihre Herkunftsländer zurückkehren würden. Mit einer dauerhaften Ansiedlung hatte damals niemand gerechnet – und offensichtlich hatte niemand damit gerechnet, dass diesen Zwischenmietern mit einem Mietvertrag im Sanierungsgebiet auch ein Anrecht auf eine Umsetzwohnung zustehen würde.

Die türkische Bevölkerung Berlins lebte Mitte der 70er-Jahre vor allem in den Sanierungsgebieten von Wedding und Kreuzberg. In den angrenzenden Bereichen war der Anteil jugoslawischer Bewohner teilweise höher, ein deutliches Zeichen, dass diese weniger von der Sanierung betroffen waren und bessere Chancen hatten, in Häuser außerhalb der Sanierungsgebiete zu ziehen. Nach der durchgeführten Flächensanierung, die in Kreuzberg im westlichen Teil des Sanierungsgebietes begann, sank der Ausländeranteil in den Siedlungen stark ab. Die Neubausiedlungen waren den Gastarbeiterfamilien verwehrt und die Ausländer wurden in andere Häuser umgesiedelt, die erst später abgerissen werden sollten (Hoffmeyer-Zlotnik 1977, 81). In Kreuzberg waren dies die östlich des Kottbusser Tors gelegenen Blöcke. Aufgrund des erzwungenen häufigen Wohnortwechsels bezeichnete Hoffmeyer-Zlotnik die Gastarbeiter als „Nomaden der Sanierung". Die mehrmalige Umschichtung der Zuwandererfamilien wurde beschönigend mit ihrem Bedürfnis nach niedrigen Mieten erklärt – allerdings zahlten deutsche Haushalte in den gleichen Häusern eine deutlich geringere Miete. Durch die Umzüge von Ausländern innerhalb der Sanierungsgebiete entstand eine Kettenreaktion: Für die deutsche Bevölkerung waren steigende Ausländeranteile ein deutliches Anzeichen für eine baldige Sanierung. Dadurch stieg die Fluktuation, und die Entmietung konnte beginnen (vgl. Hoffmeyer-Zlotnik 1977, 86).

Im Prozess der Flächensanierung ging so in den Sanierungsgebieten die Bewohnerzahl zunächst erheblich zurück, z.b. im Sanierungsgebiet Wedding zwischen 1970 und 1979 um 50% (Becker/Schulz zur Wiesch 1982, 13). Die ursprüngliche Bewohnerdichte der Altbauquartiere wurde nach dem Neubau nicht wieder erreicht, die Senkung der Einwohnerdichte war ein Sanierungsziel. Außerdem wurde die Bevölkerung bei der Abrisspolitik fast komplett ausgetauscht.

Der wachsende Anteil von Bewohnern, die nach der Erneuerung in den Sanierungsgebieten bleiben wollten, führte dazu, dass in Charlottenburg Abrisspläne teilweise zurückgenommen werden mussten. Ansonsten wäre die Zahl der Wohnungen so stark rückläufig gewesen, dass eine Umsetzung der Mieter innerhalb des Gebiets nicht mehr möglich gewesen wäre (Schulz zur Wiesch 1982, 147f.). Inzwischen hatte sich herumgesprochen, dass die Neubauwohnungen kleiner und zugleich teurer waren als die Altbauwohnungen – und auf diesen Handel wollten sich nur die wenigsten Bewohner einlassen.

Die ‚Sanierung‘ der Sozialstruktur gehörte – wie gesagt – ursprünglich zu den Zielen der Stadterneuerung. Umsetzung der Mieter, Abriss der Wohnungen und Neubelegung nach dem Wiederaufbau gehörten daher strategisch zusammen. Experimente dieser Art wurden in Wedding und in Kreuzberg durchgeführt. Erst der heftige Widerstand von Betroffenen und die Unterstützung durch eine skeptisch gewordene Fachöffentlichkeit brachte eine Wende in der Sanierungspolitik – weg von der Flächensanierung hin zur ‚behutsamen Stadterneuerung‘ (vgl. Hämer 1990), bei der nicht die Veränderung, sondern der Erhalt der sozialen Zusammensetzung der Bewohnerschaft ein Ziel ist. Es bildete sich eine große Oppositions-Koalition von teilweise sehr konservativen Stadtliebhabern, Stadtplanern und Bewohnergruppen (vgl. Stadterneuerung 1990; Bodenschatz u.a. 1983).

Die Konzentration von armen, alten und ausländischen Haushalten (der so genannten A-Gruppen) in Sanierungsgebieten war, wie verschiedentlich gezeigt werden konnte, zum großen Teil ein erstes Ergebnis der Sanierungspolitik selbst gewesen; denn nach der Ankündigung der Sanierung setzte – wie beschrieben – eine selektive Abwanderung der mobilen Bewohner mit höheren Einkommen ein und die soziale Entmischung, die dann ‚saniert‘ werden sollte, wurde so erst hervorgerufen. Die Stadtpolitik produzierte also die ‚sozialen Brennpunkte‘ selbst, d.h. die Konzentration von Bewohnergruppen mit starken sozialen Problemen. Viel von dem hohen Zeit- und Kostenaufwand, den die Flächensanierung verursachte, hätte vermieden werden können, wenn man die sozialen Potenziale der Quartiere geschützt und gestärkt und die bauliche Sanierung zusammen mit den Bewohnern durchgeführt hätte. Darauf waren jedoch die Großkonzerne, die mit der Sanierung beauftragt waren, nicht eingerichtet – und die Kosten stellten damals noch keine wirksame Grenze dar, da dem Berliner Senat noch viel Geld für die Modernisierung von Wohnungen und der Infrastruktur zur Verfügung stand.

Großsiedlungen

Die Kahlschlagsanierung in den Innenstadtgebieten konnte nur realisiert werden, weil gleichzeitig im Süden und im Norden von West-Berlin neue Stadtteile entstanden, die die verdrängten Mieter aufnehmen konnten. Zwischen 1963 bis 1974 wurde das Märkische Viertel mit 17.000 Wohneinheiten für etwa 40.000 Einwohner errichtet, von 1962 bis 1975 die Gropiusstadt mit 19.000 Einheiten und Platz für 50.000 Menschen, und von 1963 bis 1972 die Siedlung Falkenhagener Feld mit gut 6.000 Wohnungen für 15.000 Bewohner. Gebaut wurden die Großsiedlungen vor allem von städtischen Wohnungsbaugesellschaften.

Ein großer Teil der Bewohner von Sanierungsgebieten war in die neu erbauten Großsiedlungen gezogen. So wie auf der einen Seite durch die Flächensanierung in der Innenstadt die Sozialstruktur der Quartiere vollkommen verändert wurde, sollten am Stadtrand neue moderne Siedlungen mit einer ‚gemischten' Bevölkerungsstruktur entstehen. Es ist daher wenig verwunderlich, dass auch der Zugang zu Wohnungen in den Großsiedlungen selektiv gefiltert wurde. Bei der Erstbelegung sollten alle verschiedenen Schichten der Bevölkerung, die aufgrund der für den sozialen Wohnungsbau geltenden Einkommensgrenzen überhaupt wohnberechtigt waren, ihrem Anteil an der Bevölkerung etwa entsprechend repräsentiert werden (vgl. Becker/Keim 1977).

Noch in der Planungsphase wurden die Größen der Wohnungen jedoch nach der bestmöglichen Vermietbarkeit festgelegt. Diese wurde bestimmt durch die gesellschaftsinterne Warteliste und die Richtlinien der Wohnungsbaukreditanstalt. Die DEGEWO plante zunächst nur wenige große Wohnungen, da kinderreiche Familien als potentielle Konfliktträger beim späteren Zusammenwohnen betrachtet wurden. Erst auf Drängen des Senats, der wegen der von ihm vergebenen Subventionen Einfluss auf die Struktur der Siedlungen hatte, wurde der Anteil der Wohnungen mit 2,5 Zimmern und mehr erhöht (Schneider/Keim 1977, 142).

Die Zuweisung von Personen in die Wohnungen der Gropiusstadt erfolgte bei der Gehag durch die Bezirkswohnungsämter bzw. ab 1969 durch das Landesamt für Wohnungswesen über Sammellisten. Daneben konnten bevorzugt Mitglieder des DAG (als Gesellschafter der Gehag) in die neuen

Wohnungen ziehen. Die vom Landesamt zugewiesenen Mieter stammten überwiegend aus den Sanierungsgebieten und wurden von der Gehag – gegenüber den DAG-Mitgliedern – als „soziale Verschlechterung" beklagt (Schneider/Keim 1977, 143). 50% der Bewohner kamen aus Neukölln und den angrenzenden Bezirken (v.a. aus Kreuzberg), weitere 30% aus anderen Teilen West-Berlins und der Rest aus Westdeutschland und dem Ausland (v.a. Polen). Auch die DEGEWO bekam ihre Mieter zu einem großen Teil zugewiesen bzw. versorgte Mieter aus dem Gebiet Brunnenstraße Wedding mit Umsetzwohnungen, wo die DEGEWO Sanierungsträger war.

Die Struktur der Bewohnerschaft wurde also durch das Zusammenwirken öffentlicher Institutionen nahezu vollständig bestimmt. Ende 1973 hatte die Gropiusstadt 42.600 Einwohner. Der Ausländeranteil betrug mit 872 Personen gerade einmal 2%, was daran lag, dass diese Bevölkerungsgruppe noch innerhalb der Sanierungsgebiete umgesetzt wurde und keinen Zugang zu den Wohnungen der Großsiedlungen hatte. Der Seniorenanteil lag bei 13,5%, und besonders die Altersgruppe zwischen 21 und 45 Jahren war überproportional vertreten. Angesiedelt wurden ganz überwiegend junge verheiratete Paare, jedoch keine kinderreichen Familien, für die zu wenig Wohnungen gebaut wurden.

Die Gropiusstadt – und dies gilt auch für das Märkische Viertel und das Falkenhagener Feld – war der Wohnort der deutschen Mittelschicht. Ausländer und soziale Randgruppen, große Familien und alternative bzw. studentische Milieus waren in der Innenstadt geblieben bzw. fanden zunächst keinen Zugang in die Großsiedlungen – eine erstaunliche Parallele zu den Großsiedlungen in Ost-Berlin.

Die Wiederentdeckung der Altstadt

In den 60er-Jahren war in Kreuzberg das Viertel zwischen Wassertorplatz und Prinzenallee/Ritterstraße abgerissen und neu bebaut worden, zu Beginn der 70er-Jahre folgte das Gebiet um das Kottbusser Tor, an dem zwischen 1972 und 1974 das Neue Kreuzberger Zentrum erstellt wurde. Seit Mitte der 70er-Jahre, zeitgleich mit der Fertigstellung der Großsiedlungen, formierte sich in den Abrissgebieten erster Widerstand. Die Bewohner drängten auf eine Beteiligung an den Planungen, die Forderung nach dem Erhalt von Altbauten mit guter Bausubstanz wurde erhoben. Abrissbedingte Umsetzungen würden, so das Argument, die gewachsenen Nachbarschaftsbeziehungen und damit jene Milieus und sozialen Beziehungen zerstören, die gerade für die einkommensschwache Bevölkerung lebenswichtig seien (vgl. Sanierung für wen? o.J.).

Soziale Beziehungen im Altbauquartier wurden als eine Ressource für Haushalte betrachtet, die über nur geringe Geldeinkommen verfügen konnten.

In den Altbaugebieten lebten nach den von den Sanierungsträgern organisierten Umsetzungen vor allem jene Gruppen, die nicht in die modernen Großsiedlungen umziehen wollten oder denen dort keine Wohnung angeboten wurde. Zahlreiche Bewohner organisierten sich in Betroffenenvertretungen und Bürgerinitiativen und riefen den ‚Widerstand' aus. Die Sanierung kam ins Stocken. Im Jahre 1977 wurde schließlich der Wettbewerb „Strategien für Kreuzberg" ausgelobt, der nach neuen Ideen der Betroffenenbeteiligung und der Stadterneuerung in Kreuzberg suchte.

Zu dieser Zeit hatte sich eine skurrile Form von Wohnungsnot entwickelt: Die Nachfrage nach Wohnungen war größer als das Angebot, weil sich Abriss und Neubau von Wohnungen nicht in gleicher Geschwindigkeit entwickelten wie in den frühen 70er-Jahren. Altbauten standen in großer Zahl leer, wurden aber nicht vermietet – speziell in Kreuzberg, Schöneberg und Charlottenburg im Jahr 1979. Diese wurden dann von der aufkommenden Hausbesetzerszene in Beschlag genommen, um ihren weiteren Verfall und den darauf folgenden Abriss zu verhindern. Ihre Forderungen waren: preiswerten Wohnraum erhalten und nur jene Baumaßnahmen (möglichst in Eigenarbeit) durchführen, die von den Bewohnern als notwendig erachtet wurden. 1980/1981 waren ungefähr 160 Häuser besetzt, und bei den Versuchen, diese zu räumen, lieferten sich Hausbesetzer und Polizei zum Teil dramatische Straßenschlachten (vgl. hierzu z.B. Laurisch 1981, Nitsche 1981).

Stadterneuerung als Abrisspolitik war danach politisch diskreditiert. Dass mit öffentlichen Mitteln Wohnungen abgerissen werden sollten, für die es eine Nachfrage gab, war in der Öffentlichkeit nicht mehr glaubwürdig zu begründen. Die Hausbesetzungen und die mit ihnen verknüpften Straßenschlachten hatten gezeigt, dass diese Politik nicht mehr ohne gewaltförmige Konflikte weiter zu führen war. Zudem hatten sich zahlreiche Architekten, Stadtplaner und Intellektuelle auf die Seite der Hausbesetzer gestellt. Da überdies immer mehr Details über den Berliner Bausumpf und über Korruption veröffentlicht wurden (vgl. die Darstellung in Rose 1998), änderte sich zusehends auch die öffentliche Meinung.

Die behutsame Stadterneuerung, die in den 80er-Jahren in Kreuzberg verfolgt wurde, griff Ideen auf, die in einem von Hardt-Waltherr Hämer geleiteten Projekt bereits am Klausener Platz in Charlottenburg exemplarisch erprobt worden waren. Mit Beteiligung der Bewohner waren hier die Blöcke modernisiert und nur vereinzelt Hinterhäuser abgerissen worden – ohne dass die Kosten dafür höher waren als für Abriss und Neubau. Damit war ein entscheidendes ‚Sachargument' der Beton-Fraktion in der Berliner Baupolitik entkräftet. Die Bewohner konnten bei günstigen Mieten in den Wohnungen bleiben, nur wenige verließen das Gebiet. Im März 1983 verabschiedete das Abgeordnetenhaus die 12 Grundsätze der behutsamen Stadterneuerung, die damit zur Grundlage der weiteren Stadterneuerung wurden (Geffers 1990, 11) und die nach der Vereinigung der beiden Stadthälften auch auf die östlichen Stadterneuerungsgebiete übertragen wurden. In diesen Grundsätzen war vorgesehen, die Sanierungsgebiete in Absprache und Beteiligung der Bewohner zu erneuern, ohne sie dabei aus dem Gebiet zu verdrängen. Dies bedeutete, dass Arme, Ausländer und Alte auch künftig neben Akademikern und Studenten wohnen können sollten.

Die Wohngebiete der Ausländer

Die Sanierungspolitik der 60er, 70er und schließlich der 80er-Jahre hatte großen Einfluss auf die Wohnstandorte der Zuwanderer aus dem Ausland. Wir haben bereits dargestellt, wie in der zweiten Hälfte der 60er-Jahre Gastarbeiterfamilien in die Sanierungsgebiete West-Berlins zogen, wo sie als ‚Zwischennutzer' für Mietwohnungen gefragt waren. Innerhalb weniger Jahre hatte sich dadurch in Kreuzberg eine Konzentration von ausländischen Bewohnern in jenen Beständen entwickelt, die bald abgerissen werden sollten. Durch Abriss und Neubau sank der Ausländeranteil in den meisten Sanierungsgebieten wieder stark ab, im Sanierungsgebiet Brunnenstraße z.B. von über 30% auf unter 10%. In den angrenzenden Altbaugebieten stieg er dagegen in der gleichen Zeit deutlich an.

Bis Mitte der 70er-Jahre waren 190.000 Ausländer nach West-Berlin gekommen, 22% davon lebten in Kreuzberg. Der Ausländeranteil betrug dort 25%. Konzentrationen von Ausländern gab es darüber hinaus in den Sanierungsgebieten von Wedding und Tiergarten, Charlottenburg und Schöneberg. Der Ausländeranteil war in Tiergarten, Wedding und Kreuzberg im Jahr 1975 auf über 15% gestiegen, während er in West-Berlin damals bei 9% lag. In Reaktion darauf verfügte der Senat von Berlin eine „Zuzugssperre" für die oben genannten drei Bezirke, die ausländischen Einwohnern eine Ansiedlung untersagte. Daraufhin stieg der Ausländeranteil auch in den angrenzenden Stadtteilen an: im nördlichen Schöneberg, im Altbaubereich von Neukölln sowie in der Innenstadt von Spandau.

Nachdem die Zuzugssperre für die Bezirke mit hohen Ausländeranteilen politisch durchgesetzt worden war, entschloss sich der Senat, den sozialen Wohnungsbau stärker für Zuwanderer zu öffnen. Ca. 40% des West-Berliner Wohnungsbestandes waren Sozialwohnungen, aber Ausländer waren im Rahmen der Stadterneuerung weitgehend vom Bezug neuer Wohnungen ausgeschlossen worden. Im Jahre 1979 wurden die städtischen Wohnungsbauge-

84

sellschaften angewiesen, bei der Vergabe von Sozialwohnungen 10% mit Ausländern zu belegen. Diese Quote wurde im Jahre 1982 auf 15% erhöht und festgelegt, dass sie in allen Teilbeständen zu verwirklichen sei, um Konzentrationen im Sozialwohnungsbestand zu vermeiden. Tatsächlich fehlte dem Senat allerdings eine Kontrollmöglichkeit und der politische Wille, diese Politik auch durchzusetzen. Im Jahre 1987 lebten 4,4% der ausländischen Haushalte im sozialen Wohnungsbau, wogegen ihr Gesamtanteil an allen Haushalten 6,1% betrug. Diese Zahlen aus der Volkszählung machen deutlich, dass in den 80er-Jahren Sozialwohnungen kaum an ausländische Haushalte vermietet wurden. Die Quote wurde kaum beachtet. Noch zu Beginn der 90er-Jahre sprachen einzelne Wohnungsbaugesellschaften bei einer Belegung mit 10% Ausländern von einer ‚Konzentration' – zu einem Zeitpunkt, als der Ausländeranteil in West-Berlin bei 15% lag! (vgl. Kapphan 1995). Die Großsiedlungen des sozialen Wohnungsbaus stellten bis zum Beginn der 90er-Jahre ein Wohngebiet vor allem der (unteren) deutschen Mittelschicht dar – umso größer wurden dann die Probleme für die Wohnungsbaugesellschaften und für die Bewohner, als die erwünschten Mieter knapp und die leer stehenden Wohnungen mit Zuwanderern aufgefüllt wurden, denn nun hatten beide Seiten nur wenig Erfahrung mit ethnisch gemischten Nachbarschaften.

Die Zuzugssperre für Ausländer ist in den Bezirken Kreuzberg, Wedding und Tiergarten erst mit den politischen Veränderungen 1989/90 aufgehoben worden – besonders wirksam ist sie nie gewesen, weil aus Menschenrechtsgründen der Nachzug von Familienangehörigen nicht verboten werden konnte und weil es genügend Umgehungsmöglichkeiten gab. Ende der 80er-Jahre lebten in West-Berlin ca. 300.000 Ausländer.

Kreuzberg ist bis heute der Bezirk mit dem höchsten Anteil von nichtdeutschen Einwohnern, auch wenn die Gesamtzahl von Ausländern in Neukölln inzwischen höher ist. In Kreuzberg hat ein Drittel der Bevölkerung keinen deutschen Pass, 75% davon einen türkischen. Dort hat sich eine vielfältige türkische Infrastruktur entwickelt, die diesen Bezirk eindeutig zum Zentrum der türkischen Gemeinde hat werden lassen. Hier finden sich türkische Lebensmittelgeschäfte, aber auch türkische Banken, Reisebüros und Moscheen. Keine andere Zuwanderergruppe ist im Stadtbild so präsent wie die Zuwanderer aus der Türkei (vgl. Kapitel 9).

3.3 Kontinuität und Wandel der sozialräumlichen Muster

Wir haben gezeigt, dass sich in der Zeit der Industrialisierung in Berlin durch einen ausschließlich privatwirtschaftlichen Wohnungsbau sozialräumliche

Differenzierungen und Gegensätze herausgebildet haben: auf der einen Seite die Arbeiterviertel, die um die historische Stadt in den Stadterweiterungsgebieten im Norden, Osten und Südosten (der ‚Dreiviertelring' der Arbeiterviertel) lagen; auf der anderen Seite Wohngebiete mit klarem Übergewicht von Angestellten, Beamten und anderen (begüterten) Haushalten in einem räumlichen Segment, das sich vom Zentrum ausgehend über Charlottenburg, Schöneberg und Wilmersdorf bis nach Wannsee hinzog. Diese sozialräumlichen Konturen haben sich vor allem dadurch herausgebildet, dass in den heutigen Außenbezirken in Zeiten des wirtschaftlichen Aufschwungs Wohnungen für die Ober- und Mittelschicht gebaut wurden, wogegen sich in der Innenstadt kleine und schlecht ausgestattete Arbeiterwohnungen befanden, die jene Bevölkerungsgruppen behausten, die von der wirtschaftlichen Entwicklung nicht profitieren konnten. Die unterschiedlichen Wohnqualitäten sorgten bereits seit der Wende vom 19. zum 20. Jahrhundert für eine statusorientierte Mobilität und damit für eine soziale Segregation, in der von sozial denkenden Politikern und Wohnungsreformern eine politische Gefahr für die Industriegesellschaft gesehen wurde.

So deutlich wie damals sind diese Konturen heute nicht mehr. Vor allem die Steuerung der sozialräumlichen Strukturen über den gemeinnützigen Wohnungsbau in der Weimarer Republik sowie über den sozialen Wohnungsbau im Westteil und über den staatlichen Wohnungsbau im Ostteil in der Zeit nach dem Zweiten Weltkrieg hat diese Muster verändert und ihre soziale Schärfe gemildert. Waren um die Jahrhundertwende vor allem Wohnviertel für die Bezieher höherer Einkommen erschlossen worden, orientierte sich der staatlich geförderte Wohnungsbau der 20er und 30er-Jahre vor allem auf die breite Mittelschicht. Diese Orientierung wurde auch in der zweiten Hälfte des 20. Jahrhunderts beibehalten.

Nimmt man den Anteil der Arbeiter an den Erwerbstätigen in einem Bezirk als Indikator für soziale Segregation, dann zeigen sich für die Zeitpunkte 1925 und 1991 für Ost- und West-Berlin charakteristische Unterschiede. Im Westteil sind die Gebiete, die einen überdurchschnittlichen Arbeiteranteil haben, genau dieselben wie bereits 1925. An den Orten, wo früher das Proletariat konzentriert war, das sich aus Zuwanderern aus den ländlichen Gebieten Mittel- und Ostdeutschlands rekrutiert hatte, wohnen auch die heutigen Zuwanderer, und diese kommen aus dem Ausland. Aus Arbeitervierteln wurden Ausländerquartiere.

Ganz anders ist dies im Ostteil. Die ehemaligen Arbeiterwohngebiete haben – bezogen auf den gesamten Bezirk – heute einen unterdurchschnittlichen Arbeiteranteil. Überdurchschnittlich sind im Jahr 1991 dagegen die Anteile in den Neubaugebieten Marzahn, Hohenschönhausen und Hellersdorf. Die sozialistische Wohnungspolitik und -verteilung hat also deutlich erkennbar

Tabelle 3.1: Ausbildungs- und Berufsstatus der Erwerbstätigen in Berlin 1991

Bezirk	Anteil Arbeiter 1925	Anteil Arbeiter 1991*	Anteil Beamte/ Angestellte 1991*	Anteil Hochschulabschluß 1991*
Tiergarten	37,2	43,2	49,0	9,4
Wedding	59,6	52,2	43,0	7,1
Kreuzberg	46,0	50,7	40,7	14,0
Neukölln	53,8	40,0	53,6	4,9
Schöneberg	23,5	26,7	60,1	19,9
Charlottenburg	29,7	26,9	58,9	18,6
Spandau	53,6	36,8	56,4	5,5
Reinickendorf	47,5	33,7	57,7	7,1
Tempelhof	37,5	27,7	62,4	6,2
Wilmersdorf	16,3	19,9	66,2	16,3
Steglitz	23,6	25,5	65,2	13,9
Zehlendorf	19,3	11,4	69,0	23,9
Mitte	42,0	21,6	71,0	28,8
Prenzlauer Berg	49,3	28,4	66,1	14,4
Friedrichshain	55,4	27,8	66,2	17,3
Treptow	50,1	25,4	69,7	18,3
Köpenick	47,7	33,7	61,2	12,3
Lichtenberg	48,9	28,4	67,8	16,2
Weißensee	55,1	28,2	66,0	11,3
Pankow	38,5	25,7	69,2	20,3
Marzahn	–	34,1	62,3	16,0
Hohenschönh.	–	28,9	67,5	17,7
Hellersdorf	–	33,2	62,2	16,3
Berlin	43,1	31,8	60,4	13,5
Berlin-West		33,6	56,8	11,0
Berlin-Ost		29,1	66,1	17,1

* in % der Erwerbstätigen bzw. der Personen, die eine Angabe zum Berufsabschluss machten
Quelle: Statistisches Landesamt Berlin: Mikrozensus, für 1925: Grzywatz 1925, 356

87

Wirkungen auf die sozialräumliche Struktur gehabt: Aus den verfallenden Altbaugebieten wurden die Arbeiter in die neuen Wohngebiete umgesetzt. Die Wohnungen mit der besseren Ausstattung (Zentralheizung, Warmwasserversorgung) wurden bevorzugt an die ‚sozialistische Mittelschicht' vergeben. Hierzu zählten im Sozialstatus-Gefüge der DDR zweifellos auch die Arbeiter. In die von ihnen verlassenen Altbaugebiete rückten jedoch keine proletarischen Zuwanderer nach – die wenigen ‚Gastarbeiter' in der DDR lebten kaserniert und separiert am Stadtrand. Selbständige wohnten dagegen kaum in Marzahn und Hohenschönhausen, sie wollten und konnten dort nicht einziehen. Ihr Anteil ist in Altbaugebieten typischerweise höher, weil sich dort die Funktionen von Wohnen und Gewerbe räumlich leichter verknüpfen lassen.

Auch in anderer Hinsicht werden die Ergebnisse unterschiedlicher wohnungspolitischer Systeme sichtbar. Beim Hochschulabschluss, einem zuverlässigen Indikator für die Schichtzugehörigkeit, zeigen sich zwischen Ost und West gegensätzliche Muster der Wohnortverteilung: Während der Anteil von Hochschulabsolventen unter den Bewohnern im Westen im Randbezirk Zehlendorf am höchsten ist, weist im Ostteil der Stadt der Bezirk Mitte den höchsten Anteil auf. Bei den niedrigsten Anteilen ist es umgekehrt: Sie finden sich im Osten in den Neubaugebieten am Rand, im Westen in den innerstädtischen Quartieren von Wedding, Neukölln und Tempelhof, gefolgt von den Bezirken Kreuzberg und Tiergarten. Das Wohnen in den innerstädtischen Neubaugebieten im Ostteil war ein absolutes Privileg, und in den Altbauten hatte sich aus eigener Entscheidung eine kulturelle und politische Subkultur von Intellektuellen eingerichtet. Politische Privilegien und kulturelle Abweichung sind also die Grundlage für den hohen Anteil von Bewohnern mit dem höchsten Bildungsabschluss in der östlichen Innenstadt. Dieser Anteil wurde nach der Wende durch den Zuzug von Beschäftigten in solchen Bereichen stabilisiert, die hohe Qualifikationen verlangen. Im Westen hingegen verschmolzen – wie in den westlichen Großstädten üblich – hohe Bildung und hohe Einkommen zu einem Lebensstil, der aus den engen und sozial durchmischten Innenstadtquartieren weg und in die sozial homogenen, durchgrünten Randgebiete führte.

Die historische Kontinuität der sozialräumlichen Verteilung ist im Ostteil der Stadt durch die sozialistische Wohnungs- und Belegungspolitik absichtlich unterbrochen worden. Sie stellt sich dort jedoch seit der Wiedereinführung der marktwirtschaftlichen Wohnungsversorgung langsam wieder her. Im Westteil der Stadt wurde der Gegensatz zwischen innerstädtischen Arbeiterwohngebieten und Villenvororten, der bereits zur Jahrhundertwende 1900 angelegt war, durch den sozialen Wohnungsbau der 20er und 50er-Jahre zwar relativiert, jedoch nicht aufgelöst. Die Oberschichtwohngebiete in den Villenvororten weisen bis heute eine ausgeprägte soziale Kontinuität auf. Dies lässt

sich vor allem daraus erklären, dass seit den 20er-Jahren exklusive Oberschichtwohngebiete nicht mehr neu erschlossen, sondern nur noch erweitert
wurden. Die traditonellen Wohnorte mit hohem Prestige haben aufgrund ihrer
starken Durchgrünung, ihrer attraktiven Lage an den Berliner Seen oder der
großzügigen gründerzeitlichen Bebauung nicht an Prestige verloren. Viele
große Villen des Großbürgertums sind jedoch – in beiden Teilen der Stadt –
nach dem Zweiten Weltkrieg sozialen Zwecken (wie Schullandheimen oder
Akademien) zugeführt worden.

Das Milieu des gehobenen Bürgertums um den Kurfürstendamm wurde
durch die Entwicklung dieses Gebiets zur City-West aufgelöst, viele Wohnungen wurden dort gewerblich genutzt. Für Dienstleistungsunternehmen wie
Rechtsanwälte oder Unternehmensberatungen war der Kurfürstendamm in der
Zeit der Teilung eine begehrte Adresse.

Wir werden in den folgenden Kapiteln darauf eingehen, wie sich im Berlin der 1990er-Jahre die sozialräumlichen Konturen verändern und welche
Bedeutung die neuen Wohngebiete und die gesamtstädtische Planung in diesem Prozess haben.

4. Sozialer und ökonomischer Wandel in den 1990er-Jahren

In der geteilten Stadt Berlin gab es zwei gegensätzliche Gesellschaftssysteme, die in je unterschiedlicher Weise das Wertesystem, die Mentalitäten und die Lebensformen der Bewohner geprägt haben. Sehr ungleiche Konsumniveaus sowie Arbeits- und Wohnverhältnisse bestimmten den Alltag der Berliner. Das Leben in einer von Mangel geprägten Planwirtschaft und in einer Ein-Parteien-Diktatur, ohne Meinungs-, Publikations- und Versammlungsfreiheit, verlangte ganz andere Formen der Selbstbehauptung und Anpassung als das Leben in einer kapitalistischen ‚Überflussgesellschaft' und liberalen Demokratie.

Durch die Öffnung der Grenzstellen an der Berliner Mauer am 9. November 1989 zeichnete sich ein Ende der Teilung der Stadt ab. Mit der Sozial-, Wirtschafts- und Währungsunion, die am 1. Juli 1990 in Kraft trat, wurden wichtige Teile des Sozialversicherungsytems sowie die Währung des Westens in Ostdeutschland übernommen – damals ein Vorgang von größter symbolischer Bedeutung. Die Einheit beider Staaten war zu diesem Zeitpunkt bereits beschlossen, vollzogen wurde sie am 3. Oktober 1990. Am 2. Dezember 1990 fanden die ersten gemeinsamen Wahlen zum Abgeordnetenhaus statt und im Juni 1991 traf der Bundestag mit einer knappen Mehrheit schließlich die Entscheidung, dass Berlin Regierungssitz werden soll.

Mit der Vereinigung wurde das rechtliche, wirtschaftliche und politische System der Bundesrepublik auf das Gebiet der DDR übertragen, denn formal hatte die Regierung der DDR den ‚Beitritt' zur Bundesrepublik beantragt. Veränderungen auf dem Arbeitsmarkt, in der Sozialstruktur, in der Wohnungsversorgung und bei der Eigentumsstruktur waren also vor allem in Ost-Berlin zu erwarten. Allerdings wurde auch West-Berlin von einem vereinigungsbedingten Wandel erfasst, der zwiespältige Wirkungen auf die Lebensbedingungen der Bewohner hatte. Denn einerseits gewannen sie durch den Wegfall der Grenzen erweiterte Mobilitätsmöglichkeiten und durch den Bedeutungswandel der Stadt auch neue Karrierechancen. Andererseits gingen ihnen aber auch Privilegien verloren, deren Existenz oft erst mit ihrem Verschwinden bewusst wurden. Zudem setzte auch in West-Berlin, das als ‚Subventionsinsel' in Zeiten des kalten Krieges eine Sonderrolle innehatte, eine tiefgreifende wirtschaftliche Transformation ein. In diesem Kapitel wollen wir den Wandel der Beschäftigungsstruktur und der Arbeitsmarktlage in beiden Stadthälften darstellen, außerdem Veränderungen beim Bezug sozialer Leistungen, in der Wohnungsversorgung, bei den Haushaltsstrukturen sowie bei der sozialen Zusammensetzung der Bewohnerschaft in den Stadtteilen. Soweit dies mit den verfügbaren Daten möglich ist, stellen wir dies für die 90er-Jahre jeweils für die beiden Stadthälften dar.

4.1 Bevölkerungsentwicklung

Nach der Vereinigung herrschten in der Region Berlin völlig überzogene Wachstumserwartungen bezüglich der Bevölkerungsentwicklung. Ein Wachstum des Agglomerationsraumes von 4,3 auf 5,7 Millionen Menschen bis zum Jahre 2010 schien denkbar, Berlin sollte 400.000 Einwohner dazu gewinnen. Man sah schon Hunderttausende von Migranten aus Ost und West in die neue europäische Metropole strömen. Wohnungspolitik und Stadtplanung waren unter dieser Perspektive aufgefordert, ihren Teil dazu beizutragen, dass genügend Wohnraum zur Verfügung stehen würde. Die Prognosen gingen (bei der oben genannten Einwohnerentwicklung) von einem zusätzlichen Bedarf von 800.000 Wohnungen aus. Gleichzeitig sollten zu den bestehenden 2,2 Millionen Arbeitsplätzen in der Region 650.000 zusätzliche Arbeitsplätze entstehen, 250.000 davon in Berlin, die anderen 400.000 im Umland.

Eine realistischere Prognose stellte 1990 das Deutsche Institut für Wirtschaftsforschung Berlin. Demzufolge sollte die Bevölkerung in Berlin nur um 200.000 Menschen zunehmen, im Umland um 400.000, so dass die Region Berlin auf 4,9 Millionen Einwohner bis zum Jahr 2010 anwachsen würde. Unter dieser Annahme würden sich die zu planenden Wohneinheiten auf 400.000 reduzieren. Auch der Zuwachs von Arbeitsplätzen in der Region wurde mit 180.000 moderater prognostiziert (vgl. Einem 1991, 60f.).

Bereits seit 1986 war die Bevölkerungszahl in West-Berlin wieder angestiegen, und dieser Anstieg setzte sich am Anfang der 1990er-Jahre fort. In Ost-Berlin war die Bevölkerungszahl seit 1961 gestiegen, lediglich in den Jahren 1989 und 1990 war sie – wegen der starken Abwanderung nach der Grenzöffnung – vorübergehend rückläufig. Entgegen der allgemeinen Erwartung hielt der Bevölkerungszuwachs aber nicht lange an, und seit 1994 nimmt die Einwohnerzahl in Berlin wieder ab. Mit 2,1 Millionen Einwohnern ist West-Berlin 1998 wieder auf den Stand von vor 1989, und Ost-Berlin befindet sich 1998 wieder auf dem Bevölkerungsstand von 1986/87. Gegenüber dem Höchststand von 1993 war bis 1998 die Einwohnerzahl Berlins um 103.000 Personen bzw. dreieinhalb Prozent gesunken. Im Umland wurde 1995 wieder die Bevölkerungszahl von 1985 erreicht. Seit 1994 steigt die Einwohnerzahl dort an, bis 1998 um über 100.000 Personen. Lediglich der so genannte ‚engere Verflechtungsraum' der Region Berlin-Brandenburg, also das Berliner Umland, konnte Gewinne verbuchen, die insgesamt jedoch nur die Verluste von Berlin ausgleichen: Die gesamte Region hat zwischen 1991 und 1998 rund 20.000 Einwohner hinzu gewonnen.

Tabelle 4.1: Entwicklung der Einwohnerzahl in der Region Berlin 1980 - 1998

	Berlin	West-Berlin	Ost-Berlin	Umland	Region
1980	3.211.991	2.059.462	1.152.529	798.108	4.010.099
1985	3.243.469	2.027.883	1.215.586	805.489	4.048.958
1991	3.443.575	2.164.131	1.279.444	779.925	4.223.500
1993	3.461.421	2.170.411	1.291.010	780.525	4.241.946
1995	3.446.039	2.156.943	1.289.096	806.386	4.252.425
1998	3.358.235	2.103.190	1.255.045	887.433	4.245.668

Quelle: Statistisches Landesamt Berlin, Landesamt für Datenverarbeitung und Statistik Brandenburg

Wie ist diese Entwicklung zu erklären? Zunächst durch interne demographische Entwicklungen: Berlin verzeichnet wie alle Großstädte Mitteleuropas einen Sterbeüberschuss, d.h. in der Stadt werden weniger Kinder geboren als gleichzeitig Menschen sterben. Man nennt das die ‚natürliche' Bevölkerungsentwicklung, und diese ist in den Großstädten schon seit dem frühen 20. Jahrhundert rückläufig. Zum zweiten durch Wanderungssalden: Eine Stadt kann ihre Bevölkerungszahl aus den zuvor genannten Gründen nur halten oder gar steigern, wenn Menschen zuwandern. In Berlin gibt es seit 1990 erstmals wieder die Möglichkeit, sich im Umland mit Wohnungen zu versorgen bzw. dort ein Eigenheim zu bauen. Neben dem ‚natürlichen' Bevölkerungsrückgang ist also seitdem auch mit Wanderungsverlusten in die nahe gelegenen Landkreise (Suburbanisierung) zu rechnen.

In der Tat lässt sich für die 1990er-Jahre die Abwanderung ins Umland anhand der amtlichen Statistik belegen. Die Suburbanisierung begann 1993 und zeigt einen steigenden, wenn auch in jüngster Zeit deutlich flacher werdenden Zuwachs (vgl. dazu ausführlich Kapitel 5). Insgesamt hat Berlin zwischen 1991 und 1998 über 106.000 Menschen per Saldo ans Umland verloren.

Diese Abwanderung schlägt sich in der Wanderungsbilanz der Stadt nieder: Bis 1995 war der Wanderungssaldo der Stadt positiv, nach 1996 verlassen jedoch mehr Menschen die Stadt – vor allem ins Umland – als zuziehen. Der Wanderungssaldo mit dem übrigen Bundesgebiet war für die Jahre 1991-96 ausgeglichen, in den Jahren 1997 und 1998 war wieder ein positiver Saldo zu verzeichnen. Im Jahre 1998 dürfte der Zuwachs allerdings weitgehend auf die Umwandlung von Zweitwohnsitzen in Erstwohnsitze zurückzuführen sein, nachdem eine Zweitwohnungssteuer in Berlin eingeführt worden war.

Bis 1995 war der Wanderungssaldo der Stadt insgesamt positiv; dies kam ausschließlich durch die Zuwanderung aus dem Ausland zustande. Mit der Rückführung der kroatischen, serbischen und bosnischen Bürgerkriegsflüchtlinge seit 1997 wurden auch die Wanderungssalden mit dem Ausland negativ.

Auch für die Zukunft erwartet man eine Abwanderung von Berlin ins Umland. Die 1996 von der Senatsverwaltung für Stadtentwicklung, Umweltschutz und Technologie gestellte Prognose rechnet für die Zeit zwischen 1995 und 2010 mit einem negativen Wanderungssaldo für den suburbanen Raum in Höhe von 210.000 Menschen. Erwartet wird jedoch ein positiver Saldo mit dem übrigen Bundesgebiet (ohne das Umland) von 220.000 Menschen; die innerdeutschen Umzüge würden also zu einer in etwa gleich bleibenden Bevölkerungszahl in Berlin führen, wäre nicht ein geschätzter Sterbeüberschuss von etwa 190.000 Personen (vgl. SenSUT 1997).

In einer revidierten Prognose für Berlin, die im Dezember 1999 von der Senatsverwaltung für Stadtentwicklung erarbeitet wurde, stellen sich die Veränderungen bis 2010 wie folgt dar: Die Senatsverwaltung geht nun davon aus, dass sich der Sterbeüberschuss auf 65-70.000 Personen belaufen wird, der Wanderungsverlust gegenüber dem Umland wird nun auf 184.000 Personen beziffert. Da in den Jahren 1996-98 bereits 77.500 Menschen ins Umland abgewandert sind, wird die künftige Abwanderung weit höher prognostiziert als dies 1996 noch der Fall war. Die Wanderungsgewinne kommen auch bei der aktuellen Prognose vor allem aus dem Ausland. Die Erwartungen fallen jedoch aufgrund der geringen Zuwanderungssalden der Jahre 1997 und 1998 deutlich niedriger aus als noch 1996. Bis 2010 wird mit einer Zuwanderung aus dem Ausland im Umfang von 92 bis 186 Tausend Personen gerechnet. Insgesamt sollen per Saldo 74.000 Personen bis 2010 zuwandern, 43.000 davon aus den alten Bundesländern (vgl. SenStadt 1999). Damit wäre der Sterbeüberschuss in etwa ausgeglichen. Mit einem Bevölkerungswachstum rechnet man inzwischen ohnehin nicht mehr. Hinsichtlich der Wanderungsbewegungen insbesondere mit dem Ausland sind solche Prognosen aber höchst unsicher, da Wanderungsursachen wie Kriege oder Naturkatastrophen nicht vor-

Tabelle 4.2: Berlin: Wanderungen und Einwohnerentwicklung 1991 - 1998

	1991	1992	1993	1994	1995	1996	1997	1998	1991-98
Einwohner in 1.000	3.444	3.457	3.461	3.452	3.446	3.429	3.388	3.358	-86
Fluktuation	10,6	11,2	12,0	12,8	14,2	15,2	17,0	17,3	110.3

Saldo

	1991	1992	1993	1994	1995	1996	1997	1998	1991-98
mit dem Umland	158	-787	-3.938	-9.752	-14.522	-18.884	-28.471	-30.300	-106.496
mit anderen Bundes-ländern ohne Umland	823	-1.436	-3.031	1.356	2.304	103	1.305	9.300	10.724
mit dem Ausland	24.447	34.277	29.162	17.248	22.224	14.265	-962	-400	140.261
Saldo insgesamt	25.428	32.054	22.193	8.852	10.006	-4.516	-28.128	-21.400	44.489
Saldo pro 1.000 EW	7,4	9,3	6,4	2,6	2,9	-1,3	-8,3	-6,4	9,7

Fluktuation = 50% des Wanderungsvolumens pro 1000 Einwohner
Quelle: Statistisches Landesamt Berlin

hersagbar sind, und da diese Wanderungsbewegungen auch durch eine entsprechende Politik beeinflussbar sind.

Die prognostizierten Bevölkerungsveränderungen sind – wie sich zeigen lässt – sehr stark von den Erfahrungen der vergangenen Jahre geprägt. Wegen der gestiegenen Wanderungen ins Umland und der sehr gering ausfallenden Zuzüge aus dem restlichen Bundesgebiet und dem Ausland wurden diese Zahlen auch für die Zukunft nach unten korrigiert. Dass sich die Einschätzung des natürlichen Bevölkerungswachstums erheblich geändert hat, ist jedoch überraschend. Je nach Ausprägung der Zuwanderung aus dem Ausland rechnet die Senatsverwaltung für Stadtentwicklung insgesamt mit einer Entwicklung bis 2010, die zwischen einer leichten Zunahme der Bevölkerung um 11.000 Personen und einer Abnahme um 88.000 Personen liegt. Die mittlere Variante der Prognose errechnet einen Rückgang der Einwohnerzahl um 49.000. Damit hätte Berlin im Jahre 2010 eine Einwohnerzahl von 3,3 Millionen. Stabil kann die Bevölkerungszahl nur bleiben, wenn die Migration aus dem Ausland erheblich zunimmt.

4.2 Die Entwicklung der Ausländerzahlen

Wie sich gezeigt hat, wird die Bevölkerungsentwicklung Berlins grundlegend durch die Wanderungsprozesse beeinflusst. Abwanderung erfolgt überwiegend ins Umland, Zuwanderung kommt dagegen vor allem aus dem Ausland. Da die Einwohnerzahl in Berlin auch in Zukunft kaum ansteigen wird, die Zuziehenden aber zu einem großen Teil Ausländer sind, wird deren Anteil an der Bevölkerung beständig zunehmen. Die Bevölkerungsprognose von 1999 rechnet für das Jahr 2010 mit einem Ausländeranteil von dann 16% (SenStadt 1999) – was im Vergleich zu den Großstädten in Deutschland, die das höchste ökonomische Wachstum zu verzeichnen haben (wie München, Frankfurt/Main), noch gering ist. Bei dieser Zahl ist allerdings nicht berücksichtigt, welche Veränderungen sich in der Statistik durch die neuen Regelungen zur Staatsangehörigkeit ergeben.

Der Anteil von Zuwanderern an der Berliner Bevölkerung wird nicht nur durch die Zuwanderung aus dem Ausland steigen, sondern auch durch die ‚natürliche' Bevölkerungsentwicklung, denn die Zuwanderer sind im Durchschnitt jünger als die einheimische Bevölkerung und daher gibt es bei ihnen auch mehr Geburten als Sterbefälle.

Der Anteil von Ausländern stieg in West-Berlin in den 1980er-Jahren von 10,7% auf 13,2% und bis 1996 weiter auf 17%. Bis zum Jahrhundertende stagnierte er auf diesem Niveau. In Ost-Berlin ist die Zahl der Ausländer von

20.700 (1990) auf 70.000 in 1996 (ca. 6%) gestiegen. Der Ausländeranteil in Berlin beträgt 1999 13%.

Solche Zahlen können, wenn es um sozialräumliche Strukturen geht, allerdings irreführend sein, denn es wird immer problematischer, mit den Kategorien zu argumentieren, die in unserer Sprache ‚Zuwanderer' bezeichnen. Heute wird üblicherweise von zweiter und dritter Generation von Zuwanderern gesprochen, doch stellt sich die Frage, nach wie vielen Generationen man Zuwanderer noch sinnvoll als Zuwanderer bezeichnen kann und soll. Durch die jüngsten Änderungen des Staatsangehörigkeitsgesetzes ist der Tatbestand, dass Kinder ausländischer Eltern in Deutschland als Ausländer geboren werden, zum Teil abgeschafft worden. Die Regelungen zur Aufenthaltsdauer, die einen Rechtsanspruch auf Einbürgerung begründen, sind mit dem zum 1.1.2000 gültigen Gesetz weiter reduziert worden. In Zukunft wird eine Tabelle, wie wir sie unten zusammengestellt haben, nur eingeschränkt sinnvoll sein. Ungefähr die Hälfte der Kinder von Eltern mit einem unbefristeten Aufenthaltsstatus bekommen neben der Staatsangehörigkeit der Eltern automatisch auch die deutsche; sie müssen sich bis zu ihrem 23. Lebensjahr jedoch für eine von beiden entscheiden. Ein weiterer Teil wird erst in fortgeschrittenerem Alter über die erleichterte Einbürgerung von länger ansässigen Ausländern die Möglichkeit zur Erlangung eines deutschen Ausweises bekommen. Die Begriffe Ausländer und Zuwanderer werden künftig also nur noch für die erste und zweite Generation Verwendung finden können; zu vermuten ist, dass damit auch die Ausländerzahlen sinken werden. Die Zahl der neuen Zuwanderer selbst wird jedoch auch in Zukunft nicht abnehmen.

Zu den oben dargestellten Formen der Einbürgerung von Zuwandererkindern und den Einbürgerungen von Ausländern mit langer Aufenthaltsdauer kommen die Einbürgerungen von deutschstämmigen Zuwanderern (Aussiedler bzw. Spätaussiedler) sowie die Einbürgerungen nach Ermessen der Bezirksämter. Die Zahl der Einbürgerungen war in den 90er-Jahren so hoch, dass die Ausländerzahlen trotz Geburtenüberschuss und Zuwanderung stabil geblieben sind. Da die Geburtenziffern von Ausländern sich jährlich zwischen 5.000 und 6.000 bewegen, die Einbürgerungen zwischen 1990 und 1998 jedoch von 7.000 auf 12.000 gestiegen sind, sanken in den Jahren 1997 und 1998 sogar die Ausländerzahlen – die Zuwanderung konnte den Rückgang durch Einbürgerungen nicht ausgleichen.

Die in der Tabelle angeführten Daten berücksichtigen nicht die Sterbefälle von Ausländern. Auch die Wanderungssalden bedürfen geringfügiger Korrekturen, da sich nicht alle Rückwanderer auch tatsächlich beim Einwohnermeldeamt abmelden und die entsprechenden ‚Fälle' dann nach einigen Jahren ‚bereinigt' werden müssen. Hier zeigt sich, dass man trotz des akribisch genauen Einwohnermeldewesens, welches in Deutschland existiert, den Zahlen nicht immer blind vertrauen darf.

Tabelle 4.3: Entwicklung der Zahl der Ausländer 1990 - 1998: Geburten, Wanderungssaldo, Einbürgerungen

	Ausländer insgesamt	Anteil an der Bevölkerung in %	Geburten von Ausländern	Wanderungs- saldo von Ausländern	Einbürge- rungen
1980*	230.317	10,7	4.353	21.654	1.513
1985*	245.620	11,6	3.675	5.581	2.092
1990	332.487	9,7	5.507	20.187	7.056
1991	355.356	10,3	5.675	25.947	7.515
1992	385.911	11,2	5.947	35.865	9.743
1993	406.637	11,7	5.964	30.679	9.458
1994	419.202	12,1	6.229	21.240	9.903
1995	435.698	12,6	5.863	26.202	12.228
1996	444.113	13,0	6.058	17.109	10.268
1997	440.247	13,0	5.730	2.542	10.485
1998	437.936	13,0	5.567	1.649	12.045

*) 1980 und 1985 nur West-Berlin, da in Ost-Berlin keine entsprechenden Statistiken existierten
Quelle: Statistisches Landesamt Berlin

4.3 Die Veränderung der Haushaltszusammensetzung

Eng verknüpft mit der Bevölkerungsentwicklung ist die Entwicklung der Zahl der Haushalte. Selbst bei sinkender Bevölkerungszahl steigt die Zahl der Haushalte aufgrund der beständigen Verkleinerung ihrer durchschnittlichen Größe noch. Die abnehmende durchschnittliche Haushaltsgröße führt zwangsläufig zu einer steigenden Wohnflächennachfrage pro Kopf, da im Gegensatz zu einem Mehrpersonen-Haushalt, wo sich 3 oder 4 Bewohner beispielsweise ein Bad teilen, in jedem einzelnen Kleinhaushalt ein Bad notwendig ist. Die absolute Zahl, aber auch der Anteil der Ein- und Zweipersonenhaushalte an allen Haushalten nimmt seit langem beständig zu, während die Zahl der großen Haushalte – dies sind Haushalte mit mehreren Kindern – bereits über einen langen Zeitraum beträchtlich abnimmt (vgl. Häußermann/Siebel 1996, 323f.). Zahl und Größe der Haushalte sind insofern wichtige Indikatoren, weil in der Regel pro Haushalt auch eine Wohnung nachgefragt wird.

Im Jahre 1998 zählte Berlin insgesamt 1,8 Millionen Haushalte, etwas weniger als 1994. Über einen längeren Zeitverlauf nimmt die Zahl der Haushalte jedoch zu, und dies geht einher mit einem größeren Anteil der Ein- und Zweipersonenhaushalte. Bereits 1998 hatte Berlin einen Anteil von 46% Einpersonenhaushalten, wogegen nur in 10% aller Haushalte vier oder mehr Personen leben. In West-Berlin nehmen die Single-Haushalte bereits 49% ein, in Ost-Berlin ist ihr Anteil in den 1990er-Jahren von 36 auf 42% gestiegen. Angesichts der Wohnungsnot, die 1989 noch in der DDR herrschte, war die Teilung von Haushalten, auch wenn die Bewohner nicht mehr miteinander leben wollten, nicht so leicht möglich gewesen, daher wurden nach Aufhebung des Wohnungs-Zuweisungssystems einige bereits vollzogene Trennungen auch räumlich nachgeholt. Bis zum Jahre 2010 dürften sich die Anteile in den beiden Stadthälften angeglichen haben. Die höchsten Anteile von Einpersonenhaushalten finden sich in den Innenstadtbezirken (Tiergarten, Schöneberg, Charlottenburg), geringer sind sie am Stadtrand, insbesondere in den Bezirken Zehlendorf und den drei Ost-Berliner Neubaubezirken. Der Anteil von Familien ist in den Randbezirken generell höher als in der Innenstadt.

In Ost-Berlin hat der Anteil großer Haushalte zwischen 1991 und 1998 von 15 auf 11% abgenommen, eine Folge von Umlandwanderungen der Familien sowie einer gestiegenen Trennungsrate in den 90er-Jahren. Die Möglichkeit, nun eine eigene Wohnung zu bekommen, hat bei vielen Paaren zu einer Auflösung des gemeinsamen Haushalts geführt. Die Zahl der Familienhaushalte nahm in Berlin in den 1990er-Jahren ab, die Bedeutung von alleinerziehenden Eltern nimmt quantitativ jedoch zu. Von den 480.000 Haushalten mit Kindern hat über ein Drittel nur einen Elternteil. In West-Berlin sind dies 34% der Familien, in Ost-Berlin bereits 39% – mit steigender Tendenz. In den innerstädtischen Bezirken von Ost-Berlin sind über 50% der Eltern alleinerziehend (51 bis 57%), in den West-Berliner Innenstadtbezirken sind es immer noch 40%; hier fällt diese Quote durch die hohe Zahl der ausländischen Familien geringer aus. Alleinerziehende sind nach wie vor hauptsächlich deutsche Frauen. In den Außenbezirken ist der Anteil der Alleinerziehenden deutlich niedriger, in Marzahn 29%, in Zehlendorf sogar nur 22%.

Eine rückläufige Bevölkerungszahl ist also nicht zwangsläufig mit einer sinkenden Anzahl von Haushalten verbunden. So kann man in Berlin von einem zumindest konstanten Bedarf an Wohnungen ausgehen. Den Haushalten steht unter der Bedingung eines gleich bleibenden Wohnungsangebotes im Schnitt mehr Wohnraumfläche zur Verfügung. Dennoch leben bestimmte Bevölkerungsgruppen immer noch in beengten Wohnverhältnissen, statistisch erkennbar ist dies insbesondere bei den ausländischen Haushalten. Bereits 1980 wurde in einer Senatsstudie auf die hohe Überbelegung in Zuwandererhaushalten aufmerksam gemacht (Senat 1980). In der Volkszählung bestätigte sich dann die ungleiche Wohnungsversorgung zwischen deutschen und ausländischen Haushalten, ein Befund, der auch in einzelnen Stadtteilstudien immer wieder belegt wird (vgl. hierzu Kapphan 1995; Häußermann u.a. 1995).

4.4 Wohnungswesen

Der Bevölkerungsrückgang seit 1994 ist für den Wohnungsneubau von großer Bedeutung, da in Erwartung steigender Einwohner- und Haushaltszahlen in Berlin und im Umland große Baulandflächen ausgewiesen und bebaut wurden. Die Förderung des Wohnungsbaus in Ostdeutschland durch Möglichkeiten für umfangreiche Steuerersparnisse hat diesen Bauboom stark angeheizt. Am Stadtrand innerhalb von Berlin wurden Neubauwohngebiete realisiert (z.B. Karow-Nord, Buchholz-West, Altglienicke, Wasserstadt Oberhavel, Biesdorf-Süd), des weiteren entstanden im Umland zahlreiche neue Siedlungen. Die meisten Wohnungen wurden in den Jahren ab 1994 fertig gestellt, gerade zu einem Zeitpunkt also, als der Bevölkerungshöchststand erreicht wurde und die Bevölkerungszahl wieder zurückging. Dies hat dazu geführt, dass viele Wohnungen anfänglich nur schwer zu vermieten waren, hohe Leerstände auftraten und die Mieten in den Neubauwohnungen am Stadtrand und vor allem im Umland weit unter den Erwartungen der Eigentümer lagen – zur Freude derer, die einen Umzug an den Stadtrand ins Auge gefasst hatten.

Insgesamt wurden zwischen 1990 und 1998 in Berlin etwa 120.000 Wohnungen fertig gestellt, weitere 78.000 im Berliner Umland (vg. Tabelle 4.4). Über die Hälfte der Berliner Wohnungen wurde in den östlichen Außenbezirken gebaut, gut 30% in den Außenbezirken West-Berlins, lediglich ein Sechstel in der Innenstadt. Ende 1998 gab es damit in Berlin einen Bestand von 1,84 Millionen Wohnungen. Der Zuwachs seit der Wende betrug 6,4%, bei einem Einwohnerverlust von 2%. Damit ist erstmals seit langem wieder ein Wohnungsüberhang festzustellen. Seit Ende der 1980er-Jahre hatten in West-Berlin Bevölkerungszuwächse zu einer Wohnungsnot geführt, die sich zu Beginn der 1990er-Jahre verschärfte. In den Zeitungen überwogen die Suchanzeigen die Wohnungsangebote bei weitem.

Durch die staatliche Vereinigung und den damit verbundenen Funktionswandel der Stadt – insbesondere nach der Entscheidung des Bundestages, den

Tabelle 4.4: Fertigstellung von Wohnungen in der Region Berlin 1990 - 1998

	1990	1991	1992	1993	1994	1995	1996	1997	1998	1990-98
Westliche Innenstadt	1.225	856	1.368	1.891	981	1.324	1.139	1.922	716	11.422
Westliche Außenbezirke	2.932	2.663	4.648	3.790	3.682	5.022	4.832	5.940	2.950	36.459
Östliche Innenstadt	k.A.	642	261	67	158	890	1.646	3.148	1.637	8.449
Östliche Außenbezirke	k.A.	4.211	2.116	950	4.586	6.578	12.888	19.838	10.754	61.921
Umland	k.A.	k.A.	252	2.390	7.588	10.813	19.164	21.004	17.370	78.581
Berlin Gesamt		8.372	8.393	6.698	9.407	13.814	20.505	30.848	16.057	118.251
Region Berlin Gesamt			8.645	9.088	16.995	24.627	39.669	51.852	33.427	196.832

Quelle: Statistisches Landesamt Berlin

Regierungssitz nach Berlin zu verlegen – erfuhren die Immobilien eine grundlegende Neubewertung. Die gigantischen Wachstumserwartungen schlugen sich in West-Berlin in sprunghaft gestiegenen Preisen für Neuvermietungen nieder. In Neubauwohnungen waren Mieten um DM 20 oder mehr pro qm (Kaltmiete) keine Ausnahme. Bei Verkäufen von Eigentumswohnungen war ebenso ein Preissprung zu beobachten wie bei den Bodenpreisen. Allerdings entsprach weder die tatsächliche Entwicklung der Bevölkerungszahl noch die der Wirtschaft den Erwartungen auch nur annähernd, so dass die Preise seit 1996 wieder zurückgingen. Das Nachlassen der Mietpreise erfolgte also mit einiger Verzögerung auf die sinkenden Einwohnerzahlen und die Fertigstellung von Wohnungen in Berlin und im Umland. Die sinkenden Preise wirkten sich jedoch nicht auf alle Wohnungsteilmärkte aus. Denn auch im Wohnungsbestand fanden in den vergangen Jahren Veränderungen statt:

- Restitution von Privateigentum im Ostteil der Stadt;
- Sanierung und Modernisierung von Altbauwohnungen;
- Privatisierung von Wohnungen aus dem Bestand der öffentlichen Wohnungsbaugesellschaften.

In der Innenstadt Ost-Berlins wurden bei einem großen Teil des Altbaubestandes die früheren Eigentumsverhältnisse restituiert und gleichzeitig große Sanierungsgebiete eingerichtet, in denen das Geld für eine umfassende öffentliche Förderung der Modernisierung des Bestandes fehlt, weshalb – anders als früher in den West-Berliner Sanierungsgebieten – die Sanierung überwiegend mit privaten Mitteln durchgeführt werden muss (vgl. hierzu Kapitel 8). Durch eine umfangreiche Modernisierungstätigkeit ist der Bestand an unsanierten und nicht modernisierten Altbauwohnungen in den vergangenen Jahren zurückgegangen, sowohl in Ost- wie in West-Berlin. Die Nachfrage nach billigem Wohnraum blieb jedoch konstant, so dass in den letzten Jahren die Mietpreise in diesem Wohnungsmarktsegment deutlich gestiegen sind.

Ein Drittel des Wohnungsbestandes in Ost-Berlin wurde vor 1918 erbaut und ist daher von der Restitution der alten Eigentümerstruktur betroffen. Die Regelung „Rückgabe vor Entschädigung" im Einigungsvertrag ermöglichte die Geltendmachung von Ansprüchen auf ehemaligen Besitz, der in der DDR enteignet wurde. Von dieser Regelung wurde in umfassendem Maße Gebrauch gemacht, ein Großteil des Altbaubestandes war während der 90er-Jahre „restitutionsbehaftet", d.h. es waren Ansprüche auf Rückübertragung angemeldet worden. Die Klärung dieses Sachverhaltes zog sich bis zum Ende der 90er-Jahre hin, im Juli 1999 waren schließlich 94% der Fälle in Berlin vom Landesamt für offene Vermögensfragen für rechtmäßig geklärt (vgl. Häußermann u.a. 1999). Die Restitution hatte einerseits zur Folge, dass die Besitzverhältnisse für viele Häuser über Jahre hinweg unklar waren und damit in der Regel jegliche Investitionen zur Instandhaltung unterblieben. Auf der anderen Seite führte sie zu einem raschen Eigentümerwechsel, denn nur wenige Erben der Alteigentümer waren an der Nutzung des Eigentums interessiert und verkauften deshalb ihre Ansprüche bzw. das Erbe an kommerzielle Wohnungsunternehmer und Entwicklungsgesellschaften (vgl. Reimann 2000). Erstere waren überwiegend Abschreibungsgesellschaften, die die Abschreibungen auf Immobilienerwerb und Modernisierung nutzen, Letztere übernahmen das Geschäft der Bauplanung, Modernisierung und des Weiterverkaufs und verstehen sich überwiegend als Dienstleistungsunternehmen.

Die quantitativen Veränderungen in Angebot und Nachfrage haben alles in allem zu einem Wohnungsleerstand in der Stadt geführt, der im Jahr 2000 auf einen Umfang zwischen 60.000 und 100.000 Wohnungen geschätzt wurde. Dadurch haben sich die Möglichkeiten, eine andere Wohnung zu finden, für einen großen Teil der Berliner Haushalte beträchtlich erhöht. Dieser vergleichsweise entspannte Wohnungsmarkt hat erhebliche Folgen für die Bevölkerungsverteilung, denn durch die gewonnenen Möglichkeiten können nun auch Mittelschichthaushalte mit einem nur durchschnittlichen Einkommen einen Umzug planen, wenn sie mit ihrer bisherigen Wohnsituation unzufrieden sind. Arme Haushalte haben diese Möglichkeit nicht, und auch die neu Zuziehenden füllen zunächst die Nischen, die der Wegzug der bisherigen Bewohner geschaffen hat. Dies führt zu neuen Mustern sozialräumlicher Segregation in Berlin, die wir in Kapitel 5 genauer untersuchen werden.

4.5 Arbeitsmarktentwicklung

Durch die Einführung von überregionalem Wettbewerb und durch das Ende von Erhaltungssubventionen wurde die Ökonomie in beiden Teilen der Stadt grundlegend umgewälzt. Nicht nur der – im internationalen Vergleich – überproportional starke produzierende Sektor erlebte einen tiefen Einbruch, auch viele der staatlich finanzierten bzw. subventionierten kulturellen und sozialen Dienstleistungen wurden abgebaut. In Ost-Berlin musste die Wirtschaft innerhalb kürzester Zeit einen Systemwechsel verkraften und in der gesamten Stadt mussten subventionierte Bereiche reduziert werden. Gleichzeitig verlief der aufgestaute Wandel von der Industrie- zur Dienstleistungswirtschaft mit großer Geschwindigkeit. Da nicht nur die Subventionen für die Unternehmen gekürzt bzw. gestrichen wurden, sondern auch der Bundeszuschuss zum Haushalt des Landes Berlin wegfiel – die Zuwendungen im Länderfinanzausgleich können diesen nur teilweise substituieren –, geriet die Stadt Berlin in eine dramatische Finanzkrise (vgl. Weinzen 1999). Eine gewerbliche Struktur, die vor allem durch den Abbau von Arbeitsplätzen geprägt ist, bringt weniger Steuereinnahmen in die Landeskasse. Zurückgehende Beschäftigungs-zahlen bedeuten zudem Verluste bei der Einkommensteuer. Der damit er-zwungene Abbau von Beschäftigung auch im öffentlichen Dienst bzw. in öf-fentlichen Unternehmen erhöht weiter die Arbeitslosigkeit, und dies bedeutet noch weniger Einnahmen und noch weiter steigende Ausgaben im Sozialbe-reich. Dieser Teufelskreis hat sich in den zehn Jahren seit der Wende etabliert.

Der Weg in die postindustrielle Stadt geht einher mit massiven Um-schichtungen in der Beschäftigtenstruktur. Industrielle Tätigkeiten vor allem in Fertigung und Montage werden abgebaut. Neue Beschäftigungsfelder ent-stehen dort, wo neue Technologien und neue Produkte entwickelt, vermarktet und vertrieben werden, aber auch in den Dienstleistungsbereichen, die per-sönliche Konsumbedürfnisse befriedigen und moderne Hilfsdienste ausfüh-ren. Der Weg in die Dienstleistungsgesellschaft bringt gleichzeitig neue gut bezahlte Arbeitsplätze in den produktionsorientierten Dienstleistungen und viele weniger gut bezahlte Tätigkeiten in den konsumbezogenen Diensten. Hoch qualifizierte Tätigkeiten in Forschung und Entwicklung, in der Daten-verarbeitung und im Finanzwesen, in der Rechts- und Unternehmensberatung, in der Informationsvermittlung, in Werbung, in Kommunikation und in den neuen Medien („New Economy') wachsen rasch, und dort wird sehr viel Geld verdient. Auf der anderen Seite expandieren die schlecht bezahlten, häufig auch befristeten Jobs in der Gastronomie, in den Bereichen Reinigung und Transport, Überwachung und sonstige Hilfsdienste. Verbunden sind mit die-ser Entwicklung neue Tätigkeitsprofile, die andere Qualifikationsanforderun-gen stellen. Es gibt bei dieser Entwicklung also neue Gewinner und neue Verlierer. Die gewohnte Arbeitswelt gerät durcheinander und polarisiert die Einkommensverteilung zwischen diesen Gruppen zumindest in der Phase des Wandels.

Durch den Einwohnerrückgang ist in den 90er-Jahren die Gesamtzahl der potentiellen Arbeitskräfte in Berlin leicht zurückgegangen. Die Zahl der Er-werbspersonen, die als die Gesamtzahl der Personen definiert wird, die auf Erwerbsarbeit ausgerichtet ist, sank von 1,88 Millionen (1991) auf 1,82 Mil-lionen (1997). Wesentlich stärker ist jedoch der Rückgang der erwerbstätigen Bevölkerung, die im gleichen Zeitraum von 1,69 auf 1,48 Millionen abnimmt (vgl. Tabelle 4.5). Entgegen gesamtdeutschen Tendenzen sank die Erwerbstä-tigenzahl zwischen 1991 und 1997 vor allem im Westteil, und zwar um 15%, wogegen sich der Rückgang in Ost-Berlin auf die Jahre 1990 bis 1992 kon-zentriert und seitdem wieder ein leichter Anstieg zu beobachten ist. Insbeson-dere in den West-Berliner Innenstadtbezirken ist der Rückgang der Beschäf-tigtenzahlen sehr hoch, z.B. in Neukölln mit 22%.

Tabelle 4.5: Erwerbstätige und Erwerbspersonen in Berlin 1991 - 1998

	Berlin		West-Berlin		Ost-Berlin	
	Erwerbs-tätige in 1000	in % der Erwerbs-personen	Erwerbs-tätige in 1000	in % der Erwerbs-personen	Erwerbs-tätige in 1000	in % der Erwerbs-personen
1991	1.690	89,6	1.028	90,3	662	88,5
1994	1.610	85,7	994	86,3	617	84,9
1998	1.477	82,1	875	81,5	602	83,0

Quelle: Statistisches Landesamt Berlin: Mikrozensus

In den 1990er-Jahren ist also ein allgemeiner Rückgang der Beschäftigtenzahlen zu beobachten. Betrachtet man die einzelnen Branchen, so zeigt sich, dass sich der Abbau von Arbeitsplätzen in einigen wenigen Bereichen konzentriert. Besonders stark war der Rückgang der Beschäftigten in der Verwaltung und im Produzierenden Gewerbe, hier sank die Beschäftigtenzahl um über die Hälfte. Im Jahre 1992 waren in Berlin noch 1,38 Millionen Erwerbstätige sozialversicherungspflichtig beschäftigt. Deren Zahl sank um 16% auf 1,16 Millionen im Jahre 1997 (vgl. Tabelle 4.6).

In West-Berlin wurden zwischen 1989 und 1997 30% der industriellen Arbeitsplätze abgebaut, in Ost-Berlin zwischen 1989 und 1992 knapp zwei Drittel und zwischen 1992 und 1997 noch einmal 38%. In Ost-Berlin galt ein Großteil der Industriebetriebe als nicht mehr wettbewerbsfähig, daran konnte auch der Verkauf an westdeutsche Unternehmen nichts ändern – in einigen Fällen waren diese sogar nur an der Immobilie, nicht jedoch an der Fortführung der Produktion interessiert. Der Arbeitsplatzabbau betraf insbesondere die ausländische Bevölkerung. Im Verarbeitenden Gewerbe in West-Berlin waren 1997 nicht einmal mehr halb so viel Ausländer beschäftigt wie 1990: Ihre Zahl reduzierte sich von 40.000 auf 18.000. Die Ursache dafür ist, dass durch Rationalisierung und durch den Arbeitsplatzabbau, der auf den Subventionsverlust zurückgeht, vor allem Beschäftigung für unqualifizierte Arbeitskräfte weggefallen ist. In anderen Wirtschaftsbereichen konnte dieser Rückgang nicht ausgeglichen werden. Die Zahl der ausländischen Beschäftigten im Westteil sank zwischen 1990 und 1998 um 26% von 99.500 auf 73.600, trotz eines Anstiegs der ausländischen Bevölkerung um über 30%.

Tabelle 4.6: Sozialversicherungspflichtig Beschäftigte in Berlin 1989 - 1997

	1989*)	1992	1995	1997	Index 1989=100
Verarbeitendes Gewerbe	392.211	271.359	206.661	178.755	45,6
Ost-Berlin	197.100	68.234	50.886	42.000	21,3
West-Berlin	195.111	203.125	155.775	136.755	70,1
Baugewerbe	109.969	112.556	118.142	102.993	93,7
Ost-Berlin	56.700	43.477	46.265	41.646	73,4
West-Berlin	53.269	69.079	71.877	61.347	115,2
Handel, Kreditinstitute, Versicherungen	217.463	212.699	189.792	178.419	82,0
Ost-Berlin	100.100	61.138	49.557	48.884	48,8
West-Berlin	117.363	151.561	140.235	129.535	110,4
Verwaltung: Gebietskörperschaften/ Sozialversicherung/ Organisationen ohne Erwerbszweck	404.831	217.863	183.735	169.093	41,8
Ost-Berlin	298.700	103.630	81.737	68.855	23,1
West-Berlin	106.131	114.233	101.998	100.238	94,4
Sonstige Dienstleistungen	460.470	533.426	531.632	506.365	110,0
Ost-Berlin	184.200	199.067	185.297	175.048	95,0
West-Berlin	276.270	334.359	346.335	331.317	119,9
Insgesamt	1.623.111	1.377.669	1.258.221	1.162.323	71,6
Ost-Berlin	856.900	486.263	422.578	386.252	45,1
West-Berlin	766.211	891.406	835.643	776.071	101,3

Quelle: Statistisches Landesamt Berlin
Anmerkung: Nicht enthalten sind Beamte sowie Selbständige und geringfügig Beschäftigte
*) für 1989: Rückrechnung der Beschäftigten Ost-Berlin

Der Beschäftigtenrückgang in Berlin beschränkte sich allerdings nicht auf das Produzierende Gewerbe. Auch andere Wirtschaftsbereiche blieben in den 90er-Jahren von Arbeitsplatzverlusten nicht verschont: Die öffentliche Verwaltung (vgl. Tabelle 4.6 und 4.7), der Handel sowie der Bereich Transport und Telekommunikation trugen zum Arbeitsplatzabbau erheblich bei. In Tabelle 4.7 werden die Beschäftigungsträger zwar noch als ‚öffentliche Unternehmen' bezeichnet – bei den meisten von ihnen hat inzwischen jedoch eine Privatisierung stattgefunden. Wie die Tabelle zeigt, haben die neuen Unternehmensleitungen drastische Reduktionen beim Personal vorgenommen. Aber auch im engeren Bereich der öffentlichen Beschäftigung, ‚beim Staat', ist die Beschäftigung um etwa 30% zurückgegangen. Die öffentlichen Verwaltungen und die öffentlichen Betriebe in West-Berlin waren in der Zeit der Teilung so etwas wie große Beschäftigungsgesellschaften, da der private Sektor das Beschäftigungsniveau nicht so hoch hätte halten können, wie es im ‚Schaufenster des Westens' politisch für notwendig gehalten worden war. Die Beschäftigtenzahl in der Ost-Berliner öffentlichen Verwaltung übertraf 1989 jene der West-Berlin Verwaltung noch bei weitem; und damit alle Maßstäbe, die in einer Marktwirtschaft als tragbar gelten.

Tabelle 4.7: Beschäftigtenzahlen in öffentlichen Unternehmen in Berlin 1990/1998

	1990	1998	Differenz
Post	18.940	~ 12.000	~ - 7.000
Bahn	34.282	9.986	- 24.296
Bewag	7.455 West 6.218 Ost	8.771	- 4.920
Gasag	3.058 West 1.160 Ost	2.448	- 1.770
BVG	17.468 West 9.896 Ost	15.906	- 11.458
zusammen	98.477	~ 49.111	~ -49.444

Quelle: Geschäftsberichte der Unternehmen

Die Abnahme von sozialversicherungspflichtig Beschäftigten ging einher mit einer Zunahme von Teilzeitbeschäftigungen und von Tätigkeiten auf informeller oder illegaler Basis, also mit einem Anstieg prekärer, zeitlich begrenzter Jobs, ohne Sozialversicherung und ohne Garantie auf ein festes Monatsgehalt. Diese sind in Tabelle 4.6 nicht berücksichtigt, da es über die Zunahme von Beschäftigungsverhältnissen ohne Sozialversicherungspflicht keine amtlichen Daten gibt. Da die Zahl der versicherten Beschäftigungen stärker sinkt als die Zahl der Arbeitslosen ansteigt, lässt sich jedoch mutmaßen, dass ein Teil der ehemals sozialversicherten Beschäftigten in unversicherte Tätigkeiten gewechselt ist.

4.6 Arbeitslosigkeit und Sozialhilfebezug

Durch den Wegfall von Arbeitsplätzen ist die Arbeitslosigkeit und die Sozialhilfedichte in Berlin seit 1990 deutlich angewachsen. Zwischen 1990 und 1997 hat sich die Arbeitslosenquote in Berlin mehr als verdoppelt und lag im September 1997 bei 17,5% (vgl. Tabelle 4.8). Bereits zwischen 1980 und 1983 war die Arbeitslosenquote in West-Berlin von 4,3 auf 10,4% gestiegen und hatte sich auf diesem Niveau bis zum Ende der 80er-Jahre gehalten. In den Jahren 1990/91 ging sie durch den vereinigungsbedingten wirtschaftlichen Aufschwung zurück (Sept. 1990: 8,7%), seitdem stieg die Quote in West-Berlin jedoch wieder auf 17,9% (Juni 1997). In Ost-Berlin betrug die Arbeitslosenquote im September 1990 noch 6,1% und verdoppelte sich bis 1992. Auch danach stieg sie weiter an und erreichte zuletzt 16,5% in 1997. Seit 1994 ist die Arbeitslosenquote in West-Berlin jedoch höher als im Ostteil. Seit 1997 werden Quoten nicht mehr für die beiden Stadthälften getrennt veröffentlicht. In Berlin waren im September 1999 17,6% der Erwerbspersonen arbeitslos, die Quote für den Ostteil beläuft sich jedoch schätzungsweise auf 16,5%, im Westteil auf 18,2%.

Die Arbeitslosigkeit trifft je nach Arbeitsmarktlage unterschiedliche Gruppen. Zunächst sind es gering Qualifizierte und solche, deren Qualifikationen auf dem Arbeitsmarkt nicht mehr nachgefragt werden. In Berlin sind von der Arbeitslosigkeit bestimmte Gruppen ganz besonders betroffen: So erreichte die Jugendarbeitslosigkeit und die Arbeitslosigkeit unter Ausländern 1997 bereits 30%. Da vor allem im Produzierenden Gewerbe Arbeitskräfte entlassen wurden, ist neben den genannten Gruppen die Arbeitslosigkeit auch unter Arbeitern und gering Qualifizierten besonders hoch. Im Ostteil der Stadt sind Frauen anteilmäßig stark von Arbeitslosigkeit betroffen, da bei ihnen die Erwerbsorientierung sehr hoch ist und viele nach der Wende ihre Arbeit verloren haben. Für Jugendliche und neue Zuwanderer ist es besonders schwierig, einen Einstieg ins Berufsleben zu finden.

Die neuen Zuwanderer haben in der aktuellen Situation ein doppeltes Problem. Ihre Qualifikationen, die sie im Herkunftsland erworben haben, ge-

Tabelle 4.8: Arbeitslose in Berlin 1990 - 1999 (jeweils September)

	1990	1992	1994	1997	1999	Index (1990 = 100)
Arbeitslose	127.316	199.961	202.594	276.082	265.934	208,9
Ost-Berlin	43.285	89.105	74.967	104.280	99.836	230,6
West-Berlin	84.031	110.861	127.627	171.802	166.098	197,7
Ausländer (West-Berlin)	13.239	24.548	28.057	40.656	39.867	301,1
Arbeitslosen-quote	7,6*	12,0*	12,7	17,5	17,6	231,6
Ost-Berlin	6,1	13,0	12,1	16,7*	16,5*	270,5
West-Berlin	8,7	11,3	13,1	18,1*	18,2*	209,2
Ausländer (West-Berlin)	11,5	20,8	21,7	31,9	33,3	289,6

Quelle: Landesarbeitsamt Berlin-Brandenburg
* nach Juni 1997 sind keine getrennten Quoten für Ost- und West-Berlin mehr verfügbar,
für 1990 und 1992 liegen keine Quoten für Berlin vor. Bei den angegebenen Werten handelt es sich um eigene Berechnungen

nügen oft den hiesigen Ansprüchen nicht und werden formal häufig nicht anerkannt. Migration führt also oft zu einer Dequalifizierung der Zuwanderer. Darüber hinaus kommen die Zuwanderer in einer Phase nach Berlin, in der Arbeitsplätze abgebaut werden und die Konkurrenz um neue Arbeitsplätze sehr groß ist. Ohne ausreichende Sprach- und Kulturkenntnisse, aber auch ohne Beziehungen zu den ‚Gatekeepern' des Arbeitsmarktes lassen sich in einer solchen Situation nur Arbeiten finden, die entweder keine Qualifikationen voraussetzen und nur mit sehr geringem Einkommen entlohnt werden – oder aber illegal sind. Von der Arbeitslosigkeit sind demnach neue Zuwanderer ebenso betroffen wie die Zuwanderer der 1960er und 70er-Jahre, die als Arbeiter in der Industrie gearbeitet haben und in den 1990er-Jahren entlassen wurden.

Als Verlierer der Entwicklung auf dem Arbeitsmarkt erweisen sich also die Jugendlichen, die Unqualifizierten, die gering qualifizierten Arbeiter und die Berliner ohne deutschen Pass. Über die Hälfte der Arbeitslosen in Berlin (1998: 58%) waren ihrer Ausbildung bzw. ehemaligen Beschäftigung nach

Arbeiter. Auch ausländische Jugendliche weisen eine enorm hohe Quote auf, allerdings gibt es für diese Gruppe keine exakten Zahlen.

Die hohe Arbeitslosigkeit und der Wegfall von Beschäftigungsbereichen werden auf absehbare Zeit Merkmale des Arbeitsmarktes in Berlin bleiben. Dies führt dazu, dass der Anteil der Langzeitarbeitslosen an der Gesamtzahl der Arbeitslosen zunimmt. Die Dauer der Arbeitslosigkeit wird in den Statistiken nach jeder Unterbrechung wieder neu gezählt, sodass bei jeder Beschäftigungs-, Umschulungs- oder Fortbildungsmaßnahme (die ja überwiegend Langzeitarbeitslosen offen stehen) der oder die Arbeitslose aus der Statistik fällt und auch bei anschließendem Übergang in die erneute Arbeitslosigkeit erst nach einem Jahr wieder als langzeitarbeitslos gilt. 1991 waren noch 27,9% der Arbeitslosen länger als ein Jahr arbeitslos, 1999 bereits 34,1%. Dabei liegt der Anteil der Langzeitarbeitslosen an allen Arbeitslosen 1998 im Westteil bereits bei 38,5%, im Ostteil erst bei 26,2%. Dies hat seinen Grund unter anderem darin, dass das Ausbildungs- und Qualifikationsniveau der Arbeitslosen im Westteil deutlich niedriger ist und bis in die jüngste Zeit die Zahl der Arbeitsbeschaffungsmaßnahmen im Ostteil deutlich höher lag.

Die Arbeitslosigkeit verteilt sich nicht gleichmäßig auf den städtischen Raum. Die Karte 4.1 zeigt die Arbeitslosen in den Statistischen Gebieten von Berlin. Dargestellt ist deren Anteil in Bezug zur Erwerbsbevölkerung, also zu jenem Teil der Bewohner, die zwischen 15 und 65 sind und sich überhaupt arbeitslos melden können. Der Arbeitslosenanteil an der Erwerbsbevölkerung unterscheidet sich also von den Arbeitslosenquoten (die auf dieser kleinräumigen Ebene auch nicht vorliegen) und liegt auch deutlich niedriger als die Quote, da die Bezugsgröße nicht nur die Erwerbstätigen sind. Der Arbeitslosenanteil verdeutlicht, wie viele Arbeitslose in einem Gebiet leben, unabhängig von der Zahl der arbeitenden Bevölkerung.

Die höchsten Arbeitslosenanteile weist Kreuzberg auf, gefolgt vom nördlichen Neukölln und von Wedding. Hier konzentrieren sich Arbeiter und Zuwanderer, und es gibt einen hohen Anteil von gering qualifizierten Personen und ausländischen Jugendlichen. Neben den innerstädtischen Gebieten in West-Berlin zeigen auch die innerstädtischen Gebiete Ost-Berlins sowie die Großsiedlungen erhöhte Anteile von Arbeitslosen. Der geringste Anteil findet sich hingegen im südwestlichen Bereich der Stadt (Zehlendorf, Wilmersdorf, Steglitz).

Die Zahl der Berliner, die ihren Lebensunterhalt überwiegend aus Erwerbseinkommen bestreiten, ist seit der Wende beständig rückläufig. Ihre Zahl ging zwischen 1991 und 1998 von 1,65 Millionen auf 1,41 Millionen zurück. Im gleichen Zeitraum verdoppelte sich die Zahl derer, die ihren Lebensunterhalt aus Transferzahlungen für Arbeitslose bestreiten. Die Zahl derjenigen, deren überwiegender Lebensunterhalt durch Sozialhilfe gedeckt wird,

Karte 4.1:
Arbeitslosenanteil 1998
Anteil der Arbeitslosen an der
Erwerbsbevölkerung (15-65
Jahre) in den Statistischen
Gebieten von Berlin
Juni 1998

Unter 8%

8% bis 10%

10% bis 12%

12% und mehr

Unter 2000
Einwohner

Durchschnitt: 11,0 %

Daten: Statistisches Landesamt
Bearbeitung: Andreas Kapphan

verdreifachte sich sogar. Aber auch die Zahl der Personen, die überwiegend von Rente leben, ist deutlich gestiegen. Einer sinkenden Zahl von Erwerbstätigen steht also eine immer größer werdende Zahl gegenüber, die von Transferleistungen der Sicherungssysteme abhängig ist.

Tabelle 4.9: Bevölkerung in Berlin nach überwiegendem Lebensunterhalt 1991 - 1998

Bevölkerung in 1000					
	Insgesamt	Erwerbseinkommen	Arbeitslosengeld/-hilfe	Sozialhilfe	Rente
1991	3.424,4	1.645,7	115,9	65,2	629,3
1994	3.478,8	1.562,0	176,0	105,3	641,7
1998	3.418,1	1.408,4	231,8	186,0	716,1
1991=100	99,8	85,6	200,0	285,3	113,8

Quelle: Mikrozensus Berlin 1991 – 1998

Zwischen dem West- und dem Ostteil bestehen deutliche Unterschiede. Der Anteil der Personen, die ihren Lebensunterhalt (überwiegend) über Erwerbseinkommen finanzieren, liegt im Osten höher; entsprechend niedriger ist der Anteil von Transferbeziehern. Im Jahr 1990 verzeichnete West-Berlin einen ersten Höhepunkt bei den Sozialhilfebeziehern[1]. Bedingt durch die hohe Anzahl an Übersiedlern bezogen zum Jahresende 200.000 Menschen in West-Berlin Sozialhilfe. Im folgenden Jahr sank diese Zahl um ein Drittel auf 135.000 Personen; zusätzlich bezogen knapp 50.000 Personen im Ostteil Sozialhilfe. Zum Jahresende 1998 bekamen 285.000 Personen in Berlin Sozialhilfe, dies entspricht 8,3% der Bevölkerung. Während die Sozialhilfedichte in Ost-Berlin vergleichsweise gering ist und nur geringe Abweichungen zwischen den Bezirken festzustellen sind, fallen die Unterschiede in West-Berlin sehr deutlich aus. Die innerstädtischen Bezirke weisen die höchsten Dichten auf: Kreuzberg führt mit 16,5% der Bewohner die Statistik an, gefolgt von Wedding (14,4%) und Neukölln (13,0%). In Zehlendorf am südwestlichen

---

[1] Die hier angeführten Daten zur Anzahl der Sozialhilfebezieher unterscheiden sich von denen des Mikrozensus dahingehend, dass hier alle Bezieher aufgelistet sind, auch wenn sie vor allem von Erwerbsarbeit, Arbeitslosenbezügen oder Rente leben und nur zusätzliche Hilfe zum Lebensunterhalt bekommen. Die Zahlen fallen entsprechend höher aus. Ausgenommen sind seit Ende 1993 die Asylbewerber, die über ein separates Gesetz und damit auch über eine separate statistische Erfassung abgewickelt werden.

Stadtrand beziehen dagegen nur 2,5% der Bewohner laufende Hilfe zum Lebensunterhalt.

4.7 Einkommensentwicklung

Eines der größten Defizite bei der Untersuchung des Wandels der Sozialstruktur besteht darin, dass Einkommensdaten in Deutschland nur in höchst unbefriedigender Genauigkeit vorliegen – und praktisch gar nicht in kleiner regionaler Gliederung. Im Folgenden benutzen wir die Daten zur Einkommensentwicklung aus dem Mikrozensus, die in Berlin immerhin für die Bezirke vorliegen sowie die Einkommens- und Verbraucherstichprobe (EVS) von 1998. Nachteilig ist, dass die Mikrozensus-Daten in einer 1%igen Haushaltsstichprobe erhoben werden. Daher ist es einerseits nicht sinnvoll, kleine Schwankungen zu interpretieren, andererseits können die Daten nicht kleinräumig aufbereitet werden. Der Vorteil ist jedoch, dass die Daten jährlich erhoben werden und zeitnah zur Verfügung stehen, was bei Daten der Einkommenssteuerstatistik des Finanzamtes nicht der Fall ist.

Die Einkommens- und Verbraucherstichprobe 1998 stellt für Berlin ein Einkommensgefälle zwischen Ost und West fest. Das durchschnittliche Haushalts-Einkommen (arithmetisches Mittel) lag in Berlin bei 4025 DM. Die mittlere Einkommenshöhe liegt in Ost-Berlin Anfang 1998 um 7% unter der West-Berlins. Weiter zeigt sich, dass die Einkommen in West-Berlin im Vergleich zu den alten Bundesländern um 22% niedriger sind und dass das durchschnittliche Haushaltseinkommen in Ost-Berlin um 3% unter dem in den neuen Bundesländern liegt. Erklären lässt sich dies mit den kleineren Haushalten, einem niedrigeren Einkommensniveau und der höheren Arbeitslosigkeit vor allem im Vergleich zwischen West-Berlin und alten Bundesländern.

Die Durchschnittseinkommen im Mikrozensus liegen rund 1.200 DM niedriger, da beim Mikrozensus die oberste Einkommensgruppe mit einer offenen Klasse („mehr als 5000 DM") erfasst wird. Daher ist die durchschnittliche Einkommenshöhe (arithmetisches Mittel) nicht berechenbar und es muss der Median zugrunde gelegt werden. Dieser ist der Wert, bei dem 50% der Einkommen höher, 50% niedriger liegen.

Aus dem Mikrozensus liegen Daten als Haushaltseinkommen und als Individualeinkommen vor. Wir untersuchen hier die monatlichen Nettoeinkommen der Erwerbstätigen, um Verzerrungen durch unterschiedliche Haushaltsgrößen auszuschließen. Um ansatzweise der Frage nachzugehen, ob eine Polarisierung der Einkommensverteilung zu beobachten ist, wurden für das individuelle Nettoerwerbseinkommen drei Klassen gebildet. Dargestellt sind für die Jahre 1991 bis 1998 ausschließlich Einkommen aus Erwerbsarbeit, keine Transferleistungen. Die drei Klassen beinhalten jene, die nur sehr geringe Einkommen durch Erwerbsarbeit erzielen und weniger als 1.400 DM bekommen, eine zweite Gruppe mit durchschnittlichen Einkommen zwischen 1.400 und 3.000 DM und schließlich jene, die durch Erwerbsarbeit monatlich über 3.000 DM einnehmen (vgl. Tabelle 4.10).

Die Gruppe der Erwerbstätigen mit höheren Einkommen ist in Berlin in den 90er-Jahren ständig gewachsen. 1991 waren es noch 17% der Erwerbstätigen, die über 3.000 DM verdienten, 1998 bereits 28% (wobei allerdings die Geldentwertung nicht berücksichtigt ist). Zurückzuführen ist dies insbesondere auf die wachsende Zahl von Besserverdienenden im Ostteil der Stadt. Im Westteil ist der Anteil zwischen 1991 (26,3%) und 1993 (32,2%) angestiegen und seitdem sehr stabil (1998: 32,4%).

Auf der anderen Seite ist zwischen 1991 und 1998 der Anteil derjenigen gesunken, die durch Erwerbsarbeit weniger als 1.400 DM im Monat verdienen. Betrachtet man jedoch die Entwicklung über die einzelnen Jahre, so stellt man fest, dass im Ostteil ihr Anteil von 61% (1991) zunächst auf 15,6% (1994) gesunken und seitdem wieder auf 19% (1998) angestiegen ist. Eine ähnliche Entwicklung lässt sich auch in West-Berlin feststellen, wo der geringste Anteil 1993 mit 16% festgestellt werden konnte und 1998 wieder 18,1% weniger als 1.400 DM verdienen. Seit 1993/1994 hat also der Anteil der Geringverdiener unter den Erwerbstätigen wieder zugenommen. Die große Entlassungswelle in den DDR-Unternehmen war damals bereits abgeschlossen und die Gehälter in Ost- und West-Berlin bereits angeglichen. Unter der Bedingung steigender Lebenshaltungskosten (und hierbei insbesondere der Mieten) deutet dieser Befund auf wachsende Armut hin. Die Einkommensunterschiede in Berlin sind gewachsen: Der Anteil der Niedrigverdiener unter den Erwerbstätigen hat seit 1994 ebenso zugenommen wie der Anteil der Erwerbstätigen mit Einkommen über 3.000 DM.

Neben einer wachsenden Zahl von Arbeitslosen und Sozialhilfeempfängern nimmt also auch der Anteil der Erwerbstätigen mit geringen Einkommen zu. Die These, dass bei den Erwerbstätigen eine Polarisierung der Einkommen zu beobachten ist (vgl. Kapitel 1), scheint also gerechtfertigt zu sein. Gleichzeitig zeigen sich räumliche Polarisierungstendenzen. Jene Bezirke mit einem hohen Anteil von Niedrigverdienern befinden sich in der Innenstadt rund um den Bezirk Mitte und in den Großsiedlungsbezirken im Nordosten, die Bezirke mit einem hohen Anteil von höheren Einkommensbeziehern im Südwesten der Stadt.

Tabelle 4.10: Monatliches Einkommen der Erwerbstätigen in Berlin nach Bezirken in den Jahren 1991, 1994, 1998 (in % der Erwerbstätigen)

Bezirk	1991		1994		1998	
	unter 1.400 DM	über 3.000 DM	unter 1.400 DM	über 3.000 DM	unter 1.400 DM	über 3.000 DM
Tiergarten	18,3	20,8	17,2	24,6	22,9	25,6
Wedding	17,5	14,6	15,9	17,6	20,5	18,8
Kreuzberg	23,6	11,7	23,6	21,2	21,7	20,7
Neukölln	18,5	21,6	17,0	23,8	18,0	25,3
Schöneberg	17,2	27,8	16,7	33,4	16,0	36,3
Charlottenburg	17,7	29,6	14,0	35,0	17,4	34,4
Spandau	17,5	25,4	18,5	29,4	19,8	32,1
Reinickendorf	17,2	25,7	17,0	32,9	18,3	35,9
Tempelhof	17,0	32,4	17,5	33,9	17,6	32,5
Wilmersdorf	15,1	35,3	13,2	45,6	16,4	41,3
Steglitz	18,0	31,6	14,4	39,7	16,0	36,5
Zehlendorf	13,7	48,0	14,8	48,3	16,2	50,5
Mitte	54,5	3,3	16,2	18,5	22,8	23,5
Prenzl. Berg	63,3	2,9	17,2	14,7	20,2	19,8
Friedrichshain	62,2	1,7	16,7	15,3	22,1	16,4
Treptow	64,5	1,3	16,9	16,4	18,1	21,7
Köpenick	64,7	2,4	17,1	11,6	18,1	24,2
Lichtenberg	61,2	3,2	14,6	10,2	15,7	20,8
Weißensee	58,4	1,5	18,3	22,8	21,0	21,1
Pankow	58,5	2,7	14,7	17,2	14,9	24,6
Marzahn	58,3	1,9	14,3	17,1	21,1	21,8
Hohenschönh.	62,9	3,6	13,2	16,2	19,8	16,2
Hellersdorf	60,4	2,4	15,5	13,2	17,5	24,8
Berlin	34,7	17,0	16,3	25,2	18,5	27,9
Berlin-West	17,7	26,3	16,7	31,5	18,1	32,4
Berlin-Ost	61,0	2,5	15,6	15,1	19,0	21,3

Quelle: Statistisches Landesamt Berlin: Mikrozensus

Wir werden im folgenden Kapitel untersuchen, welche Effekte die neuen Wahlmöglichkeiten auf dem Wohnungsmarkt und die steigende Fluktuation in Verbindung mit einer zunehmenden Polarisierung der Erwerbseinkommen und steigender Arbeitslosigkeit auf die sozialräumliche Struktur der Stadt haben.

5. Die Stadt wird mobil:
neue Muster der Segregation

5.1 Mobilität zwischen Ost und West

Bis zum Mauerbau hatte man sich innerhalb Berlins ungehindert zwischen den Stadtteilen bewegen können. Zwischen dem Ost- und dem Westteil gab es ca. 100.000 Berufspendler. Ab dem 13. August 1961 waren diese Beziehungen unterbrochen. Für West-Berliner war es bis zu den innerdeutschen Verträgen, die Anfang der 70er-Jahre abgeschlossen wurden, sehr schwierig geworden, den Ostteil zu besuchen, die Ost-Bewohner hatten überhaupt keine Gelegenheit mehr, den Westteil zu betreten. In beiden Stadthälften versuchte man, sich in der gegebenen Anormalität mit einem möglichst normalen Alltag einzurichten.

Mit dem Mauerfall änderte sich diese Situation. Jetzt war es plötzlich möglich, sich innerhalb Berlins und auch im sonstigen Deutschland zu bewegen, wo immer man wollte. Waren bis Weihnachten 1989 noch ein Zwangsumtausch bei der Einreise in die DDR nötig und fanden bis zur Wirtschafts-, Sozial- und Währungsunion noch vereinzelt Kontrollen an den Grenzübergängen statt, so kann spätestens seit Jahresmitte 1990 von einer Aufhebung der Mobilitätsbarrieren gesprochen werden. Mit der Vereinigung im Oktober 1990 war auch die Verlegung des Wohnsitzes in den Ostteil der Stadt ohne komplizierte administrative Verfahren möglich.

Mit dem Mauerfall begann in Berlin eine neue Zeitrechnung. Im Westteil der Stadt waren vor allem an den Samstagen die Straßen voller Menschen und ‚Trabis‘, die Geschäfte waren überfüllt und bereits am Vormittag vereinzelt Waren ausverkauft. In der Osthälfte der Stadt waren die Straßen dagegen wie leergefegt. Die Kunden waren ‚drüben‘. Bis hier ein dem Westen vergleichbares Warenangebot vorhanden war, sollten noch einige Jahre vergehen. Zum Flanieren boten sich nur die Parks, die Seen und das historische Stadtzentrum an, wo es allerdings kaum Cafés oder andere Zielorte für Spaziergänger gab – selbst in der heute so belebten Spandauer Vorstadt nicht. Zu den wenigen Attraktionen gehörten besetzte Häuser, allen voran das Tacheles, sowie das jüdische Kulturzentrum, beide an der Oranienburger Straße gelegen.

Die Hausbesetzer waren die ersten West-Berliner, die in den Ostteil zogen, in leere verfallene Häuser, die zum Abriss vorgesehen waren. In der Wendezeit zwischen Mauerfall und Vereinigung wurden 130 Häuser besetzt, je ungefähr 20 in Mitte und in Prenzlauer Berg, eine Hand voll in Lichtenberg und ca. 90 im Bezirk Friedrichshain, das zur Hochburg der Hausbesetzerbewegung in Ost-Berlin wurde. Die meisten, keineswegs aber alle Hausbesetzer, kamen aus dem Westteil. Die Hausbesetzer brachten historische Erfahrung aus dem Westen mit; wie bereits dort richteten sich die Besetzungen gegen den Leerstand und die Verwahrlosung von Wohnraum in den Innenstadtbezirken. Darüber hinaus ging es darum, Räume zu schaffen, in denen alternative Lebensformen gelebt werden konnten. Im Rückblick bildeten die Hausbesetzer jene Pioniere, die neue kulturelle Zeichen im Ostteil setzten und eine bis heute andauernde Wanderungsbewegung bestimmter Lebensstilgruppen vom Westteil in den Ostteil vorbereiteten. Die kulturelle und kulinarische Erschließung – oder wie manche es auch sehen: Besetzung – der Ost-Berliner Innenstadtgebiete war zudem stark verknüpft mit dem Aufblühen einer internationalen Künstlerszene, die hier viel Leerräume fand und sich im Kontrollvakuum zwischen dem Kollaps der SED-Herrschaft und der Einrichtung einer neuen Ordnungsmacht etablieren konnte.

Als Folge des Mauerfalls haben sich die Wahrnehmungen der Stadträume und der Stadtviertel verändert. Seit 1990 finden auch neue sozialstrukturelle Veränderungen in den Quartieren statt. Inwieweit diese Veränderungen in einer historischen Kontinuität stehen oder ob sich völlig neue Zuschreibungen und Kulturen ergeben, soll im Folgenden diskutiert werden.

5.2 Umzüge zwischen den beiden Stadthälften

In der Wahrnehmung der meisten Berliner existieren deutliche Unterschiede zwischen Ost und West. Gleichzeitig gibt es aber auch gemeinsame neue Orte. So hat sich um den Hackeschen Markt in Mitte ein quirliges urbanes Zentrum entwickelt, das Besucher aus Ost und West nutzen. Auch der Prenzlauer Berg hat sich zu einem Magneten für Stadtbewohner und Touristen entwickelt. In den Innenstadtbezirken Ost-Berlins wohnt inzwischen eine große Zahl von West-Berlinern, Westdeutschen und ausländischen Zuwanderern.

Bei der Analyse der Umzugsbewegungen zwischen Ost und West zeigt sich, dass die Umzugshäufigkeit über die frühere ‚Staatsgrenze' jährlich ansteigt und mittlerweile einen beträchtlichen Anteil aller Umzüge innerhalb Berlins einnimmt. Ein Problem der Statistik ist, dass die Einwohnermeldedaten keine Auskunft über die ‚kulturelle Zugehörigkeit' der Umziehenden geben, also darüber, in welcher Stadthälfte sie vor 1989 gelebt haben. Dennoch lassen sich einige Schlüsse ziehen.

Während 1989 und 1990 noch die Umzüge von Ost nach West dominierten, wurde der Wanderungssaldo für den Ostteil bereits 1991 positiv. Zu Beginn zogen viele junge Leute, vor allem Studenten, in die östlichen Innenstadtbezirke. Sie folgten den Hausbesetzern, die als Pioniere erste Kneipen und Cafés eröffnet hatten und damit die kulturellen Vorleistungen erbrachten, die es für junge Leute attraktiv macht, in ein Wohngebiet zu ziehen. Sie demonstrierten auch, wie unkompliziert es in dieser Zeit noch sein konnte, eine Wohnung im Bezirk Prenzlauer Berg zu bekommen: Man musste nur wissen, wo eine frei war, einziehen und sich dann anmelden.

Von allen Ostbezirken weist der Bezirk Prenzlauer Berg in den Jahren 1991 bis 1998 die meisten Zuzüge aus dem Westteil auf. Über 26.000 Personen allein aus dem Westteil der Stadt sind in den Bezirk zugezogen, hinzu kommen die Zuzüge aus dem alten Bundesgebiet, anderen Teilen Berlins, Ostdeutschlands und dem Ausland. Diese Zahlen haben einige Zeitgenossen dazu veranlasst, von einem „50%igen Austausch der Bevölkerung" zu sprechen (vgl. z.B. Knecht 1999, 12), und diese Aussage wurde in der Folge bereitwillig von jenen übernommen, die den starken Zuzug von ‚Fremden' beklagen und zeigen wollten, wie sehr die ‚angestammten' Bewohner in die Defensive geraten seien. Die Statistik ist damit jedoch falsch interpretiert, denn im gleichen Zeitraum sind ca. 24.000 Personen von Prenzlauer Berg in den Westteil der Stadt gezogen, sodass insgesamt ein Wanderungsgewinn von nur 2.128 Personen zu verzeichnen war. Dass es sich bei den in den Westen ziehenden Personen zu einem hohen Anteil um Rückwanderer handelt, kann vermutet werden, da gerade die Bezirke mit hohen Zuzügen aus dem Westteil auch hohe Fortzugsquoten in den Westteil aufwiesen.

In den Randbezirken Ost-Berlins sind neue Wohnquartiere entstanden, die einen Zuzug von West-Berlinern nach sich zogen. Am stärksten war der Wanderungsgewinn zwischen 1991 und 1998 daher gar nicht im Bezirk Prenzlauer Berg, sondern in den Bezirken Treptow und Pankow, in die per Saldo jeweils knapp 4.300 Personen aus dem Westteil zugezogen sind. Die Bezirke Mitte und Friedrichshain verzeichnen leichte Gewinne (340 bzw. 221 Personen), ebenso Weißensee (Gewinn: 71 Personen). Alle anderen Ost-Bezirke jedoch verlieren durch Umzüge an den Westteil – allen voran Marzahn mit einem Verlust von 6.800 Abwanderern. Die Geographie der ‚grenzüberschreitenden' Wanderungsbewegungen lässt sich auf die Gleichung bringen: Jene Ost-Bezirke, die an den Westteil angrenzen, gewinnen Einwohner aus dem Westen, jene, die keine Grenze mit ihm haben, verlieren Einwohner an den Westen. Die Gewinne in den Bezirken Pankow, Treptow und Weißensee kommen dadurch zustande, dass hier in den 1990er-Jahren zahlreiche Wohnungen neu gebaut wurden. Auch im Westteil machen sich Fortzüge in und Zuzüge aus dem Ostteil bemerkbar: An die östlichen Bezirke verloren haben hier vor allem die Innenstadtbezirke und jene, die an den Ostteil grenzen, allen voran Kreuzberg und Neukölln (5.680 und 3.396 Personen). Per Saldo gewonnen haben lediglich Spandau, Zehlendorf und Steglitz. Diese Aussagen können für den Zeitraum 1994-97 kleinräumig (d.h. für die Statistischen Gebiete) präzisiert werden. Für die Zeit davor gibt es leider keine genauen Zahlen für die Gesamtstadt. Die Kernaussagen, die auf Bezirksebene getroffen wurden, ändern sich dabei nicht. Im Prenzlauer Berg verliert zwischen 1994 und 1997 lediglich das Plattenbaugebiet an der nördlichen Greifswalder Straße per Saldo Einwohner an den Westteil, während in die Altbauquartiere Bewohner aus dem Westen zuziehen. In Friedrichshain und Mitte gewinnen ebenfalls die Altbauquartiere, während die Gebiete mit DDR-Neubauten an den Westen verlieren.

Die Wanderungsverflechtungen des Ostteils mit Westdeutschland bestätigen diesen Trend. Der Wanderungsverlust nach Westdeutschland liegt für die Bezirke Marzahn, Hellersdorf und Hohenschönhausen zwischen 1994 und 1997 bei jeweils rund 1.500 Personen, die Bezirke Mitte und Friedrichshain gewinnen dagegen per Saldo 1.200 bzw. 1.800 Personen, der Bezirk Prenzlauer Berg 3.200 Personen. Für den Prenzlauer Berg mit knapp 150.000 Einwohnern ergibt sich damit gegenüber West-Berlin und den alten Bundesländern für die Jahre 1994-97 ein Wanderungsgewinn von 5.582 Personen. Dies ist angesichts des Umfangs der Wanderungen in Berlin nicht viel.

In den Jahren 1991-98 sind innerhalb von Berlin 2,25 Mill. Deutsche und 600.000 Ausländer umgezogen. Von den Deutschen haben dabei nur 9% aller Umziehenden die Grenze zwischen Ost und West übersprungen, 91% aller Umzüge spielten sich innerhalb der jeweiligen Stadthälfte ab. Ausländer halten sich auf den ersten Blick weniger an die Ost-West-Grenze: Nur 85% blieben in der Stadthälfte, in der sie zuvor schon gewohnt hatten, 15% zogen in die andere Stadthälfte. Dies ist allerdings hauptsächlich auf Wechsel zwischen Erstaufnahmelagern, Heimstandorten und erster Wohnung zurückzuführen. Umzüge von länger ansässigen Ausländern vom West- in den Ostteil sind selten, Wanderungen in die Gegenrichtung spielen quantitativ praktisch keine Rolle. 24% von allen Umzügen innerhalb Berlins wurden zwischen 1991-1998 von Ausländern vollzogen, von den Ost-West-Wanderungen sogar 30%.

Die Zahl der Umzüge zwischen Ost und West hat seit der Wende jedes Jahr zugenommen. Waren 1991 nur 12.000 Umzüge gemeldet worden, so lag die Zahl 1998 schon bei knapp 50.000 und hatte sich damit vervierfacht. Seit 1993 verlaufen rund 10% der Umzüge innerhalb Berlins über die ehemalige Ost-West-Grenze. Von den Ost-Berlinern ziehen relativ mehr Personen in den Westteil. Fast 2% der Einwohner Ost-Berlins sind im Jahre 1998 in den Westteil gezogen, wobei der Anteil derer, die zuvor aus dem Westteil zugezogen sind, nicht bestimmt werden kann.

Tabelle 5.1: Umzüge in Berlin 1990 - 1998

	1990*	1991	1992	1993	1994	1995	1996	1997	1998
West nach Ost	1.968	7.297	12.583	15.741	19.420	20.618	23.609	26.658	25.032
pro 1000 Einwohner West	0,91	3,37	5,80	7,25	8,99	9,56	11,00	12,57	11,90
Ost nach West	7.424	4.793	7.893	13.831	17.295	20.279	21.356	22.094	23.713
pro 1000 Einwohner Ost	5,82	3,75	6,13	10,71	13,39	15,73	16,65	17,44	18,89
Saldo Ost	-5.456	2.504	4.690	1.910	2.125	339	2.253	4.564	1.319
Zahl der Umzüge innerhalb Berlins		269.565	280.723	304.910	327.335	370.099	400.820	447.560	453.376
daran: Anteil der Umzüge zwischen den Stadthälften		4,5%	7,3%	9,7%	11,2%	11,1%	11,2%	10,9%	10,8%

*) Die Zahlen der Ämter von Ost-Berlin weichen 1990 stark ab:
Zuzüge aus West-Berlin: 1.523, Fortzüge: 9.140, Saldo: -7.617
Quelle: Statistisches Landesamt Berlin

Die soziale Struktur der Umzugsbewegungen kann mit den verfügbaren Daten nicht analysiert werden. Allerdings gibt es einige Hinweise darauf, dass die Grenzen von West nach Ost besonders häufig von Studenten und jungen Erwachsenen überschritten werden, kaum jedoch von Familien mit Kindern. Die meisten der Umzüge führten in die Innenstadtgebiete, dort waren zu Beginn der 1990er-Jahre viele kleine und einfach ausgestattete Wohnungen verfügbar. Vor allem junge Menschen mit wenig Geld, aber einem hohen Grad an Eigeninitiative und auch Abenteuerlust zogen damals in den Ostteil. Erst mit der Fertigstellung von neuen Wohnungen (vor allem in den Randbezirken) und mit der Modernisierung von Altbauwohnungen zogen auch verstärkt Erwerbstätige und junge Familien nach. Haben diese erst einmal eine neue Wohnung bezogen, bleiben sie in der Regel auch länger dort wohnen als die hochmobilen jungen Singles, die eher eine unruhige Durchgangsbevölkerung bilden. Dadurch lassen sich die höheren Wanderungsgewinne von Treptow und Pankow erklären, die attraktive Wohngebiete für Familien sind. Deutlich ist, dass die Umzüge von West nach Ost überwiegend von jüngeren Altersgruppen, also zwischen 20 und 40 Jahren vollzogen werden.

5.3 Pendler in Berlin

Weit ausgeprägter als durch Umzugsbewegungen ist die Verflechtung zwischen den beiden Stadthälften sowie mit dem Umland durch tägliches Pendeln. Daten hierzu liegen erst für die Jahre 1996 bis 1998 vor, es ist jedoch zu vermuten, dass bereits zu Beginn der 90er-Jahre viele Arbeitspendler von Ost- nach West-Berlin gefahren sind. Die Entlassungswellen in Ost-Berlin lagen zeitlich deutlich vor dem Beschäftigungsabbau in West-Berlin, und die arbeitslosen Ost-Berliner konnten sich um Arbeitsplätze in West-Berlin bewerben, deren Zahl, wie gezeigt, in den ersten beiden Jahren nach der Wende noch zugenommen hatte. Die steigenden Pendlerzahlen deuten darauf hin, dass sich die beruflich qualifizierten Ost-Berliner Erwerbstätigen in den Jobs im Westteil behaupten konnten, während gering qualifizierte Arbeitskräfte entlassen wurden. Der starke Anstieg der Arbeitslosigkeit unter Arbeitern mit ausländischer Staatsangehörigkeit deutet auf einen derartigen Zusammenhang hin.

Trotz einer insgesamt rückläufigen Zahl von sozialversicherungspflichtig Beschäftigten – und nur bei dieser Gruppe haben wir auch die Angabe über Wohn- und Arbeitsort – stieg die Zahl der Pendler zwischen 1996 und 1998 an. Im Jahre 1996 pendelten 16% der Beschäftigten mit Berlin als Wohn- und Arbeitsort zwischen den beiden Stadthälften, im Jahre 1998 waren es bereits

20% der knapp 1 Million Beschäftigten. 195.000 Personen pendeln zwischen
den beiden Stadthälften, drei Viertel davon von Ost- nach West-Berlin. Sowohl die Zahl der Auspendler wie auch der Pendler zwischen den beiden
Stadthälften nahm zwischen 1996 und 1998 zu. Darüber hinaus zählte Berlin
im Jahr 1998 160.000 Einpendler, von denen knapp drei Viertel aus Brandenburg kamen. Immerhin 95.000 Berliner hatten ihren Arbeitsplatz außerhalb
der Stadt, gut die Hälfte davon arbeitete in Brandenburg.

*Tabelle 5.2: Pendler in Berlin 1998 (sozialversicherungspflichtig Beschäftigte
am 30.6.)*

Wohnort	Arbeitsort				
	Berlin-Ost	Berlin-West	Branden-burg	Sonstige Arbeitsorte	Summe
Berlin-Ost	272.202	146.176	30.545	20.761	469.684
Berlin-West	48.501	506.512	20.816	23.406	599.235
Branden-burg	49.709	68.140	-	-	117.849
Sonstige Wohnorte	17.587	23.743	-	-	41.330
Summe	387.999	744.571	51.361	44.167	1 228.098

Quelle: Statistisches Landesamt Berlin

Von den Beschäftigten, die in Ost-Berlin leben, haben nur 58% ihren Arbeitsplatz in Ost-Berlin. Fast die Hälfte pendelt also, 31% allein in den Westteil,
wo sie 20% aller Arbeitnehmer ausmachen. Von den Beschäftigten, die in
West-Berlin leben, verlassen lediglich 15,5% ihre Stadthälfte, um zum Arbeitsplatz zu gelangen – gut die Hälfte davon (8% der Beschäftigten) in den
Ostteil. Dort stellen sie jeden achten Beschäftigten, denn nur ein gutes Drittel
der Arbeitsplätze in Berlin ist im Ostteil lokalisiert – obwohl 44% der Beschäftigten in Ost-Berlin leben. Die meisten Arbeitsplätze in Ost-Berlin, die
von Bewohnern aus dem Westteil besetzt sind, liegen im Bezirk Mitte.

Das Pendeln in die andere Stadthälfte ist also für einen Großteil der Ost-
Berliner Bevölkerung Normalzustand. Diese tägliche Arbeitsmigration von
Ost- nach West-Berlin lässt sich jeden Morgen sowohl in den U- und S-
Bahnen als auch auf den Straßen beobachten. Ost-Berliner, die im Westteil
arbeiten, ziehen nicht unbedingt auch dorthin. Zumindest deuten die steigen-

den Pendlerzahlen nicht darauf hin, dass die tägliche Pendelsituation die Vorstufe für einen Umzug in den Westen sein könnte. So fährt etwa aus dem Bezirk Marzahn mehr als die Hälfte der Beschäftigten in andere Stadtbezirke zur Arbeit, doch scheint die Bindung an den Stadtteil groß zu sein. Die höheren Wohn- und Lebenskosten im Westteil spielen – neben kulturellen Differenzen – bei der Entscheidung zu bleiben wohl eine wichtige Rolle. Ohne dies mit Daten belegen zu können, neigen wir aufgrund eigener Beobachtungen zu der Annahme, dass es vor allem Frauen aus dem Ostteil sind, die in die Büros und Läden im Westteil pendeln, um dort zu arbeiten. In die umgekehrte Richtung, von West nach Ost, pendeln dagegen vor allem die höher qualifizierten Sachbearbeiter und Rechtsanwälte, die in den Büros in der Friedrichstraße oder in einem Verwaltungsgebäude der Landes- oder Bundesregierung in Lohn und Brot stehen.

Die meisten West-Berliner bewegen sich nach wie vor in ihrem täglichen Aktionskreis innerhalb ihrer vertrauten Stadthälfte. Sehr viel mehr Ost-Berliner sind gezwungen, ihren Stadtteil täglich zu verlassen und ‚nach drüben‘ zu fahren. Wie sich das auf die Verfestigung bzw. Verflüssigung von Einstellungen und Mentalitäten auswirkt, wäre ein interessantes Untersuchungsfeld. Zwischen den Fremdheiten und Abwendungen der beiden Stadthälften (vgl. dazu Kapitel 11) entsteht aber eine neue Ebene: In der Mitte von Berlin vermischen und verwischen sich die alten Grenzen, dort finden die meisten und intensivsten Begegnungen sowohl innerhalb der Arbeitswelt als auch in der Freizeit statt.

5.4 Der langfristige Trend von innen nach außen: Entdichtung und Randwanderung

Die Zunahme der Umzugsmobilität während der letzten Jahre hat nicht nur zu einer neuen Beziehung zwischen den Stadthälften Ost und West geführt, sondern auch zwischen Berlin und seinem Umland. Nach dem Mauerfall sind die an Berlin grenzenden Gebiete als Wohnstandorte für solche Haushalte interessant geworden, denen es in der Stadt nicht gefällt oder die die Wohnqualitäten der ländlichen Gegenden höher schätzen.

Die Randwanderung ist in Berlin ein historisch bereits lang anhaltender Prozess (vgl. Kapitel 2). Er ging einher mit einer stetig sinkenden Bevölkerungszahl und damit auch sinkender Einwohnerdichte in den Innenstadtbezirken. Selbst bei steigenden Einwohnerzahlen in Ost-Berlin nach 1961 verloren die Innenstadtbezirke Mitte, Prenzlauer Berg und Friedrichshain an Bevölkerung, erst Ende der 80er und Anfang der 90er-Jahre stabilisierte sich die

Tabelle 5.3: Entwicklung der Einwohnerdichte in Berlin (Einwohner/ha)

Ost	1943	1950	1960	1970	1980	1985	1990	1995
Mitte	212	116	89	82	84	75	74	76
Prenzlauer Berg	278	231	198	184	169	152	131	130
Friedrichshain	353	192	164	150	124	121	110	106
Innenstadtbezirke	278	179	150	138	130	116	105	104
Treptow	31	28	28	33	30	27	25	26
Köpenick	10	9	9	10	10	9	8,6	8,5
Lichtenberg	26	21	21	22	69	70	64	63
Weißensee	19	18	16	17	24	20	17	18
Pankow	21	19	17	18	18	19	17	18
Marzahn	-	-	-	-	14	60	53	51
Hellersdorf	-	-	-	-	-	-	43	48
Hohenschönhausen	-	-	-	-	-	26	46	46
Außenbezirke	19	17	16	18	20	23	25	26
West	1939	1950	1961	1970	1980	1985	1990	1995
Tiergarten	160	87	85	74	64	64	71	69
Wedding	211	158	143	117	96	96	106	107
Kreuzberg	321	204	185	153	134	133	149	150
Innenstadtbezirke	223	146	135	112	95	95	105	106
Charlottenburg	99	73	74	67	60	58	61	59
Spandau	20	19	20	23	23	22	19	20
Wilmersdorf	60	41	47	45	42	41	43	41
Zehlendorf	12	13	14	13	14	14	14	14
Schöneberg	226	154	158	138	124	119	127	124
Steglitz	67	48	58	59	58	57	59	59
Tempelhof	31	30	35	39	44	44	46	47
Neukölln	67	64	62	63	66	65	69	70
Reinickendorf	22	23	24	27	28	27	28	29
Außenbezirke	43	36	38	38	38	38	40	40
Berlin-West	57	45	46	44	43	42	45	45
Berlin-Ost	40	30	27	27	29	30	32	32
Berlin	-	38	37	36	36	37	39	39

Quellen: Statistisches Jahrbuch Berlin-Ost 1990; Volks-, Berufs-, Gebäude-, Wohnungs-
und Arbeitsstättenzählung in Berlin (West) am 25. Mai 1987. Teil 1 – Volks- und Berufszählung. Heft 2: Bevölkerung, Erwerbstätige und Haushalte in den Statistischen Gebieten.
Berliner Statistik, Sonderheft 406. Statistisches Landesamt Berlin (Hg.). Statistisches Jahrbuch 1995. Statistisches Landesamt Berlin (Hg.); eigene Berechnungen

Einwohnerzahl, um seit 1994 erneut zurückzugehen. Als in West-Berlin von 1984 an die Bevölkerungszahl wieder anstieg, war damit eine Zunahme der Bewohnerzahl der Innenstadtgebiete verbunden. Es schien so, dass sich die Innenstadtbezirke ‚gesund geschrumpft' hatten und wieder langsam zu wachsen begännen, dass also ein neuer Lebenszyklus der Innenstadt begonnen habe. In der Zeit starker Zuwanderung nach Berlin in den ersten Jahren nach der Wende war dies auch tatsächlich der Fall. Doch mit dem Bevölkerungsrückgang der Gesamtstadt seit 1994 verlieren gerade die Innenstadtgebiete wieder an Einwohnern, und sie sind teilweise wieder auf einem neuen Tiefstand angelangt. Die Außenbezirke wachsen hingegen weiter. Die Bewohnerzahlen der Innenstadtbezirke hängen eng mit dem Umfang der Zuwanderung in die Stadt ab. Ist diese hoch, lassen sich auch mehr Bewohner in der Innenstadt nieder, lässt sie nach, gewinnt der permanent anhaltende Prozess der Randwanderung die Oberhand (vgl. Tabelle 5.2).

Die Randwanderung ist Voraussetzung und Folge der anhaltenden Verkleinerung der durchschnittlichen Haushaltsgrößen in den Großstädten, die zu einem Wachstum der Wohnfläche pro Kopf führt. Der Rückgang der Bevölkerungsdichte geht einher mit einer Senkung der Belegungsdichte von Wohnraum und ist auch eine Folge der Verringerung der Zahl von kleinen Wohnungen im Zuge von Sanierung und Modernisierung. Die Einwohnerzahl kann sinken, ohne dass die Zahl der bewohnten Wohnungen abnimmt. Am Stadtrand und im Umland entstehen neue Wohn- und Siedlungsflächen sowie Erweiterungsflächen für Gewerbe, die in den räumlich beengten Innenstädten nicht mehr verfügbar sind. Dieser Prozess der Verlagerung von Wohn- und Gewerbenutzung von der Innenstadt an den Stadtrand und ins Umland wird, solange er innerhalb der administrativen Grenzen einer Stadt verläuft, als Randwanderung bezeichnet, als Suburbanisierung jedoch, wenn die Stadtgrenzen überschritten werden und die Ansiedlung im Umland erfolgt.

In der DDR hat es den Prozess der Suburbanisierung nicht gegeben, obwohl auch im Sozialismus die Bevölkerungsdichte in den Altbaugebieten stark gesenkt wurde. Bei der „sozialistischen Suburbanisierung" wurden die Wegziehenden innerhalb der Stadtgrenzen in Großwohnanlagen untergebracht. Diese waren technisch modern ausgestattet, boten aber im Durchschnitt weniger Wohnfläche pro Kopf als die Altbauwohnungen. Dies lag sowohl an der geringeren durchschnittlichen Größe der Neubauwohnungen als auch an der Belegung. Die Wohnungen wurden nach dem Grundsatz ‚eine Person pro Raum' vergeben, wobei auch die Küche als Raum zählte, so dass die Wohnfläche pro Kopf im Prozess der Randwanderung sogar abnahm.

Ganz anders in den westlichen Großstädten: Dort wurde in der Zeit nach dem Zweiten Weltkrieg die Suburbanisierung überwiegend von einer Eigentumsbildung der Haushalte mit überdurchschnittlichen Einkommen getragen, meist von Familien, so dass die Wohnungen im Umland sehr viel größer als die Mietwohnungen in der Innenstadt sind. In Eigentumswohnungen liegt generell die Wohnfläche pro Kopf erheblich über derjenigen, die in den Mietwohnungen zu verzeichnen ist – am höchsten ist sie in den suburbanen Eigenheimen.

In diesen Unterschieden zeigt sich, dass die Motive und die Träger der Randwanderung bzw. der Suburbanisierung ganz unterschiedlich waren. In der DDR sollte in den Neubausiedlungen eine neue ‚sozialistische Lebensweise' realisiert werden, die durch Gleichheit und Einbindung in gesellschaftliche Organisationen charakterisiert war. Der Staat baute dafür das Gehäuse und wies auch die bescheidene Wohnfläche zu. In den westlichen Großstädten war und ist der Wunsch nach mehr Wohnfläche und nach Eigentumsbildung ein treibendes Motiv für den Umzug an den Stadtrand. Die ‚westliche' Suburbanisierung ist daher sozial selektiv, während die ‚östliche' explizit der ‚Annäherung der Klassen und Schichten' dienen sollte.

Bis zum Jahre 1970 war in den alten Bundesländern die steuerlich geförderte Eigentumsbildung nur im Rahmen von Neubaumaßnahmen möglich, was zu einem regelrechten Exodus von gut verdienenden Haushalten aus den Innenstädten führte. Danach wurde die Möglichkeit zur Senkung der Einkommenssteuer auch auf den Erwerb von Altbauten ausgedehnt, sodass sich in der Folge auch die Wohnfläche pro Kopf in den Altbaugebieten zu erhöhen begann. Suburbanisierung ist so gesehen eine Folge von steigendem Reichtum und eine Voraussetzung für die Verbesserung der Wohnverhältnisse insgesamt, weil sich die Bevölkerung auf einer größeren Fläche ausbreitet. Problematisch ist dieser Prozess wegen des immensen Flächenverbrauchs (vgl. Hoffmann-Axthelm 1993, 69 ff.) und weil die Randwanderung sozial selektiv verläuft. Typischerweise sind in überdurchschnittlichem Maße jüngere Familien und höhere Einkommensgruppen unter den Suburbaniten vertreten.

5.5 Suburbaniten und Urbaniten

Die Motive der Wanderung an den Stadtrand sind vielfältig. Eigentumsbildung spielt hierbei eine große Rolle. Denn die Realisierung von großen Wohnflächen auf einem Grundstück mit umliegender Freifläche ist typischerweise im Umland möglich. Gerade für Familien mit Kindern stellt das freistehende Haus mit Garten einen Quantensprung im Wohnwert dar. Aber auch andere Faktoren spielen eine Rolle: Garten am Haus, Freiflächen, die nicht durch andere Nutzungen unattraktiv geworden sind (z.B. Hundedreck) sowie die Möglichkeit, einen sicheren Parkplatz für die eigenen Autos am Haus oder in der eigenen Garage zu haben.

Darüber hinaus hat auch die soziale Homogenität der Nachbarschaften in den Umlandgemeinden Einfluss auf die Wohnentscheidung. Da sich nur Personen mit gehobenem Einkommen einen Umzug in die Peripherie leisten können, besteht für die Zuziehenden die Gewissheit, diejenigen sozial schwächeren Gruppen, die die Innenstadtgebiete bevölkern, dort nicht anzutreffen. Die soziale Homogenität ist für viele Haushalte also ebenso ein so genannter Pull-Faktor wie die wachsende soziale und ethnische Heterogenität in den Innenstadtgebieten ein Push-Faktor ist.

Push-Faktoren, also die Gründe für die Abwanderung aus einem Wohngebiet, sind in den Großstädten vor allem Probleme des Wohnumfeldes – Lärm und Verkehrsbelastung. Anlass, über einen neuen Wohnstandort nachzudenken, ist in der Regel die Veränderung der Familienzusammensetzung (z.B. die Geburt eines Kindes). Wenn das Einkommen dann hoch genug ist, führt das häufig zum Wunsch nach einer größeren Wohnung, in einer Gegend mit mehr Grün und wohnungsbezogenen Freiraum. Aufgrund der Flächenreserven in Berlin wäre dies zwar auch innerhalb der Stadt möglich, doch hier sind die Bodenpreise wesentlich höher als im Umland. Die Wohnkostenbelastung insgesamt steigt zwar mit dem Umzug ins Umland in der Regel, aber sie sinkt pro Quadratmeter. Für dasselbe Geld lässt sich also dort eine größere Wohnung mit mehr wohnungsbezogenem Freiraum und weniger Umweltbelastung bekommen.

Zunehmend werden auch – und junge Familien mit Kindern sind da besonders sensibel – soziale Konflikte in der Schule und die Verwahrlosung von öffentlichen Räumen zu Ursachen der Abwanderung von Mittelschichtfamilien. Insgesamt nimmt die Zahl der Kinder aus problembeladenen Familien in den Schulklassen zu und auch der Anteil von Kindern steigt, die aus Zuwandererfamilien stammen und der deutschen Sprache kaum mächtig sind. Sich häufende soziale Probleme in der Nachbarschaft, insbesondere der Alkoholismus von meist allein stehenden (deutschen) Männern, besetzen den öffentlichen Raum und werden als Beeinträchtigung der Sicherheit wahrgenommen. Da genügt es häufig schon, wenn Jugendliche, die keinen Zugang zu einer beruflichen Ausbildung oder einer Erwerbstätigkeit gefunden haben, sich tagsüber im öffentlichen Raum aufhalten und diesen – zum Teil ostentativ – besetzen und dominieren. Dass es sich dabei oft um ausländische Jugendliche handelt, verschärft in der Wahrnehmung der deutschen Bewohner noch die Erfahrung von Bedrohung.

Pull- und Push-Faktoren führen zu einem beständigen Strom von Randwanderungen eines bestimmten Haushalts- und Einkommenstyps. Natürlich gibt es auch eine Wanderung in die Gegenrichtung, also vom Land bzw. Umland in die Stadt. Hierbei handelt es sich überwiegend um Ausbildungswanderung, d.h. sie wird getragen von Jugendlichen, die zur Berufsausbildung oder zum Studium in die Großstadt ziehen. Ob diese Zuwanderer langfristig als Bewohner gehalten werden können, oder ob sie nach Beendigung ihrer Ausbildungszeit wieder abwandern, ist für die Bevölkerungsentwicklung der Großstädte eine wichtige Frage.

Innerhalb der Stadt hat sich jedoch auch die Gruppe derjenigen Einwohner vergrößert, die bewusst in den Innenstadtgebieten wohnen will, obwohl sie über die finanziellen Mittel für den Umzug in eine größere Wohnung am Stadtrand verfügen würde. Diese Personen unterscheiden sich von den Randwanderern durch ihren Lebensstil, der stark berufsbezogen oder auf die urbanen kulturellen Einrichtungen orientiert ist. Kinder spielen im Leben dieser Urbaniten eine geringe Rolle, die sozialen Konflikte in den Schulen und auf den Straßen bereiten ihnen deswegen keine großen Sorgen. Ihr Einkommen ist hoch genug, um die vielfältigen Infrastruktureinrichtungen der innerstädtischen Wohnquartiere nutzen zu können. Hier befinden sich auch die Räume ihres sozialen Milieus, das sich von den anderen Innenstadtbewohnern deutlich abgrenzt. Die kurzen Wege zu den im Stadtgebiet gelegenen kulturellen Einrichtungen und kommerziellen Dienstleistungsbetrieben sind der entscheidende Grund dafür, warum diese Bevölkerungsgruppe sich nicht an der Umlandwanderung beteiligt.

Die Zahl der Urbaniten vergrößert sich mit dem Strukturwandel der Städte und mit dem sozialen Wandel der Lebensformen, parallel zur Zunahme von neuen Haushaltstypen wie Wohngemeinschaften, Alleinlebenden und Alleinerziehenden. Diese Gruppe kann mit ihren Wohnwünschen in den innerstädtischen Quartieren in Konflikt mit der anwesenden Bevölkerung geraten, wenn die Wohnungen speziell für höhere Einkommensgruppen aufbereitet und – auch zur Eigentumsbildung – verfügbar gemacht werden, also von einem Billig- in ein höheres Preissegment des Wohnungsmarktes verschoben werden. Dieser Prozess der Aufwertung eines Stadtteils, der mit einer Veränderung des sozialen Status der Bewohner verbunden ist, wird in den Sozialwissenschaften als Gentrification (von ‚gentry‘ = Adel) bezeichnet, ein Begriff der sich zunehmend zu einem Kampfbegriff gegen die ‚Yuppisierung‘ der Innenstadt entwickelt hat. In diesem Konflikt wird der ökonomische und soziale Wandel virulent, der sich in den großen Städten vollzieht – nachdem er bereits früher in anderen (westlichen) Städten beobachtet worden war (vgl. Friedrichs/Kecskes 1996), findet er nun auch in Berlin statt. Mit dem Boom der New Economy hat sich auch jene Mittelschicht vergrößert, die eine Affinität zu urbanen Milieus hat. Wo sich diese neue Schicht in Quartieren ausbreiten kann, in denen aufgrund des Wegzugs älterer Mittelschichten Wohnungen verfügbar sind, gibt es nur wenig Konflikte. Wo aber einkommensschwache und einkommensstarke Gruppen bei der Konkurrenz um Wohnraum aufeinander treffen, kann es zu einem Kampf um den Stadtteil kommen (vgl. Kapitel 8).

5.6 Umzugsgeschehen und Randwanderung

Bereits das enorme Stadtwachstum Berlins im 19. Jahrhundert hat zu Suburbanisierungsprozessen in großem Ausmaß geführt, wie bei der sozialräumlichen Entwicklung von Berlin in Kapitel 2 bereits dargestellt worden ist. Die Eingemeindung der angrenzenden Städte und Landkreise im Jahre 1920, die zur Bildung von Groß-Berlin führte, hat die Umlandbewohner jedoch wieder zu ,Stadtbewohnern' gemacht. Im Vergleich zu anderen Großstädten hat Berlin eine so große Fläche, dass gleichsam ein Großteil des suburbanen Gebietes innerhalb der Stadtgrenzen liegt. Allein die Innenstadt von Berlin ist flächenmäßig so groß wie die Stadt Paris, die Stadt Berlin so groß wie die Pariser Region (Ile de France). Es ist daher kaum verwunderlich, dass sich Innenstadt und Außenbezirke in Berlin strukturell deutlich voneinander unterscheiden, zeigen diese Gebiete doch große Ähnlichkeiten mit urbanen und suburbanen Gebieten. Um die genauere Beschreibung von Randwanderung und die Suburbanisierung in der Region Berlin geht es im Folgenden.

Die Bereiche ,Innenstadt' und ,Außenbezirke' unterscheiden wir anhand von Bebauungsdichte und Baualter. Die Innenstadtgebiete sind weitgehend deckungsgleich mit den Gebieten, deren Baustruktur durch die dichten Gründerzeitgebiete geprägt ist, ungeachtet der Tatsache, dass – insbesondere im Bezirk Stadtmitte – einige Teile in der Zeit nach dem Zweiten Weltkrieg grundlegend umgestaltet worden sind. Des Weiteren unterscheiden wir in der Entwicklung der Teilräume der Stadt nach Ost- und West-Berlin (vgl. Karte 5.1)[1].

---

[1] Die Daten, die wir im folgenden erläutern und teilweise in Karten darstellen, sind gegliedert in ,Statistische Gebiete'; insgesamt gibt es davon 195, die Hälfte davon gehört zum Ostteil. Vier Teilräume der Stadt haben wir auf der Ebene der Statistischen Gebiete abgegrenzt: Als Innenstadtbezirke des Ostteils bezeichnen wir die Bezirke Mitte, Prenzlauer Berg und Friedrichshain, die anderen Ost-Berliner Bezirke definieren wir als Außenbezirke. Im Westteil zählen wir die Bezirke Kreuzberg, Schöneberg, Tiergarten und Wedding zur Innenstadt sowie jene Teile von Neukölln, Wilmersdorf und Charlottenburg, die sich innerhalb des S-Bahn-Ringes befinden.
Die Wanderungsdaten für die Jahre 1994-97 liegen uns aufgrund einer Sonderauswertung des Statistischen Landesamtes Berlin vor. Die Umzugsdynamik in einem Gebiet lässt sich mit dem Wanderungsvolumen darstellen, das aus der Summe der An- und Abmeldungen in diesem Gebiet gebildet wird. Teilt man den Wert durch zwei und bezieht ihn auf die Ein-

Karte 5.1: Die Bezirke Berlins: Ost-West-Grenze und Innenstadtgebiete

Für die Jahre 1994-97 zeigt sich das höchste Wanderungsvolumen in den Innenstadtgebieten. In einigen Gebieten wurden jährlich über 360 An- und Abmeldungen pro 1000 Einwohner gezählt. Der Berliner Durchschnitt ist von 1994 bis 1997 von 255 auf 339 um ein Drittel gestiegen. 1997 zogen im Schnitt bereits 17% der Einwohner jährlich um, in den Ost-Berliner Innenstadtbezirken liegt der Schnitt mit 21% am höchsten. Rein rechnerisch wechseln demnach in Berlin innerhalb von 6 Jahren in allen Wohnungen einmal die Bewohner – jedoch nicht faktisch, weil es Wohnungen gibt, in denen die Mieter mehrfach wechseln, und andere, in denen die Bewohner nie an einen Umzug denken. Durch das Wanderungsvolumen wird also das Ausmaß des Umzugsgeschehens festgehalten. In Gebieten mit hohem Wanderungsvolu-

---

wohnerzahl, so entspricht dies ungefähr der Fluktuation der Bewohner, da jeder Umzug statistisch zwei Meldevorgänge beinhaltet. Der Wanderungssaldo errechnet sich aus Zuzügen abzüglich der Fortzüge und kann daher positive (Wanderungsgewinne) oder negative Werte (Wanderungsverluste) annehmen.

men kann sich ein Wandel der sozialen Zusammensetzung der Bewohner-schaft relativ rasch durchsetzen. Ein niedriges Wanderungsvolumen ist dage-gen ein Zeichen für hohe soziale Stabilität, denn offenbar gibt es wenig An-lässe für Umzüge im Quartier und für das Verlassen des Gebiets.

Insgesamt gab es in den Jahren 1991-1998 allein 4,7 Millionen Umzüge, davon 2,5 Mio. in den Jahren 1994-1997. Diese untergliedern sich in 672.000 Umzüge, die nicht die Bezirksgrenze überschritten, weitere 874.000 Umzüge über Bezirksgrenzen, aber noch innerhalb von Berlin, sowie 471.000 Zuzüge und 483.000 Fortzüge über die Stadtgrenze.

Allgemein ist die Fluktuation in Berlin in den 1990er-Jahren stark ange-stiegen, wie wir bereits in Tabelle 4.2 dargestellt haben. Dies lässt sich für die Jahre 1994-97 für alle Teilbereiche der Stadt zeigen. In den Altbauquartieren der Ost-Berliner Innenstadt ist das Wanderungsvolumen am stärksten gestie-gen und die Umzugsdynamik hat inzwischen das Niveau der West-Berliner Innenstadtbereiche übertroffen (siehe Tabelle 5.4). Im Vier-Jahres-Durch-schnitt liegen die Werte für die Ost-Berliner Innenstadt allerdings noch etwas niedriger, die höchste Fluktuation verzeichnen die Gebiete der West-Berliner Innenstadt (vgl. Karte 5.1). Auch in den anderen Teilräumen der Stadt hat die Häufigkeit von Wohnungswechseln zugenommen, ein deutliches Indiz dafür, daß die Neusortierung der Bevölkerung im Stadtgebiet im vollen Gange ist.

Tabelle 5.4a: Wanderungsvolumen in Teilgebieten von Berlin pro 1000 EW 1994 - 1997

	1994	1995	1996	1997	1994-1997 pro Jahr
Westliche Innenstadt	311,8	338,2	353,1	382,7	346,1
Östliche Innenstadt	280,3	316,1	362,5	420,0	344,4
Westliche Außenbe-zirke	226,4	247,5	256,2	280,6	252,6
Östliche Außenbezirke	226,8	265,5	295,5	344,3	282,6
Westteil	264,0	287,2	298,4	324,7	293,0
Ostteil	240,5	278,4	312,3	362,9	297,7
Innenstadt gesamt	303,7	332,5	355,5	392,1	345,7
Außenbezirke gesamt	226,5	255,5	273,6	308,8	265,9
Berlin gesamt	255,2	283,9	303,6	339,0	294,7

Quelle: Statistisches Landesamt: Sonderauswertung aus dem Einwohnermelderegister

Karte 5.2:
Wanderungsvolumen
1994 - 1997
Gesamtzahl der An- und
Abmeldungen pro 1000
Einwohner und Jahr in den
Statistischen Gebieten
von Berlin

unter 240

240 bis unter 300

300 bis unter 360

360 und mehr

Unter 2000
Einwohner

Durchschnitt: 294,7

Quelle: Statistisches Landesamt
Bearbeitung: Andreas Kapphan

Das Wanderungsvolumen zeigt die Häufigkeit von Umzügen und verdeutlicht damit den Anteil hochmobiler Bevölkerungsgruppen in den Gebieten. Es ist daher kaum verwunderlich, dass jene Gebiete mit einer hohen Fluktuation auch einen hohen Anteil von Bewohnern aufweisen, die erst eine kurze Zeit dort leben. Je geringer die Fluktuation desto höher ist auch der Anteil der Bevölkerung, die schon lange im Quartier wohnt. Wohndauer und Fluktuation hängen also eng miteinander zusammen. In Tabelle 5.4b wird dieser Zusammenhang für die vier Teilgebiete der Stadt dargestellt.

Tabelle 5.4b: Wanderungsvolumen und Wohndauer in Berlin

	Wanderungsvolumen 1994-1997 pro 1000 Einwohner und Jahr	Anteil der Bewohner, die weniger als 5 Jahre im Bezirk leben 1997
Westliche Innenstadt	346,1	35,1
Östliche Innenstadt	344,4	34,1
Westliche Außenbezirke	252,6	27,4
Östliche Außenbezirke	282,6	28,5

Quelle: Statistisches Landesamt Berlin: Sonderauswertung aus dem Einwohnermelderegister

Das Wanderungsvolumen zeigt die Zahl der Umzüge, aber nicht deren Richtung. Differenziert man die Umzüge nach Fort- und Zuzügen, lassen sich jene Gebiete darstellen, die durch die Wanderungen an Einwohnern verlieren bzw. gewinnen. In den Wanderungssaldo sind sowohl die Umzüge innerhalb Berlins mit einbezogen als auch die Wanderungsverflechtungen mit dem Umland, dem restlichen Bundesgebiet und dem Ausland. Dabei wird deutlich, dass die Innenstadtgebiete durch die Umzüge an Einwohnern verlieren. Schwerpunkte des Bevölkerungsverlustes sind Prenzlauer Berg, das östliche Kreuzberg (SO 36), Tiergarten-Süd und Schöneberg-Nord (vgl. Karte 5.3). Die Wanderungsverluste der Innenstadt nahmen jedes Jahr zu. In den innerstädtischen Bezirken Ost-Berlins erreichten sie 1997 ein Minus von 2,6% der Bevölkerung, gefolgt von der West-Berliner Innenstadt (- 2,1% der Einwohner, vgl. Tabelle 5.5). Der Prozess der Entdichtung der Innenstadt setzt sich also mit hoher Dynamik fort.

Im Allgemeinen verzeichnen die Außenbezirke Wanderungsgewinne – und zwar logischerweise insbesondere dort, wo in den letzten Jahren verstärkt Wohnraum geschaffen wurde, also in Pankow, Weißensee, Hellersdorf und Alt-Glienicke. Auffällig sind die Wanderungsverluste der Großsiedlungen in

Tabelle 5.5: Wanderungssaldo in Teilgebieten von Berlin (pro 1000 EW) 1994 - 1997

	1994	1995	1996	1997	1994-1997 pro Jahr
Westliche Innenstadt	-5,4	-6,1	-10,5	-21,0	-10,7
Östliche Innenstadt	-4,9	-8,6	-15,8	-25,9	-13,7
Westliche Außenbezirke	6,3	9,7	6,1	0,8	5,8
Östliche Außenbezirke	8,2	5,4	3,1	-1,9	5,9
Westteil	1,2	2,8	-1,1	-8,6	-1,3
Ostteil	4,8	1,9	-1,6	-7,8	1,1
Innenstadt gesamt	-5,3	-6,7	-11,9	-22,3	-11,5
Außenbezirke gesamt	7,1	7,8	4,8	-0,4	5,9
Berlin gesamt	2,5	2,5	-1,3	-8,3	-0,4

Quelle: Statistisches Landesamt Berlin: Sonderauswertung aus dem
Einwohnermelderegister

Ost-Berlin, die in den betrachteten vier Jahren eine erhebliche Abwanderung zu verzeichnen hatten.

Der Gesamttrend der Wanderungen ist sehr deutlich: Bei den Umzügen innerhalb von Berlin dominiert die Abwanderung aus den Innenstadtgebieten und aus den Großsiedlungen in die Außenbezirke. Verfolgt man die Umzüge innerhalb Berlins, so zeigt sich, dass die Wanderungen ganz überwiegend in die jeweils benachbarten Bezirke und von der Innenstadt in den nächstgelegenen Bezirk weiter außerhalb gerichtet sind. Für den Zeitraum 1991-98 geht ein Drittel der Abwanderungen von Marzahn – sofern die Zielorte innerhalb von Berlin liegen – nach Lichtenberg und Hellersdorf. Von Prenzlauer Berg ziehen die meisten Personen nach Pankow, Weißensee und Friedrichshain, von Kreuzberg geht sogar jeder vierte Umzug nach Neukölln, gefolgt von Tempelhof und Schöneberg.

5.7 Analyse der Suburbanisierung in der Region Berlin

Der Trend zur Entdichtung der Innenstadt und zur Randwanderung wird durch die Wanderungen in den engeren Verflechtungsraum, d.h. in die an

Karte 5.3:
Wanderungssaldo
1994 - 1997

Zuzüge abzüglich Fortzüge pro
1000 Einwohner und Jahr in den
Statistischen Gebieten von Berlin

■ 50 und mehr

▨ 0 bis unter 50

⬚ -20 bis unter 0

⬚ -20 und weniger

☐ Unter 2000
   Einwohner

Durchschnitt: -0,4

Quelle: Statistisches Landesamt
Bearbeitung: Andreas Kapphan

Berlin angrenzenden Umlandgemeinden, verstärkt. Diese Suburbanisierung ist ein wesentlicher Grund für die Wanderungsverluste der Stadt. Sie hat mit kurzer Verzögerung nach dem Mauerfall begonnen und sich seither jährlich gesteigert. Zwischen 1991 und 1998 sind 169.000 Personen ins Umland gezogen, 64.000 umgekehrt vom Umland in die Stadt. Der Wanderungsverlust beläuft sich also auf 105.000 Personen, allein 100.000 entfallen auf die Zeit zwischen 1994 und 1998. Zwischen 1994 und 1997 hat sich der negative Saldo verdreifacht. Die stärkste Umlandwanderung geht vom Ostteil der Stadt aus, und dort vor allem aus den Großsiedlungen – mit Wanderungsverlusten von fast einem Prozent der Bevölkerung pro Jahr (vgl. Karte 5.4 und Tabelle 5.6). In den Großsiedlungen befindet sich das Umland direkt ‚vor der Haustür'.

Im Westteil sind es die Stadtrandlagen, von denen aus die meisten Umzüge ins Umland durchgeführt werden. Im Jahre 1997 traten erstmals auch in einigen Innenstadtquartieren West-Berlins sehr hohe Wanderungsverluste ins Umland auf.

Tabelle 5.6: Wanderungssaldo in Teilgebieten von Berlin mit dem Umland (pro 1000 EW) 1994 - 1997

	1994	1995	1996	1997	1994-1997 pro Jahr
Westliche Innenstadt	-1,5	-2,3	-3,2	-4,5	-2,9
Östliche Innenstadt	-4,1	-6,3	-7,7	-10,6	-7,2
Westliche Außenbezirke	-2,4	-4,0	-4,9	-7,4	-4,7
Östliche Außenbezirke	-3,6	-6,5	-7,8	-12,7	-7,5
Westteil	-2,0	-3,3	-4,1	-6,1	-3,9
Ostteil	-3,7	-6,5	-7,8	-12,2	-7,4
Innenstadt gesamt	-2,2	-3,3	-4,3	-6,1	-4,0
Außenbezirke gesamt	-2,9	-5,1	-6,2	-9,7	-5,9
Berlin gesamt	-2,7	-4,4	-5,5	-8,4	-5,2

Quelle: Statistisches Landesamt Berlin: Sonderauswertung aus dem Einwohnermelderegister

Die hohe Abwanderung in die Außenbezirke und ins Umland wurde möglich durch das Angebot an neuen Wohnungen, die dort in den vergangenen Jahren gebaut wurden. Wohnungen, die zwischen 1992 und 1998 fertig gestellt

Karte 5.4:
Wanderungssaldo mit dem
Umland 1994 - 1997
Zuzüge abzüglich Fortzüge pro
1000 Einwohner und Jahr in den
Statistischen Gebieten von Berlin

0 und größer

unter 0 bis –3

unter –3 bis –6

unter –6

Unter 2000
Einwohner

Durchschnitt: –5,2

Quelle: Statistisches Landesamt
Bearbeitung: Andreas Kapphan

wurden, befinden sich überwiegend in den Bezirken Pankow, Weißensee und Hellersdorf sowie in Spandau, Steglitz und anderen westlichen Außenbezirken. In der Innenstadt fand in den Jahren 1993-98 kein nennenswerter Neubau von Wohnungen statt (vgl. Tabelle 4.4).

Im Vergleich zu den Regionen München und Hamburg hat die Suburbanisierung in der Region Berlin – trotz jährlichen Wachstums – noch keinen großen Umfang erreicht. Die Kaufkraft der Berliner Haushalte ist vergleichsweise niedrig und das Angebot an geeigneten Wohnungen im Umland war bisher ebenfalls nicht übermäßig groß. Dennoch ist inzwischen die Nachfrage offenbar geringer als das Angebot, denn es gibt Leerstände auch im Umland. Der Bau neuer Wohnungen wird aber in Zukunft nicht nur deshalb in geringerem Ausmaß stattfinden wie in den Jahren bis 1998, sondern auch weil die steuerlichen Abschreibungsmöglichkeiten erheblich reduziert wurden. Die Suburbanisierung wird aber dennoch – nach allen Erfahrungen mit der Stadtentwicklung der letzten Jahrzehnte – weitergehen, insbesondere dann, wenn sich der Zuzug in die Berlin-Brandenburger Region verstärken und die Kaufkraft zunehmen sollte. Die Ursachen und Folgen dieses Prozesses sollen daher im Folgenden diskutiert werden.

Insgesamt verliert Berlin jährlich Familien mit Kindern. Diese Verluste sind im Jahr 1997 gegenüber 1996 um 50% gestiegen. Statistisch lassen sich Familien bei den Wanderungsdaten nicht erkennen, daher benutzen wir die Umzüge der Kinder unter 6 Jahren als Indikator für Familienumzüge. Bei den Wanderungssalden von Kindern – und hier betrachten wir ausschließlich die deutschen Kinder, da die Wanderungsbewegungen der ausländischen Kinder zu einem hohen Anteil aus Umzügen zwischen Erstaufnahmeeinrichtungen und Flüchtlingsheimen bestehen – zeigt sich ein deutliches Gefälle von innen nach außen. Der Wanderungsverlust von Kindern war in den Jahren 1994 bis 1997 besonders in den Innenstadtgebieten hoch, wogegen die Außenbezirke (mit Ausnahme der Großsiedlungen in Ost-Berlin) Wanderungsgewinne verzeichnen konnten. Im Jahre 1997 weisen allerdings die Außenbezirke West-Berlins keinen Wanderungsgewinn von Kindern mehr auf – wahrscheinlich weil die Fortzüge ins Umland zugenommen haben (vgl. Tabelle 5.7).

Betrachtet man die Wanderungssalden in den Statistischen Gebieten von Berlin, so zeigt sich, dass die Wanderungsverflechtung mit anderen Teilräumen innerhalb der Stadt noch sehr viel intensiver ist als mit den Umlandgemeinden. Man kann also von einer ,inneren Suburbanisierung' sprechen, da die bereits geschilderte Wanderung aus den dicht bevölkerten Innenstadtgebieten in die dünner besiedelten Randbezirke quantitativ überwiegt und kontinuierlich anhält. Die wachsenden Wanderungsverluste von Berlin zeigen jedoch, dass die Suburbanisierung von Familien an Gewicht zunimmt.

Tabelle 5.7: Saldo deutscher Kinder unter 6 Jahren in % der deutschen Kinder in Teilgebieten von Berlin 1994 - 1997

	1994	1995	1996	1997	1994-1997 pro Jahr
Westliche Innenstadt	-6,2	-7,3	-7,8	-7,8	-7,3
Östliche Innenstadt	-5,0	-6,1	-7,5	-9,7	-7,1
Westliche Außenbezirke	0,8	1,6	1,0	0,3	0,9
Östliche Außenbezirke	1,0	1,1	2,2	1,8	1,5
Westteil	-2,2	-2,1	-2,6	-3,0	-2,5
Ostteil	-0,5	-0,7	-0,2	-1,0	-0,6
Innenstadt gesamt	-5,9	-7,0	-7,7	-8,3	-7,2
Außenbezirke gesamt	0,9	1,4	1,5	0,8	1,1
Berlin gesamt	-1,5	-1,6	-1,8	-2,3	-1,8

Quelle: Statistisches Landesamt Berlin: Sonderauswertung aus dem Einwohnermelderegister

Der Zuzug in den engeren Verflechtungsraum kommt in überproportionalem Maße aus den Ost-Berliner Quartieren. Die Ursachen für die stärkere Umlandwanderung aus den östlichen Bezirken liegen wohl darin, dass sich die Wohnungsversorgung in West-Berlin (hinsichtlich Quadratmeterzahl pro Person und technischer Ausstattung der Wohnungen) im Durchschnitt auf einem sehr viel höheren Niveau befindet und dass die Umlandwanderung für die West-Berliner kulturell in den ‚Osten' führt, was bislang noch von einem großen Teil der West-Berliner Bevölkerung als problematisch abgelehnt wird – insbesondere von Familien mit Kindern, die der ostdeutschen Pädagogik mit Skepsis begegnen. Solche Vorbehalte finden sich bei der Ost-Berliner Bevölkerung naturgemäß in weit geringerem Maße.

Die Rand- und Umlandwanderung zeigt ein Muster, das sich folgendermaßen charakterisieren lässt: Ost zieht nach Ost, West zieht nach West, d.h. die Haushalte bewegen sich von der Stadtmitte an den Rand und darüber hinaus ins Umland – in einer zentrifugalen Bewegung, die innerhalb von Korridoren verläuft, die von der Stadtmitte an den Rand weisen. In Berlin sind darüber hinaus spezifische Faktoren wirksam, die einige Besonderheiten erklären:

a) Eine Verbesserung des Wohnstandards und des Wohnumfeldes erschien vielen Haushalten Ost-Berlins durch einen Umzug ins Umland rasch möglich. Dieser Umzug war nicht zwangsläufig mit einer Eigentumsbildung verbunden – wie in den meisten westdeutschen Stadtregionen üblich –, sondern vollzog sich zu einem vergleichsweise hohen Anteil in Mietwohnungen. Diese entstanden im großen Umfang dadurch, dass durch die Steuervorteile des Fördergebietsgesetzes viele Kapitalanleger aus Westdeutschland einen Neubauboom auslösten.

b) Durch den Prozess der Rückübertragung von Wohnungen in das Privateigentum wurde einerseits (solange die Eigentumsfrage ungeklärt blieb) der Instandsetzungs- und Modernisierungsprozess verzögert. Haushalte, die eine rasche Verbesserung ihrer Wohnverhältnisse anstrebten, sahen so in einem Umzug ins Umland eine praktikable Lösung. Andererseits wurden Immobilien, die nach der Rückübertragung an gewerbliche Investoren verkauft worden waren, entmietet, um sie grundlegend zu modernisieren und anschließend teurer zu vermieten oder als Eigentumswohnungen zu verkaufen. Die erzwungene Mobilität der alten Mieter führte auch hier zum Teil in die Neubauwohnungen ins Umland.

c) Bis über die Mitte der 90er-Jahre hinaus stiegen die Preise für Mietwohnungen in der Stadt noch relativ stark an, während im Umland wegen des Überangebots bereits deutliche Preisnachlässe gewährt wurden. Die Umzugsentscheidungen ins Umland wurden also durch eine günstige Preis-Leistungs-Relation beeinflusst.

d) Insgesamt gibt es in Berlin einen Nachholbedarf an Umzügen ins Umland, wenn man die Erfahrungen aus westdeutschen Großstädten zugrundelegt. Die Nachfrage nach größeren und besser ausgestatteten Wohnungen kann zu einer höheren Nachfrage nach Neubauwohnungen und dann zur Umlandwanderung führen. Insbesondere die vergleichsweise kleinen Standardwohnungen in den Großsiedlungen des staatlichen Wohnungsbaues in den Ost-Berliner Randbezirken sind deswegen stark von Abwanderungen ins Umland betroffen. Deutlich ist aber auch, dass nicht die wirklich Reichen die Stadt verlassen. Sie finden in den Wohngegenden Grunewald, Frohnau und Zehlendorf auch suburbane Qualitäten – aber innerhalb der Stadt und daher zu erheblich höheren Preisen.

Da den Ost-Berliner Haushalten bisher das Eigenkapital für eine Eigentumsbildung fehlte, vollzog sich die Suburbanisierung in der Region Berlin zu größeren Anteilen in Mietwohnungen als dies aus (vergleichbaren Prozessen in) Westdeutschland bekannt ist. Diese Suburbanisierungsprozesse tragen zu wachsender sozialer Segregation in städtischen Wohnquartieren bei. Durch den Wegzug der Erwerbstätigen mit mittleren und höheren Einkommen entsteht in der Großstadt eine wirtschaftliche Schieflage hinsichtlich der Einnahmen und Ausgaben. Denn durch ihren Wegzug sinken die Einnahmen aus der Einkommenssteuer, gleichzeitig steigen die Kosten für notwendige Sozialausgaben bei steigenden Anteilen von Arbeitslosen und Transferbeziehern. Da viele der Randwanderer die Infrastruktureinrichtungen in der Großstadt weiterhin mit benutzen, werden aus dem schmaler werdenden städtischen Haushalt die Kollektivgüter finanziert, die auch den außerhalb der Stadt Wohnenden zugute kommen. Zwischen den Kommunen, die – wie (noch) im Fall von Berlin und Brandenburg – durch eine Landesgrenze getrennt sind, gibt es keinen Finanzausgleich.

Da viele Randwanderer ihre Arbeitsplätze in der Stadt beibehalten, führt der daraus resultierende Pendelverkehr zu einer weiteren Verschlechterung der Lebensqualität in den städtischen Quartieren, durch die der tägliche Verkehr braust. Dadurch werden weitere Randwanderungen derjenigen, die unter diesen Belastungen leiden und über die Mittel verfügen, ihnen auszuweichen, angestoßen.

An der Randwanderung sind zu einem überproportional geringen Teil ausländische Haushalte beteiligt. Deren Anteil steigt an der städtischen Bevölkerung allein dadurch, dass vor allem die einheimische Bevölkerung ins Umland abwandert. Auch bei den Arbeitsplätzen gibt es eine Suburbanisierung, wie die Entwicklung der Zahlen der sozialversicherungspflichtig Beschäftigten zeigen: Sie nehmen im Umland stärker zu als in der Kernstadt.

Hat die Suburbanisierung erst einmal einen bestimmten Umfang erreicht, wächst die Eigenständigkeit des Umlandes als urbane Region, d.h. die Aktivitäten und Funktionen des Umlandes sind nicht mehr länger allein auf die Kernstadt bezogen. Vielmehr entwickeln sich funktional eigenständige Gebiete, die untereinander durch tangentiale Pendelverflechtungen verbunden sind. Dann stimmt auch der Vergleich mit dem Schalenbrunnen nicht mehr, mit dem die Suburbanisierung gemeinhin verbildlicht wird: Von der Mitte (der Kernstadt) dehnt sich der Wasserstrom aus und fällt kaskadenartig in die größeren Auffangbecken. Das Umland lebt dieser These zufolge also vom Überschuss der Stadt und ist ganz auf diese bezogen. Zunehmend entwickeln die suburbanen Regionen jedoch eigene kulturelle und ökonomische Potentiale und sind immer weniger von den Angeboten der Kernstadt abhängig. Der Begriff Suburbanisierung suggeriert eine Zweitklassigkeit bzw. eine Unvollständigkeit der Entwicklung am Stadtrand, da er die Entwicklung als abgeleitete klassifiziert (‚Sub‘). Mit steigender Verdichtung der suburbanen Gebiete sind aber zunehmend alle städtischen Funktionen im Umland präsent (vgl. Sieverts 1993).

5.8 Die Wanderungsbewegungen von Erwerbstätigen

Randwanderung und Suburbanisierung werden – wie bereits mehrfach betont – vor allem von einkommensstärkeren Haushalten getragen. In den Daten, mit denen wir die Wanderungsbewegungen beschreiben können, sind keine Angaben zu Einkommen, Sozialhilfebezug und Arbeitslosigkeit enthalten. Mit der An- bzw. Abmeldung beim Einwohnermeldeamt wird lediglich erfasst, ob die umziehende Person zum betreffenden Zeitpunkt erwerbstätig ist. Diese Angabe ist der einzige Indikator für die Veränderung der sozialen Situation in den Quartieren durch Umzüge, der aktuell, flächendeckend und kleinräumig zur Verfügung steht. Durch den Wanderungssaldo der Erwerbstätigen kann ermittelt werden, ob ein Gebiet durch Umzüge Erwerbstätige verliert. Dies kann als indirekter Indikator für die Entwicklung der Einkommenssituation der Bewohner eines Gebietes gelten.

In Berlin waren im Jahre 1998 43,2% der Einwohner bzw. 61% der Erwerbsbevölkerung zwischen 15 und 65 Jahren erwerbstätig. Marzahn hat mit 71% die höchste Erwerbstätigenquote, Kreuzberg mit 50% die niedrigste. Die Differenzen in der Erwerbstätigenquote erklären sich hauptsächlich aus der unterschiedlichen Erwerbsbeteiligung der Frauen und der Arbeitslosigkeit.

Zwischen 1994 und 1997 hat vor allem in den Innenstadtbezirken die Zahl der Erwerbstätigen abgenommen. Zum Teil liegt dies an der zunehmenden Arbeitslosigkeit unter der dort ansässigen Bevölkerung, zum anderen Teil geht dieser Rückgang jedoch auf die Abwanderung von Erwerbstätigen zurück. Die Innenstadtgebiete und die Großsiedlungen im Ostteil verlieren so durch Wanderungen jährlich teilweise über einen Prozentpunkt an Erwerbstätigen (vgl. Tabelle 5.8).

Die Tabelle spiegelt die Randwanderung von Erwerbstätigen innerhalb Berlins wider, wobei die Stadt 1996 und 1997 insgesamt durch Abwanderung an Beschäftigten verliert. Auch profitieren nicht alle Gebiete in den Außenbezirken von dieser Tendenz. Die östlichen Außenbezirke verlieren 1997 an Erwerbstätigen, was sich auf eine abweichende und sogar gegen den Trend verlaufende Entwicklung der Großsiedlungen zurückführen lässt. Marzahn, Hellersdorf, Hohenschönhausen und Buch, auch das Gebiet Buckow 2, wo die Gropiusstadt liegt, sowie das südliche Tempelhof verlieren durch Wanderungen deutlich an Erwerbstätigen, während alle anderen Gebiete in den Außenbezirken Gewinne verzeichnen. In den Innenstadtbezirken weisen vor allem weite Teile des Wedding, das östliche Kreuzberg, die Altbaubereiche von Friedrichshain, die Oranienburger Vorstadt sowie die nördliche Schönhauser-Allee Verluste an Erwerbstätigen auf. Von dieser Entwicklung profitieren vor allem die Randgebiete, in denen nach 1990 Neubaugebiete ausgewiesen

Tabelle 5.8: Wanderungssaldo der Erwerbstätigen in Teilgebieten von Berlin (pro 1000 EW) 1994 - 1997

	1994	1995	1996	1997	1994-1997 pro Jahr
Westliche Innenstadt	-2,7	-5,2	-6,5	-9,0	-5,9
Östliche Innenstadt	-3,0	-6,3	-10,3	-12,0	-7,8
Westliche Außenbezirke	2,7	4,6	3,2	0,6	2,8
Östliche Außenbezirke	4,1	2,8	0,7	-2,5	2,4
Westteil	0,3	0,3	-1,0	-3,5	-0,9
Ostteil	2,3	0,5	-2,1	-4,8	-0,1
Innenstadt gesamt	-2,8	-5,5	-7,5	-9,8	-6,4
Außenbezirke gesamt	3,3	3,8	2,1	-0,8	2,6
Berlin gesamt	1,1	0,4	-1,4	-4,0	-0,6

Quelle: Statistisches Landesamt Berlin: Sonderauswertung aus dem Einwohnermelderegister

wurden bzw. eine Nachverdichtung stattfand. Aber auch die statushöheren Gebiete z.b. im Südwesten Berlins, gewinnen durch die Wanderungsvorgänge an Erwerbstätigen und damit auch an Kaufkraft.

Die Umzüge von Erwerbstätigen sind zwar der einzige zur Verfügung stehende direkte Indikator zur sozialen Differenzierung von Mobilitätsvorgängen. Der oben aufgeführte Saldo der Erwerbstätigen ist jedoch für eine Bewertung nicht ausreichend, da bei einem negativen Saldo insgesamt auch der Saldo der Erwerbstätigen negativ ist. Um diesen Effekt zu bereinigen, kann eine Quote errechnet werden aus dem Anteil der Erwerbstätigen unter der zuziehenden und fortziehenden Erwerbsbevölkerung (in Relation zum Anteil der Erwerbstätigen unter der fortziehenden Erwerbsbevölkerung). Damit wird auch der Einfluss mitziehender Kinder neutralisiert.

Bei Werten unter 100 ist der Anteil der Erwerbstätigen unter der zuziehenden Erwerbsbevölkerung niedriger als unter den Fortziehenden, bei Werten über 100 befinden sich unter der zuziehenden Erwerbsbevölkerung (prozentual) mehr Erwerbstätige als unter den Fortziehenden. In den Gebieten sinkt also nicht nur die Zahl, sondern auch der Anteil der Beschäftigten an der Erwerbsbevölkerung. Die Erwerbstätigenquote bei Wanderungen verdeutlicht Abbildung 5.1 am Beispiel des Gebietes Neukölln-Reuterplatz.

Abbildung 5.1: Berechnung der Erwerbstätigenquote bei Wanderungsprozessen; - Erwerbstätige an der Erwerbsbevölkerung (15-65 Jahre) - am Beispiel des Statistischen Gebietes 75: Neukölln-Reuterplatz 1994-1997

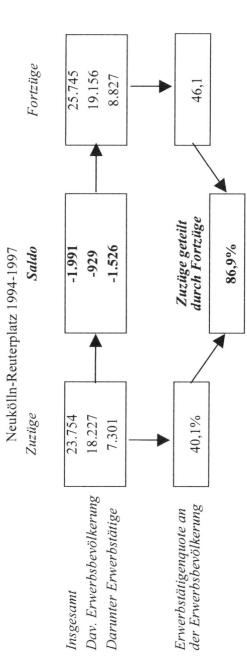

Neukölln-Reuterplatz 1994-1997

	Zuzüge	Saldo	Fortzüge
Insgesamt	23.754	-1.991	25.745
Dav. Erwerbsbevölkerung	18.227	-929	19.156
Darunter Erwerbstätige	7.301	-1.526	8.827
Erwerbstätigenquote an der Erwerbsbevölkerung	40,1%	Zuzüge geteilt durch Fortzüge 86,9%	46,1

Bei einer Erwerbstätigenquote von 100% entspricht der Anteil der Erwerbstätigen unter den Zuziehenden dem der Fortziehenden. Bei Werten unter 100 ist der Anteil der Erwerbstätigen unter den Fortziehenden höher, bei Werten über 100 unter den Zuziehenden. Im Beispiel Neukölln-Reuterplatz ist (bei einer Quote von 86,9%) der Erwerbstätigenanteil unter der zuziehenden Erwerbsbevölkerung 13,1 % geringer als unter der fortziehenden Erwerbsbevölkerung.

Quelle: Statistisches Landesamt Berlin; Berechnungen: A. Kapphan

Gegenüber dem Saldo der Erwerbstätigen, welcher den *absoluten* Gewinn oder Verlust an Erwerbstätigen durch Umzüge misst, bildet die Erwerbstätigenquote das *prozentuale* Verhältnis von Erwerbstätigen bei den Umzügen ab. Daher können in Einzelfällen Gebiete zwar einen negativen Saldo der Erwerbstätigen aufweisen, die Erwerbstätigenquote jedoch über 100 liegen, was bedeutet, dass unter den (wenigen) Zuziehenden ein hoher Anteil von Erwerbstätigen festzustellen ist, wogegen die (vielen) Fortziehenden nur einen vergleichsweise geringen Anteil an Erwerbstätigen aufweisen.

Dieser Quotient zwischen dem Anteil der Erwerbstätigen unter den Zu- bzw. Fortziehenden ist für die Jahre 1994-97 in Karte 5.5 und Tabelle 5.9 dargestellt. Die Karte zeigt, dass die Innenstadtgebiete nicht nur flächendeckend eine Abwanderung von Erwerbstätigen aufweisen, sondern dass unter den Zuziehenden tatsächlich auch zu einem geringeren Anteil Erwerbstätige sind. Die stärksten (prozentualen) Verluste weisen die Gebiete Tiergarten-Süd, das nordwestliche Kreuzberg (Mehringplatz und Moritzplatz), die Oranienburger Vorstadt in Mitte sowie die Gebiete Wedding-Gesundbrunnen und Neukölln-Köllnische Heide auf. Mit Ausnahme der Oranienburger Vorstadt handelt es sich um Gebiete mit einem hohen Anteil von Wohnungen des sozialen Wohnungsbaus. Diese Entwicklung entspricht dem Befund, dass von den damals geltenden Bedingungen (Einkommensgrenze für Bezugsberechtigung und Fehlbelegungsabgabe für höhere Einkommensbezieher) eine Selektivität der Wanderungsprozesse zugunsten der Nicht-Erwerbstätigen erzwungen wurde (vgl. Kapitel 6).

In den Altbaubereichen der Innenstadt liegen die Werte fast überall unter 100, wobei die wanderungsbedingten Veränderungen der Erwerbstätigenquote in den Innenstadtbereichen Ost-Berlins besonders negativ sind. Allerdings muss dies nicht unbedingt eine Erosion der sozialen Stabilität bedeuten, da in die ‚Szenequartiere' auch viele Studenten zuziehen, die sich bei einem Zuzug als nicht erwerbstätig anmelden. Die Außenbezirke verbuchen unter den Zuziehenden insgesamt proportional mehr Erwerbstätige als unter den Fortziehenden. Das Bild ändert sich also gegenüber den Ergebnissen der Analyse von allgemeinen Wanderungssalden nicht.

Deutlich ist, dass insbesondere Gebiete im Zentrum der Stadt von der Selektivität der Wanderungsprozesse betroffen sind sowie einige Gebiete am Stadtrand, in denen Großsiedlungen liegen. Diese Entwicklung ist für einige Siedlungen bereits durch detailliertere Studien belegt worden (vgl. Kapitel 6). Hier wird deutlich, dass die Bewohner, die in den vergangenen Jahren zugezogen sind, zu einem höheren Anteil arbeitslos waren, Sozialhilfe bezogen und auch ein niedrigeres Durchschnittseinkommen aufweisen (vgl. Geyer 1999; IfS 1997; Weeber+Partner 1996).

Tabelle 5.9: Erwerbstätigenquote bei Umzügen der Erwerbsbevölkerung in Teilgebieten von Berlin: Zuzüge / Fortzüge 1994 - 1997

	1994	1995	1996	1997	1994-1997 pro Jahr
Westliche Innenstadt	94,3	90,4	91,9	94,3	92,7
Östliche Innenstadt	91,5	89,4	90,8	93,4	91,3
Westliche Außenbezirke	101,7	102,6	100,5	100,8	101,4
Östliche Außenbezirke	101,9	101,6	101,3	102,1	101,7
Westteil	98,4	97,3	96,7	98,0	97,6
Ostteil	99,2	98,5	98,7	100,0	99,1
Innenstadt gesamt	93,6	90,1	91,6	94,1	92,4
Außenbezirke gesamt	101,8	102,2	100,9	101,4	101,5
Berlin gesamt	98,7	97,7	97,5	98,8	98,2

Quelle: Statistisches Landesamt Berlin: Sonderauswertung aus dem Einwohnermelderegister

Die Umzüge von Erwerbstätigen unterstreichen den Trend der selektiven Migration in den Stadtgebieten. Da die Anteile von Erwerbstätigen unter den Fortziehenden in vielen Gebieten deutlich höher liegen als unter den Zuziehenden, nehmen die Erwerbsquoten unter der verbleibenden Bevölkerung ab. In den Innenstadtgebieten sind die Erwerbsquoten niedriger als in den Außenbezirken und sinken in den 1990er-Jahren. Diese Entwicklung wird für die Jahre 1994 bis 1998 in Tabelle 5.10 gezeigt, die den Zusammenhang von Wanderungsverlusten von Erwerbstätigen und sinkenden Erwerbsquoten der Bevölkerung darstellt[2].

---

[2] Die Angaben über die Erwerbstätigen im Bezirk basieren auf dem Mikrozensus, der jährlich im Frühjahr in einer 1%-igen Stichprobe der Haushalte gezogen wird, und in dem auch nach der Erwerbstätigkeit und dem Einkommen gefragt wird. Die Datenquelle unterscheidet sich also aufgrund der Stichprobe von der Einwohnermeldestatistik, in der alle gemeldeten Umzüge mitsamt der Angabe über die Erwerbstätigkeit erfaßt werden. Zudem liegen die Termine für die Erhebung des Mikrozensus jeweils kurz nach dem Beginn und dem Ende des untersuchten Vier-Jahres-Zeitraum.

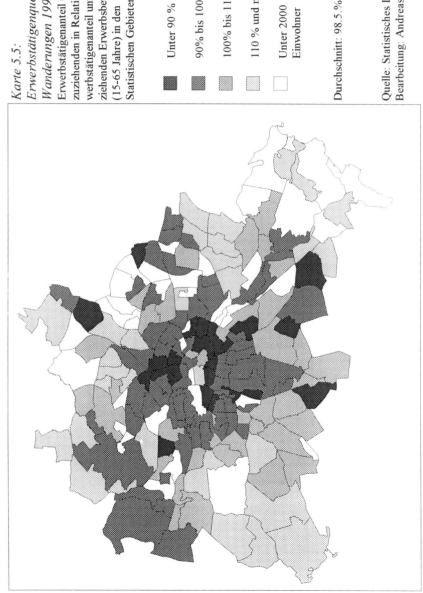

Karte 5.5:
Erwerbstätigenquote bei
Wanderungen 1994 - 1997

Erwerbstätigenanteil unter der
zuziehenden in Relation zum Erwerbstätigenanteil unter der fortziehenden Erwerbsbevölkerung
(15-65 Jahre) in den
Statistischen Gebieten

Unter 90 %

90% bis 100%

100% bis 110%

110 % und mehr

Unter 2000
Einwohner

Durchschnitt: 98.5.%

Quelle: Statistisches Landesamt
Bearbeitung: Andreas Kapphan

Tabelle 5.10: Entwicklung der Zahl der Erwerbstätigen in den Berliner Bezirken 1994 - 1998

	Abnahme der Zahl der Erwerbstätigen April 1994- April 1998	Zunahme der Zahl der Erwerbstätigen 4/1994-4/1998
Wanderungsverlust bei Erwerbstätigen 1994-1997	Hohenschönhausen, Marzahn, Friedrichshain, Prenzlauer Berg, Mitte, Hellersdorf, Kreuzberg, Tiergarten, Wedding, Schöneberg, Neukölln, Charlottenburg, Lichtenberg	
Wanderungsgewinn bei Erwerbstätigen 1994-1997	Treptow, Zehlendorf, Steglitz, Tempelhof, Reinickendorf, Spandau, Wilmersdorf	Köpenick, Weißensee, Pankow

Quelle: Statistisches Landesamt Berlin: Mikrozensus, Einwohnermelderegister

In Pankow, Hohenschönhausen, Marzahn und Friedrichshain ist der Anteil der Erwerbstätigen unter der Erwerbsbevölkerung zwischen 1994 und 1998 wieder angestiegen und liegt damit auf sehr hohem Niveau zwischen 66,6 und 71,3. Eine so hohe Quote haben sonst nur Mitte, Wilmersdorf und Hellersdorf, diese allerdings mit sinkender Tendenz. Die niedrigsten Anteile von Erwerbstätigen unter der Erwerbsbevölkerung verzeichnet Kreuzberg, gefolgt von Neukölln, Wedding, Tiergarten und Spandau (alle 50-55%). Im Ostteil sind die Bezirke Weißensee, Treptow, Köpenick, Lichtenberg und Prenzlauer Berg (58-63%) unterdurchschnittlich vertreten. Dies macht nochmals das unterschiedliche Niveau der beiden Stadthälften deutlich. Im Ostteil arbeiten 65% der erwerbsfähigen Bevölkerung, im Westteil sind dies nur 58%.

Bei der tabellarischen Strukturierung der Daten ergeben sich drei Felder. Im ersten Feld befinden sich jene Bezirke, die einen Wanderungsverlust von Erwerbstätigen zu verzeichnen haben und auch nach dem Mikrozensus einen Rückgang von Erwerbstätigen zu verzeichnen haben. In diesem Feld befinden sich alle Bezirke Berlins mit innerstädtischen Gebieten (ohne Wilmersdorf), sowie die Neubaubezirke Marzahn, Hohenschönhausen, Hellersdorf.

In der zweiten Zeile mit Wanderungsgewinnen von Erwerbstätigen gibt es zwei Gruppen: eine mit einer Abnahme der Erwerbstätigen nach dem Mikrozensus, in der sich die restlichen Bezirke West-Berlins sowie Treptow befinden, und eine zweite Gruppe mit den anderen Ost-Berliner Bezirken Köpenick, Weißensee und Pankow, in denen die Zahl der Erwerbstätigen auch nach dem Mikrozensus zunimmt.

Die Fortzüge von Erwerbstätigen aus der Innenstadt führen zusammen mit steigender Arbeitslosigkeit zu einer sinkenden Erwerbsquote der Bevölkerung. Die Abwanderung von Erwerbstätigen erhöht die Arbeitslosenquote, da diese in Bezug zu den erwerbstätigen Personen errechnet wird, gleichzeitig steigt durch die Selektivität der Wanderungen die Arbeitslosigkeit über den vermehrten Zuzug von Arbeitslosen. Erwerbsquote, Erwerbstätigensaldo und Arbeitslosigkeit hängen im Gebiet also direkt miteinander zusammen. Welche sozialen Folgen sich hieraus für einzelne Stadtquartiere ergeben, wird in Kapitel 6 exemplarisch dargestellt.

5.9 Zusammenfassung

Die Dynamik der Bevölkerungsbewegung hat sich nach der Vereinigung der beiden Stadthälften stark erhöht, in den West-Berliner Innenstadtgebieten zunächst stärker als in den übrigen Teilen der Stadt. Inzwischen haben die Ost-Berliner Innenstadtgebiete jedoch dieses Niveau ebenfalls erreicht. In den innerstädtischen Bereichen finden die meisten Umzüge statt, und daher ist die durchschnittliche Wohndauer dort auch am niedrigsten.

Die Abnahme der Bevölkerungsdichte in den Innenstadtbezirken ist ein seit vielen Jahrzehnten anhaltender Prozeß. Diese Entdichtung der Innenstadt ist mit sozial selektiven Wanderungen verbunden. Auf Dauer führt dieser Prozeß zu einer sozialen Entmischung der Bevölkerung in den Wohngebieten und zu einer sozialräumlichen Polarisierung der Bevölkerungsstruktur nach Einkommen und Lebensstilen: die Familien mit höheren Einkommen verlassen die dichten Innenstädte und ziehen in die Randbezirke oder ins Umland.

Die Entwicklung im westlichen Teil der Innenstadt ist geprägt durch einen hohen und wachsenden Ausländeranteil, durch hohe Fluktuation und Wanderungsverluste. Die sozial selektiven Wanderungsvorgänge verstärken bisherige Muster und bewirken eine zunehmende Segregation innerhalb der Stadt: die innerstädtischen Gebiete werden von den beruflich erfolgreichen und sozial integrierten Bevölkerungsgruppen verlassen, dadurch und durch weitere selektive Zuwanderung bildet sich dort insgesamt eine Sozialstruktur der Bevölkerung heraus, die durch risikobehaftete und marginalisierte Lebenslagen geprägt ist.

Entgegen den Erwartungen vieler Experten nach der Wende, daß die an den Bezirk Mitte angrenzenden Altbaugebiete von einem starken Aufwertungsprozeß (‚Gentrification‘) erfaßt würden, sind in den hier analysierten Daten diese Entwicklungen nicht zu erkennen. Vielmehr finden auch in den innerstädtischen Quartieren des Ostens selektive Wanderungsprozesse statt, die zu einem wachsenden Anteil von Bewohnern mit materiellen Problemen führen.

Die Suburbanisierung führt zu einer Ausdifferenzierung von suburbanen und städtischen Milieus: Im Umland sammeln sich die Haushalte, die aufgrund freiwilliger Entscheidungen die ungeliebten städtischen Quartiere verlassen und sich in den homogenen sozialen Milieus im Umland niederlassen. Für viele in der Stadt zurückbleibenden Haushalte gilt, daß sie sich aufgrund einer erzwungenen Segregation in der Nachbarschaft von Haushalten in ähnlicher sozialer Lage finden, häufig in Quartieren mit hohem Anteil an Zuwanderern, die noch keine Möglichkeit zur ökonomischen Integration hatten. Diese ‚Milieus der Verlierer' stehen in krassem Kontrast zu jenen urbanen Milieus, die von sozialen Aufsteigern, Alternativ-Kulturen und den neuen Mittelschichten mit ihren differenzierten Lebensstilen gebildet werden, und um die herum eine attraktive und distinguierte Infrastruktur entsteht.

In diesen Bewegungen deutet sich ein vertrautes Muster der Stadtentwicklung an: Zuwanderer lassen sich zunächst in den Innenstadtgebieten nieder, um dann, wenn sie die Ausbildung abgeschlossen und/oder den beruflichen Einstieg geschafft haben, an den Stadtrand in eine größere und bessere Wohnung zu ziehen. Wenn in diese Bewegung alle Bewohner einbezogen sind, handelt es sich um einen integrativen Prozess. Wenn aber einem Teil der Innenstadtbewohner der berufliche Einstieg unmöglich geworden ist, und wenn sich den Zuwanderern keine Perspektive mehr auf dem Arbeitsmarkt bietet, dann haben die selektiven Abwanderungen der sozial und beruflich Integrierten problematische Konsequenzen. Aus den innerstädtischen Transitgebieten werden dann Sackgassen, in denen sich die Ausgegrenzten und die Verlierer des sozio-ökonomischen Wandels konzentrieren.

Eine Trendwende im sozialstrukturellen Profil ist in den 1990er Jahren für kein Quartier erkennbar, vielmehr verstärken sich die bereits vorher angelegten Unterschiede zwischen den einzelnen Teilräumen: in den höherwertigen Gebieten nehmen die Anteile der unterprivilegierten Bewohner ab, und aus den Gebieten mit einer durchschnittlich schlechter situierten Bewohnerschaft wandern diejenigen ab, die über die materiellen Voraussetzungen dafür verfügen, sich ihren Wohnstandort aussuchen zu können.

Obwohl es eine Tendenz zur sozialen und ökonomischen Polarisierung zwischen Umland und Stadt gibt, repräsentieren diese Milieus doch sich ergänzende Funktionen und Kulturen, die nicht vorschnell in eine Konkurrenz zueinander gesetzt werden sollten. Die Suburbanisierung ist zwar mit finanziellen Nachteilen für die Kernstadt verbunden, auch bedeutet sie hinsichtlich der sozialen Stabilität von bereits problembeladenen Quartieren einen Verlust, insgesamt aber bilden Stadt und Umland in ihrer jeweiligen Differenzierung eine funktionale Einheit – ähnlich, wie es bei der Arbeitsteilung zwischen In-

nenstadt- und Außenbezirken in Berlin bereits der Fall ist. Die Innenstadtbezirke nehmen den Außenbezirken bestimmte Probleme ab und verarbeiten sie
gleichsam stellvertretend – so lange sie diese tatsächlich noch ‚verarbeiten‘
können und nicht zu Abschiebestationen von ungeliebten und überflüssigen
Minderheiten werden – zu Orten der sozialen Ausgrenzung.

Aus alltäglichen Beobachtungen ist offensichtlich, daß es innerhalb des
Gebiets, das hier als Innenstadt bezeichnet wird, große Unterschiede in der
Wohnqualität und in der sozialen Zusammensetzung der Bevölkerung gibt.
Wie sich die oben beschriebenen Trends der sozialräumlichen Polarisierung
kleinräumig niederschlagen, wird in den folgenden Kapiteln behandelt wer-
den.

6. Die neue Krise der Großsiedlungen

Bei den Analysen der Wanderungsvorgänge ist deutlich geworden, dass die Großsiedlungen in Ost-Berlin (Plattenbaugebiete) und die Großsiedlungen des sozialen Wohnungsbaus in West-Berlin zu den Quartieren gehören, bei denen in den 1990er-Jahren ein starker Wandel der Bevölkerungs- und Sozialstruktur zu beobachten ist. Vor allem die östlichen Großsiedlungen verlieren an Einwohnern. Unter den Abwanderern sind – wie auch in den westlichen Großsiedlungen – mehr Erwerbstätige als unter den Zuziehenden. Vor allem einkommensstärkere Gruppen verlassen diese Gebiete, wogegen bei den Zuzügen erwerbslose Personen und geringverdienende Haushalte stärker vertreten sind.

Die DDR-Plattenbaugebiete am Stadtrand haben in den letzten Jahren nicht die rasante Abwertung erfahren, die ihnen im Jahre 1990 von vielen Experten vorhergesagt worden ist. Dazu haben die großen mit öffentlichen Mitteln finanzierten Investitionen in Sanierung, Modernisierung und Wohnumfeldverbesserung beigetragen. Dennoch finden Mobilitätsprozesse statt, die zumindest einen Teil dieser Gebiete in eine sehr schwierige Lage bringen.

Die Großsiedlungen des sozialen Wohnungsbaus in West-Berlin waren in den 1980er-Jahren Wohngebiete der deutschen Mittelschicht, der Ausländeranteil war niedrig geblieben und auch arme Bevölkerungsgruppen lebten weniger in den Großsiedlungen als in den innerstädtischen Altbaugebieten. Dies hat sich in den 1990er-Jahren geändert, denn durch das vergrößerte Wohnungsangebot in Berlin und im Umland, das durch Steuernachlässe stark subventioniert wurde, entstanden für Mittelschichthaushalte neue Optionen. Hatten sie aufgrund ihrer Einkommen eine Fehlbelegungsabgabe zahlen, dann erreichte die Miete incl. der Betriebskosten eine Höhe, die kaum noch unter derjenigen lag, die für die Neubauten in der Nähe bezahlt werden musste. Der Anreiz, die Sozialwohnung im Hochhaus der Großsiedlung aufzugeben und wenige Kilometer stadtauswärts in ein kleineres Haus mit zugehöriger Freifläche zu ziehen, war groß.

Im Folgenden stellen wir die sozialstrukturelle Entwicklung des Sozialwohnungsbestandes in West-Berlin und der Großsiedlungen in Ost-Berlin in den 1990er-Jahren dar und illustrieren dies an je einem Beispielgebiet.

6.1 Die Siedlungen des sozialen Wohnungsbaus in West-Berlin

Im Westteil sind ca. 30% des gesamten Wohnungsbestandes Sozialwohnungen. Ein erheblicher Teil von ihnen liegt in Gebieten, in denen in den 1960er und 70er-Jahren Großsiedlungen gebaut wurden. Gropiusstadt, Märkisches Viertel und Falkenhagener Feld sind die größten. Die umfangreichsten Bestände des sozialen Wohnungsbaus befanden sich 1997 in West-Berlin daher in den Bezirken Neukölln, Reinickendorf, Spandau sowie Tempelhof. Dort konzentrieren sich 55,4% der Berliner Sozialwohnungen, sie umfassen in diesen Bezirken einen Gesamtanteil an den Wohnungen von fast 40% (vgl. IfS/ S.T.E.R.N. 1998). Demgegenüber befinden sich in den Innenstadtbezirken Wedding, Tiergarten und Kreuzberg nur 17,7% der Sozialwohnungen, sie stellen dort aber knapp 30% der Wohnungen. In den übrigen Bezirken West-Berlins liegen die Anteile des sozialen Wohnungsbaus bei knapp 20% des Wohnungsbestandes (vgl. Karte 6.1).

Mietpreisbindungen und Belegungsrechte der Bezirke sind an die Laufzeit der so genannten Sozialbindung gekoppelt. In der räumlichen Verteilung dieser Bindungen spiegeln sich die Wohnungsbauaktivitäten der Zeit vor 1990 in West-Berlin, und im räumlichen Muster der auslaufenden bzw. auch noch in der Zukunft bestehenden Bindungen die Baujahre des sozialen Wohnungsbaus. Je jünger die Bestände sind, desto häufiger liegen sie am Rand der Stadt, da der Wohnungsneubau sich von innen nach außen ausbreitete. Die jüngsten von ihnen stellen gleichzeitig die größten Siedlungen dar. Daraus kann sich für die Zukunft eine besondere Problematik ergeben: Wenn die Bestände des sozialen Wohnungsbaus in der Stadt insgesamt abnehmen, der Bedarf nach einer staatlichen Versorgung von bedürftigen Haushalten aber gleich bleibt oder wieder zunimmt, wird sich in den konzentrierten Beständen der Außenbezirke auch eine Konzentration von einkommensschwachen und armen Haushalten ergeben.

Diese Situation besteht bereits heute in einigen Wohnkomplexen des sozialen Wohnungsbaus in der Innenstadt. Die Senatsverwaltung für Bauen, Wohnen und Verkehr hat die Großsiedlungen und Wohnkomplexe des sozialen Wohnungsbaus in West-Berlin im November 1997 auf „problematische" Entwicklungen hin untersucht. Als Datengrundlage dienten die Fluktuation, der Ausländeranteil und der Anteil von Fehlbelegern. Dabei werden eine hohe Fluktuation (>9% in 1996), ein hoher Ausländeranteil (>26%) sowie ein niedriger Anteil von Fehlbelegern (< 19%, bzw. <15% mit einem Einkommen von 50% über der Einkommensgrenze) als Definitionsmerkmale für eine problematische Situation verwendet. Ein wachsender Ausländeranteil ist ein Indikator dafür, dass solche Gebiete von der deutschen Bevölkerung kaum mehr nachgefragt werden.

Karte 6.1:
Großsiedlungen des
komplexen Wohnungsbaus,
Komplexe des sozialen
Wohnungsbaus und
Sanierungsgebiete 1999

Großsiedlungen des kom-
plexen Wohnungsbaus

Komplexe des sozialen
Wohnungsbaus

Gebiete intensiver
Stadterneuerung
(Sanierungsgebiete)

Quelle:
Senatsverwaltung für Stadtentwicklung: StEP Wohnen

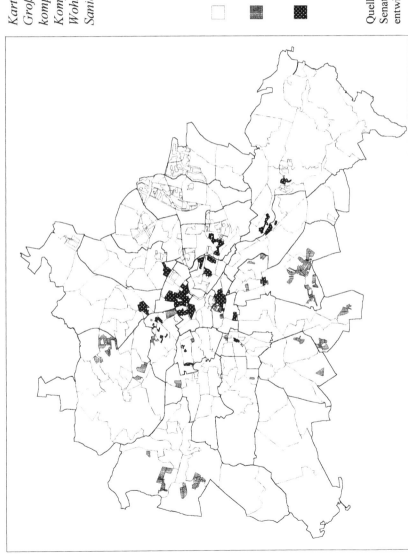

Von den untersuchten 34 Wohnkomplexen wurden im Ergebnis 11 als „problematische Wohngebiete" bezeichnet. Diese Gebiete befinden sich – mit Ausnahme der Wohnanlage Schlangenbader Straße, die aufgrund ihrer bizarren Architektur und Lage über einer Autobahn eine besondere Problematik hat – in den West-Berliner Innenstadtbereichen, in denen auch die umliegenden Altbaugebiete eine sehr problematische Entwicklung zeigen. Drei Gebiete hatten in der Einschätzung der Bauverwaltung vor allem aufgrund der hohen Fluktuation die „kritische Schwelle erreicht": Wedding-Brunnenstraße, Kreuzberg-Mehringplatz, Wilmersdorf-Schlangenbader Straße. Die als „problematische Wohngebiete" bezeichneten Siedlungen umfassen über 18% der Wohnungen in den untersuchten 34 Bereichen. Alle anderen Siedlungen, deren Entwicklung als weniger problematisch oder unproblematisch angesehen wird, liegen außerhalb der West-Berliner Innenstadt.

Die räumliche Konzentration von sozialem Wohnungsbau ist ein aktuelles und zukünftiges Problem, da durch die gegenwärtig hohe Fluktuation eine soziale Entmischung stattfindet. Bei den Zuzügen nach Berlin überwiegt der Anteil von Zuwanderern aus dem Ausland. Da es sich bei diesen Personen in den letzten Jahren ausschließlich um Familiennachzügler, Flüchtlinge oder Einwanderer handelt, die die deutsche Staatsangehörigkeit erhalten, steht ihnen auch ein Wohnberechtigungsschein mit Dringlichkeit zu. Sie haben also auch die Möglichkeit, in leer stehende Sozialwohnungen zu ziehen; in den meisten Fällen wird die Miete dann durch staatliche Transferzahlungen gedeckt. Für Haushalte, deren Einkommen niedrig genug ist, um unter den Einkommensgrenzen für die Bezugsberechtigung zu bleiben, aber zu hoch, um Sozialhilfe zu beziehen, ist die Miete in den Sozialwohnungen zu teuer. Zugespitzt formuliert: Diese Haushalte sind nach den geltenden Regeln nicht arm genug, um in einer so teuren Wohnung wohnen zu können.

Für jeden Haushalt mit einem höheren Einkommen, der eine Wohnung frei macht, zieht somit ein armer Haushalt nach – und diese armen Haushalte kommen zudem häufig aus dem Ausland. Dies bringt in vielen Fällen Reibungen und Konflikte mit sich, da sich die Lebensgewohnheiten von ‚Fremden' und Einheimischen stark unterschieden (vgl. Neuhöfer 1997, GdW 1998), was in hellhörigen Hochhäusern ein kaum lösbares Problem darstellt. Die Bemühungen, den Wandel solcher Nachbarschaften durch Gemeinwesenarbeit zu begleiten, waren bisher viel zu schwach und kamen oft zu spät. Der Wegzug von höheren Einkommensgruppen und der Zuzug von Haushalten mit niedrigem Einkommen führte so zu einer sozialen Situation, die die selektive Fluktuation weiter verstärkte.

Dass der soziale Wohnungsbau zum ‚Problembestand' zu werden scheint, liegt an einem Systemwiderspruch, der einerseits auf Planungsentscheidungen der 60er und 70er-Jahre und andererseits auf politischen Ent-

Tabelle 6.1: Ausgewählte Daten von „problematischen Wohngebieten" im sozialen Wohnungsbau in West-Berlin 1997

Bezirk	Gebietsname	Sozial-wohnungen	Fluktuation 1996 in %	Ausländer-anteil in %	Zahler einer Fehlbelegungsabgabe	
					insgesamt in %	Einkommen mehr als 50% über der Einkommensgrenze in %
Schöneberg	Bülowstraße	2.489	9,7	40,3	15,1	10,3
Kreuzberg	Neues Kreuzberger Zentrum (NKZ)	295	10,5	54,1	9,9	7,5
Neukölln	Rollbergsiedlung	2.023	9,9	26,9	16,1	11,8
Tiergarten	Heinrich-Zille- Siedlung	858	9,6	26,0	14,2	10,3
Wedding	Wollankstraße	402	10,7	37,8	18,9	11,3
Wilmers-dorf	Schlangenbader Str.	1.182	9,6	13,7	21,8	13,7
Wedding	Brunnenstraße	4.595	10,3	22,4	20,9	15,6
Kreuzberg	Wassertorplatz	2.975	8,8	29,7	14,9	11,6
Kreuzberg	Mariannenplatz	1.030	7,9	46,3	12,3	8,4
Schöneberg	WAK „Sozialpalast"	514	9,1	51,2	8,8	8,0
Kreuzberg	Mehringplatz	1.026	9,9	25,0	20,8	17,9

Quelle: Senatsverwaltung für Bauen und Wohnen, Stand 20.11.1997

scheidungen seit den 80er-Jahren beruht. Der soziale Wohnungsbau war in den Zwanziger Jahren als ein Segment des Wohnungsmarktes entstanden und konzipiert, mit dem – wie es in der Formulierung der Wohnungsbaugesetze nach dem Zweiten Weltkrieg hieß – die „breiten Schichten der Bevölkerung" in marktfernen Beständen versorgt werden sollten (vgl. Häußermann/Siebel 1996). Er war nie als Wohnungsbau für die Ärmsten und Bedürftigsten gedacht, denn für diese waren die Mieten im sozialen Wohnungsbau schon immer sehr hoch. Zur Zeit der Weimarer Republik, als die öffentliche Förderung von Mietwohnungsbau eingeführt wurde, wurde dieser als ‚gemeinnützig' bezeichnet. Der Begriff ‚sozialer Wohnungsbau' bürgerte sich erst im Nationalsozialismus ein und stellt eigentlich eine Sprachverwirrung dar.

Nur mit der sehr breiten sozialen Zielbestimmung des Wohnungsbaugesetzes war es auch sinnvoll, eine hohe räumliche Konzentration von Sozialwohnungen in Großsiedlungen zu planen, denn in diesen Stadtteilen sollte die erwünschte „soziale Mischung" realisiert werden. Der soziale Wohnungsbau war geradezu konzipiert als ein Instrument zur sozialen Durchmischung der Wohnbevölkerung – entsprechend weit gezogen waren in den 60er und 70er-Jahren die Einkommensgrenzen für die Bezugsberechtigung. Die staatliche Förderung des Mietwohnungsbaus begünstigte, wie vielfach nachgewiesen wurde, die Mittelschichten. Weil die technisch guten Wohnungen für sie relativ preiswert waren, stellte das gemischte Wohnen auch mit Einkommensschwachen oder sozial Unangepassten keinen Anlass dar, diese Quartiere zu verlassen.

Die ‚Fehlsubventionierung' von Haushalten, die während ihres Wohnens in einer Sozialwohnung Einkommenszuwächse zu verzeichnen hatten und dann über den Einkommensgrenzen lagen, ist als Problem seit langem bekannt. Aber diese Subventionierung wurde, solange die öffentlichen Haushalte in der Lage und bereit waren, das öffentlich geförderte Wohnungsangebot durch weitere Förderung beständig auszuweiten, hingenommen. Dieser Bonus wird den Haushalten jedoch entzogen, wenn sie wegen ihres höheren Einkommens eine höhere Miete (‚Fehlbelegungsabgabe') zu zahlen haben – sie reagieren mit Wegzug. Die niedrigen Einkommensgrenzen, die für die Bezugsberechtigung heute gelten, machen den sozialen Wohnungsbau zu einem ‚Fürsorge-Wohnungsbau', zu einem Refugium für die Armen und die mittellosen Zuwanderer. Damit wird ihm eine vollkommen andere Funktion zugewiesen, und für diese Funktion sind die Wohnkomplexe des sozialen Wohnungsbaus denkbar ungeeignet.

Die Kritik am sozialen Wohnungsbau, die allein auf die Verteilungsgerechtigkeit der Subventionen zielt, wird damit kontraproduktiv, da mehr neue soziale Probleme geschaffen als durch die reine Wohnversorgung gelöst werden. Die räumliche Konzentration der Sozialwohnungsbestände und ihre Belegung vor allem mit problembeladenen Haushalten gerät in Gegensatz zur sozialstaatlichen Absicht einer integrativen Versorgung derjenigen, die sich nicht auf dem ‚freien' Wohnungsmarkt versorgen können. Ein ‚Randgruppen-Wohnungsbau', zu dem der soziale Wohnungsbau mehr und mehr durch politische Entscheidungen auf Bundesebene wird, hätte niemals räumlich derart konzentriert gebaut werden und niemals so große Siedlungen umfassen dürfen.

Die größten Probleme haben die Städte, die sich in der Vergangenheit stark im sozialen Mietwohnungsbau engagiert haben – und dazu gehört West-Berlin. Der Berliner Senat hat die zuvor geschilderten Kettenwirkungen in einigen Siedlungen dadurch zu unterbrechen versucht, dass er sowohl die Einkommensgrenzen als auch die Fehlbelegungsabgabe für eine befristete Zeit aufhob. Ob die sozialen Entmischungsprozesse dadurch aufgehalten werden können, ist noch nicht bekannt.

6.2 Gropiusstadt

Die Gropiusstadt wurde zwischen 1962 und 1975 gebaut. In der Neuköllner Großsiedlung lebten zum Jahresende 1998 in 19.400 Wohnungen 37.300 Personen. Im Jahr 1989 hatte die Siedlung noch knapp 40.000 Einwohner, der Bevölkerungsverlust beziffert sich in den 90er-Jahren also auf ca. 2.500 Personen. Heute sind bereits 20% der Bewohner im Rentenalter, weitere 19% zwischen 55 und 65 Jahren alt. Die durchschnittliche Haushaltsgröße beträgt zwei Personen. Dies ist auch die häufigste Haushaltsgröße, gefolgt von Single- und Dreipersonenhaushalten. Bei vielen Familien sind bereits die Kinder ausgezogen, in einem Viertel der Haushalte gibt es jedoch ein, in einem Fünftel mehr Kinder. Der Ausländeranteil lag Ende 1998 bei 14% – und damit noch 3 %-Punkte unter dem West-Berliner Durchschnitt –, er ist jedoch seit 1991 (8%) deutlich gestiegen. Die Zahl der Aussiedler aus der ehemaligen Sowjetunion, die in der Gropiusstadt leben, ist nicht bekannt.

Die Ausweitung des Wohnungsangebots in Berlin und im Umland seit 1990 hat zu einer gestiegenen Fluktuation geführt. Dabei wirken die Zugangsvoraussetzungen zu Sozialwohnungen problematisch. Die neuen Bewohner weisen durch die Zugangsbedingungen für Wohnberechtigungsscheine einen hohen Anteil an Niedrigverdienern auf. Seit April 1998 ist deshalb die Einkommensgrenze für die Bezugsberechtigung von der Senatsverwaltung für Bauen und Wohnen zeitlich befristet aufgehoben worden, allerdings nicht die Fehlbelegungsabgabe, die 1997 jeder vierte Haushalt (25,4%) bezahlen musste (Geyer 1999, 39). Das sind mehr als in den innerstädtischen Sozialwohnungssiedlungen, doch entspricht dies in etwa dem Berliner Durchschnitt von 26,1%.

Eine Ausgleichsabgabe wird auch bei jenen Haushalten erhoben, bei denen die Zimmerzahl der Wohnung die Anzahl der darin wohnenden Personen übersteigt. Von der Zahlung der Fehlbelegungsabgabe bzw. der Ausgleichsabgabe sind die Zweipersonenhaushalte ohne Kinder besonders häufig betroffen. Sie haben meist 60-80 qm große Wohnungen und zahlen zu 40%, jene unter 55 Jahren sogar zu 57% Fehlbelegungs- oder Ausgleichsabgabe. Es sind also vor allem die jüngeren Zweipersonenhaushalte, die über ein entsprechend hohes Einkommen oder eine ‚zu große' Wohnung verfügen. Auch jede dritte Familie mit einem Kind zahlt die Abgabe. Größere Familien sowie allein stehende Männer und Frauen im erwerbsfähigen Alter sind dagegen nur selten betroffen (ca. 20%), da ihr Einkommen zu gering und ihre Wohnung in der Regel klein ist (Geyer 1999, 54 f.).

Um den sozialen Wandel in der Gropiusstadt genau beschreiben zu können, reichen die amtlichen Daten nicht aus. Der Geograph Mathias Geyer hat 1999 die Bewohner nach ihren Einschätzungen des Stadtteils befragt. Dabei konnte er 13% der Bewohner einschließlich der Kinder befragen und somit ein detailliertes Stimmungsbild des Quartiers entwerfen. Als besonders positiv bewerten die Gropiusstädter die Grünanlagen (64,4%), die Einkaufsmöglichkeiten (55,4%) und die Verkehrsanbindung (38,4%). Die Jugend-, Kultur- und Freizeiteinrichtungen wurden dagegen nur von 10% der Befragten als positiv erwähnt. Bei den ‚Negativnennungen' stehen Verschmutzung und Vandalismus an der Spitze (26,5%), gefolgt von hohem Ausländeranteil (17,1%) und hoher Kriminalität bzw. fehlender Sicherheit (16,6%). Als weitere Defizite werden die Wohngebietsatmosphäre (16%) und das soziale Umfeld (15,1%) angesehen, die Miete bzw. die Fehlbelegungsabgabe taucht erst an achter Stelle auf und wird nur von 8,5% der Befragten genannt (Geyer 1999, 62 und 67). Die ‚Negativnennungen' verweisen auf die soziale Struktur und die als bedrohlich empfundene Atmosphäre im Gebiet, die sich nach Geyer deutlich verändert haben.

Von den Befragten fühlen sich zwar zwei Drittel wohl und wollen langfristig in ihrer Wohnung bleiben. Immerhin ist aber jeder Achte mit der Wohnungssuche beschäftigt, 3,5% waren bereits fündig geworden und bereiteten den Umzug vor. Von denen, die umziehen wollten, gehören über 45% zur Gruppe der ‚Fehlbeleger'. Die Miete spielt bei der Entscheidung für einen Umzug also eine zentrale Rolle, aber die genannten Anlässe für einen Wegzug konzentrieren sich auf die sozialen Veränderungen im Gebiet. Der Fortzugswunsch ist bei denen am größten, die in den 1980er-Jahren, also vor nicht allzu langer Zeit in die Gropiusstadt gezogen sind. Die Älteren und ersten

Bewohner der Siedlung wollen dagegen zu einem großen Teil bleiben, vermutlich auch, weil sie inzwischen in ein höheres Alter gekommen sind.

Die Bewohner der Gropiusstadt sind laut Geyer der Ansicht, „dass das Preis-Leistungs-Verhältnis nicht mehr stimmt. Für ein Produkt, welches zusehends unansehnlicher wird, immer mehr Geld zu bezahlen, leuchtet den Bewohnern nicht mehr ein" (Geyer 1999, 93). Die Großsiedlung hat an Attraktivität eingebüßt und wer jung ist und genügend Geld hat, verlässt die Siedlung und zieht in ein Quartier mit einem homogenen sozialen Umfeld. Die verschiedenen Wohnungsbaugesellschaften, denen die Häuser in der Gropiusstadt gehören, haben lange nicht auf die Situation reagiert. Erst nachdem sich Bürgerinitiativen gebildet hatten, wurden die Wohnungsbaugesellschaften aktiv.

Die soziale Atmosphäre in einer dicht bebauten Großsiedlung ist ein fragiles Gut, das behutsamer Pflege bedarf, wenn eine vorhandene soziale Stabilität bewahrt werden soll. Bürokratisch organisierte Wohnungsbaugesellschaften, die es aus Zeiten der Wohnungsknappheit gewohnt sind, sich die Mieter auszusuchen, ‚verwalten' ihre Bestände häufig noch vorwiegend unter kaufmännischen Gesichtspunkten. Unter den veränderten Bedingungen müssen sie sich nun jedoch auch Gedanken um die Attraktivität ihrer Bestände machen – und dazu gehört das ‚soziale Klima' ohne Zweifel.

6.3 Großsiedlungen am Stadtrand in Ost-Berlin

In vielen Punkten ähneln die Probleme und Entwicklungstendenzen in den Großsiedlungen Ost-Berlins jenen des sozialen Wohnungsbaus in West-Berlin. Gleichwohl gibt es eine Reihe von Unterschieden, die aus der spezifischen Geschichte dieser Siedlungen resultieren und teilweise zu anderen Situationen führen.

In den überwiegend von kommunalen Wohnungsbaugesellschaften verwalteten Gebieten war 1989 die Bevölkerung relativ jung und spiegelte die sozialistische Mittelschicht aus Facharbeitern und Angestellten. Seit einigen Jahren sind die Bevölkerungszahlen – im Gegensatz zum Trend in anderen Gebieten der Außenbezirke – rückläufig. Die Abwanderung von Haushalten mit überdurchschnittlichen Einkommen (oft Familien mit Kindern) ins Umland wird von den Wohnungsbaugesellschaften übereinstimmend beklagt. Durch die Belegungsbindung im Wohnungsbestand – 45% der Wohnungen der Wohnungsbaugesellschaften und 30% der Genossenschaftswohnungen werden nach den Kriterien des sozialen Wohnungsbaus vermietet – ziehen vorwiegend arme Haushalte in die frei gewordenen Wohnungen nach. Die

Wanderungsverluste in den Großsiedlungen sind enorm, sie betragen jährlich ein Prozent der Bevölkerung, und der Anteil der Erwerbstätigen unter den Fortziehenden ist deutlich höher als bei den Zuziehenden. Die Daten zu den Erwerbstätigenwanderungen zeigen eine extrem starke Selektivität des Bevölkerungsaustausches, die den Charakter der Großsiedlungen in Zukunft stark verändern wird.

Obwohl die Wohnhäuser in den Großsiedlungen erst in den 1980er-Jahren gebaut wurden, wurden nach der ‚Wende' große Mängel erkennbar. Die Notwendigkeit einer Gebäudesanierung – vor allem der Warmwasserversorgung und der Wärmedämmung, um die sehr hohen Mietnebenkosten zu reduzieren – und von Wohnumfeldmaßnahmen ist von den Wohnungsbaugesellschaften, der Bundesregierung und vom Land Berlin rasch erkannt worden. Entsprechende Maßnahmen wurden mit hohen Zuschüssen gefördert. Diese haben die Situation in den Großsiedlungen zwar stabilisiert, konnten aber die Abwanderung von Haushalten mit höheren Einkommen nicht aufhalten. Das Mietniveau in den Großsiedlungen scheint zu hoch zu sein, um mit dem frei finanzierten Wohnungsbau zu konkurrieren. Darüber hinaus veranlassen auch die Qualität der Gebäude, die geringe Zimmerzahl, die Wohnungsgrößen sowie die standardisierten Grundrisse, die Haushalte mit höheren Einkommen zum Wegzug (vgl. Hannemann 1996 und 2000).

Ein zusätzliches Problem entstand durch die Vergabepraxis in den Plattenbaugebieten, die zu einer homogenen Altersstruktur der Bewohner geführt hat. In die neu fertig gesteliten Gebiete wurden überwiegend junge Familien eingewiesen, die dann gemeinsam älter wurden. Dies hatte zur Folge, dass anfänglich Kindertagesstätten knapp waren, dann Grundschulen und heute Jugendeinrichtungen. Die Räumlichkeiten für soziale Infrastruktur stehen nun leer und es fehlt das Geld, um den Umbau, den Unterhalt oder den Abriss zu finanzieren.

Ein Dauerproblem ist die monofunktionale Struktur der Großsiedlungen. Zwar lagen die Plattenbaugebiete in der Nähe zu großen Industriearealen, doch befinden sich in den Wohngebieten selbst nur sehr wenige Arbeitsplätze. Der Einwohnerzahl nach komplette Großstädte, sind die Großsiedlungen funktional weitgehend ‚Schlafstädte' geblieben. In der sozialistischen Gesellschaft mag dies weniger problematisch gewesen sein, da sämtliche Bewohner – Frauen, Männer und Kinder – tagsüber entweder ihrer Arbeit nachgingen oder in einer Kindereinrichtung untergebracht waren, ihr Quartier also nur nach Feierabend erlebten. Das Wochenende verbrachte man dann in der ‚Datsche' (GdW 1998, 181). Bei sinkender Frauenerwerbstätigkeit und steigender Arbeitslosigkeit werden die Großsiedlungen den Bedürfnissen ihrer Bewohner nun jedoch immer weniger gerecht.

Punkthochhäuser stellen in Großsiedlungen sowohl am Stadtrand als auch in innerstädtischen Lagen ein besonderes Problem dar. In ihnen ist die Fluktuation besonders hoch und die Selektivität der Wanderungsprozesse besonders ausgeprägt. Keine andere Hausform ist so anfällig für Störungen des Zusammenwohnens wie das Hochhaus. Hochhäuser verstärken bei dem Versuch, Haushalte mit verschiedenen Lebenslagen und Lebensstilen im Wohnbereich zu mischen, die Probleme, weil sich bei hoher Fluktuation persönliche Bekanntschaften nur schwer entwickeln und eine soziale Kontrolle innerhalb des Hauses daher kaum existiert. 1996 hatte das Büro Weeber + Partner in einer Studie für die Plattform Marzahn und die Senatsverwaltung für Bauen und Wohnen darauf hingewiesen, dass in einigen Punkthochhäusern jährliche Fluktuationsraten von über 20% erreicht werden. Verunreinigungen, Beschädigungen oder sonstiges störendes Verhalten sind dann niemandem persönlich zuzurechnen, und deshalb können darüber auch keine Auseinandersetzungen innerhalb des Hauses geführt werden, die möglicherweise zu einer stärkeren sozialen Integration führen könnten. Fast zwangsläufig entstehen so Verdächtigungen aufgrund von Vorurteilen, die sich keiner Realitätskontrolle stellen müssen und daher ungehindert gepflegt werden können. Oft genügt es, wenn nur 1 oder 2 Haushalte ein störendes Wohnverhalten zeigen und sich rücksichtslos gegen Nachbarn und Gebäude verhalten, um in einem Wohnhochhaus eine Abwärtsspirale in Gang zu setzen. Lärm, Vandalismus und Verwahrlosung von Eingangsbereichen, Treppenhäusern, Fahrstühlen usw. führen unter den Hausbewohnern schnell zu einem Gefühl der Bedrohung und des Kontrollverlustes über das unmittelbare Umfeld. Das Resultat ist die Abwanderung von Haushalten, die mobil und materiell stark genug sind, um über alternative Optionen zu verfügen.

Bei der gegenwärtigen Wohnungsmarktsituation kommt es dann zu Leerständen, die das Wohngefühl der dort noch Wohnenden zusätzlich beeinträchtigen und die Abwärtsspirale beschleunigen. Die Punkthochhäuser nahmen so in den vergangenen Jahren eine dramatische Entwicklung ,nach unten'. In Marzahn wurde in einigen Punkthochhäusern inzwischen eine Concièrge-Loge eingebaut, um diese Entwicklung zu stoppen. Seitdem gibt es dort einen Pförtner, der die Briefkästen, Gänge und Treppenhäuser per Video überwacht und kleine Dienstleistungen für die Bewohner anbietet. Auch in den West-Berliner Siedlungen stellen Wohnhochhäuser häufig ein besonderes Problem dar – die Wohnanlagen Schlangenbader Straße, Neues Kreuzberger Zentrum und der Sozialpalast an der Pallasstraße sind nur die bekanntesten Beispiele.

6.4 Marzahn-Nord/West

Der Bezirk Marzahn wurde 1979 gegründet, zwischen 1976 und 1989 wurden 65.000 Wohnungen in industrieller Bauweise errichtet. Die Bauarbeiten im nördlichen Marzahn wurden erst Ende der 1980er-Jahre abgeschlossen. Die Gebäude haben überwiegend 11 Geschosse. 1991 hatte Marzahn 166.000 Einwohner, 1998 waren es noch 142.000. Auch das nördliche Marzahn hat mit 22% Einwohnerrückgang einen Großteil seiner Bevölkerung verloren: 1998 lebten hier noch 29.000 Personen. Die Wohnungen wurden in der DDR vor allem an junge Familien vergeben, heute sind noch 40% der Bevölkerung jünger als 25 Jahre und nur 5% im Rentenalter. Der Fortzug von ‚Besserverdienenden' in andere Bezirke und ins nahe gelegene Umland hat seit 1994 zu einer deutlichen Veränderung der Bevölkerungsstruktur geführt. Die Fortziehenden haben sich vor allem für größere Wohnungen oder für ein Eigenheim entschieden, die geringe Wohnungsgröße war auch wichtigster Kündigungsgrund (IfS 1995, 1997).

Der Leerstand in Marzahn ist inzwischen beträchtlich, die offiziellen Zahlen der Wohnungsbaugesellschaft beliefen sich Ende 1999 auf 6%, in der Presse wird inzwischen von 12% gesprochen. Als besonders schwer vermietbar haben sich große Wohnungen herausgestellt. In diese sind seit 1993 Aussiedlerfamilien eingezogen, da sie gerade in diesem Segment eine beträchtliche Nachfrage angemeldet haben. Ihr Bevölkerungsanteil beträgt in Marzahn-Nord inzwischen ungefähr 15%, der Ausländeranteil – vorwiegend Vietnamesen – liegt lediglich bei 3,6%. Bei den Aussiedlern handelt es sich um eine Gruppe, die bei der derzeitigen Arbeitsmarktlage in Berlin kaum Zugang zu Arbeitsplätzen findet. Zudem erweisen sich die nur geringen Deutsch-Kenntnisse meist als Qualifizierungshindernis. Von den einheimischen Bewohnern werden sie als ‚Russen' betrachtet und gemieden.

In Marzahn existiert eine starke rechtsradikale Jugendszene, die vor allem mit jugendlichen Aussiedlern immer wieder in Konflikt gerät. Dies führt dazu, dass die Aussiedlerjugendlichen nur wenig Berührungspunkte zu anderen Jugendlichen im Stadtteil aufbauen können. Die kulturellen und ethnischen Abgrenzungen verstärken sich in dieser Konfliktsituation und führen zu ethnisch segregierten Jugendmilieus. Verschärfend wirkt sich der Mangel an Freizeitstätten und kulturellen Angeboten aus, denn um die wenigen vorhandenen Einrichtungen wird ein Dominanzstreit geführt (vgl. Dorsch u.a. 2000).

Der gesamte Bezirk hat eine für Berlin durchschnittliche Arbeitslosenquote (Sept. 1999: 15,4%), aber nur eine geringe Sozialhilfedichte (Dez. 1998: 6,1%, Dez. 1997: 5,6%). Das nördliche Marzahn zeichnet sich jedoch durch einen höheren Arbeitslosenanteil wie auch durch einen höheren Anteil an Sozialhilfeempfängern aus, der hier 1997 bei ca. 8,7% lag (vgl. AG SPAS

1999, 22). Vor allem Kinder, Jugendliche und junge Erwachsene sind von Armut betroffen. Aufgrund der hohen Erwerbsbeteiligung der Frauen verfügen die meisten Familien trotz hoher Arbeitslosigkeit meistens über zumindest ein Erwerbseinkommen und gegebenenfalls über Arbeitslosengeld, sodass die nachrangigen sozialen Leistungen (Sozialhilfe) nur selten in Anspruch genommen werden müssen. In den vergangen Jahren sind die Zahlen des So-zialhilfebezugs in Marzahn-Nord/West jedoch besonders stark angestiegen, ein Zeichen dafür, wie prekär die soziale Lage geworden ist. Seit der Wende ist die Zahl der Erwerbstätigen insgesamt im Bezirk zurückgegangen, und seit 1994 nahm die Zahl der Erwerbstätigen mit mittleren Einkommen ab – Anzeichen für eine Polarisierung der Einkommensverhältnisse im Bezirk.

Die öffentliche Darstellung sozialer Probleme hat dazu geführt, dass der Bezirk gegen die ‚unberechtigten Vorwürfe' verteidigt wird. Dennoch wurde in Marzahn-Nord/West – zunächst als einziges Gebiet in den Großsiedlungen – Ende 1998 ein Quartiersmanagement eingerichtet, um das Anwachsen sozialer Probleme im Gebiet zu vermeiden. Das größte Problem ist der Fortzug der mittleren und höheren Einkommensgruppen, während als Zuzügler vor allem Sanierungsvertriebene aus den Innenstadtgebieten und Aussiedler in Frage kommen. Bisher konnte der selektive Bevölkerungsaustausch als ‚Normalisierung' der Sozialstruktur eines Großsiedlungsbestandes verstanden werden. Wann jedoch der Bevölkerungsaustausch an ein Ende gekommen und eine neue Stabilität erreicht sein könnte, lässt sich derzeit nicht sagen. Das Beispiel der West-Berliner Großsiedlungen zeigt vielmehr, dass neue Entmischungsprozesse auch dann einsetzen können, wenn ein Quartier bereits über längere Zeit sein soziales Profil gefunden zu haben scheint.

Die Beispiele haben gezeigt, wie empfindlich die Großsiedlungen auf Veränderungen der demographischen Entwicklung sowie auf Schwankungen des Arbeits- und Wohnungsmarktes reagieren. In der Konkurrenz um die Mieter scheinen die Großsiedlungen den Neubaugebieten aus den 1990er-Jahre unterlegen zu sein; sie stellen die potentiellen Mieter dieser neuen Siedlungen. In beiden Beispielen – in Marzahn-Nord und in der Gropiusstadt – fragen Zuwanderer in erheblichem Umfang Wohnungen nach, deren Zuzug wird jedoch von den anwesenden Bewohnern als soziale ‚Verschlechterung' wahrgenommen. Die strukturellen Bedingungen des sozialen Wohnungsbaus – Belegungsbindung und Fehlbelegungsabgabe – verstärken diesen Prozess.

7. Verslumt die Innenstadt?

In Kapitel 5 haben wir anhand der Umzüge dargestellt, dass sich für die Innenstadtgebiete besonders drastische Veränderungen abzeichnen. In fast allen Innenstadtgebieten ist die Umzugshäufigkeit sehr hoch und ein großer Anteil der Bevölkerung lebt erst seit kurzer Zeit in den Quartieren. Die hohe Fluktuation ist mit einer Abnahme der Einwohnerzahl verbunden. Vor allem Familien und Erwerbstätige wandern ins Umland oder an den Stadtrand ab. Eine Konzentration von armer (in- und ausländischer) Bevölkerung konnte festgestellt werden, die sich in hoher Arbeitslosigkeit und hoher Sozialhilfedichte niederschlägt (vgl. Kapitel 4). Aufgrund einer starken Fluktuation der Bewohner können sich dauerhafte und tragfähige soziale Beziehungen, die die Situation gleichsam von innen stabilisieren könnten, nur schwer bilden. Auch instabile familiäre Situationen führen dazu, dass Konflikte in die Nachbarschaft hinein wirken.

Wir werden im Folgenden die aktuellen Entwicklungstendenzen für zwei Quartiere der Innenstadt genauer betrachten. Für den Westteil der Stadt am Beispiel des nördlichen Neuköllns, für den Ostteil am Altbaubereich des Prenzlauer Bergs.

7.1 Die westlichen Innenstadtgebiete

Die Innenstadtgebiete von West-Berlin weisen einen hohen Anteil von jungen Personen, Single-Haushalten und Zuwanderern auf. Senioren leben in den Altbaubeständen derzeit nur wenige, insbesondere mit dem Altern der ausländischen Bewohner wird deren Anteil jedoch in den nächsten 20 Jahren wieder deutlich zunehmen. Die westlichen Innenstadtbezirke haben nicht nur die höchsten Arbeiter- und Arbeitslosenquoten, sondern auch die höchsten Anteile von Erwerbstätigen mit niedrigen Einkommen. Darunter befinden sich auch viele studentische Haushalte.

Der Wegzug von deutschen Familien aus dem Westteil wird immer wieder als Alarmzeichen betrachtet, weil er als Reaktion auf die Verwahrlosungserscheinungen im öffentlichen Raum und auf die Situation in den Kindergärten und Schulen gewertet wird, wo die überwiegende Mehrheit der Kinder nicht mit der deutschen Sprache aufgewachsen ist (vgl. IfS/S.T.E.R.N.

1998). Da sich bei hoher Mobilität unter den Zuziehenden weniger Erwerbstätige befinden, erhöht sich die Konzentration von Transferempfängern und Armen fortlaufend. Bei den Einkommensbeziehern lässt sich eine Erhöhung des Anteils unterer Einkommensgruppen feststellen. Wir haben in Kapitel 4, Tabelle 10 bereits gezeigt, dass die niedrigen Einkommensgruppen vor allem in Wedding und Tiergarten, aber auch in Neukölln stark ansteigen (siehe Ausschnitte in folgender Tabelle). Für Kreuzberg deutet sich dagegen eine Tendenz zu mittleren Einkommen an. Die Polarisierung von Einkommen bei einer Abnahme von Erwerbstätigen ist eine Folge des Wegzugs der Mittelschicht aus den Quartieren.

Tabelle 7.1: Anteile der Einkommensgruppen in % aller Erwerbstätigen in den West-Berliner Innenstadtbezirken 1991-1998

Bezirk	1991		1994		1998	
	unter 1.400 DM	über 3.000 DM	unter 1.400 DM	über 3.000 DM	unter 1.400 DM	über 3.000 DM
Kreuzberg	23,6	11,7	23,6	21,2	21,7	20,7
Tiergarten	18,3	20,8	17,2	24,6	22,9	25,6
Wedding	17,5	14,6	15,9	17,6	20,5	18,8
Neukölln	18,5	21,6	17,0	23,8	18,0	25,3

Quelle: Statistisches Landesamt Berlin: Mikrozensus

Generell sind die öffentlichen Räume in diesen Gebieten erheblich stärker von Kinder- und Jugendgruppen belebt als die anderer Stadtteile. Dies könnte auf den ersten Blick als ein erfreulicher Tatbestand gewertet werden, gerade wenn man sich vor Augen hält, dass in den übrigen Innenstadtgebieten, in denen eine wohlhabendere Bevölkerung wohnt, kaum mehr Kinder bzw. Jugendliche in der Öffentlichkeit zu sehen sind. Ihre Präsenz im öffentlichen Raum ist jedoch oftmals schlicht die Konsequenz einer zu kleinen Wohnung sowie fehlender Lehr- bzw. Arbeitsstellen. Insbesondere bei Jugendlichen führt Arbeitslosigkeit zu einer Orientierungs- und Perspektivlosigkeit und wird somit zur Ursache für ein sozial auffälliges Verhalten. In den öffentlichen Räumen treffen sich demzufolge häufig rivalisierende Jugendgruppen, die Machtkämpfe austragen und mit ihrem aggressiven Auftreten ein Klima der Bedrohung und Verängstigung erzeugen. Dieses wird verstärkt durch gewalttätige Auseinandersetzungen und die Zur-Schau-Stellung von Gewaltbereitschaft durch entsprechende Insignien; als besonders beliebt haben sich hier Kampfhunde erwiesen. Zu dem negativen Bild tragen zudem häufig illegale Aktivitäten bei, z.B. Drogenhandel oder Prostitution (Landeskomission Berlin gegen Gewalt 2000).

Ein besonderes Problem stellen die Freiflächen und Kinderspielplätze dar, auf denen leicht Konflikte entstehen, da sie aufgrund des geringen Angebots besonders stark beansprucht werden. Kinder fühlen sich auf Spielplätzen nicht mehr sicher, sie werden von Alkoholikern belästigt und von Kampfhunden bedroht. Häufig berichten Jugendämter, dass – man stelle sich das vor! – von den Kindern selbst um eine Spielmöglichkeit unter (Schutz-)Aufsicht gebeten wird. Oftmals ist es aber auch generell die Verwahrlosung von öffentlichen Räumen, die Bewohner abstößt und beunruhigt. Sperrmüll wird in Höfen, auf Gehsteigen und freien Flächen abgeladen, ohne dass sich irgendjemand dafür verantwortlich fühlt (vgl. IfS/S.T.E.R.N. 1998). Zusammen mit umherziehenden oder herumstehenden Gruppen von Jugendlichen, die offensichtlich keiner regelmäßigen Arbeit nachgehen oder eine Schule besuchen, entsteht so ein Gefühl der Entfremdung, das Wegzugswünsche entstehen lässt und die Spirale kumulativer Verursachung weiter treibt.

Der Ausländeranteil übersteigt fast in allen Statistischen Gebieten – die diesem Innenstadtbereich zuzurechnen sind – 30%, unter den ausländischen Kindern und Jugendlichen beträgt er sogar fast 50%. Neben der prekären sozialen Situation und der selektiven Abwanderung weisen die problembehafteten Gebiete auch die niedrigste Wahlbeteiligung in West-Berlin auf. Neben den ausländischen Einwohnern nahmen 1999 40% der deutschen Wahlberechtigten nicht an der Abgeordnetenhauswahl teil. Über die Hälfte der erwachsenen Einwohner hatte also entweder kein Interesse oder kein Recht, sich an der Wahl politischer Repräsentanten zu beteiligen. Die formellen politischen Institutionen verlieren dort dramatisch an Legitimation und damit auch an Integrationskraft.

7.2 Das nördliche Neukölln

Im Norden des Bezirks Neukölln liegt ein ausgedehntes Altbauquartier, das direkt an Kreuzberg anschließt. Die Hälfte der 300.000 Einwohner Neuköllns lebt in diesem nördlichen Teil, der aus dichter gründerzeitlicher Bebauung mit überwiegend Ein- und Zwei-Zimmer-Wohnungen besteht sowie zwei Sozialwohnungsquartiere aufweist: die so genannte High-Deck-Siedlung und die Rollbergsiedlung. Der Ausländeranteil im nördlichen Neukölln beträgt etwas mehr als 30%. Seit den 1970er-Jahren zogen verstärkt Migranten nach Neukölln, die sich zuvor in den Sanierungsgebieten Kreuzbergs konzentriert hatten.

Mit einem Anteil von 36,5% Arbeitern an den Erwerbstätigen ist Neukölln 1998 nach Wedding der Berliner Bezirk mit dem höchsten Arbeiteranteil. In den 1990er-Jahren ist die Zahl der Beschäftigten um 22% gesunken, und es ist keineswegs sicher, dass der Trend von Entlassungen und Arbeitsplatzabbau damit abgeschlossen ist. Es waren vor allem gering qualifizierte und ungelernte Arbeiter, die arbeitslos geworden sind, darunter viele Ausländer. Jugendliche haben oftmals den Einstieg ins Berufsleben gar nicht erst gefunden. Die Arbeitslosenquote ist deutlich angestiegen: lag sie in 1995 noch bei 16,6%, erhöhte sie sich bis 1999 auf 24%. Bei der Jugendarbeitslosigkeit und der Arbeitslosigkeit unter Ausländern weist Neukölln überdurchschnittlich hohe Werte auf, am stärksten betroffen ist dabei der nördliche Teil des Bezirks.

Zur Sozialhilfedichte gibt es lediglich Angaben für den ganzen Bezirk. Im Jahre 1991 waren es noch 8,5% der Einwohner Neuköllns, die Sozialhilfe bezogen haben, 1998 bereits 13,5%. Diese besonders starke Zunahme von Transferbeziehern lässt sich durch den traditionell hohen Anteil von Arbeitern in der Industrie erklären, die ihre Arbeit verloren haben. Der Ausländeranteil unter den Sozialhilfebeziehern ist mit 36% sehr hoch (Ausländeranteil an den Einwohnern 20%), und diese leben wie geschildert vor allem im nördlichen Teil des Bezirks. Auch Kinder und Jugendliche sind besonders betroffen; ein Drittel der Sozialhilfebezieher sind unter 18 Jahren, und es sind vor allem die Kinder von Alleinerziehenden. In jedem sechsten Haushalt mit Sozialhilfebezug (16,5%) lebt nur ein Elternteil, der Anteil von vollständigen Familien im Sozialhilfebezug liegt mit 13,8% niedriger. Der ganz überwiegende Anteil der Sozialhilfebezieher sind alleinlebende Männer (30%) und alleinlebende Frauen (24%), ein Indiz für fehlende Unterstützungsnetze. Gerade im nördlichen Teil des Bezirks konzentrieren sich die Risikogruppen der Sozialhilfe: Alleinerziehende, Ausländer, Single-Haushalte. Dort beziehen zwischen 25 und 30% Leistungen des Sozialamts.

Betrachten wir das Gebiet um den Reuterplatz, der ganz im Norden an der Grenze zu Kreuzberg liegt, im Folgenden exemplarisch etwas genauer. Das Gebiet um den Reuterplatz entspricht weitgehend anderen Teilen des nördlichen Neukölln, der Ausländeranteil und die Arbeitslosenquote sind sogar etwas geringer. Zwischen 1974 und 1982 stieg die Anzahl der Ausländer von 3.000 auf 6.500 an, blieb dann bis zum Ende der 1980er-Jahre stabil und erhöhte sich in den 1990er-Jahren auf 10.000 Personen. Die Zunahme von Ausländern in diesem Gebiet ist darauf zurückzuführen, dass deutsche Haushalte verstärkt fortziehen und nicht-deutsche Personen nachfolgen.

Die Zahl der Erwerbstätigen in Neukölln insgesamt ist stark rückläufig, die Kaufkraft sinkt und das Angebot an Waren reduziert sich zunehmend auf Supermärkte mit Billig-Angeboten und Gemüseläden, die meist von Zuwan-

derern selbst betrieben werden. Der Leerstand von Wohnungen und Laden-
wohnungen hat zugenommen. Im Jahre 1998 waren 16,4% der Erwerbsbevölkerung arbeitslos, dies entspricht einer Quote von ungefähr 30% an den Erwerbstätigen. 31,5% der Arbeitslosen sind Ausländer, dies entspricht ungefähr ihrem Bevölkerungsanteil. Das heißt, die Arbeitslosigkeit im Gebiet ist
nicht deswegen höher, weil dort viele Ausländer leben, vielmehr geht ein hoher Ausländeranteil im Gebiet einher mit einem hohen Anteil armer und ar-
beitsloser deutscher Bewohner. Über ein Drittel der Arbeitslosen (35%) sind
bereits mehr als ein Jahr arbeitslos (vgl. Dorsch u.a. 2000).

Zu der sozial hoch problematischen Situation im Norden Neuköllns trägt
seit 1994 eine starke Abwanderung von Mittelschichtfamilien bei. Zwischen
1994 und 1997 haben 5,8% der Einwohner per Saldo das Gebiet verlassen,
vor allem Erwerbstätige mit Kindern. Der Anteil der Erwerbstätigen unter den
Zuziehenden ist deutlich niedriger als unter den Fortziehenden, wie wir in
Abbildung 5.1 exemplarisch gezeigt haben. Eine von uns befragte Familie mit
zwei Kindern schilderte die Entscheidung für eine neue Wohnung mit den
Worten: „Kleiner, teurer, aber Wilmersdorf" und verwies damit auf das soziale Milieu des Stadtteils. Die Fluktuation im nördlichen Neukölln beträgt in
den Jahren 1994-1997 pro Jahr 18% (vgl. Karte 5.2). Das heißt, dass über ein
Sechstel der Bewohner jährlich umzieht, bei steigender Tendenz über den genannten Zeitraum. Erwerbstätige und Familien mit kleinen Kindern sind die
Gruppen, die das Gebiet besonders häufig verlassen, die Verluste an den Einwohnern betragen 4,4 bzw. 5,0%. Die selektive Abwanderung bei gleichzeitig
steigender Arbeitslosigkeit der zurückbleibenden Bevölkerung ist ein wach-
sendes Problem im nördlichen Neukölln.

Das Wohnungsangebot scheint für Wohnungssuchende in den 1990er-
Jahren wenig attraktiv zu sein. Mit anderen Wohnungsangeboten vor allem
am Stadtrand und dem Umland konnte der Stadtteil nicht konkurrieren. Viele
der Wohnungen sind klein, und erst in den 1990er-Jahren fanden verstärkt
Sanierungs- und Modernisierungsmaßnahmen statt. Nach der Volkszählung
von 1987 zählt das Gebiet um den Reuterplatz 18.800 Wohnungen in zumeist
fünfstöckigen Häusern. Drei Viertel der Gebäude wurden vor dem Zweiten
Weltkrieg gebaut, danach entstand sozialer Wohnungsbau in den Lücken, die
Kriegsbomben in den Bestand gerissen hatten. Die durchschnittliche Wohnungsgröße beträgt 2,2 Zimmer bzw. 62 Quadratmeter. 1987 waren 63% der
Haushalte Singles, die durchschnittliche Haushaltsgröße lag bei 1,6 Personen.
Der Anteil von größeren Haushalten ist äußerst gering, und schon 1987 waren
dies vor allem ausländische Familien.

Aufgrund des schlechten baulichen Zustandes sollte ein Teilgebiet zu Beginn der 1990er-Jahre als Sanierungsgebiet ausgewiesen werden. Zwar fand
1992 eine vorbereitende Untersuchung statt, die erhebliche Defizite im Aus-

stattungsgrad der Wohnungen, der Infrastrukturversorgung und der Grünflächen feststellen konnte, jedoch wurden nur wenige ‚briefmarkengroße‘ Grundstücke tatsächlich ausgewiesen. Die öffentlichen Mittel für Sanierungsgebiete fließen seit den 1990er-Jahren fast ausschließlich in den Ostteil. Bis heute gelten die Mieten in Neukölln als besonders niedrig, sodass vor allem Haushalte zuziehen, die sich eine teurere Wohnung in einem anderen Bezirk nicht leisten können. Nicht alle Wohnungen finden aber neue Mieter, auch im nördlichen Neukölln ist der Leerstand hoch, ungefähr 10% der Wohnungen sind nicht bewohnt.

In Neukölln ist Resignation eingezogen, die Konflikte nehmen zu. So diskutierte im Sommer 2000 der Sozialstadtrat öffentlich, private Sicherheitsdienste zu beschäftigen, um die Mitarbeiter des Sozialamts vor tätlichen Angriffen seiner Klientel zu schützen. Die Wahlbeteiligung ist niedrig, und sie ist zwischen den Wahlen 1995 und 1999 auf inzwischen unter 60% gesunken. Viele Bewohner fühlen sich von der Politik im Stich gelassen und versprechen sich von Wahlen keine Einflussmöglichkeiten. Der nördliche Teil Neuköllns gehört auch zu den Gebieten mit einer relativ hohen Quote von Wählern rechtsradikaler Parteien.

Das Bezirksamt hat mit seiner Initiierung eines territorialen Beschäftigungspaktes in Neukölln das Problem der sozialen Ausgrenzung angegangen, während das Sozialamt gleichzeitig für seinen restriktiven Umgang mit Hilfebedürftigen bekannt ist. Der Sozialstadtrat übernimmt seit kurzem auch das Amt des Ausländerbeauftragten, nachdem sich der CDU-Bürgermeister jahrelang geweigert hatte, diesen Posten einzurichten. In den Gebieten Schillerpromenade, Rollbergsiedlung und High-Deck-Siedlung wurde im Jahr 1998 jeweils ein Quartiersmanagement eingesetzt.

7.3 Die östlichen Innenstadtquartiere

Die Entwicklung in den innerstädtischen Altbauquartieren Ost-Berlins ähnelt in einigen Aspekten den Entwicklungen in der West-Berliner Innenstadt. Die Fluktuation ist hoch und die Bewohnerschaft verändert sich rasch. Die Bevölkerungszusammensetzung ist jedoch derzeit noch sozial heterogen, gleichwohl sind die Wanderungen selektiver als in den Innenstadtgebieten West-Berlins.

Auch in den innerstädtischen Gebieten Ost-Berlins sind die Umzugsbewegungen gekennzeichnet durch den Wegzug von Familien mit Kindern, durch einen negativen Saldo bei den Erwerbstätigen sowie durch eine steigende Zuwanderung von Ausländern. Der Wandel im System der Wohnungsverteilung und die beginnende bauliche Erneuerung der Altbauwohnungen hat Wirkungen für die soziale Zusammensetzung. Einerseits kann oder will nur ein Teil der Bewohner die höheren Mieten für die modernisierten Wohnungen tragen. Andererseits werden erhebliche Teile von stark sanierungsbedürftigem Wohnraum wegen ungeklärter Eigentumsverhältnisse oder untätigen Eigentümern noch nicht von Modernisierungsinvestitionen erreicht. Der damit einhergehende unbefriedigende Zustand von Kindergärten und Schulen, allgemeine Mängel hinsichtlich der sozialen Infrastruktur sowie die Knappheit von benutzbaren Freiflächen veranlassen vor allem Familien mit Kindern wegzuziehen.

Aufwertungs- und Verfallsprozesse finden gleichzeitig und räumlich eng nebeneinander statt. Die Geschwindigkeit der Veränderungsprozesse ist ungewöhnlich. Die Altbauquartiere in Ost-Berlin weisen ein sehr hohes und stark steigendes Wanderungsvolumen auf, es lag 1997 bereits zwischen 400 und 500 An- und Abmeldungen pro 1000 Einwohner, gegenüber 300 bis 350 im Jahre 1994. Das heißt, dass in einem Haus im Jahre 1997 jede vierte bis fünfte Wohnung neu belegt wurde. In einigen Gebieten sind 40% der Bewohner erst in den fünf Jahren zwischen 1993 und 1997 in den Bezirk gezogen.

Die Abwanderung führt zu einer deutlich sinkenden Einwohnerzahl und nimmt in den letzten Jahren vor allem in die Außenbezirke Ost-Berlins und das Berliner Umland zu. Die Wanderungsverluste gegenüber dem Umland haben sich zwischen 1994 und 1996 verdoppelt, in den drei Jahren belaufen sich die Verluste ans Umland auf ca. 2% der Einwohner – und das sind nicht die armen, von der Sanierung verdrängten Haushalte, die in die Neubaugebiete des Umlands ziehen. Von allen Gebieten weisen die Altbauquartiere in Friedrichshain den größten Wanderungsverlust bei Kindern auf. Auch das Saldo der Erwerbstätigen ist negativ. Für einige Gebiete gilt, dass der Anteil der Erwerbstätigen unter den zuziehenden Erwachsenen um bis zu 20% niedriger ist als unter den Fortziehenden.

Ähnlich wie in den innerstädtischen Gebieten des Westteils ist ein hoher Anteil der Bewohner arbeitslos, doch sind diese Anteile noch niedriger. Mit einer Arbeitslosenquote von 20,5% (September 1999) liegt Prenzlauer Berg an der Spitze der Ost-Berliner Skala. Auch im Westteil haben nur Kreuzberg, Neukölln und Wedding höhere Arbeitslosenquoten. Diese Zahlen deuten auf eine problematische Entwicklung hin. Durch steigende Arbeitslosigkeit, selektive Abwanderung und polare Einkommensentwicklung besteht auch in Ost-Berlin die Gefahr einer Entwicklung ,nach unten', einer Herausbildung von segregierten Stadtteilen. Daneben gibt es aber auch Tendenzen der Aufwertung von einzelnen Gebieten durch den Zuzug von kinderlosen Haushalten mit höheren Einkommen. Symbolische Aufwertungsprozesse durch die Ansiedlung von Galerien, schicken Restaurants und Läden für hochwertigen

Konsum sind z.B. in der Spandauer Vorstadt und am Kollwitzplatz zu beobachten.

7.4 Beispiel: Prenzlauer Berg

Die Altbaubereiche von Prenzlauer Berg waren mit dem Ende der DDR-Zeit weitgehend verfallen. Zu Beginn der 1990er-Jahre wurde in vorbereitenden Untersuchungen zunächst geprüft, in welchen Gebieten Sanierungssatzungen erlassen werden sollten. Die Entscheidung der Senatsverwaltung für Bauen und Wohnen fiel auf insgesamt fünf Gebiete im Bezirk, die zwischen 1993 und 1995 festgelegt wurden. Ziel war es, einerseits den heruntergewirtschafteten Altbaubestand zu sanieren und die Wohnungen zu modernisieren, andererseits sollte die Bevölkerungszusammensetzung erhalten werden und die Mieten auf einem bezahlbaren Niveau bleiben. Der Erhalt der Bevölkerungsstruktur gestaltet sich aber unter den gegebenen Umständen schwierig. Die soziale Mischung, die in der DDR-Zeit in dem Altbauquartier entstanden ist, lässt sich unter den neuen Bedingungen kaum konservieren, auch vor dem Hintergrund enormer sozialstruktureller Veränderungen in der Ostdeutschen Gesellschaft. Neue Wohnungsangebote und Optionen haben sich für die Bewohner eröffnet, und gleichzeitig sind neue Eigentümer in die Quartiere des Bezirks gezogen, die ein Interesse an der möglichst effektiven Verwertung ihrer Immobilie haben. Die Absicht, die Bevölkerungsstruktur in den Sanierungs- und Milieuschutzgebieten zu erhalten, wird damit zur Gratwanderung zwischen weiterem Verfall der Bausubstanz und der Aufwertung durch Modernisierung. Beide Entwicklungen legen jeweils einer bestimmten Bevölkerungsgruppe den Wegzug nahe, und dies erklärt die hohe Fluktuation im Bezirk (vgl. Karte 5.2).

Beim Wohnungsbestand lassen sich zwei Typen erkennen, die zu je unterschiedlichen Motiven für einen Auszug der Bewohner führen: In den unsanierten Häusern, die lange von ungeklärten Eigentumsverhältnissen betroffen waren und in denen deswegen nur eine Notverwaltung ohne Sanierungs- und Modernisierungsmaßnahmen sowie ausschließlich einfache Reparaturen zur Sicherung des Hauses durchgeführt wurden, kam es zunächst zum Auszug all jener Bewohner, die eine moderne Wohnung oder zumindest eine Wohnung mit Bad und Innentoilette haben wollten – die Option stand ab Mitte des Jahrzehnts offen. Zugezogen sind in diese Häuser Arme und Studenten, die sich hier für wenig Geld und ohne Luxus einrichten wollten. Der Zustand der Häuser war teilweise katastrophal, so dass viele auch partiell leerstanden: Die Dächer waren undicht, Gasleitungen mussten abgestellt werden, Außentoiletten waren zerstört und die Treppengeländer demontiert.

In den Häusern, in denen die Eigentumsverhältnisse geklärt waren, wurde meist umgehend mit Sanierungsmaßnahmen begonnen. Viele Haushalte zogen nun aus, weil sie während der Bauphase von durchschnittlich ein bis zwei Jahren nicht in den Häusern bleiben wollten und suchten ihren Ansprüchen und Möglichkeiten entsprechend eine neue Wohnung. Viele verließen den Bezirk.

Eine Studie zu den Wegzugsmotiven aus den Sanierungsgebieten im Prenzlauer Berg kommt zu dem Ergebnis, dass 66% der weggezogenen Haushalte mit der alten Wohnung, 44% mit der Wohngegend unzufrieden waren (vgl. Argus 2000). Von den knapp 500 befragten Haushalten, die zwischen 1994 und 1999 aus ihrem bisherigen Quartier fortgezogen sind, ist nur jeder Sechste im Bezirk geblieben, 28% sind in andere Innenstadtbezirke gezogen, 8% ins Umland. Über die Hälfte der Haushalte hat eine Wohnung in den äußeren Bezirken Berlins bezogen. Die Studie hat auch die soziale Struktur der fortziehenden Haushalte erfasst: Von den Befragten hatten 45% einen Hoch- oder Fachhochschulabschluss, 40% eine berufliche Lehre abgeschlossen; der überwiegende Teil war erwerbstätig (58%), 10% arbeitslos. Diese Ergebnisse entsprechen unseren Analysen der Wanderungsdaten und zeigen den hohen Anteil statushoher Bevölkerung unter den Fortziehenden.

Im Bezirk Prenzlauer Berg hat in den 1990er-Jahren ein unübersehbarer sozialer Wandel stattgefunden. Die Bewertung des Wandels ist allerdings schwierig, denn die Bewegungen sind nicht einheitlich. Entgegen den oben wiedergegebenen Beobachtungen, die eine Abwanderung von Familien und Erwerbstätigen belegen, wird von politischen Gruppen im Bezirk vor allem die ‚Gentrification‘ beklagt, die zu einer Verdrängung der ‚angestammten‘ Bevölkerung führe. Über die zuziehenden Haushalte gibt es zwar noch keine empirische Untersuchung, doch lassen sich anhand der veränderten Sozialstruktur des Bezirks, wie sie im Mikrozensus erkennbar ist, dazu einige Aussagen machen. Aufwertungstendenzen werden an den Berufs- und Schulabschlüssen erkennbar. Der Anteil von Abiturienten und Hochschulabgängern im Bezirk ist zwischen 1991 und 1998 deutlich angestiegen: von 14 auf 24% bzw. von 25 auf 41%. Beide Gruppen haben also um rund 65% zugenommen. Gleichzeitig hat der Anteil der Personen mit Hauptschulabschluss bzw. einer Lehre abgenommen. Deren Anteile waren seit 1995 jedoch nur geringfügig rückläufig.

Eine ähnliche Entwicklung zeigt sich bei den Erwerbseinkommen. Wie wir in Kapitel 4, Tabelle 10 zeigen konnten, nehmen zwar in Prenzlauer Berg und Mitte die höheren Erwerbseinkommen (über 3000 DM) zwischen 1991 und 1998 zu, nach 1994 ist jedoch auch wieder ein Anstieg der niedrigen Einkommen festzustellen. Bei den Einkommen als auch bei den Bildungs- und Berufsabschlüssen zeichnet sich also eine Polarisierung in der Bevölkerungsstruktur des Bezirks ab. Nicht die Armen verlassen den Bezirk, sondern vor allem die Mittelschichtfamilien. Überwiegend junge Haushalte mit geringen oder hohen Einkommen ziehen dagegen zu. Dabei handelt es sich nicht nur um Einpersonenhaushalte: Die Anzahl von Single-Haushalten ist laut Mikrozensus zwischen 1994 und 1998 wieder rückläufig und die Zahl der großen Haushalte mit mindestens vier Personen steigt wieder leicht an.

Tabelle 7.2: Schul- und Berufsabschlüsse im Prenzlauer Berg 1991-1998

	Einwohner (in 1000)	Schulabschluss*		Berufsabschluss*	
		Hauptschul- abschluss	Abitur/ Fach- hochschul- reife	Berufl. Lehr- ausbildung	Hochschul- abschluss
1991	143,6	29,8	25,4	63,5	14,4
1993	147,7	32,2	26,5	64,8	16,4
1995	146,4	24,0	35,9	57,1	22,3
1996	143,9	23,3	38,3	54,0	24,6
1998	136,9	23,5	41,3	54,3	24,1

Quelle: Statistisches Landesamt Berlin: Mikrozensus
*) Prozentwerte der erhobenen Angaben, bis einschließlich 1995 waren diese freiwillig

Wenn mit ‚Gentrification' eines *Gebiets* definitionsgemäß der soziale Austausch der Bewohner einhergeht, hat sie im Prenzlauer Berg bisher nicht stattgefunden, da der Fortzug von Mittelschichtsfamilien immer wieder Wohnungen frei macht, in die – je nach Miete und Ausstattung – entweder Haushalte mit höheren Einkommen oder ärmere Haushalte einziehen können. In einem Haus, das saniert und modernisiert wird, wohnen nach Abschluss dieser Arbeiten in der Regel überwiegend andere Bewohner, und darunter mehrere, die sich in einer besseren sozialen Lage befinden als ihre Vormieter. Bei einer Umwandlung in Eigentumswohnungen findet meist ein völliger Bewohnerwechsel statt. Aber im Nachbarhaus, in dem der Wohnstandard nicht verbessert wird und daher auch die Miete niedriger bleibt, ziehen die ‚Bessergestellten' eher aus: Gentrification also im einen, das Gegenteil davon jedoch im Nachbarhaus.

Bisher sind ca. 40% der Häuser umfassend saniert und modernisiert, so dass es noch ausreichend unsanierten Altbaubestand gibt, in den ärmere

176

Gruppen bei Modernisierung ausweichen könnten. Eine Verdrängung der Armen wird dann einsetzen, wenn es diesen Bestand nicht mehr gibt und eine Ausweichmöglichkeit im Bezirk nicht mehr besteht. Aufwertungsprozesse und fortschreitender Verfall liegen im Prenzlauer Berg kleinräumig nebeneinander. In den Quartieren entwickeln sich unterschiedliche Milieus und selbst zwischen nahe beieinander liegenden Straßen gibt es unterschiedliche soziale Zuschreibungen, die sich mittelfristig in einem kleinräumigen Nebeneinander von Auf- und Abwertung erhalten werden. Bei all diesen Prozessen spielt auch das Verhalten der Bewohner im Hinblick auf die Wahrnehmung ihrer Rechte und ihrer Interessen eine Rolle. Darauf werden wir im nächsten Kapitel eingehen.

Das Tempo der Sanierung wird sich nach dem inzwischen wirksam gewordenen Ende der Sonderabscheibungen verlangsamen. Vielleicht kann dann der Erhalt der Bevölkerungsstruktur eher ermöglicht werden – oder aber, und das wäre ein anderes Szenario, die Eigentümer müssen wegen des Wegfalls von Einkünften aus der Steuerersparnis höhere Mieten zur Finanzierung der Erneuerung durchsetzen und damit eine stärkere soziale Aufwertung induzieren. Das wird nur in solchen Quartieren möglich sein, die bereits eine starke symbolische Aufwertung erfahren haben und die sich durch eine hohe städtebauliche Qualität auszeichnen.

8. Stadterneuerung in den östlichen Altbaugebieten

Wir haben dargestellt, dass sich im Prenzlauer Berg in den 1990er-Jahren ein tiefgreifender Wandel der Bevölkerungsstruktur ergeben hat, der sich in einem kleinräumigen Nebeneinander von Auf- und Abwertung niederschlägt. Wir haben diese Entwicklung in Verbindung gebracht mit dem Sanierungsgeschehen im Bezirk und wollen diesen Aspekt nun genauer ausführen. Dabei werden wir uns dem Wandel der Eigentumsstrukturen und der Sanierungspolitik widmen und die Konflikte zwischen Bewohnerinteresse und ökonomischem Interesse der Hausbesitzer erläutern.

Formal gab es in der DDR kein Privateigentum am Boden. Grund und Boden sollten als Quelle individueller Bereicherung ausgeschaltet werden. Das war eine der Hauptlinien der Gesellschaftspolitik der DDR. Durch die Vermietung von Wohnungen sollte kein Gewinn erzielt werden können, die Mieten für Altbauten wurden auf den Stand von vor dem Zweiten Weltkrieg festgeschrieben, die Belegung der Mietwohnungen ging in die Kompetenz der kommunalen Wohnungsverwaltungen über. Selbst dort, wo privater Hausbesitz formal erhalten blieb, hatte er faktisch keine Bedeutung. Die Hausbesitzer konnten ihre Häuser nicht kostendeckend bewirtschaften, nahmen daher keine Investitionen vor und überließen die Verwaltung in wachsendem Umfang dem Staat. Abwanderer in den Westen blieben formal Eigentümer, ohne sich weiter um das Haus zu kümmern, sie verkauften bzw. schenkten das Haus dem Staat, oder sie wurden unter irgendeinem Vorwand vom DDR-Staat enteignet. Die Altbauten wurden schlecht und recht verwaltet, Instandsetzungen wurden kaum vorgenommen, Modernisierungen nur in wenigen Ausnahmefällen (Arkonaplatz, Arnimplatz). Insgesamt wurden die Gründerzeitbauten innerhalb des S-Bahn-Rings als ‚kapitalistisches Erbe' betrachtet, dessen beständiger Verfall bis zur Unbewohnbarkeit in Kauf genommen wurde, weil die Altbauten ohnehin durch moderne Neubauten ersetzt werden sollten – wie dies bereits in der Innenstadt zwischen Palast der Republik und Alexanderplatz sowie links und rechts der großen Magistrale nach Osten, der Stalin- bzw. Karl-Marx-Allee, geschehen war.

8.1 Restitution: Der Wandel der Eigentümerstruktur

Die Volkskammer der DDR verabschiedete vor der staatlichen Vereinigung auf der Grundlage der „gemeinsamen Erklärung" der beiden Verhandlungskommissionen von 1990 das erste „Gesetz zur Regelung offener Vermögensfragen". Darin wurde festgelegt, dass das private Eigentum an Grund und Boden wiederhergestellt werden soll, und dass alle nicht rechtmäßigen Eigentumsübertragungen seit dem 30. Januar 1933 auf Antrag der Betroffenen rückgängig gemacht werden sollen. Noch im Jahre 1989 waren bei den Behörden in Ost-Berlin frühere Eigentümer von Mietshäusern aufgetaucht, die die Rückgabe ihrer Häuser bzw. die Übergabe der Verwaltung ihrer Häuser forderten. Anträge auf Rückübertragung bzw. auf Entlassung aus der staatlichen Verwaltung konnten dann an das Amt für offene Vermögensfragen gerichtet werden, das in der Zeit zwischen 1990 und 2000 in Berlin insgesamt 192.000 Anträge auf Immobilien zu bearbeiten hatte. Bis zum Jahre 2000 sind etwa 95% aller Anträge vom ARoV entschieden worden, so dass der Restitutionsprozess faktisch als abgeschlossen gelten kann (vgl. Häußermann u.a. 1999).

In den innerstädtischen Bezirken Mitte und Prenzlauer Berg wurden für über 90% der Altbauten Restitutionsanträge gestellt, etwa 70% des Altbaubestandes wurde den alten Eigentümern rückübertragen bzw. wieder in die eigene Verwaltung übergeben. Die Eigentümerstruktur in den Altbaugebieten ist also in einem relativ kurzen Zeitraum vollkommen umgekrempelt worden von einer nahezu vollständigen staatlichen Verwaltung zu einer privaten Eigentümerstruktur, die etwa 75 % des Altbaubestandes umfasst. Während 1990 noch 90% der Altbauten von der kommunalen Wohnungsverwaltung verwaltet wurden, werden sich auf Dauer nur noch etwa 20% der Bestände im Eigentum der kommunalen Wohnungsbaugesellschaften befinden.

Die Restitution des privaten Immobilieneigentums hat den historisch-moralischen Sinn einer „Wiedergutmachung" von Unrecht, das in der Zeit des Nationalsozialismus und in der Zeit des SED-Staates den Grundeigentümern angetan worden ist (vgl. Bönker/Offe 1994). Die ‚Arisierung' des Grundvermögens war Teil der antisemitischen Vernichtungsstrategie des NS-Systems. Juden waren durch die Verfolgung zur Immigration gezwungen und mussten in vielen Fällen, um noch das Flug- bzw. Schiffsticket bezahlen zu können, ihren Hausbesitz verkaufen. Oftmals wurde ein ordentlicher Kaufvertrag abgeschlossen, die Kaufsumme landete allerdings nur zu einem geringen Teil auf dem Konto des Verkäufers. Der Hauptanteil ging an NS-Organisationen. Einige bizarre Bestimmungen des rassistischen Rechts erlaubten auch schlicht den ‚Einzug' von jüdischem Eigentum, d.h. die entschädigungslose Enteignung aus politisch-rassistischen Gründen (vgl. Zunzer 1996 und 1997).

Im DDR-Staat gab es ein Gesetz, das die legale Enteignung von privatem Grundbesitz für Zwecke der Stadtplanung ermöglichte (vgl. zum folgenden Reimann 2000). Dieses „Aufbaugesetz" wurde im Zentrum häufig angewandt. Für solche Enteignungen wurde eine Entschädigung bezahlt, sie sind auch heute noch rechtens und werden nicht rückgängig gemacht. Andererseits sind viele Häuser von der kommunalen Wohnungsverwaltung einfach in ‚Volkseigentum' übernommen worden, weil die privaten Eigentümer entweder nicht mehr die Steuern zahlten oder für notwendige Investitionsmaßnahmen nicht aufkommen wollten. Flüchtlingen nach Westen wurde, weil sie DDR-Gesetze verletzt hatten, der Grundbesitz meist entschädigungslos enteignet. Es gab allerdings auch Fälle, in denen die Westflüchtlinge Eigentümer blieben und sich während der gesamten Zeit des DDR-Staates noch um die Verwaltung ihres Grundbesitzes kümmerten. Insgesamt herrschte also ein verwirrendes Durcheinander von rechtmäßigen und unrechtmäßigen Enteignungen, von politisch begründeten ohne Entschädigung und legalen, mit Entschädigung verbundenen. Verfolgungsbedingtes und teilungsbedingtes Unrecht sollte durch die Restitution des privaten Grundvermögens, soweit dies möglich und denkbar ist, wieder ‚gutgemacht' werden.

Die meisten Anträge waren bis 1991 gestellt. Das Jahr 1992 war der letzte Zeitpunkt, zu dem dies möglich war – mit Ausnahme jüdischen Eigentums, für das die Jewish Claims Conference ohne zeitliche Begrenzung Rückgabeanträge stellen kann. Fortan musste bei jeder Eigentumsübertragung eines Altbaus eine so genannte Negativbescheinigung vorliegen, d.h. das ARoV musste bestätigen, dass der Verkäufer der rechtmäßige Eigentümer ist und keine konkurrierenden Restitutionsansprüche vorliegen. In den Jahren 1991 und 1992 standen wegen der hohen Belastung durch Restitutionsansprüche kaum Mehrfamilienhäuser im Altbaubereich der östlichen innerstädtischen Bezirke zum Kauf. Da gleichzeitig die Erwartungen an die Nachfrage nach innerstädtischem Wohnraum sehr hoch waren, stiegen die Kaufpreise für die heruntergekommenen Altbauten in abenteuerliche Höhen. Das Interesse an Altbauten wurde besonders dadurch angereizt, dass das Fördergebietsgesetz für Investitionen im Wohnungsbereich in den neuen Bundesländern bis zum Jahre 1998 Abschreibungsmöglichkeiten bis zu 50% der Investitionssumme – entweder in einem Jahr oder verteilt auf mehrere Jahre – bot. Dies wurde von Immobiliengesellschaften und Investmentfonds dazu genutzt, Investitionen zu planen und dafür Beteiligungen bei westdeutschen Anlegern einzusammeln, bei denen der Eigenkapitalanteil vollkommen aus den Steuerersparnissen durch die Abschreibungsmöglichkeiten gedeckt werden konnte. Der Rest der Investition sollte dann durch die Mieteinnahmen refinanziert werden. Auf diese Weise war es möglich, ohne Eigenkapital Eigentümer einer sanierten und modernisierten Wohnung in Ost-Berlin (und selbstverständlich auch in den sonstigen neuen Bundesländern) zu werden.

Obwohl in den ersten Jahren nach der Vereinigung zahlreiche Häuser aus der staatlichen Verwaltung entlassen wurden und daher sofort für den Verkauf oder für Investitionen verfügbar waren – sofern die alten Eigentümer formell noch Eigentümer geblieben waren –, waren bei sehr vielen Häusern die künftigen Eigentumsverhältnisse nicht geklärt. Dies führte dazu, dass keinerlei Investition in die Instandsetzung und Modernisierung vorgenommen werden durfte. Diese Häuser blieben nämlich noch in der Verwaltung der kommunalen Wohnungsbaugesellschaft, diese durfte aber lediglich Sicherungsmaßnahmen vornehmen und keine Wertverbesserung. Damit war gleichsam gesetzlich eine Investitionssperre verfügt, die die Häuser dem weiteren Verfall preisgab und insbesondere die Bewohner so verunsicherte, dass ein Mieteraustausch einsetzte, bevor auch nur Pläne für eine Sanierung vorlagen. Für viele dieser Häuser lagen keine Grundbuchakten mehr vor, und daher war es mühselig, die angemeldeten Eigentumsansprüche zu klären – insbesondere deshalb, weil für viele Grundstücke konkurrierende Anträge gestellt worden waren, die sich auf Eigentumstitel aus verschiedenen Zeitpunkten bezogen.

Der Restitutionsprozess wirkte also zunächst investitionshemmend und entschleunigend. Zwar gab es mit dem 1992 verabschiedeten Investitionsvorranggesetz ein Instrument, Rückgabeansprüche zu neutralisieren, wenn ein Investor einen Plan für die Schaffung von Arbeitsplätzen oder neuen Wohnungen vorlegte. Für Miethäuser kam diese Bestimmung jedoch nur ganz selten zum Zuge. Während in den ersten Jahren nach der Vereinigung etwa bis Mitte der 90er-Jahre vor allem die investitionshemmende Wirkung der Restitutionsregelung beklagt wurde, wird seit einigen Jahren das Gegenteil, nämlich die investitionsfördernde Wirkung der Privatisierung kritisiert. Bald nach Beginn der Restitution von privatem Immobilienvermögen stellte es sich nämlich heraus, dass nicht diejenigen Familien bzw. Personen, die als frühere Eigentümer restituiert wurden, das Haus in Verwaltung nahmen und sich um die weitere Verwendung kümmerten, sondern dass in fast allen Fällen die Häuser nach Rückgabe sofort verkauft wurden. In den Fällen, in denen Häuser an die Jewish Claims Conference zurückgegeben wurden, war dies automatisch der Fall, denn die JCC war und ist nach ihrer Satzung verpflichtet, die zurückgegebenen Immobilien in Geld zu verwandeln und dieses Geld einem Fonds für die Opfer der Judenverfolgung im NS-Staat zuzuleiten (vgl. Dieser 1996).

Jedoch auch dann, wenn Einzelpersonen oder Erbengemeinschaften das Haus rückübertragen bekamen, verkauften sie es in der Regel rasch. Dafür gab es mehrere Gründe: Entweder sie lebten im Ausland oder doch so weit entfernt, dass eine eigene Verwaltung nur mühselig möglich gewesen wäre, oder sie konnten sich als Erbengemeinschaft über eine künftige Nutzung nicht einigen, anderen schließlich fehlte es an dem nötigen Kapital, um die heruntergekommene und stark investitionsbedürftige Bausubstanz zu erhalten. Durch den Restitutionsprozess wurden also nicht die früheren Besitzverhältnisse wiederhergestellt, sondern es etablierte sich eine professionelle Immobilieneigentümerstruktur aus Immobiliengesellschaften, Fondsvermögen und Abschreibungsgesellschaften. Ein Teil dieser neuen Eigentümer besteht aus Zusammenschlüssen von Personen, die selbst Wohnungen in den Häusern beziehen wollten. Auch sie konnten Abschreibungsmöglichkeiten geltend machen und waren somit finanziell in der Lage, Hauseigentümer zu werden und die entsprechenden Investitionen für die Instandsetzung und Modernisierung vorzunehmen.

Professionelle Verwertungsgesellschaften haben das Interesse, die Wohnungen zu sanieren und zu modernisieren, um sie anschließend als Eigentumswohnungen zu verkaufen. Dies ist eine Strategie, mit der auch in Sanierungs- und Erhaltungsgebieten die durch die Mietobergrenzen beschränkten Einnahmemöglichkeiten umgangen werden können, denn der Verkauf von Wohnungen bringt den erhofften Kapitalgewinn sofort ein, die Beschränkungen bei den Mieteinnahmen (z.B. bei Mietobergrenzen) können durch die Steuerersparnisse der Anleger kompensiert werden. In diesem Fall werden die Steuerabschreibungsmöglichkeiten also in Form von nicht kostendeckenden Mieten an die Bewohner weitergegeben – dies setzt allerdings voraus, dass die Bewohner auch während der Sanierung Mieter ihrer Wohnung bleiben, sich gut bei der Wahrung und Durchsetzung ihrer Rechte auskennen und sich auch dann engagieren, wenn dies mühsam, frustrierend und zeitaufwendig ist.

8.2 Die Kostenfalle: Qualität oder Größe?

Durch den Eigentumstransfer und die anschließenden notwendigen Investitionen in die Instandsetzung und Modernisierung der Häuser entstehen Kosten, die nur durch so hohe Mieten refinanzierbar sind, dass sie von vielen ‚Altbewohnern‘ (das sind solche, die bereits vor 1992 in den Altbaugebieten eine Wohnung bezogen haben) nicht aufgebracht werden können. Als auf einem spekulativ noch überhitzten Immobilienmarkt Anfang der 90er-Jahre für heruntergekommene Altbauten etwa 1.000 DM pro Quadratmeter Wohnfläche als Kaufpreis bezahlt werden mussten, ergab sich bei einer jährlichen Verzinsung des Kaufpreises von 7% eine Monatsmiete von 5,80 DM pro Quadratmeter, die allein für die Deckung des Kaufpreises notwendig gewesen wäre. Mit Betriebskosten wäre dann also rasch eine Gesamtmiete von 7 - 8 DM für eine unsanierte Altbauwohnung zusammengekommen, die seit den 30er-Jahren keine Renovierung oder Instandsetzung erlebt hatte. Mit dem Beginn der Restitution und Privatisierung von Immobilien begann daher zugleich die öffentliche Auseinandersetzung darüber, wie stark die Mieten steigen dürften und welches Investitionsniveau in den Altbaugebieten angemessen sei, wenn man die dort vorhandene Bevölkerungszusammensetzung nicht grundlegend umkrempeln wolle. Die Instandsetzung und Modernisierung in Ost-Berlin wurde im Jahr 1990 bereits vor der staatlichen Vereinigung vom Senat von Berlin mit Zuschüssen und zinsgünstigen Krediten unterstützt, so dass nicht die gesamte Investition über eine höhere Miete finanziert werden musste.

In den insgesamt 15 Sanierungsgebieten, die in den Ost-Berliner Gründerzeitquartieren zwischen 1993 und 1995 festgelegt worden sind, werden im Rahmen des Programms ‚Soziale Stadterneuerung' für eine umfassende Sanierung und Modernisierung Zuschüsse und zinsgünstige Darlehen gewährt – allerdings nur für die Gegenleistung, dass das Bezirksamt für die so geförderten Wohnungen ein Belegungsrecht für ca. drei Jahrzehnte bekommt. Damit werden vollsanierte Wohnungen mit subventionierten Mieten für die Umsetzung von ‚Sanierungsbetroffenen' requiriert, die von diesen für die Zeit der Sanierung ihrer eigenen Wohnung oder auch auf Dauer bewohnt werden können. Im letzteren Fall wird ihre frühere Wohnung nach der Sanierung anderen Sanierungsbetroffenen angeboten. Dies ist die wirksamste Strategie, um die soziale Zusammensetzung der Gebietsbevölkerung zu konservieren. Allerdings werden in diesen Ringtausch nur solche Häuser einbezogen, deren Eigentümer die Förderung im Programm ‚Soziale Stadterneuerung' beantragen, was – trotz der hohen finanziellen Förderung – nur wenige tun.

Wer mit seinem Mietshaus rasch Geld verdienen will, meidet solche Bindungen. Denn mit der Inanspruchnahme umfassender öffentlicher Mittel ist eine Kontrolle über die Mieten nach der Sanierung verbunden, außerdem wird – wie bereits erwähnt – das Belegungsrecht an die Bezirksverwaltung abgegeben. Diese Beschränkung in der Verfügung über das private Eigentum ist für viele Immobilieneigentümer der Grund, keine öffentlichen Mittel in Anspruch zu nehmen, sondern eine so genannte ‚Privatmodernisierung' ohne öffentliche Förderung vorzunehmen. Bei beschränkter Zahlungsmöglichkeit bzw. -willigkeit der Bewohner gibt es in solchen Häusern nur zwei Möglichkeiten: Entweder wird das Investitionsniveau so niedrig gehalten, dass die Mieten für ihre Refinanzierung nur moderat steigen, oder die Mieter müssen Platz machen für zahlungskräftigere Haushalte. Letzteres kann sich entweder als mehr oder weniger freiwilliger Auszug nach Zahlung einer (unter Umständen satten) Prämie durch den Eigentümer gestalten, sie kann aber auch durch Schikanen und Drohungen seitens der Vermieter mehr oder weniger gewaltförmig herbeigeführt werden. Eine dritte Möglichkeit ist, dass die

Mieter die Belastungen und Belästigungen durch den Sanierungs- und Modernisierungsprozess fürchten und deshalb bereits bei Ankündigung solcher Maßnahmen die Wohnung aufgeben und woanders hinziehen.

Da aufgrund der Vernachlässigung der Gebäude, in die seit 1933 meist keinerlei Investitionen mehr gesteckt worden waren, ein riesiger Investitionsbedarf aufgelaufen ist, ändert sich für die meisten Haushalte die finanzielle Belastung durch Sanierung und Modernisierung sehr stark. Einerseits gibt es natürlich Haushalte, die die Verbesserungen der Wohnqualität gerne akzeptieren und auch bereit sind, dafür erheblich mehr Geld zu bezahlen – auf der anderen Seite gibt es aber in den innerstädtischen Altbaugebieten eine große Zahl von Haushalten, die nur über niedrige Einkommen verfügen und deshalb keine starken Mietsteigerungen hinnehmen können. Altbauwohnungen haben häufig wenig Zimmer, aber große Flächen, deren Miete von den Einwohnern nur bezahlt werden kann, so lange der Quadratmeterpreis sehr niedrig ist. Eine auch nur mittelmäßige Steigerung dieser Miete macht es Haushalten mit geringen Einkommen rasch unmöglich, die Wohnung weiter bezahlen zu können. Sie hätten gerne die Wahl zwischen einer großen, auf niedrigem Niveau modernisierten und daher noch bezahlbaren Wohnung oder einer mit hohem Modernisierungsniveau und deshalb auch teuren Wohnung – aber vor die Alternative ‚Größe oder Qualität‘ werden sie gar nicht gestellt: dass ein ‚ortsüblicher‘ Standard hergestellt werden darf, erlaubt dem Eigentümer das Gesetz.

Neben wirklich armen Leuten, zu denen in diesem Kontext auch viele studentische Haushalte gezählt werden müssen, ist dies vor allem für Familien mit Kindern ein großes Problem. Diese können in den innerstädtischen Altbauwohnungen leben, solange der Quadratmeterpreis niedrig ist. Wenn durch Sanierung und Modernisierung die Miete erheblich steigt, stellt sich für sie rasch die finanziell gleichwertige Alternative einer Neubauwohnung am Stadtrand oder im Umland, und sie wird – wie bereits in Kapitel 7 dargestellt – von vielen tatsächlich auch ergriffen. Dies führt zu der in den östlichen Altbaugebieten viel beklagten „Abwanderung von Familien". Durch dieses Problem werden also soziale Umstrukturierungsprozesse in den Altbaugebieten eingeleitet, die zu erheblichen politischen Konflikten und zu einer insgesamt skeptischen Beurteilung der Sanierungsvorgänge seitens der ‚Alteingesessenen‘ führen.

Um den sozialen Wandel zu vermeiden, fordern politische Initiativen und Betroffenenvertretungen, das Investitionsniveau so niedrig zu halten, dass die bisherigen Mieter die Wohnungen auch nach der Modernisierung ohne große Probleme bezahlen können. Eine solche Logik ist allerdings nicht unproblematisch, weil damit festgelegt würde, dass für Haushalte mit niedrigen Einkommen eine niedrige Wohnqualität festgeschrieben wird – und andere Bewohner eines solchen Hauses, die durchaus an einer durchgreifenden Modernisierung interessiert sind, dann das Haus verlassen müssten. Der beste Ausweg in einem Sozialstaat wäre sicher der, diese Sanierungen mit öffentlichen Mitteln zu unterstützen und somit eine bezahlbare Miete für alle auch bei verbesserter Qualität zu garantieren. Diese Strategie stößt allerdings an die Grenzen der für die Sanierung zur Verfügung stehen öffentlichen Mittel – abgesehen davon, dass viele Hauseigentümer auf diese Förderung aus den genannten Gründen ohnehin lieber verzichten; und aufzwingen kann sie ihnen niemand. In den früheren West-Berliner Sanierungsgebieten wurden den Eigentümern die Vorstellungen der Sanierungsverwaltung aufgezwungen, und zwar dahingehend, dass ein Sanierungsträger alle Altbauten aufkaufte, sie abriss oder sanierte und sie anschließend wieder verkaufte. Diese typisch ‚fordistische' Sanierung hat eine Unmenge öffentlicher Mittel verschlungen und ist aus den bereits genannten Gründen zu Recht in die Kritik geraten. Nun werden die Eigentümer stärker an der Finanzierung beteiligt, und damit auch die Mieter (vgl. Bodenschatz/Konter 1994; Häußermann 2000a). Die gesamte Sanierungsstrategie hat sich in einen (‚postfordistischen') stärker dezentral gesteuerten Prozess verwandelt, in dem die privaten Eigentümer einen größeren Einfluss haben als dies früher der Fall war.

Die Politik der Stadterneuerung steht vor dem Dilemma, einen riesigen Nachholbedarf an Investitionen finanzieren zu müssen, gleichzeitig aber eine Sozialstruktur der Bewohnerschaft erhalten zu wollen, die durch einen nicht unwesentlichen Anteil von einkommensschwachen Haushalten gekennzeichnet ist. Dies scheint wie die Quadratur des Kreises – und wie Analysen zum Sanierungsverlauf zeigen, wird die Unmöglichkeit dieser Strategie zu einem erheblichen Teil durch den Austausch der Bewohnerschaft aufgelöst: Im Verlauf der Sanierungszeit machen einkommensschwache Mieter Wohnungen frei, in die dann zahlungskräftigere einziehen können.

Die ökonomischen Probleme sind aber nur eine Seite des sozialen Wandels in den Altbaugebieten der Ost-Berliner Innenstadt. Der kulturelle Wandel und die rasche Entwertung bzw. Beseitigung von Zeichen der sozialistischen Vergangenheit trägt zu einer kulturellen Entfremdung der alteingesessenen Bewohner bei und veranlasst diese, die nun von ‚fremden' Gruppen besetzten Gebiete zu verlassen. Die durchschnittliche Kaufkraft der Privathaushalte in den neuen Bundesländern liegt zwar seit der Vereinigung weit über derjenigen der Privathaushalte in den östlichen Nachbarländern, aber die durchschnittliche Zufriedenheit mit dem Transformationsprozess liegt weit darunter. In der Selbstwahrnehmung des Transformationsprozesses durch die Bewohner der neuen Bundesländer gibt es außerdem eine hartnäckige Diskrepanz zwischen der Wertschätzung der persönlichen und der Wahrnehmung der allgemeinen Situation. Der Begriff ‚Jammer-Ossis' ist sprichwörtlich geworden. Das ‚Jammern' bezieht sich allerdings weniger auf eine materielle Benachteiligung als auf eine Fremdheit gegenüber den seit 1990 etablierten Strukturen und Prozessen, die in offenbar für viele nicht ganz durchschaubarer Weise den Alltag bestimmen. Während es bis zur Wende einen einzigen Akteur gab, der für alles, aber auch für alles verantwortlich zu machen war, nämlich die Partei, sind im neuen ökonomischen und politischen System die verantwortlichen Akteure und deren wechselseitige Abhängigkeiten nur noch schwer auszumachen, Entscheidungsprozesse sind von einer Vielzahl von Akteuren und Regelungen abhängig – und daher auch schwer zu beeinflussen. Die Versuchung, diese diffuse Lage mit einer einfachen Theorie begreiflich zu machen, liegt nahe. So lautet eine der Grundüberzeugungen, die in der politischen Öffentlichkeit von Sanierungsgebieten häufig zu hören ist, dass die große Mehrheit der Bewohner von der ‚kapitalistischen Sanierung' vertrieben werde.

Weil die sozialistische Bau- und Stadtpolitik bis in die 80er-Jahre von einer absoluten Dominanz des Neubaus geprägt war, hatten sich große Hoffnungen der Altbaubewohner und der an einer Bewahrung der historischen Stadt orientierten Stadtpolitiker und Planer nach der Wende darauf gerichtet, mit dem Wandel des ökonomischen und politischen Systems könne eine Wende zugunsten der Bewahrung der historischen Stadt eingeleitet werden. Ob eine bauliche Erneuerung gelingen könne, ohne die Bewohner zu vertreiben, wurde zur zentralen Frage. Im Folgenden soll gezeigt werden, dass seitens der staatlichen Planung zwar die formal-rechtlichen Instrumente für eine Besitzstandswahrung der Bewohner bereitgestellt wurden, dass dieser Möglichkeitsrahmen aber keineswegs von allen in Anspruch genommen wird, dass also nur eine Minderheit der Bewohner ihre Rechte mit aktivem Handeln auch durchsetzt.

8.3 Ziele der Stadterneuerungspolitik

Der Zustand der Wohnungsversorgung, insbesondere die Entwicklung in den Altbaugebieten, war vor 1990 Gegenstand immer lauter werdender Kritik seitens der DDR-Bevölkerung und seitens der Experten für Städtebau und Wohnungspolitik (vgl. Hunger u.a. 1990). Von den neuen politischen Verhältnissen und von den nun einsetzbaren ökonomischen Potenzialen erwarteten die Bewohner nach 1990 eine rasche Behebung der schlimmsten baulichen Missstände und die Modernisierung der Infrastruktur, die ein komfortableres Wohnen möglich machen sollten. Diese Wünsche waren allerdings verbunden mit der Vorstellung, dass dieser Erneuerungsprozess nicht aus

Mieterhöhungen finanziert werde – oder sich wenigstens an den Wünschen und finanziellen Möglichkeiten der Bewohner zu orientieren habe. Diese Erwartung erschien deshalb nicht als utopisch, weil ja ein Großteil der Häuser in Staatseigentum übergegangen war und weil die Alteigentümer der noch im Privatbesitz verbliebenen Mietshäuser angesichts der restriktiven Mietregelungen in der DDR das Interesse offensichtlich verloren hatten. Der Kampf gegen die staatssozialistische Diktatur sollte auch dem Leben in den Altbaubeständen eine neue Perspektive eröffnen, und dies sollte die Perspektive ihrer Bewohner sein. Doch die Bedingungen für eine Steuerung ‚von unten' änderten sich rasch, nachdem die Stadterneuerungspolitik aus dem Westteil in den Ostteil transplaniert worden war. Bewohnerwechsel und Stadterneuerung bilden historisch nämlich ein enges Paar, wobei Zwang und Freiwilligkeit beim Auszug aus modernisierten Wohnungen nicht immer ganz einfach zu unterscheiden sind. Welche Politik hat sich entwickelt?

Die Altbaugebiete in Ost-Berlin liegen innerhalb des S-Bahn-Rings konzentrisch um die alte Stadtmitte. Sie sind überwiegend Bestandteil der gründerzeitlichen Stadterweiterung („Mietskasernenstadt"). Sie weisen einen sehr hohen Erneuerungsbedarf auf, da zu DDR-Zeiten diese Restbestände der ‚kapitalistischen Stadt' insgesamt zum Abriss vorgesehen waren. Die meisten Wohnungen verfügen bis heute lediglich über Einzelofenheizung und über keine bzw. unzureichende Badezimmer. Der bauliche Zustand der noch nicht modernisierten Häuser ist überwiegend katastrophal.

Diese Verhältnisse waren auch in vielen innerstädtischen Altbaugebieten der westlichen Bundesländer in den 1950er-Jahren anzutreffen und sie waren damals Anlass für die umfangreichen Sanierungsprogramme der 60er und 70er-Jahre. In den Sanierungsgebieten der westdeutschen Städte wurde in vielen soziologischen Untersuchungen ein Zusammenhang zwischen baulichem Verfall bzw. städtebaulichen Missständen und sozialer Marginalisierung der Bewohner beschrieben. Die Konzentration von prolembeladenen und armen Haushalten war in den meisten Fällen das Ergebnis einer selektiven Mobilität, die mit der Ankündigung der Sanierung eingesetzt hatte und in deren Folge nur diejenigen in den maroden Baubeständen zurückblieben, die materiell oder sozial nicht in der Lage waren, dem Exodus zu folgen (vgl. insbesondere Becker/Schulz zur Wiesch 1982). Die soziale Tatsache, die zur Begründung der Sanierung diente, war also in vielen Fällen durch die Sanierungsankündigung erst hergestellt worden.

In den sanierungsbedürftigen Altbaugebieten der östlichen Stadthälfte von Berlin hat dieser Sortierungsprozess nicht in gleichem Umfang stattgefunden, daher wird als Besonderheit der Sanierungsgebiete die ‚soziale Mischung' der Bewohnerschaft hervorgehoben. Damit ist gemeint, dass die soziale Heterogenität der Bewohnerschaft größer ist als es in vergleichbaren

Fällen im Westen der Fall gewesen war (Hannemann 1993). Dieser niedrigere Grad sozialräumlicher Segregation wird von den Kommunalpolitikern und von der Landesregierung für wertvoll und bewahrenswert gehalten.

Da in Berlin nach der Veränderung der wirtschaftsgeographischen Rahmenbedingungen große Wachstumserwartungen herrschten, bestand unter Experten und politischen Gruppen die Erwartung, dass in den Innenstadtrandgebieten ein großer Veränderungsdruck entstehen werde, als dessen Folge sich die Nutzungs- und Sozialstrukturen erheblich verändern würden. Dieser Druck könnte einerseits von einer Expansion des innerstädtischen Gewerbes durch ‚Zweckentfremdung' von Wohnraum ausgehen, andererseits von der Zuwanderung der „neuen Dienstleistungsklasse" (Noller/Ronneberger 1995), deren Angehörige in der Innenstadt arbeiten und in den nahe gelegenen sanierten Altbaugebieten wohnen wollen.

Genährt wurde diese Erwartung im Bezirk Prenzlauer Berg zusätzlich durch das Image bzw. den Mythos, der dem Gebiet durch die dortige Subkultur vor und seit der Vereinigung anhaftet. Im Prenzlauer Berg war zu DDR-Zeiten eine sozialkulturelle Mischung entstanden, an der Liedermacher, Poeten und andere Künstler ebenso beteiligt waren wie politische Dissidenten, Aussteiger und Studenten (vgl. Kil 1992; Felsmann/Gröschner 1999). Viele kulturelle Treffpunkte (Clubs und Kneipen) machten das Gebiet für Nonkonformisten – und damit auch für die Staatssicherheitsorgane – attraktiv, und in der Vorwendezeit fanden in den dort gelegenen Kirchen politische Oppositionsversammlungen statt, die große öffentliche Aufmerksamkeit erregten. Gleich nach der Vereinigung zogen zahlreiche Studenten aus dem Westen in leer stehende Wohnungen, einige Häuser wurden besetzt und die Infrastruktur aus Kneipen und alternativen Kulturinitiativen dehnte sich rasch aus.

Die Situationsdefinition, die allen strategischen Entscheidungen und Forderungen der politischen Akteure zugrundeliegt, ist also die, dass in den Altbaugebieten eine Gentrification (vgl. Friedrichs 2000) drohe, in deren Verlauf die ‚angestammte' Bevölkerung durch kaufkräftige Haushalte, die einer anderen sozialen Gruppe und einer anderen Kultur angehören, verdrängt werde. Das zu verhindern und die Altbaugebiete für die Bevölkerung bewohnbar zu erhalten, die bereits vor Sanierung und Modernisierung dort gewohnt hat, ist das erklärte Ziel der lokalen Politik. Die Bezirkspolitik setzt daher alle verfügbaren Instrumente zur Dämpfung des Investitionsniveaus und zur Abwehr von ‚Luxusmodernisierung' ein. Dies sind Sanierungssatzungen und Mietobergrenzen, Erhaltungssatzungen nach § 172 des Baugesetzbuches (‚Milieuschutz'), Ablehnung von Abrissanträgen und restriktive Genehmigungen von Baumaßnahmen (z.B. zur Verhinderung des Einbaus von Fahrstühlen oder des Anbaus von Balkonen), die das Wohnen teurer machen würden. Auch der Denkmalschutz kann zur Behinderung von allzu starken Veränderungen ein-

189

gesetzt werden. Anders als in den westlichen Sanierungsgebieten wurden in den Sanierungs- und Milieuschutzgebieten in den östlichen Stadtteilen außerdem Mietobergrenzen für die Erstvermietung nach der Modernisierung erlassen, um Mietsprünge zu vermeiden, die von den Bewohnern nicht bezahlt werden könnten.

In den Leitsätzen zur Stadterneuerung des Berliner Senats vom 31.8.1993 wurde festgelegt, dass „die Verdrängung insbesondere einkommensschwacher Bevölkerungsgruppen, die Beschleunigung von Segregationsprozessen mit der Folge einer einseitigen Bevölkerungsentwicklung und Destabilisierung der Gebietsbevölkerung und individueller Härten insbesondere für anpassungsunfähige Haushalte" zu vermeiden sei. Der ‚Erhalt der Gebietsbevölkerung' hat nach den Leitsätzen oberste Priorität – und dieses Ziel wird von den Sanierungsträgern und von der Bezirkspolitik mit Nachdruck verfolgt.

8.4 Die Instrumente

Für die Steuerung der Stadtteilentwicklung gibt es im Planungsrecht unterschiedliche Stufen der Regulierung, und je nach Stufe sind die Machtverhältnisse unterschiedlich strukturiert (vgl. auch Tietzsch 1996). Für Altbaugebiete können drei Stufen unterschieden werden:

- Das allgemeine Planungs- und Mietrecht, das für das gesamte Stadtgebiet gilt. Dies ist das niedrigste Regulierungsniveau, aber über das Baugenehmigungsrecht und über die Schutzrechte für Mieter ist auch hier den privaten Investoren keineswegs ‚freie Hand' gelassen; in Berlin sind seit Anfang 1996 bauliche Veränderungen innerhalb eines Hauses nur noch in Milieuschutz- und Sanierungsgebieten genehmigungspflichtig.
- Die stärkste Regulierung tritt dann ein, wenn ein bestimmtes Gebiet zum Sanierungsgebiet erklärt wird. Dann gelten besondere Rechtsvorschriften (§§ 136-164 des Baugesetzbuches), die dem politisch-administrativen System einen weitgehenden Einfluss auf das bauliche und soziale Geschehen in einem Quartier geben.
- Eine Mittelstellung nimmt das Instrument des Milieuschutzes bzw. der Erhaltungssatzung (§ 172 des Baugesetzbuches) ein, mit der vor allem etwas ‚erhalten', also Veränderung verhindert werden sollen (vgl. Speckmann 1995). Gegenüber dem ‚normalen' Planungsrecht schafft sie besondere Genehmigungsvorbehalte für bauliche Veränderungen, die dazu dienen sollen, eine Veränderung der städtebaulichen Struktur oder der *sozialen* Zusammensetzung der Quartiersbevölkerung zu be- oder verhindern.

Diese Regelungen bestimmen auf verschiedene Weise den Handlungsrahmen der Akteure. Vom ‚Normalrecht' zum Sanierungsrecht aufsteigend können die Entscheidungsmöglichkeiten der privaten Eigentümer zunehmend eingeengt werden, umgekehrt sollen die Möglichkeiten zur Steuerung und zur Abwehr von nicht gewünschten Investitionen seitens der Verwaltung und der Bewohner zunehmen. Wie sich ein Stadtteil entwickelt, ergibt sich – im Rahmen gesetzlicher Regelungen und landespolitischer Förderprogramme – unter den veränderten Bedingungen für die Stadterneuerung letztlich aus dem Zusammenspiel bzw. aus der Auseinandersetzung zwischen den beteiligten Akteuren in jedem einzelnen Haus. Durch die gesetzliche Festlegung eines Sanierungsgebietes allein ist also noch relativ wenig von den Effekten der Sanierung festgelegt.

Zwischen den Sanierungszielen ‚bauliche Erneuerung' und ‚Erhalt der Gebietsbevölkerung' kann es nun zu Konflikten kommen. Diese ergeben sich daraus, dass auf der einen Seite die Erneuerungspolitik weitgehend auf private Investitionen angewiesen ist. Andererseits soll der ‚Erhalt der Gebietsbevölkerung' durch eine Begrenzung der Miethöhen gesichert werden. Der dadurch stark begrenzte Finanzierungsspielraum reicht jedoch für private Investoren möglicherweise nicht aus, um die notwendige ‚bauliche Erneuerung' zu initiieren. Der Erfolg der Stadterneuerungspolitik hängt also davon ab, ob es gelingt, die private Investitionstätigkeit ‚sozialverträglich' zu steuern – und das heißt: dass eine grundlegende Erneuerung durchgeführt wird, ohne dass die Mieten zu stark steigen. Die Bewohner müssen, so die politische Zielsetzung, vor ‚übermäßigen' Investitionen geschützt werden.

Diese Definition geht allerdings möglicherweise an der Realität der ostdeutschen Altbaugebiete vorbei, denn dort besteht – wie erwähnt – keine ‚einseitige' Sozialstruktur, d.h. ein sozial selektiver Abwanderungsprozess der Bewohner mit höheren Einkommen und höheren Qualitätsansprüchen hat noch nicht stattgefunden – und die Bewohner, die nicht zu den Bedürftigen zu zählen sind, haben sicher auch ein Interesse an niedrigen Mieten, möglicherweise ist ihnen aber eine rasche Verbesserung der Wohnbedingungen noch wichtiger. Es ist eine steuerungspolitische Ungereimtheit, dass die vorhandene ‚soziale Mischung' vor allem mit Instrumenten geschützt werden soll, die auf den Schutz einkommensschwacher Bewohner ausgerichtet sind.

8.5 Sanierung und Verdrängung

Sozialtheorie, rechtliches Instrumentarium und die Organisation der praktischen Durchführung von Sanierungsprozessen wurden im Jahre 1990 aus

West- nach Ost-Berlin importiert. Die ‚westliche' Sanierungstheorie hatte sich seit den 60er-Jahren von einer strikten Modernisierungsperspektive zu einer Akzeptanz unterschiedlicher Lebensformen gewandelt, was die weitgehende Konservierung von Bau- und Sozialstrukturen nicht nur legitimiert, sondern auch verlangt. ‚Slum-Clearing', also ‚Vertreibung' der Bewohner war ursprünglich explizites Ziel der Stadterneuerung (vgl. Ipsen 1992) – solche Vorhaben wurden jedoch alsbald von Bewohnerinitiativen, aufgeklärten Experten und bürgernahen politischen Repräsentanten heftig kritisiert und schließlich zu Fall gebracht. Die ‚behutsame Stadterneuerung', die an die Stelle der Flächensanierung trat, hatte folglich den ‚Erhalt der sozialen Zusammensetzung' solcher Quartiere zum Ziel, in denen durch staatliche Intervention die bauliche Erneuerung in Gang gebracht wurde. In den 80er-Jahren ist jedoch weniger der Verfall, sondern die ungeplante Verdrängung von Bewohnern in Altbaugebieten durch bauliche und soziale ‚Aufwertung', die Gentrification (Häußermann/Siebel 1987; Friedrichs/Kecskes 1996) zum stadtpolitischen Problem geworden. Solche Prozesse sind in westdeutschen Städten daher empirisch untersucht worden, wobei die Analyse von ‚Verdrängungsprozessen' eine der zentralen Fragen war.

Dass nach der privat finanzierten und gesteuerten Modernisierung andere Leute im Viertel wohnen als zuvor, ist durch Befragung und Beobachtung leicht zu ermitteln. Aber ob diejenigen, die weggezogen sind, tatsächlich auch verdrängt worden sind, ist damit noch nicht zu erkennen. In einer Kölner Untersuchung (Blasius 1993) wurden durch eine Befragung der Weggezogenen die Gründe für den Wegzug der früheren Bewohner zu ermitteln versucht. Das Resultat war, dass für 84,3% aller Umzüge nachträglich gesagt wird, sie seien freiwillig gewesen, lediglich ca. 15% der Weggezogenen bezeichneten sich als ‚verdrängt'. Weder hinsichtlich des Einkommens noch für andere demographische Merkmale konnte ein statistisch signifikanter Einfluss errechnet werden. Dieses Ergebnis widersprach den Thesen, dass die Relation Einkommen-Miete der entscheidende Faktor für eine mögliche Verdrängung sei. Die Veränderung der sozialen Zusammensetzung war in den untersuchten westdeutschen Fällen vielmehr weniger durch ökonomische als durch kulturelle und soziale Faktoren erklärbar. Alisch/zum Felde (1990) z.B. zeigten, dass soziale Kompetenzen für die Wahrnehmung (d.h. Bedrohlichkeit) der anstehenden Veränderungen und für die Durchsetzung eigener Interessen im Prozess der baulichen Erneuerung entscheidend sind. Viele Bewohner kannten ihre Rechte nicht bzw. glaubten nicht an ihre Durchsetzbarkeit und verliessen daher vorzeitig ihre Wohnung. Die soziale Aufwertung des Wohngebiets wurde als stärker wahrgenommen als sie tatsächlich ist: „Nicht das Ausmaß der Mieterhöhungen, die Zahl der betroffenen Haushalte oder der umgewandelten Wohnungen sind die entscheidenden Kriterien für eine Verunsicherung, sondern die Wahrnehmung und Bewertung der Aufwertungsprozesse" (Alisch/zum Felde 1990, 298). Wießner`s Untersuchung des Wandels der Wohnbevölkerung in einem Münchener Stadtteil brachte ähnliche Erkenntnisse, denn nach seinen Ergebnissen zogen die meisten Bewohner aus, weil sie den Unannehmlichkeiten der Bauzeit und rechtlichen Auseinandersetzungen aus dem Wege gehen wollten. Hohe Bedeutung hat allein schon die Interpretation der Modernisierungsankündigung: „Nicht tatsächlich eingetretene oder gar zwingende Umstände rangieren (bei der Umzugsentscheidung) an erster Stelle, sondern zumeist verschwommene, möglicherweise unbegründete Erwartungen" (Wießner 1990, 312).

Ökonomisch kann plausibel argumentiert werden, dass eine veraltete Bausubstanz mit niedrigem Mietertrag auf einem Grundstück, dessen Lage für höhere Einkommensgruppen attraktiv ist, logischerweise vom Eigentümer durch Modernisierungsinvestitionen in ein anderes Segment des Wohnungsmarktes transportiert wird bzw. dass dieser das mit allen Mitteln anstrebt (vgl. Smith/Williams 1986). Das ist aber nur der Anreiz, also der Beginn eines Aushandlungsprozesses, dessen Ergebnis – zumindest in westeuropäischen Ländern – erheblich von außerökonomischen Faktoren abhängt, weil er politisch überwacht und gesteuert wird. Mieter, die juristisch kundig sind und genügend Zeit und Energie haben, um alle ihre Rechte auszureizen, können einen Eigentümer mit seiner Erneuerungsstrategie scheitern lassen, solange sich dieser auch innerhalb der Legalität bewegt. Denn durch das Ausreizen aller rechtlichen Möglichkeiten kann ein betroffener Mieter den Bauprozess so behindern und verzögern, dass daraus erhebliche ökonomische Nachteile für den Eigentümer entstehen.

Social skills, die Kenntnis eigener Rechte und die Fähigkeit, unterstützende Macht zu organisieren, sind die entscheidenden Mittel, um sich in Entscheidungsprozessen durchzusetzen. Je offener Entscheidungsprozesse ,nach unten' werden, desto mehr Gewicht gewinnen diese Faktoren. Die Ausweitung von Beteiligungsrechten gleicht unterschiedliche Voraussetzungen bei der Durchsetzung eigener Interessen allerdings nicht aus, sondern – im Gegenteil – verschärft sie noch. Dies führte in Berlin-Kreuzberg zu dem paradoxen Ergebnis, dass bei Flächenabriss und Neubebauung der Anteil der Arbeiter an der Bevölkerung erhalten werden konnte – nicht jedoch in den ,behutsam', d.h. mit weitgehender Beteiligung der Bewohner sanierten Blöcken einige Straßen weiter. Dort war zwar explizit der ,Erhalt der Bevölkerung' ein Sanierungsziel, der Anteil der Bewohner mit Hochschulabschluss war nach Abschluss der Sanierung jedoch fünf mal so hoch wie im übrigen Sanierungsgebiet, und der Anteil der Selbständigen ragte ebenfalls weit über das in diesem Gebiet übliche Maß hinaus (vgl. Terlinden 1994, 70 ff.). Als ,behutsam' hat sich die Sanierung allerdings für die ausländische Bevölkerung dargestellt, deren Verdrängung bei den Abrissprojekten nicht verhindert werden konnte, wogegen sie bei der behutsamen Stadterneuerung unterstützende Netzwerke mobilisieren konnten.

Die unterschiedlichen sozialen Kompetenzen der Bewohner haben eine hohe Bedeutung für Verlauf und Ergebnis von Sanierungs- und Modernisierungsprozessen. Dies gilt genauso für die andere Seite, die Eigentümer. Auch deren unterschiedliche Ziele, Normen und Kompetenzen haben Einfluss auf das Ergebnis von Aushandlungsprozessen.

8.6 Ökonomische Rationalität und Hauseigentümer

Nicht nur die Mieter, auch Eigentümer verfolgen unterschiedliche Interessen. Wenn die dringend notwendige Sanierung mit einem geringeren Anteil öffentlicher Mittel und einem stärkeren Engagement privater Investoren erreicht werden soll, müssen autoritär organisierte Planungs- und Entscheidungsprozesse durch dezentrale Aushandlungsprozesse ersetzt werden, bei denen die Mitwirkungsbereitschaft der privaten Eigentümer eine wichtige Rolle spielt – und diese variiert je nach Eigentümertypus.

In den USA werden von einigen Wissenschaftlern die ökonomischen Zwänge bzw. die Anreize (‚rent gap theory‘) für Investoren als wichtigste Erklärung von Gentrification herangezogen. Die Aufwertung von Stadtteilen setzt nach Smith (1979) in innerstädtischen Arbeiterwohngebieten ein, die aufgrund jahrelanger Desinvestition verwahrlost und verfallen sind. Damit weisen die innerstädtischen Gebiete ein hohes Gefälle zwischen tatsächlicher (kapitalisierter) und potentiell erzielbarer Grundrente auf. Je höher diese ‚Grundrentenlücke‘ (rent gap) wird, desto wahrscheinlicher werden spekulative Ankäufe und Investitionen in Abriss, Neubau und Modernisierung, um die Differenz zwischen tatsächlicher und potentieller Grundrente abzuschöpfen.

Aber nicht alle Eigentümer folgen diesen Anreizen, und nicht alle Eigentümer verfolgen die gleichen Ziele mit ihrem Hausbesitz. Ipsen u.a. (o.J.) erklärten die erstaunlich großen Unterschiede der Mietpreise innerhalb derselben Qualitätsstufe von Wohnungen durch die mentalen Dispositionen der Eigentümer. Die Zielsetzung, die der Eigentümer mit dem Miethaus verbindet, ist auch für die Höhe der Instandhaltungsaufwendungen entscheidend. So lassen sich die rein verwertungsorientierten Hausbesitzer, die eher unterdurchschnittlich in die Instandsetzung investieren und gleichzeitig überdurchschnittliche Mieten verlangen, von denen unterscheiden, die selbst im Haus leben. Ihr eigenes Wohninteresse ist mit der Erhaltung und Modernisierung des Miethauses verknüpft, und das Interesse an einem stabilen und als befriedigend empfundenen Wohnmilieu überwiegt meist die unmittelbaren ökonomischen Anreize. Die wenigen Studien zu Motiven von Hauseigentümern zeigen, dass von der Orientierung und vom Verhalten der Eigentümer – jenseits der ökonomischen Rationalität – ein erheblicher Einfluss auf die sozialen Entwicklungen in einem Wohnquartier ausgeht.

Die Stadterneuerungspolitik bewegt sich in einem Möglichkeitsraum zwischen Verdrängung der bisherigen Bewohner durch Gentrification, sozial verträglicher Erneuerung und weiterem Verfall. Welche Option Realität wird, kann nicht durch ein klares, autoritativ durchgesetztes Programm der Kommunalverwaltung entschieden werden. Dies entscheidet sich vielmehr in mikrosozialen Aushandlungsprozessen zwischen unterschiedlich agierenden Eigentümern und Mietern, die sich in einer Arena gegenüberstehen, deren Kräftefeld durch die Verwaltung beeinflusst und kontrolliert werden sollte und in der die öffentlich alimentierten Sanierungsbeauftragten und Mieterberatungen gleichsam Sekundanten-Dienste leisten, indem sie Sachverhalte beschreiben und bei Entscheidungen beraten. Neben den öffentlichen oder öffentlich beauftragten Akteuren hängt das Ergebnis aber auch vom Verhalten der beiden anderen Mitspieler, der Eigentümer und Mieter, ab.

In den Ost-Berliner Erneuerungsgebieten gibt es sowohl bei Mietern wie bei Vermietern Unterschiede zu den früheren (westlichen) Sanierungsgebieten. Mit den Sonderabschreibungsmöglichkeiten des Fördergebietsgesetzes – bis 1996 konnten 50% des Instandhaltungs- und Modernisierungsinvestitionen, danach bis 1998 noch 40% von den zu versteuernden Einkommen abgesetzt werden – wird ein bestimmter Eigentümer-Typ favorisiert, nämlich Immobilienfonds bzw. Abschreibungsgesllschaften, denen es weniger um den Gebrauchs- als um den Abschreibungswert geht. Die Erneuerungsstrategie, die auf die Kooperation der privaten Investoren angewiesen ist, ist also mit einem nahezu vollständigen Wandel der Eigentümer konfrontiert, von denen die wenigsten eine andere Bindung an das Gebiet haben als eine rein ökonomische. Dies resultiert nicht zuletzt daraus, dass die meisten der neuen Eigentümer bzw. Beteiligten an den Fonds in Westdeutschland leben.

Mit der Reprivatisierung der Eigentümerstruktur und der Übernahme des westdeutschen Mietrechts sind auch neue ökonomische und rechtliche Beziehungen zwischen Eigentümern und Mietern institutionalisiert worden. Mieter hatten in der DDR eigentumsähnliche Rechte, eine Kosten- bzw. Rentabilitätsrechnung bei Immobilien war unbekannt. Obwohl die Verwaltung des Wohnungsbestandes und die Vergabe der Wohnungen den ‚staatlichen Organen' oblag, hatte sich gerade in den vernachlässigten Altbaubeständen eine Verfügung über die Wohnungen herausgebildet – z.B. Wohnungstausch (vgl. Schulz 1991) oder spontaner Bezug leer stehender Wohnungen –, die starke Selbstbestimmungselemente enthielt (vgl. Kil 1992). Die Einführung neuer

Eigentumsstrukturen, neuer Verwaltungspraktiken und höherer Mietpreise wurde daher vielfach als Entfremdung oder als Kolonialisierung durch westdeutsche Privateigentümer empfunden. Das führt zu einem gereizten Verhandlungsklima.

Die Reaktionen der Bewohner sind sehr unterschiedlich: Sie reichen von resignierendem Sich-Fügen in die neue, vermeintlich rechtlose Situation bis zu engagiertem politischen Widerstand. Dabei spielt die Wahrnehmung und Interpretation des politischen und gesellschaftlichen Wandels seit der Wende eine wichtige Rolle: Für viele bewahrheitet sich mit dem befürchteten Wohnungsverlust – sei es durch Kündigung oder durch Flucht vor höheren Mieten – das Machtgefälle, das die marxistische Theorie vom Kapitalismus gelehrt hatte, und daher geben sie rasch den Forderungen von neuen Eigentümern, die die Wohnung anders vermieten oder verkaufen wollen, nach. Dabei werden auch ‚Umzugshilfen', d.h. Prämien für das Leerziehen einer Wohnung, die mehrere zehntausend DM betragen können, gerne entgegengenommen, weil die gebotene Summe hoch erscheint und andere preiswerte Wohnungen in ausreichendem Umfang zur Verfügung stehen. Für andere Bewohner jedoch wurde der sichtbare Wandel und das Auftreten neuer Privateigentümer Anlass für grundsätzliche Konfrontationen in einer Art Klassenkampf gegen das private Kapital.

Daneben gibt es aber auch die Häuser, in denen zwischen den Interessen von Eigentümern und Mietern Kompromisse erzielt werden, die zum Verbleib eines größeren Anteils der Altmieter führen. Die Mieter von solchen Häusern, bei denen die Sanierung und Modernisierung mit Hilfe öffentlicher Mittel durchgeführt wird, haben sogar ein verbrieftes Recht auf den Verbleib in der Wohnung, denn bei der ‚Sozialen Stadterneuerung' haben die Mieter ein Mitspracherecht bei der Festlegung der Modernisierungsstandards, sie haben das Recht auf eine Umsetzwohnung während der Sanierung und sie haben Anspruch auf finanzielle Entschädigung für den Umzugsaufwand. Außerdem werden sie von der Mieterberatung über ihre Rechte informiert, und diese stellt zusammen mit den Mietern einen Sozialplan für die sozialverträgliche Durchführung von Sanierung und Modernisierung auf. Im Erneuerungsprozess entsteht also ein Klassensystem von ‚Betroffenheiten'. Die größten Rechte und die günstigsten materiellen Bedingungen finden dabei diejenigen Bewohner vor, die in Häusern wohnen, deren Eigentümer sich der Förderung im Rahmen des Programms ‚Soziale Stadterneuerung' bedienen.

Im Jahr 1998 sind zum ersten Mal seit 1990 die Mieten auch für Wohnungen nicht mehr angestiegen, die ausschließlich unter privater Regie modernisiert wurden. Der Schutz vor Verdrängung durch Luxussanierung bzw. unkontrollierte Mieterhöhungen hat also Wirkung gezeigt. Aber selbst in Häusern, für die es eine umfassende Mieterberatung, finanzielle Hilfen für den zeitweiligen Umzug und eine garantierte Miete für die modernisierte Wohnung gibt, kehren nach der baubedingten Umsetzung in aller Regel weniger als die Hälfte der Mieter in ihre alte Wohnung bzw. in das Haus zurück.

8.7 Fazit

Als Ergebnis der Sanierungspolitik zeigt sich 10 Jahre nach der Vereinigung ein beachtlicher Erneuerungs- und Modernisierungsgrad der Altbausubstanz: Etwa 40% aller Altbauwohnungen sind inzwischen instandgesetzt, saniert oder modernisiert. Allerdings zeigt sich auch eine erhebliche Veränderung der sozialen Zusammensetzung der Bevölkerung – erkennbar einerseits aus einer Polarisierung der Einkommensverteilung innerhalb des Bezirks sowie aus einer weit überproportionalen Zunahme hoher Bildungsabschlüsse bei der Wohnbevölkerung (vgl. Kapitel 7). Dies indiziert einen sozialen Wandel, der üblicherweise als ‚Gentrification' bezeichnet wird. Aber die Ursachen dafür sind nicht hauptsächlich in ökonomischen Bedingungen zu sehen. Denn die Instrumente für eine umfassende Kontrolle der Investitions- und Mietentwicklung und für den Schutz der Bewohner vor Verdrängung sind vorhanden. Dass sie offensichtlich nicht das gewünschte Ergebnis, nämlich den ‚Erhalt der sozialen Zusammensetzung der Wohnbevölkerung' bewirken, muss zusätzliche und andere Gründe haben.

Eine eindimensionale Argumentation, die sich auf die Interpretation ‚Verdrängung durch hohe Mieten' beschränkt, wird dem dynamischen Prozess der Stadterneuerung in den innerstädtischen Altbaugebieten Ost-Berlins nicht gerecht. Mindestens die folgenden acht Gründe müssten in einem Erklärungsmodell Platz finden:

1. Der ‚Erhalt' einer zu einem bestimmten Zeitpunkt gegebenen sozialen Zusammensetzung ist – wenn er wörtlich gemeint und quantitativ definiert wird – eine naive Zielsetzung in einer sich so stark verändernden Gesellschaft, wie es die ostdeutsche ist. Die Altbaugebiete mit ihrer geringen Wohnqualität waren ja auch Orte der politischen und sozialen Exklusion, nicht nur Orte einer kulturell dissidenten Bohème. Diejenigen Haushalte, denen in der DDR der Umzug in eine ‚Komfort-Wohnung' verweigert worden war, holten dies nach der Wende möglichst rasch nach – und da in den Sanierungsgebieten das Angebot solcher Wohnungen definitionsgemäß knapp war, zogen viele woanders hin.
2. Das staatliche System der Wohnungsversorgung und Wohnungsverteilung wurde seit der Wende grundlegend umgestaltet zu einem immer stärker marktförmigen Verteilungssystem. Die Zuteilung einer Wohnung

erfolgt nun nach ganz anderen, vor allem monetären Ressourcen, während früher Bedarfskriterien und politisch-meritokratische Positionen eine zentrale Rolle spielten. Mehr Haushalte können nun nach eigenen Wünschen über ihren Wohnstandort entscheiden. Ein Teil der hohen Mobilität ist daher immer noch dem Abbau eines Staus geschuldet, der sich aus dem Mangel an Wahlfreiheit ergeben hat.

3. Ein Großteil der Bewohner in einem sanierungsbedürftigen Haus gibt die Wohnung bereits dann auf, wenn eine Sanierung oder Modernisierung angekündigt wird. Sie befürchten Belästigungen durch die Bauarbeiten und/oder astronomische Mieterhöhungen. Die eigenen Rechte gegen solche Eigentümer durchzusetzen, die kein Interesse an der Fortsetzung des Mietvertrags haben, verlangt hohen Zeit- und Nervenaufwand und stellt eine erhebliche Beeinträchtigung der Lebensqualität über einen längeren (vielleicht nie endenden) Zeitraum dar. Resignieren und Wegziehen ist eine verständliche Option, wenn nicht andere starke Gründe für einen Verbleib sprechen. Diejenigen, die auch unter widrigen Umständen bleiben wollen, repräsentieren den außergewöhnlich aktiven und an den ‚Kiez‘ gebundenen Bewohner.

4. Mit dem überdurchschnittlich häufigen, durch den Restitutionsprozess angestoßenen Eigentümerwechsel dringen auch solche Kapitalverwerter in die Altbaugebiete ein, die sich durch gesetzliche Regelungen nicht davon abhalten lassen wollen, ihre Interessen an einer aufwendigen Investition mit anschließender Refinanzierung durch zahlungskräftige Nutzer durchzusetzen. Sie belästigen und schikanieren die Mieter, bis diese entnervt auf die Durchsetzung ihrer Rechte verzichten.

5. Insbesondere scheinen vor allem jüngere Haushalte, die noch keine dauerhafte biographische Perspektive mit einer bestimmten Wohnung oder einem Haus entwickelt haben, bereit zu sein, gegen eine mehr oder weniger große Abfindung auf ihre Rechte aus dem Mietvertrag zu verzichten. Der Verkauf des Besitztitels, den ein Mietvertrag ja nach höchstrichterlicher Rechtsprechung darstellt, kann für einen Haushalt mit niedrigem Einkommen einen begehrenswerten Gewinn darstellen.

6. Steigende Mieten stellen für viele Haushalte durchaus ein Problem dar, insbesondere dann, wenn es einem Haushalt aufgrund der niedrigen Miete vor der Sanierung möglich war, eine relativ große Wohnfläche zu bewohnen – und ihm dies nicht mehr möglich ist, wenn sich die Miete verdoppelt hat (was bei niedrigen Ausgangsmieten sehr schnell der Fall sein kann). Mit dem vorhandenen Budget kann eine große Wohnfläche nur mit niedrigem Ausstattungsniveau (und daher niedriger Miete) oder eine gut ausgestattete Wohnung (und daher höherer Miete), aber mit kleinerer Fläche finanziert werden. Den Bewohnern wird also durch den Mo-

dernisierungsprozess die Alternative ‚Fläche oder Qualität' aufgezwungen, und sie selbst können darüber nicht einmal die Entscheidung treffen. Daraus ergeben sich – selbst wenn Wohngeld bezogen werden kann - die realen Fälle von Vertreibung durch ökonomische Überforderung.

7. Da sich Sanierung und Modernisierung nicht flächendeckend, sondern inselhaft realisieren, gibt es andererseits insbesondere für Familien mit Kindern, die in weiter verfallenden Altbauten wohnen, genügend Gründe, in technisch besser ausgestattete Wohnungen mit höherer Miete umzuziehen. Gelegenheiten dafür bietet ein vergleichsweise entspannter Wohnungsmarkt genug. Ökonomische Überforderung ist in diesen Fällen nicht der Wegzugsgrund – eher das Gegenteil. Dass dies nicht selten ist, zeigt die im Kapitel zuvor zitierte Befragung von Weggezogenen (Argus 2000).

8. Einen anderen Fall von ‚Vertreibung' stellt die kulturelle Entfremdung dar, die sich daraus ergibt, dass sich die Infrastruktur, die Ästhetik, die symbolhaltigen Zeichen und der Habitus von Bewohnern im Gebiet ändern (vgl. Lang 1998). Diese Veränderungen scheinen den verschiedenen Trauergesängen über den Wandel – vor allem am Beispiel Kollwitzplatz – zugrunde zu liegen, in denen das Eindringen von ‚Fremden' beklagt und über den Untergang der (nur selten vorhanden gewesenen) Tante-Emma-Läden getrauert wird.

Da die neuen Eigentümer und Investoren überwiegend aus dem Westen kommen, wird ihr Handeln von vornherein als ‚Eingriff von außen' qualifiziert. Dies hat Reaktionen der kulturellen Abwehr zur Folge, die jedoch in ökonomische Theorien verkleidet werden. Darin werden die ‚alteingesessenen' Bewohner zu Opfern, denen nur noch die Beschreibung ihrer eigenen Deklassierung bleibt. Die objektive Tatsache, dass ‚Ossis' faktisch kein Kapital und damit auch keinen direkten Einfluss auf das Baugeschehen haben, verschmilzt darin mit der subjektiven Enttäuschung über den schwindenden Einfluss auf die eigene Wohnumgebung, dessen Anwachsen man sich von der Beseitigung der Parteiherrschaft erwartet hatte. Dies führt offenbar zu einer Verklärung von Verhältnissen, die nur in einer stagnierenden Ökonomie und einer politischen Diktatur entstehen konnten: Solidaritätsgefühle unter Marginalisierten in einem marginalisierten Quartier, Vorrang persönlicher Kommunikation in einer zensierten und überwachten Öffentlichkeit, hohe Bedeutung persönlicher Besuche in einer weitgehend telefonfreien Umgebung, faktische Verfügung durch unregulierte Wohnungsnahme über eine zur Beseitigung vorgesehenen Bausubstanz, solange diese noch nicht abgeräumt war.

Gerade DDR-Bürgerrechtler, die für die Demokratisierung ihres Staates gekämpft haben, stehen jedoch heute verwundert vor der Tatsache, dass es so wenig Gegenwehr und so wenig Engagement für die eigenen Rechte gibt.

Auch sie greifen daher gerne zu der einheitsstiftenden ökonomischen Theorie-Version, die aus Mitspielern Opfer macht. Wenn die Betroffenen aufgrund einer simplen ‚Kapitalismusanalyse' zu wissen meinen, dass sie in jedem Falle verlieren würden und ihnen daher nur die Rolle der Opfer des neuen ökonomischen Systems bleibt, wird sich jene Handlungskompetenz aber kaum entwickeln, die so dringend fehlt: nüchterne, juristisch informierte Analyse der eigenen Rechte und die Fähigkeit, Koalitionen mit anderen Mietern oder öffentlichen Einrichtungen zu bilden.

Der unübersehbare kulturelle und soziale Wandel in einigen Quartieren der innerstädtischen Altbaubereiche wird von einem Teil der Bewohner als Entfremdungsprozess wahrgenommen, von einem anderen Teil als willkommene Verbesserung und Bereicherung ihrer Wohnumwelt (vgl. Dörries 1998). Der soziale Raum der Quartiere verändert sich so nachhaltig, dass von diesem Wandel polarisierende Wirkungen ausgehen.

Ein bestimmter sozialer Raum wird dadurch gebildet, dass durch Zeichen und Symbole und durch die Dominanz von Verhaltensweisen andere Zeichen und Verhaltensweisen ausgeschlossen werden. „Es ist der Habitus, der das Habitat macht" (Bourdieu 1991, 32). Verhaltensweisen werden, wenn sie einen Raum prägen, zu einer Dimension des objektiven Raums. Sich einen sozialen Raum anzueignen ist also keineswegs allein eine Frage der ökonomischen Macht, sondern auch der Fähigkeit, einen Raum symbolisch zu prägen und bestimmte Verhaltensweisen dort zu marginalisieren. Dies setzt materielle, vor allem aber symbolische Ressourcen voraus. Die Besetzung eines Raums mit Zeichen kann, insbesondere wenn sie sich innerhalb kurzer Zeit vollzieht und wenn die soziale Distanz zwischen untergehender und neuer Kultur groß ist, wie eine Machtergreifung wirken.

In einer Situation, wie sie in den Ost-Berliner Innenstadtgebieten seit 1990 entstanden ist, muss es zu Konflikten um die symbolische Aneignung von sozialen Räumen kommen, denn – jenseits aller ökonomischen und sozialen Gewinne und Probleme, die für die Ostdeutschen mit der Wiedervereinigung verbunden waren – eine Erfahrung scheinen alle Ostdeutschen in ähnlicher Weise zu machen: die Abwertung ihrer persönlichen und kollektiven Vergangenheit, die Nicht-Achtung bzw. das Nicht-Verstehen dessen, was ihre Lebensleistung unter den Bedingungen der Diktatur war. In den Räumen der Stadt, wo West- und Ost-Kultur so manifest und so spektakulär aufeinander trafen wie in den Bezirken Mitte, Prenzlauer Berg und Friedrichshain, entzündete sich dann eben auch das, was die eine Seite als ‚kreative Spannung' erlebt, die andere Seite als ‚Kolonialisierung'. Da eine Konservierung oder Bewahrung von sozialen Räumen, die von der Kultur der DDR geprägt sind, jenseits aller Realität wäre und nur noch als Folklore in Discos oder als Museumsbestand vorgestellt werden kann – weshalb eine solche Forderung selbstverständlich auch niemand offen erhebt –, wird der Prozess der Erneuerung und des Wandels auch als anhaltender Prozess einer Niederlage bzw. einer Entfremdung erlebt. Der soziale Raum manifestiert sich im physischen Raum, in seinen Eigenschaften und auch in der Präsenz und in der Verteilung von Gütern und Dienstleistungen, die jeweils Teilhabechancen bieten oder ausschließen. Daher wird häufig der symbolische und ästhetische Wandel beklagt – und manchmal per Farbbeutel auch ‚bekämpft'. Die ihm ausweichen wollen und deshalb ihren alten Kiez verlassen, tun dies aber nicht immer oder nicht nur deshalb, weil sie ökonomisch ‚verdrängt' worden sind.

9. Die Segregation von Ausländern: Ausgrenzung oder Multikultur?

Die Zuwanderung von Ausländern nach Berlin seit den 1960er-Jahren hat sich in räumlichen Konzentrationen in den innerstädtischen Altbaugebieten von West-Berlin manifestiert. Wir haben dies bereits in Kapitel 3.2 dargestellt und dort auch gezeigt, dass diese Konzentrationen relativ stabil geblieben sind. Wir haben in den weiteren Kapiteln festgestellt, dass auch in den 1990er-Jahren eine beträchtliche Zuwanderung nach Berlin stattfand – in Gropiusstadt wie im nördlichen Neukölln steigt der Ausländeranteil, im nördlichen Marzahn nimmt die Zahl von Aussiedlern, die gleichsam Zuwanderer mit deutschem Pass sind, stark zu.

Wir möchten in diesem Kapitel auf die Zuwanderung seit 1990 ausführlicher eingehen und darstellen, welche Gruppen zugewandert sind, auf welchen rechtlichen Wegen dies geschah und welche Rechte damit für sie auf dem Wohnungsmarkt verbunden sind. Wir wollen zeigen, in welchen Gebieten sich diese neuen Zuwanderer konzentrieren. Schließlich diskutieren wir, welche Konflikte sich aus der Segregation von Zuwanderern ergeben und ob die räumlichen Konzentrationen ein Problem darstellen.

9.1 Die Zuwanderung in den 1990er-Jahren

In den 1960er und 70er-Jahren waren vor allem Arbeitsmigranten und ihre Familien aus der Türkei und Jugoslawien zugewandert, deren Aufenthalt zunächst befristet und an den Arbeitsplatz gekoppelt war. In der Zwischenzeit haben alle Zuwanderer dieser Periode einen festen Aufenthaltstitel oder sind deutsche Staatsbürger geworden, aus den Gastarbeitern sind Einwanderer geworden. In 1980er-Jahren nimmt der Anteil von Flüchtlingen und Asylbewerbern unter den Zuwanderern zu. Polen, Vietnamesen, Iraner, Libanesen und Palästinenser waren nach West-Berlin geflüchtet und hatten hier ein Aufenthaltsrecht bekommen. Während Iraner und Polen individuell als Flüchtlinge anerkannt werden mussten (was aber in der Regel geschah), wurden vietnamesische ‚Boatpeople‘ als ‚Kontingentflüchtlinge‘ ohne individuelle Prüfung anerkannt. Viele palästinensische und libanesische Flüchtlinge bekamen nur

Tabelle 9.1: Wichtigste Herkunftsländer der Zuwanderung nach Berlin aus dem Ausland, Saldo 1990 - 1999 (alle Personen unabhängig von Staatsangehörigkeit)

	1990	1991	1992	1993	1994	1995	1996	1997	1998	1999	1990-99
Sowjetunion bzw. Nachfolgestaaten	2.956	3.808	5.668	7.170	7.547	5.850	5.645	2.593	2.100	1.796	45.133
Jugoslawien und Nachfolgestaaten	869	7.187	12.590	15.812	2.407	3.806	-1.274	-6.080	-4.793	-162	30.362
Türkei	3.509	2.612	1.948	1.273	1.297	2.104	2.277	1.107	750	1.307	18.184
EG/EU	1.224	1.639	1.949	3.509	1.714	3.807	4.354	895	-766	-1.022	17.303
Polen	1.406	2.534	3.002	-1.823	2.067	2.887	644	-88	605	1.322	12.556
Libanon	2.852	495	495	319	-36	200	766	568	551	548	6.758
Italien	88	264	232	427	307	1.315	1.184	500	-4	-198	4.115
Portugal	26	43	54	1.005	1.535	988	1.771	-16	-899	-454	4.053
Insgesamt	17.253	24.447	34.277	29.162	17.248	22.224	14.265	-962	-404	6.210	163.720

Quelle: Statistisches Landesamt Berlin

einen temporären Status: Ihr Aufenthalt verlängert sich nur so lange, wie eine Rückkehr in ihre Herkunftsländer nicht möglich ist. Dieser ungewisse Status hatte verheerende Auswirkungen auf die Integrationschancen der arabischen Zuwanderer.

In den 1990er-Jahren haben sich die Herkunftsgebiete der Zuwanderung nach Berlin verändert. Die meisten Zuwanderer kommen nun aus der Sowjetunion und ihren Nachfolgestaaten, sie stellen über ein Viertel der gesamten Nettozuwanderung der 1990er-Jahre. Erst seit 1993 lassen sich die Zuwanderer den einzelnen Nachfolgestaaten zurechnen, da bis dahin die Sowjetunion bzw. die GUS noch existierte, seitdem kommen 45% aus der Russischen Föderation, 30% aus Kasachstan. In der zweiten Hälfte der 90er-Jahre hat der Umfang der Zuwanderung im Ganzen deutlich nachgelassen, auch bei den russischsprachigen Zuwanderern. Insgesamt sind 45.000 Personen aus der ehemaligen Sowjetunion nach Berlin gekommen. Die Aussiedler machen ungefähr 30.000 der Zuwanderer aus, bei den anderen 15.000 handelt es sich um russische, georgische, armenische, baltische, ukrainische und andere Zuwanderer, unter denen die jüdischen ‚Russen' besonders stark vertreten sind (vgl. ausführlicher Beetz/Kapphan 1997). Deutschstämmige Aussiedler aus der ehemaligen Sowjetunion kommen erst seit 1992 nach Berlin, da 1990 und 1991 die Zahl der Übersiedler in Berlin auf die existierende Verteilungsquote angerechnet wurde und die Aussiedler deswegen auf andere Bundesländer verteilt wurden. Die Verteilung der jüdischen Flüchtlinge wird ebenfalls über eine Quote geregelt. Diese wurde zu Beginn der 1990er-Jahre aber bereits „übererfüllt" (Ausländerbeauftragte 1995, 20), so dass seit 1994 jüdische Zuwanderer kaum noch direkt nach Berlin kommen können, jedoch nach einigen Jahren in Deutschland oft nach Berlin weiterziehen. Die Aussiedler kommen vorwiegend aus dem asiatischen Teil der Russischen Föderation sowie aus Kasachstan, wogegen die jüdischen Migranten vorwiegend aus den Großstädten des europäischen Teils der ehemaligen Sowjetunion zuwanderten. Auch vom Rechtsstatus her unterscheiden sich die beiden Gruppen. Die ‚Russlanddeutschen' bekommen die deutsche Staatsangehörigkeit zugesprochen, die jüdischen ‚Kontingentflüchtlinge' lediglich einen internationalen Flüchtlingspaß verliehen. Eine individuelle Prüfung von Fluchtgründen findet nicht statt, die Basis für die Anerkennung als Flüchtling ist der Antisemitismus in der ehemaligen Sowjetunion. Zum Teil kommen die sowjetischen Zuwanderer auch über den Familiennachzug und das Asyl nach Berlin.

Der Sezessions- und Bürgerkrieg im ehemaligen Jugoslawien hat viele Flüchtlinge nach Berlin getrieben: Per Saldo kamen insgesamt 30.000 Zuwanderer nach Berlin. Wie bei den Sowjetmigranten war auch hier eine Zuordnung auf die neuen Staaten erst seit 1994 möglich. Seit 1996 ist aus der bosnischen Zuwanderung eine politisch forcierte Rückwanderung geworden.

Die überwiegende Zahl der Flüchtlinge aus Jugoslawien hat wie die arabischen Flüchtlinge keinen dauerhaften Aufenthaltsstatus. Auch sie müssen in die sich neu gebildeten Staaten zurückkehren, sobald sich die Lage dort stabilisiert. So ging die Zuwanderung von Flüchtlingen aus neuen Krisengebieten Jugoslawiens einher mit Rückwanderungen in andere Gebiete. Als weitere Flüchtlingsgruppe sind die Libanesen zu nennen, deren Zuwanderungsbilanz sich über das Jahrzehnt auf 6.800 Personen beläuft.

An dritter Stelle der Zuwanderungsbilanz steht in den 90er-Jahren nach wie vor die Türkei. Ein Teil der Zuwanderer sind Asylbewerber aus den kurdischen Bürgerkriegsgebieten, die meisten kommen jedoch als Familienangehörige nach Berlin. Dabei handelt es sich nicht mehr um Kinder, sondern vor allem um Ehepartner aus der Türkei, die von einer hier ansässigen Person geheiratet wurden. Auch viele bereits zuvor in Deutschland lebende Türken, die zwischen den beiden Staaten pendeln bzw. für einige Zeit in der Türkei gelebt haben, beteiligen sich an diesen Wanderungen. Zwischen der Türkei und Berlin hat sich ein Migrationsnetz entwickelt, welches auch lange nach dem Ende der Gastarbeiteranwerbung und des darauf folgenden Familiennachzugs für Zuwanderung sorgt.

Im Zuge der europäischen Einheit ist die Möglichkeit der Erwerbstätigkeit in anderen EU-Staaten gestiegen, vor allem in der Baubranche werden diese Möglichkeiten genutzt. Zudem hat Deutschland mit den meisten östlichen Staaten Verträge zur Beschäftigung von ‚Werkvertragsarbeitnehmern‘ abgeschlossen, von denen die meisten aus Polen kommen. Mit insgesamt 12.500 Personen steht das Land an vierter Stelle der Zuwanderung. Die Männer sind vor allem als Bauarbeiter, die Frauen als Hausangestellte beschäftigt. Viele pendeln zwischen ihrem polnischen Wohnort und Berlin wöchentlich oder monatlich, andere leben bereits seit langer Zeit mit oder ohne Aufenthaltsgenehmigung in der Stadt. Die Formen von rechtlichem Status, Wohn- und Arbeitssituation variieren sehr stark innerhalb der polnischen Bevölkerung in Berlin, auch da sich Migrationsgeschichte und Einwanderungstor der Migranten der 1980er-Jahre deutlich unterscheiden (vgl. Cyrus 1999).

17.300 Zuwanderer kommen aus der Europäischen Union. Berlin verbucht gegenüber allen Ländern der EU Wanderungsgewinne, Italien und Portugal sind jedoch die wichtigsten Zuwanderungsländer. Der Männeranteil in diesen Gruppen ist besonders hoch, ein Hinweis darauf, dass es sich zum großen Teil um Arbeitsmigranten handelt. Viele arbeiten mit den Osteuropäern auf den Baustellen Berlins. Unter den Zuwanderern aus der EU befinden sich auch viele junge Menschen, Studenten und Geschäftsleute, die vom kulturellen Flair Berlins angezogen werden.

Ein Teil der Zuwanderer nach Berlin verbringt die ersten Monate oder Jahre in Aufnahmeheimen. Flüchtlinge und Aussiedler bekommen nach ihrer

Ankunft zunächst einen Wohnheimplatz zugewiesen. Aussiedler und aner-
kannte Flüchtlinge können von hier aus eine eigene Wohnung und einen Arbeitsplatz suchen. Bei der Wohnungssuche bekommen sie Hilfe von den Gemeinden, konkret bedeutet dies, dass ein Wohnberechtigungsschein mit
Dringlichkeit ausgestellt wird, der zum Bezug einer Sozialwohnung berech-
tigt und mit dem zudem die Wohnungsbaugesellschaften um zügige Vermittlung gebeten werden.

Für Bürgerkriegsflüchtlinge, aber auch Arbeitsmigranten mit befristetem
Aufenthalt, sind die Heime fester Wohnort. Die Wohnverhältnisse sind im
Regelfall sehr beengt: 9qm Wohnfläche stehen jedem erwachsenen Heimbe-
wohner rechtlich zu, abzüglich der Flächen für Küchen und Bäder, die von
allen Heimbewohnern genutzt werden (vgl. Thimmel 1996). Ein Zimmer wird
also entweder von einer ganzen Familie bewohnt, oder mehrere erwachsene
Migranten müssen sich ein Zimmer teilen. In den Heimen gibt es keine Pri-
vatsphäre, keinen Intimbereich. Die außerordentliche Enge zeigt sich auch
außerhalb: Die öffentlichen Räume um die Heime herum sind meist stark fre-
quentiert, vor den Häusern selbst stehen und sitzen oft Trauben von Menschen. Das Gefühl von Enge, von Übernutzung des Hauses und des Umfeldes,
von einer großen Masse von Flüchtlingen weckt bei Anwohnern oft Gefühle
von Angst und Hass, und die Häuser und ihre Bewohner werden zusätzlichen
Stigmatisierungen ausgesetzt.

*Tabelle 9.2: Ausländer in Berlin nach Staatsangehörigkeit 1991, 1994 und
1998*

	31.12.1991	31.12.1994	31.12.1998
Ausländer insgesamt	355.356	419.202	437.936
Bevölkerungsanteil in %	10,3	12,1	13,0
Türkei	137.592	138.959	135.159
Jugoslawien und Nachfolgestaaten	42.174	73.050	66.526
Sowjetunion bzw. Nachfolgestaaten	10.239	19.589	27.184
Polen	26.600	27.627	27.934
Europäische Union	40.482	47.870	67.764

Quelle: Statistisches Landesamt Berlin

Die Zuwanderergruppen unterscheiden sich also bezüglich des vorrangigen
Einwanderungsweges und der damit verbunden Rechtssituation. Eine große
Rolle für die Migranten spielt auch, ob sie in Berlin auf eine bereits länger

ansässige und etablierte Gruppe ihres Herkunftslandes treffen. Tabelle 9.2 zeigt, dass die sowjetischen Migranten eine vergleichsweise neue Zuwanderergruppe darstellen: 1988 waren in West-Berlin gerade einmal 775 Sowjetbürger gemeldet. Frühere Migrationswellen brachten also nur eine geringe Zahl von Personen aus der Sowjetunion nach Berlin, sieht man von den sowjetischen Streitkräften ab, die nicht zu den Einwohnern gezählt wurden. Demgegenüber haben die jugoslawischen Flüchtlinge zum Teil Verwandte unter den bereits als Gastarbeiter zugewanderten Bewohnern. Die polnische und türkische Bevölkerung ist trotz Zuwanderung in ihrer Zahl stabil geblieben, im Fall der Türken vor allem aufgrund der häufigeren Einbürgerung.

9.2 Segregation von Zuwanderern

Bei der Verteilung von Ausländern im Stadtgebiet haben sich in der Vergangenheit Konzentrationen gebildet, die auch in den 1990er-Jahren stabil geblieben sind. Die Schwerpunkte in Kreuzberg, Wedding und Tiergarten bestehen bereits seit den 70er-Jahren, sie haben sich – mit Ausnahme der Gebiete der Flächensanierung – in den 80er-Jahren ausgedehnt und sind auch in den 90er-Jahren noch die Stadtteile mit den höchsten Ausländeranteilen. Jene Stadtteile, die in den 80er-Jahren durch den Abriss rückläufige Ausländerzahlen hatten, weisen nun wieder hohe Anteile auf, z.B. die Gebiete Wedding-Brunnenstraße und Kreuzberg-Mehringplatz (Hallesches Tor).

Die Karte zeigt die Verteilung der ausländischen Wohnbevölkerung in Berlin zum Jahresende 1997 sowie die Zuzüge von Ausländern in die Statistischen Gebiete Berlins in den Jahren 1994-1997. Zu erkennen sind die hohen Ausländeranteile in den gründerzeitlichen Altbauquartieren der West-Berliner Innenstadt um den Bezirk Mitte: Im Süden Kreuzberg und der nördliche Teil von Neukölln, im Norden Wedding und im Westen Tiergarten und das nördliche Schöneberg. Diese Gebiete, in denen der Ausländeranteil über 30% beträgt, grenzen an weitere Gebiete, in denen der Ausländeranteil zwischen 20 und 30 Prozent liegt und die bis nach Charlottenburg reichen. In den Außenbezirken West-Berlins überschreitet der Ausländeranteil nur in wenigen Gebieten 10%.

Auffällig ist die nach wie vor unterschiedliche Struktur der beiden Stadthälften. In Ost-Berlin haben bisher nur wenige Gebiete einen Anteil von 10% erreicht. Diese liegen im Bezirk Mitte an der Friedrichstraße und im nördlichen, an den Wedding angrenzenden Bereich. Die Konzentrationen im äußeren Siedlungsbereich gehen auf Wohnheime für Arbeitsmigranten und Flüchtlinge zurück, daher auch die starke Konzentration an der Rhinstraße in Lichtenberg,

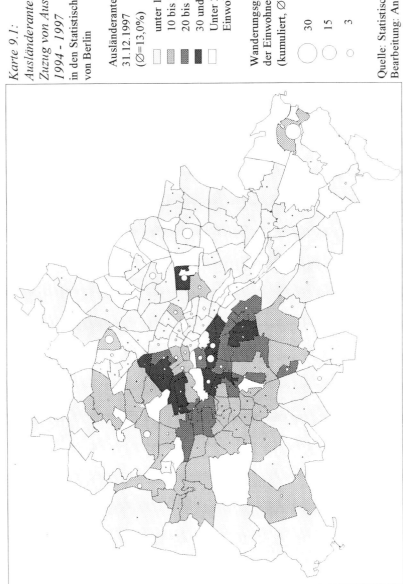

Karte 9.1:
Ausländeranteil 1997 und
Zuzug von Ausländern
1994 - 1997
in den Statistischen Gebieten
von Berlin

Ausländeranteil
31.12.1997
(∅=13,0%)

unter 10
10 bis 20
20 bis 30
30 und mehr
Unter 2000
Einwohner

Wanderungsgewinn in %
der Einwohner 1994-97
(kumuliert, ∅= 1,9%)

30

15

3

Quelle: Statistisches Landesamt
Bearbeitung: Andreas Kapphan

wo in Heimen insgesamt knapp 5.000 Ausländer leben: Bürgerkriegsflüchtlinge, Asylbewerber, Arbeitsmigranten.

Die Wanderungsgewinne in den Jahren 1994-1997, in der Karte durch die hellen Kreise dargestellt, zeigen, in welche Teilgebiete derzeit Ausländer zuziehen. Die größten Wanderungsgewinne verzeichnen Rahnsdorf (Köpenick), Biesdorf-Nord (Marzahn) und Hertaplatz (Pankow). In Biesdorf und in Pankow sind in diesen Jahren Siedlungen des sozialen Wohnungsbaus entstanden, in die aufgrund der Wohnberechtigung mit Dringlichkeit auch viele Zuwanderer zogen. In Rahnsdorf entstand ein neues Flüchtlingsheim.

Neben diesen äußeren Stadtbezirken lassen sich in der Innenstadt weitere Schwerpunkte des Zuzugs von Ausländern feststellen. In den Gebieten Mehringplatz und Moritzplatz (Kreuzberg), in dem nördlich angrenzenden Gebiet Friedrichstraße (Mitte) sowie westlich am Lützowplatz (Tiergarten) liegen jene innerstädtischen Quartiere mit dem höchsten Ausländerzuzug. Dabei handelt es sich in Kreuzberg und Tiergarten um Gebiete mit einem hohen Anteil von Sozialwohnungen, im Gebiet Friedrichstraße liegen die Hochhäuser der Leipziger Straße.

Der Zuzug von Ausländern in den 90er-Jahren richtet sich also insbesondere auf jene Gebiete, in denen derzeit Sozialwohnungen gebaut werden oder wo Sozialwohnungen und Großsiedlungen aus älteren Bauphasen zu finden sind. Am Mehringplatz ist der Ausländeranteil zwischen 1993 und 1997 von 20 auf 30% angestiegen, an der Friedrichstraße von 15 auf 23%. Nach der Entspannung des Wohnungsmarkts aufgrund neuer Wohnungsangebote in der Stadt und im Umland sind viele deutsche Mieter gerade aus diesen Wohnquartieren ausgezogen.

Deutschstämmige Aussiedler, die in der Statistik über die Wohnorte von Ausländern allerdings nicht erfasst sind, wohnen vor allem in den Großsiedlungen im Ostteil der Stadt. Die Gesamtzahl der Aussiedler in Berlin ist nicht bekannt, zwischen 1992 und 1999 kamen ungefähr 30.000 Aussiedler nach Berlin, fast alle aus der ehemaligen Sowjetunion. Ein Drittel dieser Zuwanderergruppe lebt allein im Bezirk Marzahn, wo sie ca. 10% der Bewohner der Großsiedlung ausmachen. Hier standen in den 1990er-Jahren große Wohnungen leer, in welche die im Familienverband zugewanderten Aussiedler ziehen konnten. Eine besonders starke Konzentration besteht im nördlichen Teil von Marzahn, der erst direkt vor dem Mauerfall fertig gestellt wurde (vgl. Kapitel 6).

Die Geschichte der Zuwanderung zeigt, dass Zuwanderer in jene Quartiere ziehen, die von Deutschen nicht mehr nachgefragt werden. In den 90er-Jahren zogen Zuwanderer nach wie vor in Altbaubestände, es kamen nun jedoch auch Sozialwohnungen und Großsiedlungen hinzu. Auch im Ostteil hat der Ausländeranteil in den 1990er-Jahren zugenommen. Die Konzentrationen sind, wenn sie einmal entstanden sind, sehr stabil. Sie dehnen sich räumlich aus und entwickeln in ihren Zentren eigene Strukturen.

Von vielen Autoren ist die Segregation von Ausländern in den Altbauquartieren und Sozialwohnungen mit kulturellen Gründen und niedrigen Mietpreisen erklärt worden. Tatsächlich sind die durchschnittlichen Mieten in den Quartieren niedrig, doch zahlen Zuwanderer in der Regel für eine vergleichbare Wohnung mehr als Deutsche (vgl. Tuchscherer 1993; Kapphan 1995). Da der Wohnungsmarkt in getrennte Teilmärkte zerfällt und sich in diesen relativ geschlossene Angebots- und Nachfragestrukturen etablieren (vgl. Ipsen 1981), können die Zuwanderer ihre Nachfrage gar nicht auf andere Wohnungen richten: Sie würden diese in der Regel gar nicht bekommen, auch wenn sie bereit sind, die höhere Miete zu bezahlen. Der Mietpreis ist für Zuwanderer also keineswegs das wichtigste Entscheidungskriterium bei der Wohnungswahl, sondern der Zugang zu Wohnraum. Zuwanderer können nur Wohnungen anmieten, wo sie als Mieter auch tatsächlich akzeptiert werden; in einem zweiten Schritt wird dann der Preis bzw. das Preis-Leistungsverhältnis abgewogen, und erst an dritter Stelle können sie selber über das Wohnquartier entscheiden, in dem sie leben möchten. Die Information über frei werdende Wohnungen in diesen Quartieren werden an Bekannte weitergegeben und tragen dann dazu bei, dass immer mehr Zuwanderer zuziehen.

Die Konzentrationen von Ausländern in einigen Gebieten sind also nicht freiwillig entstanden. Die Segregation veranschaulicht vielmehr die Chancen der Zuwanderer auf dem Wohnungsmarkt und spiegelt die Nachfrage der deutschen Haushalte. So haben Gebiete mit einem hohen Anteil an Senioren im Regelfall einen sehr geringen Ausländeranteil, sinkt dieser Anteil jedoch und werden viele Wohnungen frei, steigt der Ausländeranteil meist schnell an, da die alten Wohnungen nur mit aufwendiger Modernisierung an deutsche Haushalte weitervermietet werden können. Ein weiterer entscheidender Punkt ist, dass zu unterschiedlichen Zeiten jeweils andere Wohnungen auf dem Markt nicht nachgefragt werden. Daher konzentrieren sich unterschiedliche Zuwanderergruppen oftmals in unterschiedlichen Quartieren (siehe unten).

Die Karte zeigt, dass in Ost-Berlin bisher nur wenige Stadtteile ausländische Bewohner hinzu gewonnen haben. Dabei handelt es sich um Wohnheime, um neue Siedlungen des sozialen Wohnungsbaus und auch um Altbauquartiere. Hinzu kommen die Großsiedlungen mit einem hohen Anteil an sozial gebundenem Wohnraum und einer starken Zuwanderung von Aussiedlern. Diese tauchen allerdings in der Karte nicht auf, da es sich bei ihnen staatsrechtlich um Deutsche handelt. Grundsätzlich sind damit die gleichen Segmente von Zuwanderern bewohnt wie in West-Berlin, das Verteilungsmuster ist – wenn auch auf niedrigerem Niveau – ähnlich wie im Westteil. Bemerkenswert ist, dass in die Großsiedlungen neben den Aussiedlern keine anderen Zuwanderergruppen leben. Der Grund für den Zuzug der Aussiedler ist wahrscheinlich, dass sich viele Erstaufnahmeheime in der Nähe der Plattenbaugebiete befanden. Diese Zuwanderer wollten außerdem in moderne Wohnungen ziehen und sich deutlich von anderen Zuwanderern ohne deutsche Staatsangehörigkeit abgrenzen. Sie bevorzugen daher auch Wohngebiete mit niedrigem Ausländeranteil. Die Konzentrationen wurden – nachdem sie erst einmal entstanden waren – durch Informationen innerhalb der Gruppe an wohnungssuchende Aussiedler verstärkt.

Im Jahre 1989 lebten gerade einmal 20.000 Ausländer in Ost-Berlin, ihr Bevölkerungsanteil belief sich auf 1,6%. Unter ihnen waren vor allem ehemalige Vertragsarbeiter aus anderen sozialistischen Ländern, von denen die meisten aus Vietnam kamen. Im Jahre 1998 sind es dann 71.000 Ausländer, ihr Anteil beträgt 5,7% und liegt damit immer noch weit unter dem West-Berliner Durchschnitt von 17,4%. Von allen Ost-Berliner Bezirken hat Mitte mit 12,4% den höchsten Ausländeranteil. Von den in Ost-Berlin lebenden Ausländern ist der größte Teil erst in den 1990er-Jahren zugewandert. Es handelt sich also vor allem um jene Gruppen, die unter den Zuwanderern dieser Zeit besonders stark vertreten sind: EU-Zuwanderer (13.600), Personen aus dem ehemaligen Jugoslawien (13.500) und der ehemaligen Sowjetunion (8.900), Polen (5.800) sowie die bereits länger ansässigen Vietnamesen (5.800). Bis heute gibt es kaum türkische Bewohner im Ostteil, und die wenigen konzentrieren sich im nördlichen Mitte, welches direkt an den Wedding angrenzt. Nur in diesem Fall ist der höhere Ausländeranteil also auf Umzüge von West nach Ost bzw. eine Diffusion ausländischer Wohngebiete in den Ostteil zurückzuführen.

Wir haben in Kapitel 5 darauf hingewiesen, dass sich Ausländer zu einem höheren Anteil an den West-Ost-Umzügen innerhalb Berlins beteiligen als Deutsche. Doch lassen sich – wie wir dies am Beispiel der größten Zuwanderergruppe, der Türken, zeigen können – kaum Verschiebungen von West nach Ost beobachten. Die Anzahl von Türken im Ostteil stieg von 540 (1991) auf 2.400 (1994) und 4.100 (1998). Die vermehrten Umzüge zwischen Ost- und West-Berlin, die von Ausländern getragen werden, sind vor allem auf administrativ verfügte Umzüge zwischen Wohnheimen bzw. auf die Wechsel zwischen Wohnheim und erster eigener Wohnung zurückzuführen.

Weite Teile von Ost-Berlin sind fast ausländerfrei: Über die Hälfte der Statistischen Gebiete haben auch 1998 noch einen Ausländeranteil unter 5%. Solange es andere Optionen gibt, verzichten viele Ausländer auf eine Wohnung im Ostteil: aus Angst vor Feindseligkeiten gegen Fremde, vor offenem und verdecktem Rassismus, randalierenden Skinheads oder schlicht vor der fehlenden Unterstützung im Falle rassistisch motivierter Gewalt. Die Angst ist nicht unbegründet: Neofaschisten propagieren seit Jahren ‚national befreite Zonen‘, in denen sich Ausländer nicht sicher bewegen sollen.

9.3 Multikulturelle Konflikte und Ghettostimmung

Wir haben oben die Gründe für die Konzentration von Zuwanderern in einzelnen Stadtteilen genannt. Die Segregation ist unfreiwillig entstanden, hat sich aber verfestigt und die Konzentrationen sind stabil. Zuwanderer haben nur zu gewissen Wohnungsmarktsegmenten Zugang, und diese haben sich im Laufe der Zeit geändert. Während die Zuwanderer der 60er und 70er-Jahre vor allem in den Altbauquartieren Wohnungen fanden, waren es in den 90er-Jahren die Siedlungen des sozialen Wohnungsbaus bzw. die Großsiedlungen in Ost-Berlin. Hierdurch ergeben sich für die verschiedenen ethnischen Gruppen unterschiedliche räumliche Konzentrationen.

In Karte 9.2 sind die Hauptwohngebiete der türkischen, polnischen und ‚sowjetischen‘ Bevölkerung eingezeichnet. Berücksichtigt werden können aufgrund der Datenlage nur jene Zuwanderer, die keinen deutschen Pass besitzen und daher als Ausländer in der Statistik angeführt werden. Dargestellt sind die Gebiete, in denen der Anteil der entsprechenden Gruppe an der Bevölkerung mindestens doppelt so hoch liegt wie im Berliner Durchschnitt. Die Hauptwohngebiete mit mindestens 8% türkischer Bevölkerung liegen in den Gebieten, in denen der Ausländeranteil insgesamt besonders hoch ist. In Teilen von Kreuzberg, Neukölln, Wedding haben über 16% der Bevölkerung die türkische Staatsangehörigkeit, weitere Gebiete kommen in Tiergarten und Schöneberg dazu.

In der Karte wird deutlich, dass sich die Verteilungsmuster polnischer und ‚sowjetischer‘ Bevölkerung von jener der türkischen Einwohner deutlich unterscheiden. Überlagerungen der Hauptwohngebiete gibt es aber zum Beispiel in Kreuzberg am Mehringplatz, wo alle drei Gruppen überdurchschnittliche Bevölkerungsanteile haben. Die polnische Bevölkerung, dargestellt mit dunklen Dreiecken, weist an der Rhinstraße in Lichtenberg eine hohe Konzentration auf. Wie bereits erwähnt liegen hier Wohnheime für Arbeitsmigranten. Die anderen neun Statistischen Gebiete mit einem Anteil von über 1,6% der Bevölkerung übersteigen die Marke nur geringfügig, in den meisten Gebieten ist der Anteil der Polen durchschnittlich. Das bedeutet, dass sich die polnische Bevölkerung sehr gleichmäßig über das Stadtgebiet verteilt und keine ‚Kolonien‘ bildet. Die Hauptwohngebiete der Ausländer aus den Nachfolgestaaten der Sowjetunion zeigen ein anderes Muster, die Segregation der russischsprachigen Zuwanderer ist wesentlich höher als die der Polen. Die

Karte 9.2:
Hauptwohngebiete von
Ausländern 1998
in den Statistischen Gebieten
von Berlin

Staatsangehörige der Türkei: Ø=4,0

☐ 8% - 16%

■ 16% und mehr

Staatsangehörige von Polen: Ø=0,8

△ 1,6%

△ 5%

Staatsangehörige der Nachfolgestaaten der Sowjetunion: Ø=0,8

★ 1,6%

★ 5%

Gebiete unter 2000 EW
sind nicht dargestellt.

Quelle: Statistisches Landesamt
Bearbeitung: Andreas Kapphan

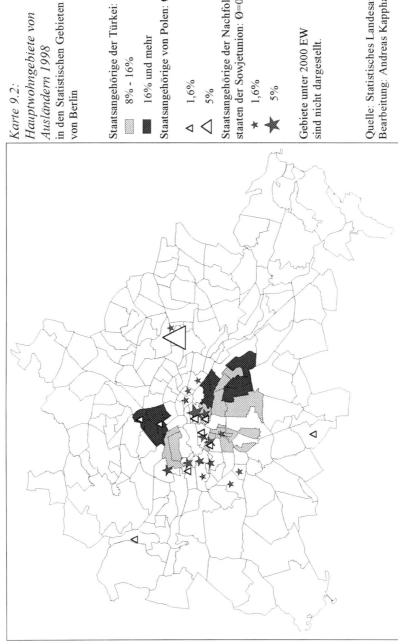

Gebiete, in denen der Bevölkerungsanteil 1,6% übersteigt, liegen vor allem in den zentralen Bereichen der Innenstadt: zwischen dem Strausberger Platz in Friedrichshain und dem Stuttgarter Platz in Charlottenburg. Den höchsten Anteil stellen die ehemaligen Sowjetbürger an der südlichen Friedrichstraße in Mitte mit 8,2% der Einwohner. Daneben gibt es fünfzehn weitere Gebiete mit einem stark überdurchschnittlichen Anteil. Die meisten Gebiete mit Konzentrationen russischer Zuwanderer befinden sich in Charlottenburg und Wilmersdorf, wo es in den 20er-Jahren bereits eine ‚russische' Kolonie gegeben hatte. Die Konzentrationen von Türken befinden sich also in den West-Berliner Altbauquartieren, insbesondere in Kreuzberg, Wedding und dem nördlichen Neukölln, die Zuwanderer der 1990er-Jahre konzentrieren sich dagegen stark in den Siedlungen des sozialen Wohnungsbaus.

Die Entstehung ethnischer Kolonien – wie sie sich in den Konzentrationen der ethnischen Gruppen andeutet – hat eine lebhafte Debatte entfacht. Dabei stand insbesondere die Frage der Integration von Zuwanderern im Mittelpunkt, da sich ethnische Kolonien als relativ geschlossene Strukturen erweisen, die eine „institutionelle Vollständigkeit" aufweisen und es daher ihren Mitgliedern erlauben, alle Güter und Dienstleistungen innerhalb der ethnischen Kolonie zu bekommen (vgl. Breton 1965). In der Kategorie der „institutionellen Vollständigkeit" kommt das Moment der Abgeschlossenheit bzw. Autarkie der Struktur zum Ausdruck, das für den Begriff der ethnischen Kolonie entscheidend ist. Elwert (1982) und Heckmann (1992) benennen mit der Binnenintegration eine wichtige Funktion der ethnischen Kolonie: Sie sichert Identität und Selbstwertgefühl bei den ansässigen Migranten, leistet die Vermittlung von Kulturwissen für die neuen Zuwanderer und erleichtert die politische Vertretung der Gruppe gegenüber der Mehrheitsgesellschaft. Esser (1986) hat dagegen die integrationshemmenden Aspekte der Koloniebildung in den Vordergrund gestellt. Ethnische Kolonien erweisen sich seiner Ansicht nach als Sackgassen, wenn das Prinzip des Kontakts und der Offenheit nicht gewährleistet ist. Für die Angehörigen der ethnischen Minderheit wird die Beschäftigung in der eigenen Kolonie eine ‚Mobilitätsfalle', da hier nicht die Kenntnisse und Normen vermittelt werden, die zu beruflichem Erfolg außerhalb der ethnischen Gemeinde verhelfen können. Kolonien können sich aber auch wieder auflösen, insbesondere dann, wenn aufgrund der zunehmenden Integration das Bedürfnis der ethnischen Gruppe nach den ethnospezifischen Angeboten nachlässt.

Bei ethnischen Kolonien überwiegen also weder die positiven noch die negativen Effekte eindeutig. Neben den positiven Aspekten – Identitätssicherung, Vermittlung von Kulturwissen und Interessensvertretung – machen sich die negativen insbesondere dann bemerkbar, wenn der Zugang zum Arbeitsmarkt versperrt und soziale Mobilität blockiert ist. Erst das Zusammenwirken von ethnischer Orientierung und Armut macht also die Konzentration zu einem Problem für die Angehörigen einer Kolonie. Ob ethnische Kolonien eine Brückenfunktion aufweisen, hängt in erster Linie davon ab, ob innerhalb der Mehrheitsgesellschaft Opportunitäten existieren, die den Zuwanderern zugänglich sind, also ob Arbeitsplätze vorhanden sind, ob gesellschaftliche und politische Partizipation möglich ist. Die Kolonie kann also im Zeitablauf und abhängig von den Umweltbedingungen unterschiedliche Funktionen haben. Gerade durch den Identitäts-Schutz, den die Kolonie in der ersten Zeit nach der Ankunft im fremden Land bietet, können sich Individuen nach und nach der fremden Kultur leichter öffnen und in Anpassungsprozesse eintreten.

Die hohen Ausländerkonzentrationen in den Gebieten der westlichen Altbaubereiche Berlins gehen 10 Jahre nach der Wende einher mit einer hohen Arbeitslosigkeit und niedrigen Einkommen. Dies betrifft nicht nur die ausländische Bevölkerung, unter denen hier Türken und Araber besonders stark vertreten sind, vielmehr sind auch die deutschen Bewohner dieser Bereiche zu einem überdurchschnittlich hohen Anteil ohne Arbeit. Ausländerkonzentration und Armutskonzentration überlagern sich also.

In Wut und hilfloser Desorientierung machen die hier lebenden Deutschen die ausländischen Bewohner für ihre Armut verantwortlich. Dazu trägt einerseits der altbekannte Mechanismus von Transformation der eigenen Schwäche in eine Aggression gegen einen vermeintlich Schuldigen bei, aber auch die Angst, dass es einem selbst schlechter gehen könnte als den Ausländern und man ebenso Opfer von Stigmatisierung und Diskriminierung werden könnte. Das hat man bei den Zuwanderern beobachtet und oft auch selbst praktiziert. Diese Reaktion lässt sich bei den deutschen Bewohnern dieser Gebiete am besten als ‚Statuspanik' bezeichnen. Wenn Ausländerzuzug als soziale Abwertung des Quartiers wahrgenommen wird und die ansässigen Bewohner ihres eigenen Status` nicht mehr sicher sein können, dann stellt Ausländerfeindlichkeit den Versuch dar, sich selbst von der Entwicklung des Quartiers zu distanzieren und den eigenen sozialen Abstieg zu leugnen. Dies erklärt zu einem guten Teil auch den hohen Anteil rechter Wähler in Wedding und dem nördlichen Neukölln.

Die Situation von ausländischen Jugendlichen in den Armutsgebieten ist besonders schwierig. Zuschreibungen von außen werden oft übernommen und in die eigene Identität eingebaut. So haben die Diskurse in den Zeitungen über die Entstehung von Ghettos in Berlin das Selbstbild der türkischen und deutschen Jugendlichen im östlichen Kreuzberg (SO 36) beeinflusst, sie sprechen von sich selber als Ghetto-Kids (Best 1999a). Die Perspektiven der Jugendlichen sind tatsächlich sehr problematisch: Arbeitslosigkeit, beengte Wohnverhältnisse und räumliche Isolation prägen ihren Alltag. Die Dominanz auf den Straßen, die Vorherrschaft der Clique im Stadtteil, Kleinkriminalität, Drogenkonsum und die Kontrolle über den Drogenhandel werden zu Möglichkeiten, am Konsum teilnehmen zu können und Selbstwert und Identität jenseits von beruflichem Erfolg und gesellschaftlicher Anerkennung zu erfahren (Landeskommission Berlin gegen Gewalt 2000).

Mit dem Anstieg der Arbeitslosigkeit wächst auch das ethnische Gewerbe. Eine ‚neue Selbständigkeit' boomt vor allem in den Bereichen, in denen keine formellen Qualifikationen erforderlich sind: Imbissbuden und Gemüseläden, Internetcafés und Zeitungskioske. Der Versuch, durch Selbständigkeit der wachsenden Arbeitslosigkeit und Perspektivlosigkeit auf dem Arbeitsmarkt zu entfliehen, ist für die meisten nur möglich durch niedrige Gewinne, lange Arbeitszeiten und unbezahlte Familienangehörige (vgl. Goldberg/Sen 1997; Simons 1999). Die Fluktuation bei den angemeldeten Gewerben ist allerdings sehr hoch. Wie viele der ethnischen Selbständigen ihr Gewerbe wieder abmelden müssen und mit einem Schuldenberg in die Arbeitslosigkeit zurückfallen, ist nicht bekannt.

Selbständigkeit verfolgt in einer Situation hoher Arbeitslosigkeit auch den Zweck, Qualifikationen zu erlernen. Viele der russischsprachigen Zuwanderer z.B. haben Läden eröffnet, um nach einer Phase von Arbeitslosigkeit überhaupt wieder etwas Sinnvolles zu machen und dabei Buchführung und Deutsch zu lernen. Sie versprechen sich auch bei einem Scheitern des Versuches einen nicht-materiellen Gewinn. Ihre Geschäfte konzentrieren sich räumlich stark, 1996 befand sich die Hälfte in Charlottenburg. Hier leben viele der Sowjetmigranten, der Bezirk hat aber auch ein hohes Prestige bei den Berliner ‚Russen', die zum Einkaufen gerne nach ‚Charlottograd' gehen. Das ethnische Gewerbe hat hier auch die Funktion, den Bezirk zu ‚markieren', also Zeichen der Präsenz zu setzen (vgl. Kapphan 1997b). Die Konzentrationen von russisch-sprachigen und polnischen Zuwanderern stellen dabei kein Problem dar: zu klein ist ihre Gesamtzahl. Auch fehlt die Zuschreibung, dass es sich bei diesen Migranten um eine ‚arme' Bevölkerung handelt.

Steigende Arbeitslosigkeit und blockierte soziale Mobilität fördern bei den Zuwanderern Resignation und einen Rückzug in die ethnische Gruppe. Dabei kann es zu einer Radikalisierung ethnisch-kultureller Momente kommen, wie sie zum Beispiel die Hinwendung zu fundamentalistischen Gruppierungen darstellt (vgl. Heitmeyer u.a. 1997). Diese Rekulturalisierung und Islamisierung, bei gleichzeitiger Formulierung eines radikalen Gegenkonzepts zur demokratischen Gesellschaft, stellt diese vor neue Probleme. Religiöse Gruppen werden, aus Angst vor ihrer wachsenden Macht, isoliert. So wird etwa ihre gesellschaftliche Partizipation unter dem Vorwand erschwert, dass es keine verbindliche Vertretung der Gruppen gebe und keine Anerkennung als Religionsgemeinschaft bestehe. Alle Versuche jedoch, diese Anerkennung zu erlangen, sind auch in Berlin bisher gescheitert – mit Ausnahme der Anerkennung der Islamischen Föderation Berlin e.V. als Religionsgemeinschaft im Sinne des Schulgesetzes. Diese juristische Anerkennung verleiht nun der Gruppe die Möglichkeit, Religionsunterricht an den öffentlichen Schulen anzubieten; die Berliner Schulverwaltung will dies allerdings mit allen Mitteln verhindern (vgl. Gesemann 1999). Ähnliche Konflikte gibt es in den Wohngebieten der muslimischen Bevölkerung um andere Symbole islamischer oder orientalischer Herkunft, z.B. beim Bau von Moscheen.

Fast alle Moscheen Berlins befinden sich in den innerstädtischen Altbaugebieten mit einem hohen Anteil türkischer Bewohner. Sie lassen sich als Gebetsräume kaum erkennen, da repräsentative Merkmale wie Minarette und Kuppeln fehlen – außer einem kleinen Schild gibt es meist keine Hinweise, die auf die Existenz der Moschee verweisen (vgl. Jonker/Kapphan 1999). Aufgrund der fehlenden rechtlichen Anerkennung können die Moscheenvereine nicht einfach Wohnungen umwidmen und als Gebetsraum ausbauen, da dies eine Zweckentfremdung von Wohnraum darstellen würde. Sie müssen daher bei der Suche nach Räumlichkeiten auf die relativ teuren Gewerberäume ausweichen. Tatsächlich befinden sich die Moscheen zumeist in Fabriketagen und Parterrewohnungen, oftmals in den Hinterhöfen von Häusern. Sie sind damit dem Blick der Passanten verborgen, und ihre Existenz ist auch den politischen Entscheidungsträgern nicht immer bekannt. Dennoch gibt es Konflikte zwischen den Moscheenvereinen und den Nachbarn, die sich über Lärm, parkende Autos und herumstehende Gruppen beschweren (Best 1999b, 50). Diese Beschwerden über ‚Belästigungen‘ werden in den wenigsten Fällen direkt an die Moscheenvereine gerichtet, sondern meist an die Vermieter oder die Polizei. Während an einigen Orten die Moscheen keinen Anstoß erregen, weil sie sich z.B. in Nachbarschaft einer lauten Kneipe befinden und damit weniger auffallen oder sie sich mit der Büronutzung in den anderen Stockwerken vertragen, haben viele Vereine neue Räumlichkeiten gesucht und sind damit den Konflikten aus dem Weg gegangen. Aber auf welchen Flächen sollen sich Moscheen ansiedeln? Gibt es in Berlin Orte, an denen sie weniger ‚stören‘ oder sich besonders gut einpassen? Pläne für den Neubau von Moscheen wurden bisher verhindert, da z.B. in Kreuzberg nach Meinung des Bezirksamtes – wegen der „überdurchschnittlichen Konzentration ausländischer Wohnbevölkerung“ – kein Zentrum mit überregionaler Ausstrahlung für die Muslime errichtet werden solle (vgl. Przybyla 1999, 63). Die Lösung der Probleme wird bisher Hauseigentümern und der Polizei überlassen, die Politik hat sich – trotz des hohen Symbolcharakters von ethnisch-religiösen Konflikten – dieser Frage bisher nicht zugewendet.

In einer Gesellschaft, in der die politischen und ökonomischen Partizipationsmöglichkeiten der Zuwanderer minimal sind, bekommt die ethnische und kulturelle Identität eine größere Rolle, und der Stadtteil ist der Raum, in dem

218

dieser Kampf ausgetragen wird. Auch die ansässige deutsche Bevölkerung mischt in diesem Kampf um die kulturelle Hegemonie unter der Parole mit, sich gegen den Vormarsch der Ausländer bei der Besetzung von Quartieren mit Symbolen und ethnischen Zeichen verteidigen zu müssen. Das multikulturelle Berlin ist eine Stadt der Konflikte: um Moscheebauten, Minarette und den Gebetsruf, um türkisch dominierte Wochenmärkte und den vermeintlich letzten deutschen Bäcker.

Die deutsche Gesellschaft hat die Integration von Zuwanderern immer verlangt, aber mit zunehmender Aufenthaltsdauer sind auch die Anforderungen an die Integration gestiegen. Heute können Ausländer zwar leichter deutsche Staatsbürger werden, als ‚Deutsche‘ sind sie jedoch nur selten akzeptiert. Mit der zunehmenden räumlichen Segregation, dem Ausschluss vom Arbeitsmarkt und steigender Arbeitslosigkeit sowie den damit auch zurückgehenden Kontaktmöglichkeiten gewinnt die ethnische Identität und das Wohnquartier als Lebensraum an Bedeutung für Kontakte und die soziale Identifikation. Dieser Mechanismus hat auch Folgen für die ethnische Gemeindebildung. Bei zunehmendem Ausschluss vom Arbeitsmarkt werden sich die Konzentrationen und ethnischen Gemeinden verfestigen und abschotten. Die Gefahr besteht also, dass die ethnischen Kolonien ihre Brückenfunktion verlieren und sich aus den Gebieten der Ausländerkonzentration Räume der Isolation und Benachteiligung entwickeln.

10. Segregation und Ausgrenzung – Trennen oder Mischen?

Die bisher in diesem Buch vor allem untersuchten Weg- und Zuzüge sind nur eine Variante der Entstehung einer Konzentration von problembeladenen Haushalten, die andere ist eine Folge der Arbeitsmarktkrise. Dafür gibt es in den Großstädten heute viele Beispiele: Gebiete, in denen vorwiegend gering qualifizierte Industriearbeiter gewohnt haben ('Arbeiterviertel'), erleben einen kollektiven Abstieg dadurch, dass die Fabrikarbeitsplätze verschwunden und die Arbeiter (dauer-)arbeitslos geworden sind. Plakativ formuliert: aus einem Arbeiterquartier wird dann ein Arbeitslosenquartier. Die Kaufkraft nimmt ab, die sichtbare Armut zu, Läden werden geschlossen bzw. verändern ihr Angebot in Richtung Billigwaren, kurz: das allgemeine 'Klima' verschlechtert sich.

Abbildung 1 zeigt, wie beide Varianten den Weg zur Entstehung von ausgegrenzten Orten bzw. von Orten der Ausgrenzung weisen können. Soziale Ungleichheit setzt sich – wenn es keine sozialstaatliche Intervention gibt – in sozialräumliche Segregation um; diese führt zu sich selbst verstärkenden Prozessen sozialer Selektion, an deren Ende Quartiere stehen, die von einer kumulativen Abwärtsentwicklung betroffen sind: Mit jeder Stufe der Verschärfung der sozialen Probleme verlassen diejenigen Haushalte, die noch über Wahlmöglichkeiten verfügen, diese Quartiere, womit dann die Konzentration und Dichte sozialer Problemlagen weiter zunimmt.

In der bisherigen Analyse haben wir die soziale Entmischung von Quartieren mehr oder weniger selbstverständlich als nicht erstrebenswert bzw. sogar als schädlich unterstellt. Dies ist jedoch keineswegs selbstverständlich. Daher wollen wir in diesem Kapitel klären, welche Risiken mit dem sozialräumlichen Wandel verbunden sind, und darlegen, warum und unter welchen Umständen die soziale Entmischung ein Problem darstellt, das durch stadtpolitische Interventionen bekämpft werden sollte.

Die historische Betrachtung der Herausbildung der sozialräumlichen Struktur in Berlin (Kapitel 2) hat gezeigt, dass der privatwirtschaftliche Städtebau segregierte Quartiere produziert. Das liegt schlichtweg daran, dass Wohnungen von Bauträgern für ein bestimmtes Marktsegment errichtet werden, das nach dem Einkommen, durchaus aber auch nach dem Lebensstil (häufig als 'Milieu' bezeichnet) abgegrenzt wird. Dabei wird die soziale Spannbreite, die die Käufer in ihrer Nachbarschaft zu dulden bereit sind, zur

Abbildung 10.1: Wirkungsketten der sozialen Segregation: Herausbildung von problembehafteten Quartieren

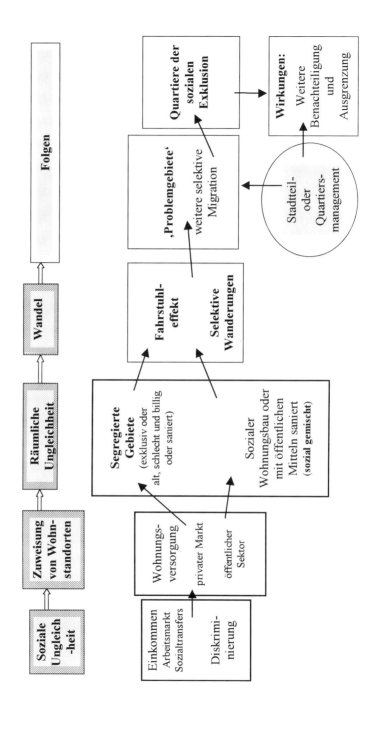

Grundlage der Planung. Der Wert einer Wohnung und damit der Wert einer Immobilie ist ja immer auch von der sozialen Umgebung des Hauses oder des Grundstücks abhängig – und deshalb müssen privatwirtschaftliche Planungen streng darauf achten, dass ihre Kalkulation nicht durch unvorhergesehene und ungewollte soziale Mischungsverhältnisse entwertet wird.

Die soziale Sortierung der Bevölkerung nach Einkommen und ethnischer Zugehörigkeit ist in marktwirtschaftlich regulierten Städten so selbstverständlich, dass sie von den Pionieren der amerikanischen Stadtforschung an der Universität Chicago in den 20er-Jahren sogar als ‚natürlich' bezeichnet wurde (Park u.a. 1925; Friedrichs 1983). Ethnisch oder nach Lebensstil segregierte Gebiete gelten in der sozialökologischen Stadttheorie als ‚natural areas'. Segregation bzw. Konzentration von Bewohnern mit bestimmten Merkmalen sind demzufolge nicht per se ein ‚Problem' – die Bewertung von sozialräumlichen Konzentrationen hängt vielmehr von verschiedenen Faktoren ab; die mit einem sozial segregierten Gebiet verbundenen Wirkungen sind dabei einer der wichtigsten.

10.1 Für wen ist Segregation ein Problem?

Entmischte Quartiere gelten in der Regel nur dann als Problem, wenn die Bewohner ein irgendwie ‚abweichendes Verhalten' zeigen oder ihnen dies unterstellt wird, wenn also die sozialen Zustände, die ein sozial homogenes Quartier repräsentiert, von der übrigen Gesellschaft nicht akzeptiert werden. Die Absonderung der Superreichen in bewaldeten Gehegen im Südwesten von Berlin ist z.b. noch niemals als ‚soziales Problem' bezeichnet worden, das durch Zuzugssperren oder Maßnahmen der Wohnungszuteilung an seiner Ausbreitung hätte gehindert werden müssen.

Bei der Beurteilung von sozialen Mischungsverhältnissen in einem Wohnquartier ist in jedem Fall eine Binnen- und eine Außenperspektive zu unterscheiden. Was aus der Außenperspektive unerwünscht oder negativ erscheinen mag, kann aus der Binnenperspektive der Bewohner höchst sinnvolle und produktive Funktionen haben:

1. Die soziale Homogenität in einem Quartier ist eine Voraussetzung dafür, dass es lebendige Nachbarschaftsbeziehungen geben kann. Denn aus vielen empirischen Untersuchungen ist bekannt, dass sich Nachbarschaft nicht aus räumlicher Nähe automatisch ergibt, sondern dass soziale Homogenität und Übereinstimmung in kulturellen Fragen die besten Voraussetzungen für intensive Nachbarschaftsbeziehungen sind (vgl. Hamm

2000). Wenn diese Voraussetzungen gegeben sind, kann räumliche Nähe die Kontakte erleichtern, d.h. dadurch werden sie wahrscheinlicher.

2. Das Wohnen in sozial segregierten und damit sozialkulturell homogenen Quartieren kann eine günstigere Voraussetzung für die soziale Stabilisierung bzw. die soziale Anerkennung von Mitgliedern von Minderheiten sein als es in einer sozial gemischten Umgebung der Fall wäre. Von einer sozial homogenen Nachbarschaft gehen eher anerkennende und bestätigende Wirkungen aus und weniger Zwänge für eine Änderung bzw. Anpassung der Verhaltensweisen (z.B. im Konsumverhalten). Das ist für die Bewahrung einer kulturellen Identität zum Beispiel von Zuwanderern von großer Bedeutung, wie im Kapitel zuvor bereits diskutiert wurde.

3. Schließlich ist ein vielfach beschriebener Effekt einer sozialräumlichen Segregation insbesondere bei ethnischen Minderheiten derjenige, dass sich eine ethnische Ökonomie herausbilden kann, die auf den eigenen sozialen Netze basiert und auf eigene Bedürfnisse bezogen ist. Nur bei räumlicher Segregation von Minderheiten bildet sich ein entsprechend zahlreiches Publikum, um eine differenzierte Nachfrage nach ethnospezifischen Waren oder Dienstleistungen zu produzieren. Die ethnisch homogene Nachbarschaft stellt auch beste Voraussetzungen für den Aufbau von formellen und informellen Netzen, die den Mitgliedern den Zugang zu Informationen bieten, die in den öffentlichen Medien nicht verfügbar sind.

Die ethnischen Kolonien, die es in jeder großen Stadt gibt, können für die Zuwanderer einen Schutzraum darstellen, in dem sie sich auf der Grundlage der Anerkennung ihrer mitgebrachten Identität mit der neuen Heimat auseinander setzen können (vgl. Heckmann 1992; Heitmeyer 1998; Krummacher 2000). Gebiete mit einer hohen Konzentration von Bewohnern einer bestimmten Nationalität können insofern Übergangsorte darstellen, die nach innen sehr gut integriert sind, aber dennoch Brücken bilden, die die Integration in die Aufnahmegesellschaft ermöglichen. Sie gestatten sozusagen eine behütete Erfahrung mit Rückzugsgarantie.

In der Außenperspektive erscheinen aber häufig genau diese Aspekte als eher negativ:

1. Die Konzentration von Minderheiten erzeugt bei Beobachtern von außen starke Fremdheitsgefühle und kann zu Angst führen, die von rechtsradikalen Strömungen mit Begriffen wie ‚Überfremdung' noch geschürt wird. Insbesondere solche Gruppen, die selbst einen sozialen Abstieg erlebt haben oder ihn befürchten müssen, reagieren auf die sichtbare Konzentration von Minderheiten mit Angst und Aggression (‚Statuspanik').

2. Die sozialräumliche Konzentration bietet geeignete Objekte für die Entwicklung von Vorurteilen und Zuschreibungen. Sozialräumlich segre-

224

gierte Quartiere werden leicht stigmatisiert und die Vorurteile werden dann auf alle Mitglieder der segregierten sozialen Gruppe übertragen.

3. Die entmischten Quartiere können eigene Milieus ausbilden, d.h. sozial-räumliche Strukturen, die zur wechselseitigen Bestärkung von solchen Normen und Verhaltensweisen innerhalb der segregierten Gruppe dienen, die außerhalb nicht akzeptiert werden. Ein Beispiel dafür ist ein ‚Milieu der Armut‘, in dem Armut ‚gelernt‘ wird, in dem aber nicht gelernt wird, wie man aus der Armut heraus kommt oder wie man außerhalb der Armut leben kann.

4. Die räumliche Segregation wird häufig als feindselige Abschließung gegenüber der Mehrheitskultur, als Verfestigung von kulturellen Differenzen gesehen. Solche Urteile werden allerdings nur gegenüber solchen Quartieren geäußert, in denen sich eine Kultur manifestiert, die stark abgelehnt wird.

5. Da die soziale Segregation nur bei den Bevölkerungsgruppen beklagt wird, die sich am unteren Rand der sozialstrukturellen Skala befinden, werden solche Quartiere häufig als Orte der ‚Rückständigkeit‘ bezeichnet. Tatsächlich können sich dort kulturelle Differenzen zur Mehrheitsgesellschaft verfestigen, und damit wird das Quartier selbst zu einer Quelle der Benachteiligung.

Die Wirkungen eines segregierten Gebietes sind nicht nur ambivalent, sie können sich auch ändern. Der integrative Charakter einer ethnischen Kolonie z.B. kann sich auch in sein Gegenteil verkehren und zur Verhinderung von Integration beitragen. Das ist abhängig von der Dauer der Existenz einer solchen Subkultur, insbesondere aber davon, ob die Bewohner freiwillig oder unfreiwillig in einem solchen Ghetto leben. Bei unfreiwilliger Konzentration stellt die Segregation eine erzwungene Isolation dar.

10.2 Rückständigkeit und Modernität

Mit der Frage nach den sozialen Wirkungen der Konzentration bzw. Segregation bestimmter Bevölkerungsgruppen ist ein altes Thema der Stadtsoziologie angesprochen, denn die Verbindung von räumlichen Konstellationen und sozialen Effekten ist das originäre Thema der sozialökologischen Stadtforschung seit den 20er-Jahren: Der Zusammenhang zwischen ‚moralischer‘ und physischer Ordnung, wie Park u.a. (1925) formulierten, liegt dem großstädtischen Integrationsmodell der ‚natural areas‘ zugrunde, in dem die Stadt als ein ‚Mosaik kleiner Welten‘ begriffen wird, die Disziplinierungs- und Sozialisationsleistungen für eine kulturell heterogene Stadt erbringen (vgl. Lindner

1990; Häußermann 1995). Die quantitativ verfahrende Stadtforschung hat sich seit jeher mit dem Zusammenhang zwischen den sozialräumlichen Strukturen der Großstadt und gesellschaftlich ‚abweichenden' Erscheinungen wie vorehelicher Geschlechtsverkehr, Kriminalität und Armut beschäftigt (vgl. Friedrichs 1998, 87f.). Bisher sind die methodischen Fragen der Analyse von solchen ‚Kontexteffekten' allerdings nie befriedigend gelöst worden. So besteht bis heute in der Stadtforschung wenig Klarheit darüber, inwieweit und durch welche Faktoren der städtischen Umwelt das (abweichende) soziale Verhalten beeinflusst wird.

In der Diskussion um Strategien der Stadtsanierung Ende der 60er-Jahre hat die Frage, inwieweit die physische Umwelt Teil der problematischen soziale Lage sei, in der sich die Bewohner von Sanierungsgebieten üblicherweise befanden (überwiegend wohnten dort Arme, Alte, Ausländer usw.), eine zentrale Rolle gespielt. Die Beseitigung von einseitigen Sozialstrukturen gehörte damals zu den Sanierungszielen (vgl. Jessen u.a. 1979). Soziologen wurden damit beauftragt, Diagnosen zu den sozialen Verhältnissen und zu ihrer Veränderbarkeit zu stellen. Dabei wurden folgende drei Positionen eingenommen, die für die Bewertung der baulichen Umwelt den Hintergrund bildeten.

- In einer Modernisierungsperspektive galten Wohn- und Lebensverhältnisse in Sanierungsgebieten als ‚rückständig' (vgl. Zapf 1969), weil weder die Wohnungsqualität noch die Lebensweisen den Standards einer ‚modernen' Gesellschaft zu entsprechen schienen; die Bewohner von Sanierungsgebieten wurden deshalb als benachteiligt bezeichnet, weil sie Bewohner von Sanierungsgebieten waren. Sowohl das soziale als auch das materielle Milieu wurde als Bedingung für eine Lebensführung betrachtet, die nur defizitär sein konnte. Das Sanierungsgebiet war ein benachteiligendes Gebiet, eine Falle, aus der die Bewohner durch Beseitigung des materiellen und sozialen Milieus befreit werden mussten, damit sie am Fortschritt teilhaben können;
- Gegen diese Modernisierungsperspektive wandten sich diejenigen Soziologen, die in der Beschreibung der spezifischen sozialen Beziehungen nicht eine minderwertige, sondern eine Gegenkultur zu erkennen glaubten; nicht die Perspektive der Anpassung an bzw. der Integration in die ‚moderne' (kapitalistische) Gesellschaft sollte zum Maßstab der Beurteilung der Qualität von Wohn- und Lebensbedingungen gemacht werden, sondern die Utopie einer ganz anderen Lebensweise, deren Herstellung auf revolutionärem Wege zur maßstabsbildenden Perspektive gemacht wurde. Rückständigkeit wurde als Andersartigkeit interpretiert (z.B. Gude 1972), als der soziale Ort eines kritischen Bewusstseins, der den Keim der radikalen Alternative, des gesellschaftlichen Gegenentwurfs in sich

trug. Vor allem gegen die Zerstörung einer (proletarischen) Subkultur wandte sich diese Position;

- Gleichsam zwischen diesen beiden Positionen, zwischen Anpassung und Gegenwehr, ist das Plädoyer für eine behutsame Sanierung anzusiedeln, nach der zwar die ‚durchschnittlichen Wohnstandards‘ auch in den verfallenen und vernachlässigten Gebieten für eine einkommensschwache Bevölkerung durchgesetzt werden sollen – aber ‚sozialverträglich‘, wie man heute sagen würde. Das heißt, dass auf die Eigenart der sozialen Beziehungen Rücksicht genommen wird, wenn die Bewohner es wünschen – was durch eine breite Partizipation der Betroffenen ermittelt und sichergestellt werden soll. Die Eigenart der sozialen Beziehungen (informelle Hilfsnetze, informelle Ökonomie) wird als zu bewahrende Kulturleistung anerkannt, deren soziale und materielle Effekte andernfalls durch staatliche und städtische Institutionen erbracht werden müssten. Die Bewahrung traditioneller Sozialformen, die an eine bestimmte physische Umgebung gebunden sind (in der Regel innerstädtische Altbaugebiete), wurde als Alternative zur rigiden und sozial zersetzenden Wirkung der Modernisierungsstrategie, die mit der Umsetzung in die ‚anonymen‘ Großsiedlungen am Stadtrand verbunden war, verstanden und propagiert.

Wir können also eine *Modernisierungsstrategie* unterscheiden von einer *Strategie der politisch verstandenen Gegenkultur*, und davon wiederum eine *Fürsorge-Strategie*, die traditionales Sozialkapital gegen die Zerstörung durch eine etatistisch angeleitete Modernisierung verteidigte. In allen drei Perspektiven werden implizit Effekte der baulich-physischen Umgebung angenommen, die untrennbar mit den sozialen Milieus verbunden sind. Diese Milieus werden jedoch unterschiedlich interpretiert, und daher werden die *Effekte auch unterschiedlich bewertet*: im ersten Fall ist das Quartier *benachteiligend*, im zweiten Fall *emanzipierend*, im dritten bewahrend bzw. *beschützend*.

Diese Vorgeschichte und die damit verbundenen soziologischen Einschätzungen und politischen Bewertungen sollte man im Gedächtnis haben, wenn man daran geht, die räumliche Konzentration von bestimmten sozialen Problemen bzw. Gruppen zu beschreiben und Ansätze für eine Veränderung zu entwickeln. So wie die segregierten Räume von ethnischen Minderheiten beschützende oder benachteiligende Wirkungen haben können (ethnische Kolonien oder Ghettos, vgl. Kapitel 9) – die man den Gebieten nicht sofort und nicht ohne weiteres ansieht, und die auch nicht einheitlich für alle Bewohner gleich sind –, so sind die Effekte sozialräumlicher Konzentration für die Armutsbevölkerung nicht ohne weiteres gleichzusetzen mit sozialer Ausgrenzung. Unter welchen Bedingungen und auf welche Weise aus einem *benachteiligten* Gebiet ein *benachteiligendes* Gebiet wird, muss sorgfältig bestimmt und untersucht werden.

10.3 Entmischungsprozesse heute

Die gegenwärtigen Entwicklungen in den großen Städten laufen auf eine stärkere und feinere Segregation hinaus, d.h. wir können seit einiger Zeit deutliche soziale Entmischungsprozesse beobachten.

Ein Grund dafür ist zum einen die Randwanderung bzw. Suburbanisierung der Bevölkerung. Das Ausweichen in Richtung Stadtrand ist jedoch nicht die einzige Möglichkeit: Haushalte ohne Kinder suchen sich auch innerhalb der Stadt Quartiere, in denen sie einen größeren räumlichen Abstand zu den sozialen Problemen der Stadt finden, deren Nähe ihnen unangenehm ist oder die bedrohlich erscheinen, weil sie spürbar zunehmen. Als Anzeichen für das ‚Umkippen‘ eines Quartiers gelten gewaltförmige Konflikte im Haus und im Straßenraum sowie ein hoher Anteil von Arbeitslosen, der sich insofern auch auf das Stadtbild und den öffentlichen Raum auswirkt, als die Kaufkraft absinkt, Läden ihre Kunden verlieren und möglicherweise schließen und häufig dann auch noch das Angebot an privaten Dienstleistungen ausgedünnt wird. Oftmals wird das Straßenbild dann von Drogenabhängigen und Alkoholikern bestimmt, die sich in handgreifliche Auseinandersetzungen gegen Personen oder Sachen verwickeln. Im Zusammenwirken all dieser Faktoren werden kumulative Abwärtsspiralen angestoßen, die in extremer Segregation enden können.

Die Heterogenität der Bevölkerung wird dann als Belastung empfunden, wenn sich der Betrachter in einer bedrohlichen Situation sieht. Das Gefühl, in die Minderheit zu geraten, ist häufig der Auslöser für solche Ängste – sei es objektiv begründet oder auch nur durch die persönliche Wahrnehmung. Haben Bewohner dann die Möglichkeit, einen anderen Wohnstandort wählen zu können, setzt die Auswanderung aus den heterogenen Quartieren ein. Entscheidend ist in diesen Fällen also weniger die faktische ‚Mischung‘ bzw. ‚Nichtmischung‘, sondern die *Wahrnehmung* einer veränderten Situation, die den Bewohnern das Gefühl gibt, auf dem absteigenden Ast zu sitzen, wenn sie in diesem Quartier wohnen bleiben.

Grundlage für das Handeln ist also die Wahrnehmung und das sich daraus entwickelnde Gefühl, in einer Umgebung gefangen zu sein, die einen ‚runterzieht‘ bzw. die die eigene Lebensführung beeinträchtigt. Wann dieses Gefühl eintritt, dass eine Gegend ‚umkippt‘, lässt sich nicht genau sagen. Dazu gibt es bisher auch keine Untersuchungen. Es dürfte je nach Schichtzugehörigkeit, Bildungsgrad, Wohnsituation usw. unterschiedlich sein. Sicher aber ist, dass es nicht ganz ohne objektiven Grund entsteht, wie das z.B. bei den Gefühlen, von steigender Kriminalität bedroht zu sein, der Fall sein kann. Wenn die sozialen Probleme in der Gesellschaft insgesamt zunehmen, schlägt sich dies eben nicht in allen Bezirken und Quartieren gleichermaßen nieder, denn die sozialen Schichten sind nicht gleichmäßig über die Stadt verteilt und nicht in gleicher Weise von den wachsenden sozialen Problemen betroffen. Je weiter die Bedrohung des sozialen Abstiegs in die ‚Mitte' der Gesellschaft vordringt, desto größer ist der Anteil der Bevölkerung, den eine ‚Statuspanik' ergreifen kann und desto größer sind entsprechend die Gebiete in der Stadt, wo die durch Flucht vor dem sozialen Abstieg motivierten Entmischungsprozesse stattfinden.

Doch worin besteht nun eigentlich das Problem der räumlichen Konzentration?

10.4 Welche Effekte kann die soziale Segregation haben?

Anlass für eine Diskussion über die räumliche Konzentration von sozialen Problemen bzw. von Haushalten, die mit besonderen Problemen behaftet sind, ist die Vermutung, dass sich die Konzentration von Benachteiligten zusätzlich benachteiligend auswirkt, dass aus *benachteiligten* Quartieren *benachteiligende* werden oder dass arme Nachbarschaften ihre Bewohner noch ärmer machen (vgl. Friedrichs 1998). Die Tatsache, dass man in einer bestimmten Gegend wohnt, ist selbst ein Faktor der Benachteiligung. Soziale Ungleichheit wird damit nicht nur befestigt, sondern verschärft. Das ist die beunruhigende Annahme.

Diese Behauptung ist nicht unumstritten, und in Deutschland ist sie bisher auch nicht überzeugend belegt worden. Nichtsdestotrotz gehört sie zum selbstverständlichen Argumentationsreservoir derjenigen, die die räumliche Konzentration von Armen oder sozial Marginalisierten bekämpfen – womit sie sich allerdings schnell in einer unfreiwilligen Koalition mit sozialtechnischen oder sogar fremdenfeindlichen Ansätzen finden können. Das darf dennoch nicht vom Denken abhalten.

Die negativen Effekte eines Quartiers können sich in unterschiedlichen Formen manifestieren:

- durch die vorherrschenden Überzeugungen und das dominante Verhalten der Bewohner entsteht in einem Quartier eine ‚abweichende Kultur', die auch diejenigen prägt, die ihr bisher nicht angehörten. Soziales Lernen führt zu Verhaltens- und Denkweisen, die die Mitglieder einer solchen Kultur immer weiter von den Normen und Verhaltensweisen der Mainstream-Gesellschaft entfernen. Dadurch erleiden sie Nachteile, weil sie z.B. Chancen auf dem Arbeitsmarkt auch dann nicht mehr ergreifen können, wenn diese objektiv wieder gegeben sind. In der konservativen amerikanischen Version ist dies die zentrale Zuschreibung der ‚underclass', die durch negative Verhaltensweisen und diese rechtfertigende Einstellungen charakterisiert sei (vgl. Jencks/Petersen 1991);

- benachteiligte Quartiere zeichnen sich durch Eigenschaften aus, die entweder die Lebensführung beschwerlich machen und/oder die Handlungsmöglichkeiten ihrer Bewohner objektiv einschränken. Dabei geht es um physisch-materielle Merkmale eines Quartiers (z.B. Umweltbelastungen, die Erreichbarkeit von sozialen Einrichtungen) und um seine institutionelle Ausstattung mit privaten und öffentlichen Dienstleistungen (Infrastruktur);

- eine dritte Dimension stellt das negative Image eines Quartiers dar, das aufgrund eigener Erfahrungen oder von außen dem Quartier aufgestempelt wird und das dann nach innen (gegenüber seinen Bewohnern) und nach außen (als Stigmatisierung der Bewohner) Effekte entfaltet, die die Handlungsmöglichkeiten der Bewohner erheblich einschränken. Bekanntes Beispiel ist, dass Arbeitssuchende sofort abgewiesen werden, wenn sie eine bestimmte Adresse als Wohnort nennen.

10.5 Das Quartier als sozialer Raum

Die benachteiligenden Wirkungen eines Milieus, das von Benachteiligten gebildet wird, bestehen in den Sozialisationseffekten und in den Beschränkungen sozialer Interaktion, also in der Einschränkung der sozialen Erfahrung und in der Restriktion von Austauschprozessen.

a)   das Quartier als Lernraum
In einer Nachbarschaft, in der vor allem Modernisierungsverlierer, sozial Auffällige und sozial Diskriminierte das Milieu bestimmen, können abweichende Normen und Verhaltensweisen dominant werden, ‚normale‘ gesellschaftliche Rollen hingegen sind nicht oder immer weniger repräsentiert. Dadurch wird eine interne Rückwirkung erzeugt, die zu einer stärkeren Dominanz der abweichenden Normen führt, und von dieser geht nun ein Konformitätsdruck aus. Sowohl durch sozialen Druck wie durch Imitationslernen werden diese Normen immer stärker im Quartier verbreitet und die Kultur der Abweichung wird zur dominanten Kultur. Kinder und Jugendliche haben gar nicht mehr die Möglichkeit, andere Erfahrungen zu machen und werden so gegenüber der ‚Außenwelt‘ sozial isoliert.
Beispiele dafür gibt es genug: Wenn Kinder oder Jugendliche überhaupt niemanden mehr kennen, der einer regelmäßigen Erwerbsarbeit nachgeht, entwickeln sie keine Vorstellung davon, dass pünktliches und regelmäßi-

ges Aufstehen und die Aufrechterhaltung einer äußeren Ordnung (Selbstdisziplin) eine Lebensmöglichkeit darstellen, die mit gewissen Vorteilen verbunden sein kann. Oder wenn Jugendliche in ihrem Umkreis niemanden mehr kennen, der mit ,normaler' Erwerbstätigkeit seinen (bescheidenen) Lebensunterhalt verdient, hingegen solche, die sich mit illegalen Aktivitäten ohne großen Aufwand eine spektakuläre Lebensführung ermöglichen und die sich obendrein über einen mühseligen Schulbesuch lustig machen – welche Handlungsalternativen bieten sich da? Die Einschränkung der Erfahrungswelt insbesondere von Jugendlichen und Kindern durch die fehlende Repräsentation von sozialen Rollen, die ein ,normales' Leben ausmachen (z.b. Erwerbstätigkeit, regelmäßiger Schulbesuch etc.) stellt eine Benachteiligung dar, weil sie die Möglichkeiten sozialen Lernens beschränkt und einen Anpassungsdruck in Richtung von Normen und Verhaltensweisen erzeugt, die von der übrigen Gesellschaft mit Ausgrenzung beantwortet werden.

b) das Quartier als soziales Netz
In der Arbeitslosigkeit verengen sich die ohnehin vergleichsweise kleinen sozialen Netze von Unterschichtsangehörigen weiter: Nach dem Verlust von Kontakten, die mit dem Arbeitsplatz verbunden waren, ist für viele der Rückzug ins Private ein Ausweg bei Selbstzweifeln und Resignation. Ebenso werden Kontakte vermieden, die jene Lebensweise repräsentieren, die man selbst nicht mehr führen kann; Armut schließt von Aktivitäten aus, die mit Geldausgaben verbunden sind – alles dies sind Reaktionen, die in der Arbeitslosenforschung hinreichend belegt sind (vgl. Kronauer u.a. 1993).
Die sozialen Netzwerke werden enger und homogener, und dadurch verändert sich ihre Qualität. Lose geknüpfte Netzwerke, die aber sozial heterogen sind, sind weit produktiver und ertragreicher als eng geknüpfte soziale Netze, die (gerade deswegen) sozial homogen sind (vgl. Granovetter 1973; Wegener 1987). Wenn daher ein Haushalt aufgrund von Einkommensverlusten seinen Wohnstandort wechseln und in ein ,benachteiligtes' Quartier ziehen muss, sinken seine Chancen für eine Selbstbehauptung, denn er kennt dann zunehmend nur noch Leute, die ähnliche Probleme haben wie er selbst. Räumliche Mobilität kann durch soziale Abwärtsmobilität erzwungen werden und verbaut dann den Rückweg. Der häufigere Fall ist aber sicherlich derjenige, dass ökonomisch erfolgreiche Bewohner fortziehen und sich dadurch der Bekanntenkreis im Wohnquartier eingrenzt. Die vergleichsweise engen Nachbarschaftsbeziehungen in problembeladenen Quartieren, denen unter fürsorgerischer Perspektive besonderer Respekt entgegengebracht wird, sind hinsichtlich der Informa-

tions- und Interaktionschancen, die sie bieten, als ausgesprochen defizitär einzustufen.

c) Verlust sozialer Stabilität

Der Verlust an integrierten Gruppen (Familien, Erwerbstätige, Qualifizierte) verringert die soziale Stabilität im Quartier, weil es keine ausreichende Zahl von Aktivisten in quartiersbezogenen Institutionen, Vereinen, Initiativen usw. mehr gibt. Familien mit Kindern kümmern sich in der Regel stärker um die Qualität ihrer Wohnumwelt als mobilere und ortsunabhängigere Bewohner. Wenn Familien abwandern, gehen konfliktmoderierende Potentiale verloren, zugleich werden die Gelegenheiten zu Begegnung und Interaktion geringer – insbesondere im Bereich Sport, Freizeit und Jugendarbeit. Gegenseitige Ablehnungen und Vorurteile können dann jenseits von persönlichen Erfahrungen gepflegt und verfestigt werden, was insbesondere in jenen Quartieren problematisch ist, in denen die Zahl der ethnischen Minderheiten groß ist.

d) Verlust der Anerkennung

Hinzu kommen nachteilige Wirkungen von Stigmatisierungs- und Labeling-Prozessen, die sowohl das Selbstwertgefühl als auch die Außenwahrnehmung negativ beeinflussen und zu dem Gefühl beitragen, ‚den Anschluss zu verlieren‘. Da die Einschätzung, von der Gesellschaft im Stich gelassen bzw. abgehängt worden zu sein, zu einer wachsenden Distanz zum politischen System führt, ist die (niedrige) Wahlbeteiligung ein möglicher Indikator für die Identifizierung von Gebieten, in denen die soziale Ausgrenzung bereits weit fortgeschritten ist – wenn nicht aus Protest rechtsradikale Parteien gewählt werden. Zu diesen Wirkungen hinzu kommen mögliche materielle Nachteile, die dadurch entstehen, dass die Infrastrukturversorgung bei sinkender Kaufkraft und abnehmender Nachfrage nach kulturellen Gütern schlechter wird. Dann müssen weitere Wege für die Versorgung mit solchen Gütern oder Dienstleistungen bewältigt werden, was wiederum rasch sehr teuer werden kann.

10.6 Zusammenfassung

Durch selektive Migration und durch die Verarmung der Bewohner können in einem Quartier Prozesse in Gang kommen, die zu einer kumulativ sich selbst verstärkenden Spirale der Abwärtsentwicklung führen. Dadurch entsteht ein soziales Milieu, das eine Umwelt für soziales Lernen darstellt, in der nur noch eine begrenzte Realitätswahrnehmung möglich und der Verlust von ‚moralischen Qualifikationen‘ wahrscheinlich ist, die Voraussetzung für eine Reintegration in die Erwerbstätigkeit wären. Diejenigen, die keine Möglichkeit zur Wahl eines anderen Wohnstandorts haben, passen sich diesem Milieu langsam an. Insbesondere die Kinder und Jugendlichen erfahren kaum noch positive Rollenmodelle und geraten – auch durch Anpassungsdruck – in einen Sozialisationsprozess, dessen Ergebnis Verhaltensweisen sind, die ein Entkommen aus dem Milieu der Benachteiligung unwahrscheinlicher machen.

Diese ‚inneren' Prozesse, die sich in den Personen abspielen, werden bestätigt und verstärkt durch Veränderungen des ‚äußeren' Milieus bzw. des objektiven Raums. Die Verwahrlosung von Gebäuden, Straßen und Plätzen und die Degradierung der Versorgungsinfrastruktur hat eine weitere Beeinträchtigung des Selbstwertgefühls zur Folge und verstärkt die Neigung zu Rückzug und Resignation. Das Gefühl, von der Gesellschaft oder von ‚der Politik' allein gelassen, abgehängt zu sein, wird dann ergänzt durch eine ‚innere Kündigung' gegenüber dieser Gesellschaft, der gegenüber man sich zu nichts mehr verpflichtet fühlt, weil man von ihr ja offensichtlich auch nichts zu erwarten hat. Sich nicht mehr an Wahlen zu beteiligen, ist eine Konsequenz, solche Parteien zu wählen, die das ganze ‚System' ablehnen, eine andere. Sozial integrierte und mobile Bewohner verlassen solche Quartiere und schwächen damit die sozialen Kompetenzen und die politische Repräsentation des Quartiers – denn um z.B. eine wirksame Nachbarschaftsinitiative zu gründen, bedarf es gewisser sozialer Kompetenzen.

So entstehen ‚Ghettos ohne Mauern' (Hess/Mechler 1973), Orte der sozialen Ausgrenzung. Aus dem Strudel multipler und kumulativer Benachteiligung, der mit dem unfreiwilligen Wohnen in solchen Quartieren verbunden ist, gibt es nach einer gewissen Zeit kein Entkommen mehr. Die Bewohner sind mit ihren Quartieren ausgegrenzt, wenn nicht die solidarische Stadtgesellschaft Prozesse der sozialen Stabilisierung einleitet und die Reintegration der Quartiere und ihrer Bewohner dauerhaft unterstützt. Die Einschätzung, sozialräumlich segregierte Quartiere seien Orte einer emanzipatorischen Kultur, ist heute wohl kaum mehr zu begründen. Denn sowohl die Institutionen einer gesellschaftskritischen Gegenkultur als auch die utopischen Perspektiven einer ganz anderen Gesellschaft, die die marxistische Theorie als Orientierung der Arbeiterbewegung entworfen hatte, sind im gesellschaftlichen Wandel untergegangen. Die starken nachbarschaftlichen Beziehungen, die in segregierten Quartieren vorgefunden werden können, sind unter diesen Bedingungen eher von benachteiligender als von emanzipatorischer Qualität, und sie bedürfen zur Entwicklung anderer Qualitäten der Unterstützung von außen.

Die Modernisierungsperspektive erlaubte eine Klassifikation der Wohn- und Lebensbedingungen in den Sanierungsgebieten als ‚rückständig', weil der Einbezug auch der Armen und Marginalisierten in den sich aufwärts bewegenden Fahrstuhl ökonomischen Wachstums und kultureller Modernisierung fraglos möglich erschien. Bei dem Problem, wie mit segregierten Quartieren umzugehen sei, stellte sich nur die Frage, ob der Integrationsprozess durch staatliche Intervention beschleunigt werden solle oder nicht. Anders ist die Situation heute: Die bisher selbstverständlich funktionierenden Integrationsprozesse über Arbeitsmarkt und Sozialstaat sind brüchig geworden, statt quasi-automatischer Integration droht den Marginalisierten heute eher die Ausgrenzung. Der Fahrstuhl ist nicht mehr groß genug, alle mitzunehmen.

Die Quartiere können sich, wenn der Prozess der sozialen Entmischung erst ein gewisses Niveau erreicht hat, nicht mehr selbst helfen. Sie sind mit den Integrationsproblemen tatsächlich überfordert, weil die sozialen Kapazitäten zur gleichen Zeit erodieren, in der die Integrationsprobleme zunehmen. Ohne eine stabilisierende Unterstützung würden sie sich weiter ‚nach unten‘ entwickeln, selbst wenn die Eigenart der Subkultur als bewahrenswert angesehen wird.

Die Strukturen der ‚sozialen Stadt‘, d.h. einer solchen, in der – der europäischen Stadt entsprechend – allein die Zugehörigkeit zur städtischen Gesellschaft einen menschenwürdigen Status sicherte, sind entweder schon aufgelöst oder aber in höchster Gefahr. Für die problembeladenen Quartiere geht es unter diesen Bedingungen weniger um eine Kehrtwende als um eine Stabilisierung – und um die Hoffnung, dass sich eine Umwelt bzw. ein Akteursmilieu entwickelt, das den Bewohnern Perspektiven und Handlungsmöglichkeiten zurück gibt, die sie im Zuge des städtischen Strukturwandels verloren haben. ‚Soziale Mischung‘ lässt sich nicht herstellen, aber die noch vorhandenen Potentiale der sozialen Stadt können und müssen bewahrt werden. Daher sind Ansätze einer integrierten Quartierspolitik (vgl. Alisch 1997, 1998) notwendig, die sich auf das Quartier als sozialen Raum richten und die Entwicklung und Stabilisierung der meistens noch vorhandenen Potentiale fördern. Die Bewohner, die Gewerbetreibenden und die Eigentümer müssen in die Lage versetzt werden, eine Perspektive für ihr Quartier zu entwickeln, an die sie auch deshalb glauben können, weil sie von ihrem eigenen Handeln abhängig ist.

10.7 Was müsste getan werden?

Oft hört man von Stadtpolitikern die Forderung, es solle eine ‚bessere‘ soziale Mischung ‚hergestellt‘ werden. Wir glauben nicht, dass es probate Mittel gibt, soziale Mischung in einem Wohnquartier herzustellen. Wo man – wie in den Großsiedlungen des sozialen Wohnungsbaus in den 60er-Jahren – die Erstbelegung nach einem sozialen Schlüssel vorgenommen hat, der den Durchschnitt der Sozialstruktur repräsentieren sollte, haben schon bald nach Bezug Entmischungsprozesse stattgefunden. Allerdings entstanden dadurch keine Ghettos, weil die sozialen Gegensätze insgesamt nicht so groß waren.

Die durch die Randwanderung motivierten Entmischungsprozesse können von der Stadtpolitik kaum gesteuert werden – höchstens mit repressiven Mitteln. Eine Anpassung der Wohnquartiere an die Wohnvorstellungen der Abwandernden ist aber auch kein gangbarer Weg: Einerseits weil die niedrigen Preise für relativ große Häuser, wie sie im Umland gang und gäbe sind, innerhalb der Stadt nie realisiert werden können; zum anderen würde eine Durchsetzung der Wohnvorstellungen der Umlandwanderer in der Stadt bedeuten, dass man die Einwohnerdichte entscheidend senkt und damit die Vorteile, die sich aus dem dichten Zusammenleben in der Großstadt ergeben, beschädigt oder vernichtet.

Wenn Mischung nicht herstellbar ist, so können doch Versuche gemacht werden, die Entmischungsprozesse zu stoppen. Seltsamerweise wird vom Gesamtverband der Wohnungswirtschaft, der immerhin die Träger des sozialen Wohnungsbaus repräsentiert, das Gutachten „Überforderte Nachbarschaften" in großer Auflage verteilt, in dem als eine Konsequenz aus der Konzentration sozialer Probleme in den westlichen Großsiedlungen die verstärkte Förderung des Eigenheimbaus gefordert wird, der, wenn er tatsächlich effektiv wäre, die Entmischung der Großwohnsiedlungen noch weiter vorantreiben würde (vgl. GdW 1997). Es gibt Schätzungen für Berlin, denen zufolge sich die Nachfrage nach Einfamilienhäusern verdoppeln würde, wenn der Endpreis (mit Grundstück) unter 300.000 DM gedrückt werden könnte. Wo jedoch sollten die gebaut werden, wenn nicht im Umland, und wer würde dann in den Großsiedlungen zurück bleiben?

Eine wirkliche Mischung in einem Quartier ergibt sich dann, wenn verschiedene Eigentumsformen, verschiedene Nutzungen, verschiedene ethnisch-kulturelle Gruppen, wenn Arm und Reich, wenn Jung und Alt zusammenwohnen. Eine solche Mischung ist nicht administrativ herzustellen, sondern nur in einem historischen Prozess, in dem für die verschiedensten Wohnwünsche günstige Bedingungen innerhalb eines Quartiers geschaffen werden. Dies ist aber am wenigsten zu erwarten, wenn die Wohnungsversorgung, wie es gegenwärtig von der Bundesregierung und den meisten Landesregierungen angestrebt wird, immer stärker der Steuerung durch den Markt überlassen wird. Diese Punkte möchten wir im folgenden Kapitel abschließend diskutieren.

11. Von der geteilten zur gespaltenen Stadt? Anforderungen an die Stadtpolitik

11.1 Der sozialräumliche Wandel: eine Zusammenfassung

Der sozialräumliche Grundriss der Stadt wurde in seinen Grundzügen durch Entscheidungen der preußischen Könige im 18. und durch die Entscheidungen privater Unternehmer im 19. Jahrhundert festgelegt. In der Weimarer Republik wurden einige Entscheidungen gegen die vorgegebenen Trends getroffen, jedoch war das Bauvolumen insgesamt zu gering, um wirksame Korrekturen in Richtung eines Ausgleich der innerstädtischen Disparitäten zu ermöglichen. Während der Zeit der Teilung hat es unterschiedliche Entwicklungen gegeben. Im Ostteil versuchte die Stadt- und Wohnungspolitik der DDR die soziale Segregation zu verringern und neue, egalitär geprägte sozialräumlichen Strukturen zu etablieren: Die Neubaugebiete hatten ein hohes Prestige, die alten Arbeiterquartiere und die Altbauten in der Innenstadt wurden abgerissen oder man ließ sie verfallen. Die Partei-Kader wohnten in den Neubauten im Bezirk Mitte oder draußen im Grünen, die Masse der Bevölkerung in den neu errichteten Plattenbauten. Im Westteil erhielten sich im Großen und Ganzen die alten sozialen Prägungen der Teilräume, jedoch wurde durch das Einstreuen von sozialem Wohnungsbau in die vom Krieg teilweise zerstörten Prestige-Gegenden und durch Stadtsanierung die scharfe soziale Segregation der Vorkriegszeit gemildert. Da sowohl im Ost- als auch im Westteil die sozialen Unterschiede und Gegensätze im Vergleich zur Zeit vor der Teilung geringer waren, hat die soziale Segregation während der Zeit der Teilung auch mildere Formen angenommen.

Die Frage dieses Buches, welche sozialräumlichen Veränderungen sich in Berlin seit der Vereinigung zu beobachten waren, lässt sich zusammenfassend so beantworten:

1. Seit dem Mauerfall und der Verwirklichung der politischen Einheit hat sich die innerstädtische Mobilität von Jahr zu Jahr erhöht. Da die Bevölkerungsentwicklung stagniert, sich aber das Wohnungsangebot vor allem in den Randbezirken und im Umland stark erhöht hatte, hat die Randwanderung der Bevölkerung zu einer abnehmenden Einwohnerdichte in der Innenstadt geführt. Die Wanderungssalden für die Innenstadt sind negativ für Erwerbstätige und für Familien mit Kindern, sodass sich insge-

samt eine stärkere Konzentration von Verlierern der gegenwärtigen Entwicklung ergibt.

2. Dies gilt allerdings nicht für die gesamte Innenstadt, denn es gibt auch Inseln der Aufwertung, also Quartiere, in denen viel in die Erneuerung der Wohnungen investiert wird und wo hohe Preise für den Kauf oder Miete einer Wohnung gezahlt werden. Neben einigen Bereichen in Charlottenburg, Schöneberg und Wilmersdorf sind dazu auch Teile der Bezirke Mitte und Prenzlauer Berg zu rechnen. Das Wohnen in der Innenstadt ist auch eine Frage des Lebensstils: Die wachsende Zahl von Singles bevorzugt innerstädtische Wohnlagen wegen der dort vorhandenen vielfältigen Infrastruktur. Vor allem in den östlichen Innenstadtgebieten liegen Gentrification und Verslumung räumlich eng nebeneinander.

3. In den Stadterneuerungsgebieten, die überwiegend in den östlichen Altbaugebieten liegen, findet ein reger Wechsel der Bewohnerschaft statt, für den es viele Gründe gibt. Zum einen verlassen viele Bewohner das Sanierungsgebiet, sobald Bauarbeiten in ihrem Haus beginnen, zum anderen ziehen Familien weg, weil (z.B. wegen ungeklärter Eigentumsverhältnisse) keine Bauarbeiten beginnen; sie wollen nicht länger in Substandardwohnungen leben. Substandard und damit niedrige Mieten waren aber für einen anderen Teil der Bewohner – vor allem für Studenten und ,Szene'-Publikum – gerade der Grund, in diese Gebiete zu ziehen. Jede Erhöhung der Mieten veranlasst diesen hochmobilen Teil der Bewohnerschaft zum Umzug in ein anderes Haus, in dem noch keine Investitionen vorgenommen wurden. Schließlich gibt es die Haushalte, die die erhöhte Miete nach Sanierung und Modernisierung nicht mehr aufbringen können und deshalb das Quartier verlassen müssen. Die neuen Bewohner sind in der Regel Haushalte mit höheren Einkommen.

4. Auch in den Großsiedlungen am Stadtrand hat ein Wandel der sozialen Zusammensetzung der Bewohnerschaft begonnen, der einerseits mit der Zunahme von Konflikten innerhalb der Siedlungen, andererseits aber mit den gestiegenen Wahlmöglichkeiten für die Privathaushalte zu erklären ist. Vor allem Familien mit Kindern verlassen die geschlossenen Wohngebiete und ziehen in Neubaugebiete in der Nähe. Dazu scheint auch die ,Fehlbelegungsabgabe' beigetragen zu haben, die Haushalte in den Sozialwohnungen bezahlen mussten, wenn ihr Einkommen über die Einkommensgrenzen gestiegen war.

5. In den übrigen Bereichen der Außenbezirke versammeln sich die beruflich Erfolgreichen und die Familien mit Kindern, wenn ihre finanzielle Situation diesen Umzug zulässt. Die Wegzüge aus den innerstädtischen Bereichen hängen häufig mit Konflikten in der Schule zusammen. Dort

bilden immer öfter Kinder mit einer nicht-deutschen Herkunftssprache die Mehrheit. Unterschiedliche Kulturen, aber auch Armut und die Konzentration von Familien mit großen sozialen Problemen bilden den Hintergrund für die entstehenden Konflikte. Darüber hinaus sind der gestiegene Anteil von Menschen mit ‚abweichenden' Verhaltensweisen und die mangelhafte Qualität der städtischen Freiräume für viele Familien Gründe, in eine weniger dicht bebaute und sozial homogenere Umwelt zu ziehen.

6. Im Zuge dieser Entwicklungen nimmt die soziale Segregation zu. Die Stadtbevölkerung wird heterogener – ethnisch und sozial –, und die Bewohner der Stadt übersetzen die soziale Distanz immer häufiger auch in eine räumliche Distanz. Im Westteil der Stadt hat sich dadurch in keinem Bezirk das Sozialprofil grundsätzlich verändert, aber die bereits vorhandene Profilierung ist stärker geworden. Das heißt: Wo bereits zuvor arme Haushalte hohe Anteile bildeten, hat sich dieser Anteil weiter erhöht; und wo reichere Bewohner dominierten, sind nun noch weniger Bewohner zu finden, die nicht diesen Einkommensgruppen angehören. Die sozialräumliche Struktur hat sich polarisiert. Im Ostteil der Stadt bilden sich inzwischen ähnliche sozialräumliche Muster heraus wie im Westteil: Sowohl in den Großsiedlungen als auch in den Altbaugebieten sind ähnliche Tendenzen zu beobachten. Lediglich beim Ausländeranteil bleiben große Unterschiede bestehen.

Die politische Teilung der Stadt ist seit dem 3. Oktober 1990 beseitigt, aber inzwischen sind vielfältige neue Differenzierungen und Unterschiede entstanden, die sich zu neuen Spaltungen verhärten können. Nach wie vor spielen Unterschiede zwischen Ost und West eine große Rolle für die täglichen Wege in der Stadt und für die Umzugsbewegungen. Besondere Aufmerksamkeit aber verdienen die Spaltung der Stadt zwischen ‚innen' und ‚außen' und die Spaltung auf dem Arbeitsmarkt zwischen ‚drinnen' und ‚draußen'. Eine tiefgreifende Spaltung kann sich darüber hinaus ergeben durch die räumliche Ausgrenzung bestimmter sozialer Gruppen, die das Ergebnis des beschriebenen sozialräumlichen Wandels sein könnte.

Im Folgenden wenden wir uns zunächst der Frage zu, ob die Ost-West-Teilung überwunden ist oder sie in der Entwicklung der Stadt noch eine Rolle spielt. Dann wollen wir die Strategie der Stadtentwicklung umreißen, die in den Plänen der Landesregierung erkennbar wird. Der abschließende Abschnitt ist der Frage gewidmet, welche politischen Strategien dafür geeignet wären, die sozialräumlichen Spaltungen zu mildern.

11.2 Ost und West – ist die Teilung überwunden?

Die 40-jährige Teilung der Stadt wirkt auch 10 Jahre nach der Wende mental noch sehr stark nach, wie sich in der Analyse der innerstädtischen Mobilität zeigt. Die Mauer in den Köpfen existiert und strukturiert die Wahrnehmung zwischen der eigenen Gruppe und den anderen. In Berlin sind die Kategorien Ost und West nach wie vor alltagsbestimmend. In der Analyse von Aktionsräumen zeigt sich eine starke Persistenz von räumlichen Verhaltensmustern. In einer Untersuchung über die Raumnutzung im Alltag von Bewohnern, die in unmittelbarer Nachbarschaft der jeweils anderen Stadthälfte leben, hat Scheiner (1999) festgestellt, dass sich bei den Bewohnern, die bereits vor dem Mauerfall in ‚Grenznähe‘ lebten, alte Gewohnheiten – zum Beispiel in der Nutzung von Einkaufsmöglichkeiten – erhalten haben. Die Geschäfte im benachbarten Bezirk werden trotz gleicher Entfernung praktisch nicht genutzt. Dieses Verhalten, sich bei der Nutzung von öffentlichen und kommerziellen Einrichtungen auf die ‚eigene‘ Stadthälfte zu konzentrieren, war auch bei Kultur- und Sportveranstaltungen zu beobachten. In der Wahrnehmung der Stadt existieren also Grenzlinien, die gleichzeitig soziale Grenzen sind.

Auch in der Mediennutzung gibt es offenbar zehn Jahre nach der ‚Wende‘ noch deutlich unterscheidbare Terrains: Den Tageszeitungen, deren Verbreitungsgebiet früher den durch die Mauer markierten Stadthälften entsprach, ist es danach nicht gelungen, eine relevante Anzahl von Abonnenten im jeweils anderen Stadtteil zu erreichen. Ihr ‚Stallgeruch‘ und die jeweilige Lesetradition, also die kulturellen Duftmarken sind wichtiger als die politische Ausrichtung der Zeitungen. Gleiches gilt für Radio und Fernsehen. Medial gibt es weiterhin zwei Städte in Berlin, und auf beiden Seiten gibt es in Politik, Verbänden und Medien Meinungsmacher, die die anhaltende Differenz zwischen ‚Wessis‘ und ‚Ossis‘ betonen. Die Definition und Verteidigung von ‚Errungenschaften‘ des SED-Staates, die Proklamation einer spezifischen – d.h. sozialeren, gemeinschaftlich orientierten – Mentalität und einer DDR-Kultur, die ja auch ihre Vorteile gehabt habe (z.B. in den bescheideneren Ansprüchen an den Konsum), blieb den meisten ‚Wessis‘ unverständlich deshalb, weil die dabei vorgenommene Trennung zwischen den politischen Strukturen und einer Alltagswelt, die sich innerhalb und manchmal auch gegen diese Strukturen entwickelt hatte, für Außenstehende kaum nachvollziehbar erscheint. Viele ‚Ossis‘ halten hingegen ‚Wessis‘ als oberflächlich, konsumbesessen und überheblich. Aus Gründen einer zum Teil sehr ernsthaften, zum Teil ironischen Identitätswahrung werden sogar die Produkte der jeweils anderen Zone vermieden und die aus der eigenen Region bevorzugt gekauft. Für die Zigarettenmarken (F6, Karo), die es praktisch nur im Osten gibt, gilt das ohnehin.

Die unterschiedlichen Wirtschafts- und Konsumstrukturen und der unterschiedliche Reichtum der Gesellschaften, denen sie in der Vergangenheit angehörten, prägen die beiden Stadthälften bis heute. Mit der Wende kam in dieser Hinsicht die schnellste und wirksamste Veränderung in die östlichen Stadtteile: Die ‚Kommerzialisierung‘ des Stadtraumes war ein unübersehbarer, von den meisten Bewohnern heftig begrüßter, von einem Teil aber auch als äußeres Anzeichen der Rückkehr des Kapitalismus kritisch beurteilter Umbruch im öffentlichen Raum, der sich flächendeckend vollzog. Die Kettenläden und die immer gleichen Einkaufszentren haben zusammen mit den neuen Fachmarkt-Zentren am Stadtrand inzwischen zu einem quantitativen Versorgungsniveau geführt, das sich nicht mehr vom Westen unterscheidet. Was aber in den östlichen Gebieten fast gar nicht mehr existiert, sind die kleinen Spezialläden für besondere Bedürfnisse, für Hobbies, für Sammler und für besondere Lebensstile. Die kommerzielle Infrastruktur war in Ost-Berlin zugunsten eines staatlich kontrollierten Versorgungssystems ausgedünnt worden, was auch eine extreme organisatorische und räumliche Konzentration des Einzelhandels zur Folge hatte. Die Vielfalt der kleinen Läden mit einem teilweise hoch spezialisierten oder exzentrischen Angebot, das sich in den Altbaugebieten West-Berlins mit ihrer gewerblichen Nutzung im Erdgeschoss vielfach erhalten hat, war 1989 im Osten weitgehend beseitigt. Nur in wenigen Teilen der Ost-Berliner Innenstadt stellt sie sich nach und nach wieder her.

Dennoch ist vieles in Bewegung geraten und die Zahl der Umzüge zwischen den beiden Stadthälften hat Dimensionen angenommen, die man durchaus als normal bezeichnen könnte. Durch die Umzüge sind auch neue Räume entstanden, die eindeutig weder dem Osten noch dem Westen zuzurechnen sind, in denen sich die Bewohner der beiden Teile Deutschlands begegnen und auch zusammen leben, wo also die kulturellen Milieus von Ost und West ineinander übergehen. Dies ist vor allem in den Innenstadtbezirken Ost-Berlins der Fall, aber auch in einigen Neubaugebieten im Ostteil und im Umland. Durch die starke Neusortierung der Bevölkerung als Folge der veränderten Wohnbedingungen, der vergrößerten Wahlmöglichkeiten und der wirtschaftlichen Transformation stehen sich die Kulturen aus Ost und West hier unmittelbar gegenüber, und entsprechend deutlich werden die ‚neuen‘ Nachbarn dort wahrgenommen. Im Westteil hingegen haben die ehemaligen Bewohner des Ostteils aufgrund ihrer geringeren Anzahl nie einen so gewichtigen Anteil erreicht, dass sie erkennbar in Erscheinung getreten wären. Hier hat sich kulturell wenig verändert. Begegnung und Konflikte zwischen Ost und West äußern sich vor allem in Ost-Berlin.

Hinsichtlich der ‚Internationalisierung‘ besteht eine tiefe Kluft zwischen Ost und West: Zwar gibt es auch in West-Berlin einige Bezirke, die faktisch

‚ausländerfrei' sind, aber in den innerstädtischen Gebieten ist ein hoher und wachsender Ausländeranteil doch die Regel. In den östlichen Bezirken dagegen ist dieser Anteil sehr niedrig – und wo er sich erhöht, sind es andere Nationalitäten, die sich ansiedeln. Grob gesagt dominieren in West-Berlin unter den ausländischen Einwohnern Türken und Staatsangehörige aus der westlichen Welt, während sich im Ostteil Auswanderer aus der ehemaligen Sowjetunion und Osteuropa konzentrieren. Eine ausgeprägte ‚ethnische' Infrastruktur, wie man sie in Kreuzberg oder Neukölln findet, hat sich bisher in keinem Ost-Berliner Bezirk entwickelt. Die wenigen Ausländer, die – meist vollkommen isoliert – bereits zu DDR-Zeiten in Berlin gewohnt haben (wie z.b. vietnamesische Staatsbürger) und nicht wieder ausreisen mussten, verblieben in den östlichen Bezirken, die Ausländer des Westteils trauen sich hingegen aus Angst vor fremdenfeindlichen Übergriffen kaum in den Ostteil oder das Umland. Vor allem in den innerstädtischen Gebieten nimmt der Ausländeranteil zwar vergleichsweise rasch zu, liegt aber immer noch weit unter dem der westlichen Innenstadt.

Die kulturelle Kluft zwischen West und Ost zeigt sich auch in der Wohnstandortwahl der Zuziehenden aus der Region Bonn. Im Jahr 1999 zogen mit dem Bundestag, den Medien und anderen Institutionen im Umkreis des Regierungszentrums 4.121 Personen aus der Bonner Region nach Berlin. 28% davon sind in den Ostteil gezogen (gegenüber 38% der Bewohner Berlins, die dort leben). Für mehr als die Hälfte dieser Zuzügler (53%) bildeten allein die Bezirke Mitte und Prenzlauer Berg das Ziel. Im Westen, wo sich 72% der ‚Bonner' Zuziehenden niederließen, waren die Bezirke Charlottenburg, Zehlendorf, Wilmersdorf und Reinickendorf für 55% das Ziel – also die Bezirke mit den großen Wohnungen, hohem Sozialstatus und/oder durchgrüntem Siedlungscharakter. Lediglich bei der mittleren Altersgruppe (18-45 Jahre) suchte sich die Mehrheit ‚im Osten' eine Wohnung. In die neuen Bezirke am östlichen Stadtrand mit den Plattenbausiedlungen ist hingegen kaum jemand gezogen. In dieser Wohnstandortwahl wird deutlich, was sich auch durch viele andere Hinweise andeutet: Die Bezirke Mitte und Prenzlauer Berg werden als Wohnorte auch von einer großen Zahl von Zuwanderern aus ‚dem Westen' akzeptiert oder sogar gesucht.

11.3 Die Teilung der Stadt in den Ergebnissen der politischen Wahlen

Wie geteilt die Stadt in ihrer politischen Kultur noch ist, zeigen die Wahlergebnisse zum Abgeordnetenhaus seit 1990. Dargestellt sind die Stimmenanteile, die die Parteien in den beiden Stadthälften erzielt haben (vgl. Tabelle 11.1).

1990 wohnten von den 2,5 Millionen Wahlberechtigten 38% im Ostteil. Weil die Wahlbeteiligung niedriger als im Westteil war, kamen 36% der abgegebenen gültigen Stimmen aus Ost-Berlin. Die SPD zeigte sich dabei als die Partei, deren Ergebnis sich zu etwa gleichen Anteilen wie die der Wähler aus den beiden Stadthälften zusammensetzte. 38% ihrer Stimmen erhielt sie im Osten, 62% im Westen. Die Anhänger der CDU kamen mit 78% der für die CDU abgegebenen Stimmen zwar überwiegend aus West-Berlin, aber immerhin noch 22% ihrer Stimmen erreichte sie in Ost-Berlin. Vollkommen polarisiert sind die Wahlergebnisse dagegen bei den beiden kleinen Parteien, die ebenfalls den Sprung ins Abgeordnetenhaus schafften: Die PDS bezog über 92% ihrer Stimmen aus dem Ostteil und lediglich 8% von in West-Berlin wohnenden Wählern. Die Grünen traten damals noch mit getrennten Listen in Ost und West an, doch auch sie hatten ihre Wählerbasis mit ähnlich deutlicher Klarheit wie die PDS in den abgegrenzten Ost-/West-Territorien.

1999 wohnten von den nur mehr 2,4 Millionen Wahlberechtigten 40% im Ostteil, von den abgegebenen Stimmen kamen nun 38% aus dem Ostteil. Bis 1999 schwächte sich die ‚Herkunftsgebundenheit‘ bei PDS und CDU etwas ab, so dass nun die CDU 25% ihrer Stimmen im Ostteil, die PDS 15% ihrer Stimmen im Westteil bekommt. Die SPD verlor – wie auch Bündnis90/Grüne – deutlich im Ostteil, ist jedoch nach wie vor die Partei, die über die Bezirke relativ gleichmäßig vertreten ist (vgl. Karte 11.1). Betrachtet man die Anteile und die Tendenzen der Verschiebung zusammen, so lässt sich feststellen, dass die PDS die ausgeprägteste Ost-Partei ist, während die Grünen und die CDU deutliche West-Parteien sind. Dies hat mit den Werten und den Milieus zu tun, die die Parteien jeweils repräsentieren und die ihre Entsprechung in den Bezirken haben, in denen sie jeweils die höchsten Stimmenanteile bekommen haben: die PDS in Hohenschönhausen, Marzahn und Lichtenberg je 45%, die CDU in allen West-Berliner Außenbezirken über 50%, in Tempelhof sogar 57%, die Grünen in Kreuzberg 30%. Am ausgewogensten ist das Verhältnis der vier Parteien im Prenzlauer Berg, und dort trennen sich die Ergebnisse deutlich zwischen Altbaubereich (Grüne) und Neubausiedlung (PDS).

In der Tabelle zeigt sich auch, dass nicht nur Unterschiede in der Stimmenabgabe für die einzelnen Parteien zwischen den beiden Stadthälften bemerkbar sind, sondern dass sich auch die Anteile der Nichtwähler unterscheiden. Im Jahr 1990 war die Wahlbeteiligung mit 80% sehr hoch, unter anderem, da damals zeitgleich die Bundestagswahlen stattfanden. Damals kamen die Wähler zu 36%, die Nichtwähler aber zu 47% aus dem Ostteil. 1999 waren es nur gut 65%, die überhaupt zur Wahl des Abgeordnetenhauses gingen, und auch nun war die Wahlbeteiligung im Ostteil niedriger.

Karte 11.1: Abgeordnetenhauswahlen 1999, Zweitstimmen der Parteien

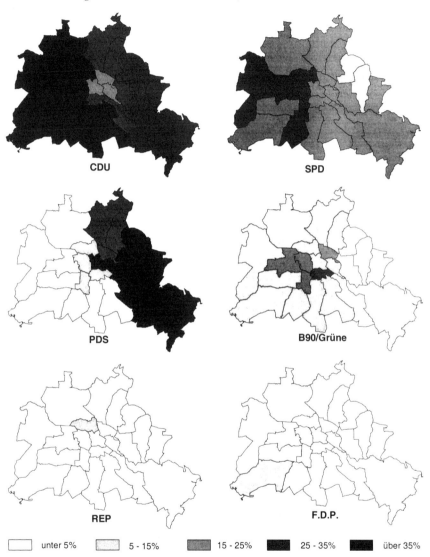

	unter 5%		5 - 15%		15 - 25%		25 - 35%		über 35%

Quelle: Statistisches Landesamt Berlin

Tabelle: 11.1: Zweitstimmen der Parteien bei den Wahlen zum
Abgeordnetenhaus 1990 und 1999

| 1990 | Berlin gesamt | davon in | |
		Ost-Berlin	West-Berlin
CDU	815.518	181.134 (22%)	634.384 (78%)
SPD	614.501	232.576 (38%)	381.925 (62%)
PDS	185.231	170.990 (92%)	14.241 (8%)
Die Grünen	100.839	12.106 (12%)	88.733 (88%)
Bündnis 90	87.891	70.740 (80%)	17.151 (20%)
Wähler insgesamt	2 040.709	731.023 (36%)	1 309.686 (64%)
Nichtwähler	484.714	228.421 (47%)	255.062 (53%)
Wahlbeteiligung	80,8%	76,2%	83,7%

| 1999 | Berlin gesamt | davon in | |
		Ost-Berlin	West-Berlin
CDU	637.311	160.742 (25%)	476.569 (75%)
SPD	349.731	106.505 (30%)	243.226 (70%)
PDS	276.869	235.890 (85%)	40.979 (15%)
Bündnis 90/Grüne	155.322	38.480 (25%)	116.842 (75%)
Wähler insgesamt	1 582.407	602.689 (38%)	979.718 (62%)
Nichtwähler	832.086	361.180 (43%)	470.906 (57%)
Wahlbeteiligung	65,5%	62,5%	67,5%

Quelle: Statistisches Landesamt Berlin

11.4 Der Wandel der Stadtkultur

Die theoretischen Überlegungen am Anfang dieses Buches und die empirischen Beschreibungen des Wandels, der sich in der Stadt Berlin seit 1990
vollzieht, führen zu einem zentralen Befund hinsichtlich der Sozialstruktur:
Die sozialen Lagen der Bevölkerung differenzieren sich als Folge der ökonomischen Transformation stärker aus als in der Vergangenheit, die ethnisch-

kulturellen Differenzen nehmen zu – und beides führt zu einem höheren Konfliktpotential, das eine enorme Herausforderung für Stadtpolitik und Stadtkultur darstellt. Anders als in der traditionellen Entwicklung der europäischen Stadt setzen die raumstrukturellen Entwicklungen heute jedoch andere Bedingungen für die Verarbeitung dieser Verschiedenheiten und Gegensätze: Solange Geld und Raum noch knapp waren, weil nur wenige reich und die Verkehrs- und Kommunikationstechniken noch nicht so leistungsfähig wie heute waren, drängten sich alle städtischen Funktionen auf engem Raum zusammen und es entstand jene Konstellation, die konstitutiv für die Kultur der modernen Großstadt, für Urbanität überhaupt wurde: Heterogenität bei großer Dichte.

Georg Simmel hat die spezifischen Mentalitäten und Verhaltensweisen von Großstädtern als Reaktionen auf die ‚Zumutungen‘ der Großstadt erklärt, die darin bestünden, dass man ständig wechselnden Reizen ausgesetzt sei und dass man zur Koexistenz mit dem Fremden und dem Ungewohnten auf engem Raum gezwungen sei (vgl. Häußermann 1995). Darauf reagiert der Großstadtbewohner, stellte Simmel im Jahre 1903 fest, mit „Abwendung" bzw. Distanzierung, die sich als Blasiertheit, Reserviertheit und Gleichgültigkeit gegenüber den anderen zeigen – anders wäre Heterogenität auf engem Raum, wären die Zwangskontakte auf Dauer nicht zu ertragen. Simmel betonte, dass diese wechselseitige Nicht-Beachtung auch die Bedingung von persönlicher Freiheit sei, denn sie setze auch die soziale Kontrolle von engen sozialen Netzen außer Kraft. Die Anonymität der Großstadt bietet somit die Chance zur Entfaltung von Individualität und Exzentrik, und darin steckt die kulturelle Produktivität der Großstadtkultur. Die Sehnsucht nach Unterscheidung, nach einem Vorteil im ökonomischen und kulturellen Wettbewerb ist die Grundlage für Innovation und Kreativität. Die Tradition der europäischen Großstadtkultur ist die Freisetzung von Individualität, als Emanzipation aus einer über Normen und Werte integrierten Gemeinschaft. Dies ist allerdings auch mit Risiken verbunden, denn die verwandtschaftlichen und nachbarschaftlichen Netze stehen im Notfall eben nicht mehr so zur Verfügung wie in ländlich strukturierten Gesellschaften. Stadtkultur ist in dieser Sicht eine Kultur der Differenz, eine Kultur, die keine verbindlichen Normen für alle setzt.

Der Zwang zur räumlichen Koexistenz von Lebensstilen und Verhaltensweisen, die sich fremd und deshalb unverträglich gegenüberstehen, hat historisch zu einer ‚Toleranz‘ gegenüber Differenzen geführt, die im europäischen Kulturkreis bei keiner anderen Siedlungsform beobachtet werden konnte. Kleine und homogene Gemeinschaften sind ihrem Wesen nach sozial geschlossen und für Fremde – wenn überhaupt – nur nach einer Periode der Assimilation zugänglich. Die großstädtische Toleranz ist bei den meisten Stadtbewohnern in ihrem Kern jedoch keine frei gewählte Haltung, sondern eine den Umständen geschuldete resignierte Anpassung: Man findet sich eben mit den Nachbarn und mit den sonstigen Stadtbewohnern ab, man kann sie sich schließlich nicht selbst aussuchen. Die großstädtische Toleranz kann sich jedoch ändern, wenn sich die Umstände wandeln. Und dieser Wandel hatte bereits begonnen, als Simmel seinen epochalen Essay schrieb: Mit der Ausdehnung der Stadt, die durch die modernen Verkehrs- und Kommunikationstechniken ermöglicht wurde, mit dem stark gestiegenen Reichtum der Privathaushalte und dem enorm erweiterten Wohnungsangebot löste sich die Verbindung von physischem und sozialem Raum auf, die in der Verknüpfung von Heterogenität und Dichte postuliert wird. Zunächst setzten sich die Reichen aus der heterogenen und dichten Stadt in die neu entstehenden Vororte ab und ließen sich in sozial extrem homogenen Quartieren nieder (,Villenkolonien', vgl. Kapitel 2). Dieser Auszug aus der Stadt war zunächst noch ein Privileg, weil die Überwindung der räumlichen Distanzen, die in der Folge zum Alltag gehörte, sehr hohe Kosten verursachte.

Mit der Politik gegen die hoch verdichtete kapitalistische Stadt, die seit der Jahrhundertwende von den Stadtentwicklungsexperten aller politischen Richtungen propagiert und seit den 20er-Jahren durch den Siedlungsbau am Stadtrand auch praktiziert wurde, begann eine räumliche Erweiterung der Stadt und eine permanente ,Entdichtung', die von den Wohnwünschen und Standortentscheidungen der privaten Haushalte, aber auch des Gewerbes nicht nur nachvollzogen, sondern energisch vorangetrieben wurde. Mit dieser Suburbanisierung war und ist eine soziale Sortierung verbunden. Die Ausstattung mit Automobilen und die Eigentumsbildung in den 60er und 70er-Jahren machte es einem großen Teil der Stadtbewohner in der alten Bundesrepublik möglich, beengte Wohnungen und ungeliebte Nachbarschaften zu verlassen; und wer nicht über die entsprechenden Einkommen verfügte, musste eben in der dichten Stadt bleiben. Die Randwanderung war auch Ausdruck eines bestimmten Lebensmodells, das von der staatlichen Politik bevorzugt und massiv gefördert wurde: Der berufliche Aufstieg nach Abschluss einer qualifizierten Berufsausbildung führte zusammen mit der Familiengründung ins Eigenheim am Stadtrand. Diese Koinzidenz von räumlicher Bewegung und sozialem Aufstieg ist noch heute einer der Großtrends der Stadtentwicklung. Aber eine wachsende Minderheit entzieht sich diesem Modell oder verfügt aufgrund der zunehmenden Flexibilitätsanforderungen in der Erwerbsarbeit nicht mehr über die notwendige Planungssicherheit, um es zu realisieren. Sie stellen die Gruppe der "neuen Urbaniten" (vgl. Häußermann/Siebel 1987, 11ff.) dar, die sich auf Dauer in den innerstädtischen Quartieren einrichten.

Das räumliche Auseinanderrücken von Einkommens-, Lebensstil- und ethnischen Gruppen in einem stark erweiterten Möglichkeitsraum, den die postmodernen Agglomerationen darstellen, hat Folgen für die Stadtkultur. Wenn zunehmend mehr Haushalte zwischen immer mehr Standortoptionen wählen können, werden die sozialen Distanzen in räumliche Distanzen umgesetzt – und zwar umso rascher und umso deutlicher, je heterogener die Stadtbevölkerung wird. Statt der Simmel'schen Formel ‚Heterogenität und Dichte' entspricht der Großstadtraum dann immer stärker dem Bild von ‚Homogenität und Auflockerung'. Die Stadt wird dann zu dem, als was die amerikanische Stadtsoziologie die Großstädte schon immer beschrieben hat (vgl. Friedrichs 1983, Lindner 1990): Zu einem Mosaik von kleinen Welten, die in sich homogen sind, als Patchwork jedoch eine kulturell, ökonomisch und ethnisch diversifizierte Landschaft bilden.

Wenn soziale und ethnisch-kulturelle Differenzierung gleichzeitig zunimmt, wie es in den europäischen Städten des 21. Jahrhunderts – und in einer Großstadt wie Berlin sowieso – unweigerlich der Fall ist, nehmen auch die Konflikte zu, falls die postmodernen Gesellschaften keinen Weg zu einer neuen Form der Integration finden. In den überwiegend marktgesteuerten Gesellschaften wie z.B. in den USA haben die wachsenden sozialen Spaltungen eine radikale Auflösung der Stadt und ihrer Kultur zur Folge: Immer zahlreicher werden dort die privat organisierten Städte, die durch Schlagbaum und Mauern von der übrigen Gesellschaft abgegrenzt sind (Blakely/Snyder 1997). Heterogenität macht auch Angst, zum einen dann, wenn man selbst vom sozialen Abstieg bedroht ist, zum anderen aber auch, wenn es zwischen den heterogenen Gruppen keinen verbindenden und akzeptierten Zusammenhang mehr gibt, wenn also immer öfter Bedrohung und Gewalt in den täglichen Berührungen eine Rolle spielen.

Die Auflösung der integrierten Stadtgesellschaft in viele sich gegenüberstehende oder gar sich bekämpfende Fragmente wird begleitet von einer Erosion von Weltbildern, die die Gesellschaft übersichtlich ordneten und die Perspektiven für das eigene Handeln und für die eigene Existenz boten. Der Marxismus war ein solches Theoriegebäude für die lohnabhängigen Massen, indem er zugleich Erklärungen für die anhaltende Ungleichheit als auch für den Weg zum historischen Fortschritt anbot. Die postmodernen gesellschaftlichen Verhältnisse bringen zwar nach wie vor soziale Ungleichheit und damit „materielle Gründe des Neides hervor, doch kaum noch symbolische Mittel seiner rationalen Bewältigung" (Neckel 1999, 160). Entsprechende Orientierungen sind weggefallen, gleichzeitig wird die Verteilung des gesellschaftlichen Reichtums zunehmend ungleicher. Die zentrale Frontlinie verläuft nun nicht mehr zwischen Ausbeutern und Ausgebeuteten, sondern zwischen Integrierten und ‚Überflüssigen' (vgl. Bude 1998, Kronauer 1997). Nicht mehr die Ausbeutung ist das Drama der städtischen Unterklasse, sondern die Nicht-Ausbeutung, also die Tatsache, dass es nicht mehr genug Lohnarbeit für alle

Stadtbewohner gibt. Ein Großteil der Stadtbewohner ist ökonomisch entbehrlich geworden. Sie haben gleichsam keinen Gegner mehr, der sie respektieren müsste, weil er auf sie auch angewiesen ist, und damit wird ihnen in einer Arbeitsgesellschaft auch die soziale Anerkennung verweigert.

Wenn diese neue Unterklasse räumlich isoliert lebt, wie es für die USA und auch für Frankreich (Wilson 1987, Dubet/Lapeyronnie 1994) beschrieben wurde, können sich explosive Milieus entwickeln. Je stärker die sozialen Probleme insgesamt und je zahlreicher die Personen sind, die als bedrohlich wahrgenommen werden, desto eher induzieren sie Fluchtbewegungen. Von der Forderung, wie ein Großstädter zu reagieren und die Differenz auszuhalten, wären viele schlicht überfordert. Die daraus folgenden Wegzüge nehmen wir als ‚soziale Entmischung‘ wahr. Die sozialen Probleme werden dort stärker, wo sie bereits vorher häufig vertreten, aber eben doch noch ignorierbar waren.

Die wachsenden sozialen Probleme der Gesamtstadt sollen stellvertretend von den Quartieren gelöst werden, die selbst schon mit großen Problemen belegt sind. Wenn nun keine sichtbaren Regulierungsversuche einsetzen, die Signale für eine Rückkehr zum ‚Normalzustand‘ setzen, tragen sich immer mehr Bewohner mit Abwanderungsgedanken. Und mit den dann einsetzenden Entmischungsbewegungen wird die Spirale der sozialen Erosion in Gang gesetzt, die einerseits zur Ausgrenzung der Zurückbleibenden und andererseits zur Gefährdung des sozialen Friedens in der Stadt führt.

Einen Weg, die auseinander strebenden Bewohner wieder auf einer kleineren, hoch verdichteten Fläche einzusperren, gibt es nicht. Die Erziehung zur Toleranz, die die physische Struktur der Stadt in den frühen Phasen der Industrialisierung und Verstädterung geleistet hat, kann durch städtebauliche Maßnahmen nicht wieder herbei gezaubert werden. Die soziale Integration wird auch aller Voraussicht nach nicht mehr selbstverständlich vom Erwerbssystem geliefert werden. Die Stadtentwicklungspolitik wird daher sehr viel stärker als bisher auf eine Verzahnung von ökonomischer und sozial integrierender Politik bauen und die Fixierung auf Fassaden und Architektur überwinden müssen.

11.5 Stadtplanung nach der Wende

Die Vereinigung der beiden deutschen Staaten war ein Ereignis, das nicht nur plötzlich, sondern auch völlig unerwartet eintrat. Von der Grenzöffnung in Ungarn bis zum Mauerfall dauerte es nur 3 Monate, vom Mauerfall bis zur Bildung eines gemeinsamen Magistrats in Berlin dauerte es etwa ein halbes

Jahr, 2 Monate später war die Währungsunion gebildet und weitere 5 Monate später war Berlin auch formell wieder eine Stadt. Im Dezember 1990 wurde ein gemeinsames Parlament gewählt. Im Zeitraum von kaum mehr als einem Jahr geschah also die vollkommene Umwälzung des politischen und ökonomischen Rahmens für die Stadtentwicklung. Die Zukunft, die so plötzlich hereinbrach, hatte kein Vorbild, man konnte sie sich nicht ausmalen aufgrund von Erfahrungen. Jeder konnte nun Recht haben. In dieser Zeit wurde nichts mehr für unmöglich gehalten, und für Berlin wurden vor allem monströse Wachstumsprognosen angestellt. Diese waren zwar aus der Luft gegriffen, aber sie bildeten die Grundlage für stadtentwicklungspolitische Entscheidungen, die keinen Aufschub duldeten. Denn die Struktur der Stadt musste neu erdacht werden. Die bisher getrennten Teile der Stadt mussten zusammengefügt und die in Aussicht gestellten Wachstumspotentiale sollten in eine räumliche Struktur gelenkt werden, die funktionstüchtig sein musste und Ansprüchen an eine moderne Stadtentwicklung genügen sollte.

Bis zum Frühsommer 1991 herrschte insofern noch eine gewisse Unsicherheit über die zukünftige Rolle der Stadt, als noch nicht darüber entschieden war, ob Bundestag und Bundesregierung tatsächlich ihren Sitz nach Berlin verlegen würden. Als der Bundestag mit einer denkbar knappen Mehrheit den Umzug dann tatsächlich beschloss, schnellten die Bodenpreise in die Höhe und ein Investitionsboom bahnte sich an. Die Erwartung, dass Berlin das neue Wachstumszentrum nicht nur in Deutschland, sondern in Europa werden würde, wurde weltweit geteilt. Mit dem Fall der Mauer und dem politischen und ökonomischen Wandel in den kommunistischen Ländern Osteuropas schien sich ein ungeheuer großer Markt zu öffnen, für dessen Erschließung und Bedienung Berlin wieder jene Rolle übernehmen würde, die die Stadt bereits im ersten Drittel des 20. Jahrhunderts hatte.

Ein Planungsboom setzte ein, der zu einem geplanten Boom führen sollte. Das Spektrum der Entscheidungen, die getroffen werden mussten, war umfassend: Welche Nutzungsstruktur sollte für die Stadtmitte geplant werden? Sollte die Zentrenstruktur, die sich während der Teilung herausgebildet hatte – also mit zwei City-Bereichen, Ost und West – erhalten werden, oder sollte man sich an den Strukturen der Vorkriegszeit, d.h. an einem Zentrum orientieren? Welche kulturellen Einrichtungen, die es ja in vielen Fällen nun doppelt gab, sollten erhalten werden? Wo sollten die Einrichtungen der Landesregierung lokalisiert werden? Wie kann ein Ausgleich bei der Infrastrukturausstattung und bei der Qualität der Wohnungsversorgung erreicht werden? Welches Verkehrskonzept sollte angestrebt werden?

Bevor die politische Öffentlichkeit und die Stadtverwaltung zu Entschlüssen über die zukünftige Struktur der Stadt gekommen waren, hatten jedoch internationale Investoren bereits ihre Pflöcke eingeschlagen. Für sie lag das

Leitbild der zukünftigen Entwicklung in den zwanziger Jahren: Das gesamte Areal zwischen Pariser Platz und Alexanderplatz wurde zu einer Ia-Lage erklärt, und entsprechend groß und rasch waren die Investitionsinitiativen, die sich an den Nutzungsbedürfnissen einer europäischen Dienstleistungsmetropole orientierten – die räumlichen Anhaltspunkte dafür lieferte das Vorkriegs-Berlin, in dem die metropolitanen Funktionen auf vergleichsweise kleinem Raum konzentriert waren. Die privaten Investitionen konzentrierten sich sehr schnell auf die alten zentralen Standorte in der Friedrichstadt.

Als potente internationale Investoren schon ihre Hände auf einzelne Grundstücke gelegt hatten, war man in der planenden Verwaltung, wo es um die rechtsförmige Festlegungen von Entwicklungsperspektiven geht, zwangsläufig noch mit Grundsatzfragen beschäftigt. Aufgabe der Stadtentwicklungspolitik war es – neben den Planungen für die Regierungsbauten –, die Standorte für Wohnungs- und Büroneubauten festzulegen, denn die Menge der verfügbaren Büroflächen in der Stadt sollte verdoppelt werden und für Wohnungen, die den erwarteten Zustrom in die neue Hauptstadt aufnehmen sollten, musste Vorsorge getroffen werden. Und diese neuen, zusätzlichen Nutzungen mussten durch ein funktionierendes Verkehrssystem verknüpft werden.

In den ersten Planungen wurde empfohlen und im Flächennutzungsplan von 1995 dann auch festgelegt, angesichts der räumlichen Entwicklung und angesichts des zu erwartenden Investitionsvolumens eine dezentrale Struktur zugrunde zu legen. An den Knotenpunkten der S-Bahn bzw. des innerstädtischen Autobahnrings sollten Nebenzentren entstehen, in denen ein Großteil der neuen Büroflächen geplant wurde, um die Innenstadt nicht zu überlasten. Außerdem wurden einige Standorte ausgewählt, an denen konzentrierte Anstrengungen zur Entwicklung neuer Stadtteile unternommen werden sollten. Nach anfänglicher Planung von neun solcher Entwicklungsgebiete wurden noch im selben Jahr nach einem Kassensturz – bei dem die überzogenen Nachfrageprognosen und die dramatische Haushaltslage zu Korrekturen zwangen – lediglich noch fünf weiterverfolgt: Wasserstadt Spandauer See, Rummelsburger Bucht, Wissenschaftsstadt Adlershof, Biesdorf-Süd und Schlachthof Eldenaer Straße. Man ging von etwa 30.000 neuen Wohnungen und 75.000 Arbeitsplätzen in diesen fünf Gebieten aus.

In diesen ‚Entwicklungsgebieten‘ soll die Bewältigung der industriellen Vergangenheit exemplarisch vorangetrieben werden, da aus den Hochzeiten Berlins als Industriemetropole noch eine gigantische Infrastruktur vorhanden ist: Verkehrsanlagen, Gewerbeflächen, Energieversorgung. Diese Anlagen sind inzwischen teilweise überflüssig geworden bzw. werden nicht mehr genutzt. Den Planungs- und Investitionsaufwand, der für eine postindustrielle Nutzung notwendig ist, kann sich die Stadt nur an einigen Stellen leisten –

zumal solche Projekte, die als Public-Private-Partnerships organisiert sind, große finanzielle Risiken für die Stadt bergen (vgl. Häußermann/Simons 2000). Diese geht mit ihren Investitionen in Vorleistung und hofft, die Ausgaben durch den Verkauf des ‚entwickelten' Bodens wieder ausgleichen zu können. Wenn sich der Bodenmarkt allerdings nicht so entwickelt wie geplant, muss der öffentliche Haushalt die Zinsen für die aufgenommenen Kredite zahlen. Die ausbleibenden Einnahmen aus Verkäufen oder Vermietungen belasten dann das Budget der Stadt, die sich mit den Finanzierungsmodellen für die Entwicklungsgesellschaften selbst auf das Feld der Immobilienspekulation begeben hat. Dann werden Haushaltsmittel länger und in größerem Umfang gebunden als geplant war – dann macht der Markt die Stadtentwicklungspolitik.

Wenn die Anwendung von besonderen Rechtsinstrumenten unnötig ist, können auch private Investoren zum Entwicklungsträger werden. Das war z.B. beim Stadtteil Karow-Nord der Fall, wo der Boden dem Land Berlin gehörte und dem Investor gegen die Verpflichtung überlassen wurde, dass dieser auch die notwendigen Infrastrukureinrichtungen baue – finanziert aus der Differenz zwischen dem Kaufpreis und dem gestiegenen Wert nach dem Aufbau des neuen Stadtteils. Wenn die Wertsteigerungen nicht so ausfallen, wie bei der Finanzplanung angenommen worden war, sind auch hier Nachträge aus dem öffentlichen Haushalt fällig, denn eine fehlende Schule oder ein Mangel an sozialen Einrichtungen würde nach wie vor der öffentlichen Verwaltung und nicht dem privaten Investor angelastet.

Alle Planungen, die in der ersten Hälfte der 90er-Jahre vorgenommen wurden, waren Planungen für eine wachsende, expandierende Stadt. Aber weder die Bevölkerungszahlen, die diesen Plänen zugrunde liegen, noch die Arbeitsplatzzahlen werden in absehbarer Zeit erreicht. Die Stadtentwicklungspolitik hat darauf bisher nicht reagiert – außer durch die erzwungenen Kürzungen von geplanten Ausgaben. Selbst am Ausbau von zwei Zentren wird mit Hingabe gebastelt. Dass Berlin das braucht, was es selbst in seinen ökonomisch dynamischsten Zeiten nicht hatte, nämlich zwei City-Bereiche, bezweifelt in der planenden Verwaltung offenbar niemand. Dabei wäre es in einem gesamtstädtischen Konzept durchaus notwendig gewesen, sich darüber Gedanken zu machen, ob die City-West zwischen Uhlandstraße und Wittenbergplatz, die sich nach dem Zweiten Weltkrieg als Notmaßnahme gebildet hatte, weil der Westen vom alten Zentrum durch die Mauer abgeschnitten war, einfach so weiterentwickelt werden solle. Eine andere Funktion als die, die die neue Stadtmitte haben soll, nämlich Standort für hochwertige Dienstleistungen zu sein, wurde jedenfalls für die City-West bisher nicht gefunden.

In der Mentalität der West-Berliner Regionaleliten war eine planmäßige Rückstufung der Gegend um den Kurfürstendamm auf seine früheren Funktionen als Konsum- und Unterhaltungsquartier auf hohem Niveau ohnehin undenkbar, hatten sie ihre City doch Jahrzehnte lang für den Nabel der Welt halten dürfen. Um die Entwicklung im Zentrum Ost nicht als Alternative zur Entwicklung des Zentrums West ansehen zu müssen, drängt es sich geradezu auf, an ein unbegrenztes Wachstum zu glauben und daher auch alle Investitionen am Alexanderplatz, am Potsdamer Platz als auch am Bahnhof Zoo zu unterstützen: Hochhäuser hier, Hochhäuser da, Büros und Hotels hier, Büros und Hotels da. Wie im östlichen haben inzwischen auch im westlichen Zentrum die anonymen Fond-Gesellschaften und internationalen Immobilienkonzerne das Regime übernommen und durch enorme Mietsteigerungen für gewerbliche Nutzungen das Angebot auf globalem ‚Niveau‘ nivelliert.

Nach der Bildung des ersten gemeinsamen Magistrats wurden die Verwaltungen zusammengelegt, wobei jeweils die West-Berliner Verwaltungen das Grundgerüst bildeten. Eine eigene Landesregierung hatte es in der DDR nicht gegeben. Nun wurden einige öffentliche Einrichtungen vom West- in den Ostteil verlegt. Dass der Bürgermeister wieder in das Rote Rathaus im Zentrum einziehen würde, war wohl aus symbolischen Gründen selbstverständlich, eine Reihe von Behörden folgten in den Ostteil. Dort wurden die Verwaltung einer ganzen Staatsregierung sowie der Riesenapparat der Akademie der Wissenschaften aufgelöst, wurden Fernseh- und Rundfunkstationen liquidiert und viele öffentlich finanzierte Kultureinrichtungen geschlossen.

Ebenso wenig wie eine klare Entscheidung darüber getroffen wurde bzw. werden konnte, wo denn nun tatsächlich das Zentrum von Berlin liegen solle, wurde eine klare Entscheidung zwischen einem dezentralen und einem zentralisierten Strukturkonzept getroffen. Auch in diesem Fall lautet die Antwort auf die Frage nach der Alternative: beides wird entwickelt. Der Flächennutzungsplan (FNP) von 1994 enthält zwar die dezentralen Ausbaustandorte, aber auch im zentralen Bereich wurden so hohe Nutzungsdichten für zulässig erklärt, dass am Ende faktisch keine Steuerung der privaten Investitionen durch die öffentliche Planung bewirkt wurde – was sich jedoch schon bald nicht als Mangel erwies, da sich die Investoren auf die Mitte (in Ost und West) konzentriert hatten, also an bestehende Verdichtungen anbauten und nicht – bei nachlassendem Investitionsinteresse – auf einem unvollendeten Projekt an einem peripheren Standort hängen bleiben wollten.

Die Planung für die neue Stadtmitte bestand also weitgehend darin, einerseits den Marktkräften zu folgen, andererseits aber ästhetisch Einfluss zu nehmen und am Nutzungskonzept marginale Änderungen vorzunehmen. Die ursprüngliche Zielsetzung war allerdings weit komplexer und anspruchsvoller gewesen. Mit dem Umbau der Innenstadt sollte an die historischen Qualitäten der ‚europäischen Stadt‘ angeknüpft und diese möglichst ‚rekonstruiert‘ werden. Was außer Traufhöhe und Blockbebauung darunter zu verstehen sein soll, wird in der Stadtentwicklungspolitik bisher jedoch nicht deutlich.

11.6 Urbane Ökonomie im Zentrum

Stadtentwicklungspolitik kann in Berlin nicht nur darin bestehen, Räume bereitzustellen für hereindrängende Investitionswellen. Eine solche Zukunft hatten sich viele Berliner vorgestellt, nachdem vom Bundestag im Jahr 1990 beschlossen worden war, die ‚Verfassungsorgane' nach Berlin zu verlegen. Gleichzeitig wurde damals aber sichergestellt, dass aus in Berlin ansässigen Bundesinstitutionen ebenso viele Arbeitsplätze abwandern wie zuziehen (vgl. Welch Guerra 1999a). Die ‚Wanderungsbilanz' des öffentlichen Dienstes beträgt also Null. Sicher stellen die mit der Regierung zuziehenden Medien und Verbände einen zusätzlichen Gewinn an Arbeitsplätzen dar, für die Arbeitsmarktsituation in Berlin insgesamt aber sind das Tröpfchen auf einen heißen Stein. Der Bedeutungszuwachs, den die Stadt durch die Rückgewinnung der Hauptstadtfunktion erfahren hat, ist sicher bedeutsamer als die quantitative Zufuhr von Arbeitsplätzen – aber auch dadurch ist die ökonomische Entwicklung noch keineswegs ein Selbstläufer. Im Jahr nach dem Umzug des Bundestages nahm zum ersten Mal seit 1990 die Arbeitslosigkeit nicht mehr zu, und es steht außer Zweifel, dass sich die Stimmung in der Stadt seither spürbar in Richtung Optimismus verändert hat. Vielleicht ist die Talsohle des Strukturwandels nach 10 Jahren durchschritten, aber die ökonomischen und sozialen Spaltungen in der Stadt sind noch tief. Eine Wirtschafts- und Stadtpolitik, die diese Spaltungen bekämpfen will, muss mehr tun als Flächen bereitzustellen.

Die Investitionsnachfrage bzw. die Nachfrage nach Räumen durch etablierte ökonomische Unternehmen ist viel zu gering, um jenen riesigen Raum an aufgelassenen Gebäuden und brachliegendem Gelände in der Stadt zu füllen, den Krieg und Deindustrialisierung hinterlassen haben. Die traditionelle Orientierung an einem exogen erzeugten Wachstum geht einerseits an den Entwicklungsbedingungen für die Städte im Zeitalter der Globalisierung (vgl. Stratmann 1999) vorbei, zum anderen würden – selbst wenn das Segment der international orientierten Dienstleistungen sehr stark wachsen würde – die Arbeitsmarktprobleme der Stadt nicht gelöst. Ein Entwicklungskonzept für die Stadtmitte, das nicht dazu beiträgt, die Spaltungen in der Stadt zu vertiefen, ist daher notwendig.

Dieses Konzept könnte sich an der historischen Struktur orientieren (vgl. Gornig/Häußermann 1999). Das alte Zentrum, die Friedrichstadt war nicht nur Sitz der Banken und der Regierung, die Friedrichstraße und die Leipziger Straße waren zugleich luxuriöse Einkaufsstraßen und Ansammlungen von Hotels, Cafés, Varietés und Etablissements für nächtliche Vergnügungen. Die enge und vielfältige Mischung von höchst zentralen Funktionen des Deutschen Reiches mit den neuesten und extravagantesten Kauferlebnissen und Unterhaltungsveranstaltungen machte die spezifische Situation aus, die Berlin als die „moderne Stadt" weltberühmt machte. Vom Potsdamer Platz bis zum Alexanderplatz, vom Halleschen Tor bis zur Invalidenstraße erstreckte sich ein urbanes Gemisch von tertiären Aktivitäten und bildete eine Stadtmitte mit höchster Dynamik.

Zwar wurden die ökonomischen und baustrukturellen Bedingungen für diese urbane Ökonomie im Zentrum von Berlin während der DDR-Zeit gründlich beseitigt, aber die Stadtmitte weist gegenüber anderen Großstadtzentren der westlichen Welt eine Besonderheit auf: In Berlin dominieren nicht reine Bürohäuser, sondern das Nutzungsgefüge der Stadtmitte wird von einem Mix gebildet aus Büros, Wohnungen, Gastronomie, Kultur-, Bildungs- und Unterhaltungseinrichtungen sowie inszenierten Einkaufswelten. Für westliche Großstädte war und ist es dagegen typisch, dass in den zentralen Lagen Büro- und Handelsfunktionen dominieren, während kaum noch jemand dort wohnt. Bei den Neubauten in der Berliner Innenstadt musste seit 1992 ein 20%iger Anteil der Geschossflächen für Wohnnutzungen vorgesehen werden. Das ist hinsichtlich der Zielsetzung, eine lebendige Innenstadt zu schaffen, ein viel zu geringer Anteil. Aber noch sind ja in der Stadtmitte nicht alle Flächen verbaut, und noch gibt es genügend Räumlichkeiten, die auf eine neue Nutzung warten.

Im Zuge von Globalisierung und Tertiarisierung bilden sich neue Dienstleistungskomplexe in den Städten heraus, die zentrale Lagen besetzen. Durch die Kommunikationstechniken werden Standorte auf der ganzen Welt miteinander vernetzt, wobei die Städte die Knoten von Kommunikationsnetzen bilden. Die Konstruktion von neuen Finanzierungsmodellen, die Verschmelzung von Unternehmen, der Handel mit Wertpapieren, die Produktion von Dienstleistungen – das sind ‚strategische Kompetenzen', die in vielfältigen und heterogen strukturierten Dienstleistungskomplexen innerhalb der großen Städte realisiert werden (vgl. Sassen 1996, Krätke 1998). Diese Dienstleistungskomplexe sind zwar in sich stark verflochten, nicht aber mit der übrigen Stadt – inselhaft bilden sie eine eigene *Ökonomie in der Stadt* – gleichsam eine Zitadelle – die mit vielen Orten der globalen Ökonomie enger verbunden sind als mit ihrer lokalen Nachbarschaft. Solche Komplexe haben die Tendenz, sich baulich-physisch von der übrigen Stadt abzugrenzen und alles, was nicht zum Funktionieren gebraucht wird, draußen zu halten.

Davon zu unterscheiden ist die spezifische Produktivität der *Ökonomie der Stadt*, die flexible und innovative Reaktionen auf sich immer rascher verändernde und komplexer werdende Anforderungen ermöglicht (vgl. Läpple 2000, Stadtentwicklungsbehörde Hamburg 2000). Diese Kompetenzen, die vor allem in der Sammlung, Aufbereitung, Analyse, Bewertung und Vermittlung von Informationen bestehen, können je nach Bedarf und Situation variieren und müssen von verschiedenen Akteuren jeweils neu produziert werden. Zum Mitspielen auf der globalen Bühne sind landeskundliche Kenntnisse ferner Regionen, kulturelle Expertise, rechtliches Wissen, ökonomisches Urteil, logistische Kompetenz sowie Marktanalysen unverzichtbare Instrumente. Forschung und Entwicklung, Beratung und Projektierung, die Film- und Medienbranche, Design und Werbung, Produktinnovation, Rechtsberatung, Finanzierung und Versicherungen bekommen im Zuge der Globalisierung wirtschaftlicher Beziehungen und der Privatisierung von Ordnungsfunktionen eine immer größere Bedeutung. Dazu gehören auch Kommunikationsdienste, Druckereien, Papierhandel, Reinigung, Bewachung, Medien, Handel, Catering, Hotels- und Kongresszentren, Messeorganisation, Präsentation, Promotion und Pressearbeit, Transport und Nachrichtentechnik. Es ist wichtig, die richtigen Partner zur richtigen Zeit zu finden, um sie projektbezogen zu virtuellen Unternehmen zu verflechten. Die dazugehörigen Dienstleistungen sind in den Städten vorhanden und vor allem in den funktional heterogenen Altbaugebieten verstreut und arbeitsteilig organisiert. Eine solche Struktur entwickelt sich in Berlin vor allem im Bezirk Mitte und in den anliegenden Altbaugebieten.

Die Rolle der räumlichen Nähe besteht bei diesen Kooperationen nicht darin, in einem auf Dauer angelegten räumlichen Netz Arbeitsteilung und Spezialisierung zu organisieren, wie es bei der traditionellen räumlichen Zentralität der Fall war. Vielmehr müssen heute Spezialisierungen von Fall zu Fall neu zusammengesetzt und entwickelt werden, um die notwendige Reaktionsschnelligkeit und Flexibilität zu gewährleisten. In der großstädtischen Struktur schlummern gleichsam verschiedene Qualifikationen, die sich aus sehr heterogenen Partikeln zusammensetzen, Milieus, die verschiedenste Kompetenzen und Ressourcen kombinieren. Dies ist die neue städtische Ökonomie, die urbane Kompetenz, auf der sich die ökonomische und kulturelle Bedeutung der Städte auch noch in einer Zeit gründet, in der die traditionellen Zentralitätsvorteile durch Verkehrs- und Kommunikationstechniken obsolet geworden sind.

Die Grenze zwischen selbständiger und abhängiger Arbeit ist fließend geworden, die Qualifikationen bestehen nicht mehr nur in fachlicher und beruflicher Kompetenz, sondern auch in sozialem und kulturellem Kapital. Die Vernetzung untereinander ist gleichsam ein Nebenprodukt des geselligen und

256

kulturellen Lebens, die ökonomischen Aktivitäten sind eingebettet in soziale und kulturelle Netzwerke im urbanen Kontext. Die strikte Trennung von Arbeiten und Wohnen ist dabei weitgehend aufgehoben, es gibt kaum noch feste Angestelltenverhältnisse. Vielmehr werden die eigenen Arbeitszeiten in Zeiten der Spitzennachfrage verlängert, Qualifikationen werden ad hoc hinzu gekauft, formalisierte ökonomische Beziehungen dabei weitgehend vermieden. Die Vernetzung über ISDN-Leitungen ermöglichen, auch routinierte Leistungen von solchen Dienstleistungsfirmen zu beziehen, die aufgrund ihrer Flächenbedarfe am Rand der Stadt oder in der Peripherie lokalisiert sind. In diesen virtuellen Unternehmen gibt es keine Garantie auf stabile und dauerhafte Zusammenarbeit, die Chance auf ökonomischen Erfolg nur dann, wenn man sozusagen dauernd in Bereitschaft steht.

Hier wird deutlich, dass die ,neue Ökonomie der Stadt' nicht nur Chancen bietet, sondern auch Verlierer kennt. Soziale Absicherung, festes Einkommen und eine längerfristige Perspektive sind in ihr selten, und neben den gut bezahlten Jobs der Spezialisten und Manager werden die meisten Beteiligten nur Handlangerdienste ausführen und entsprechend bezahlt werden. Mit diesen ökonomischen Aktivitäten entsteht jedoch beileibe nicht nur eine Zitadellenökonomie für smarte Aufsteiger, sondern eine urbane Ökonomie, die ganz andere Strukturen, Rhythmen und Flexibilitäten als die fordistisch organisierte Industrieökonomie kennt. Hierin bestehen Chancen und neue Möglichkeiten für eine wachsende Zahl von Beschäftigungen, die Einkommen jedoch werden sich polarisieren.

Entscheidend für diese neue urbane Ökonomie ist ihre Einbettung in funktional und sozial heterogene und komplexe Strukturen. Die vielfältig gemischte Stadt, die ,Stadt der kurzen Wege' ist die (post-) moderne Struktur, die den Nutzungsmix ermöglicht – im Gegensatz zu den durch autobahnähnliche Schneisen aufgeteilten und funktional zerlegten Quartieren der ,modernen' Stadt (vgl. Stimmann 1986). Die Grenzen zwischen Wohnen, Leben, Arbeit, Kultur, Freizeit und Bildung lösen sich auf – dieses sind verblassende Kategorien für Funktionen, die die Industriegesellschaft aus dem komplexen Alltag herausgeschnitten und höchst effektiv in getrennten Bereichen organisiert hatte: Das war die fordistische Stadt.

Im Zentrum Berlins sind dem Leitbild der modernen Stadt ein Großteil der baulichen Strukturen geopfert worden, die einem postmodernen Funktionsmix viel eher entsprochen hätten als die großflächige Funktionstrennung der Nachkriegsplanung. Diese werden heute zunehmend als suboptimal betrachtet und, wo dies möglich ist, eine Anpassung an die Komplexität der urbanen Ökonomie und des urbanen Lebens gefordert.

Abbildung 11.1: Im Planwerk Innenstadt vorgeschlagener
Rückbau des Straßenprofils am Spittelmarkt in Berlin Mitte

Quelle: Stadtforum Berlin 1998; Koordination: Meuser Architekten,
Foto: Florian Profitlich

Ein Konzept für eine solche Anpassung ist das „Planwerk Innenstadt", dessen
erster Entwurf vom Stadtentwicklungssenator im Jahre 1996 der Öffentlichkeit vorgestellt wurde, und das in modifizierter Form im Jahr 1999 vom Senat
als Leitkonzept für die Entwicklung der Innenstadt zwischen Ernst-Reuter-
Platz und Alexanderplatz verabschiedet worden ist. Das Planwerk möchte an
einigen Stellen die Wunden, die die an der ‚Moderne' orientierte Stadtplanung in das städtische Gefüge geschlagen hat, durch Ergänzungsbauten,
Rückbau von großen Straßen und Wiederherstellung des alten Stadtgrundrisses zu heilen versuchen.

Die Abbildung zeigt beispielhaft, wie der alte Stadtgrundriss am Mühlendamm in der Stadtmitte ausgesehen hat, wie er verändert wurde, und man kann sich vorstellen, was es bedeuten würde, ihn wieder herzustellen. Ob es aussichtsreich ist, ein so durch und durch fordistisch und funktionalistisch zergliedertes Stadtgebiet wie das zwischen Schlossplatz und Alexanderplatz durch einige bauliche Korrekturen in ein multifunktionales urbanes Gelände zu verwandeln, erscheint zumindest zweifelhaft. Der Versuch, aus einem repräsentativen, mit autoritärem Gestus geplanten Stadtzentrum, das vor allem aus Straßen besteht, eine kleinteilige und multifunktional gemischte Struktur zu entwickeln, geht jedenfalls in die richtige Richtung. Allerdings müssen sich dafür Investoren und stadtverträgliche Investitionen noch finden.

11.7 Sicherheitspolitik

Immer, wenn jemand genau zu wissen meint, wie die Stadt aussehen muss, damit sie ökonomisch gut funktioniert, muss man hellhörig werden. Denn solche Forderungen gehen in der Regel einher mit einer stärkeren Kontrolle der öffentlichen Räume, mit der Ausgrenzung bestimmter Gruppen aus der Innenstadt – und sie sind die Vorstufe zur weiteren Privatisierung öffentlichen Raums. Denn private Räume lassen sich am ungeniertesten überwachen und sozial kontrollieren. Das zeigen all die Einkaufszentren und Malls, die in den letzten Jahren in den Städten entstanden sind, und die auch deswegen ein so großer Erfolg sind, weil in ihnen Sicherheit und Sauberkeit garantiert wird wie in keinem öffentlichen Raum.

Die Heterogenisierung der Stadtbevölkerung und die Abkoppelung ganzer Bevölkerungsgruppen vom materiellen Fortschritt macht sich in wachsenden Konflikten in öffentlichen Räumen bemerkbar. Die Beispiele sind zahlreich: In den öffentlichen Verkehrsmitteln ist man zur räumlichen Nähe mit Personen gezwungen, die unangenehme und ‚bedrohliche' Verhaltensweisen zeigen, die einen mit Armut und sozialen Realitäten konfrontieren, denen viele sonst aus dem Weg gehen; Straßenräume und Plätze sind durch Müll und mutwillige Zerstörung gekennzeichnet; in öffentlichen Parks nehmen die Konflikte zwischen verschiedenen Nutzergruppen zu (Hundehalter, Kinder, Alkoholiker, Grillpartys, Sportler etc.) – und es scheint, als ob eine Selbstregulierung zwischen den verschiedenen Alters-, Lebensstil- oder ethnischen Gruppen immer unwahrscheinlicher würde. Im Grunde gibt es vier verschiedene Reaktionen auf diese Entwicklung: zum Ersten die räumliche Trennung, das Auseinanderrücken, Distanzen schaffen; zum Zweiten die Aufrichtung von Barrieren, von Einlasskontrollen und Zäunen, was in der zivilisierten

Welt des Privateigentums am leichtesten und perfektesten durch die Privatisierung von öffentlichen Flächen und deren Übergabe an private Betreiber gelingt, die für Ordnung sorgen und dafür kassieren; zum Dritten die stärkere Kontrolle durch Polizei und in zunehmendem Maße durch private Sicherheitsdienste (vgl. Eick 1998); und viertens eine integrierte stadtteilbezogene Politik. Das Problem der Kontrolle von Städten und ihrer Bevölkerung ist alt (vgl. de Marinis 2000), gegenwärtig werden aber wieder Konzepte und Strategien diskutiert, die auf eine Verschärfung der Sicherheitsbestrebungen abzielen.

Wenn überall in der Stadt die öffentlichen Räume privatisiert werden, nehmen auch die Möglichkeiten der Raumaneignung ab. Die Politik für ein neues Wachstum könnte dann in Gegensatz geraten zu einer Politik für die Bewohner, zu der die Bekämpfung der Ursachen von Ungleichheit und Ausgrenzung gehören müssten. Nach Uwe Rada wird die Angst der Berliner ausgenutzt zur Hochrüstung der Polizei, wodurch sich die Tendenz zur sozialen Spaltung verstärkt. Es werde nicht die innere Angst bekämpft, „sondern alles, was nicht ins Broschürenbild des Unternehmens Stadt hineinpaßt: Bettler, Obdachlose, Konsumenten von Alkohol auf offener Straße und viele andere mehr" (Rada 1998, 174). Ein generelles Bettelverbot gehört dazu, ebenso das Verbot, Obdachlosenzeitungen in den öffentlichen Verkehrsmitteln und Bahnhöfen zu verkaufen sowie die Einrichtung von so genannten ‚gefährlichen Orten'.

In der ‚broken windows-Theorie' (vgl. Hammerschick u.a. 1995) wird davon ausgegangen, dass die Verwahrlosung und Vernachlässigung der physischen Umwelt auch entsprechende soziale Verhaltensweisen nach sich ziehe. Die Gleichgültigkeit gegenüber Verwahrlosungen und Zerstörungen in der Umwelt werden – das kann jeder in der Stadt mit eigenen Augen beobachten – gleichsam als Aufforderung zur weiteren tatkräftigen Mithilfe bei dem Prozess des Zerfalls und der Zerstörung aufgefasst. Höchst problematisch aber ist der Umkehrschluss, dass der Prozess der sozialen Entmischung bereits ein Zeichen für die Anfälligkeit eines Gebiets für Kriminalität sei.

Die Vertreibung von Bettlern und Drogensüchtigen gehört generell zu dem Bemühen, die Innenstadt als eine ungefährliche und keimfreie Zone für Konsumenten und Touristen herzurichten. Dies wird von der ‚AG City', einem Zusammenschluss von Händlern um den Kurfürstendamm, gefordert und unterstützt – ganz in der Tradition des feineren Westens. Die „Aufenthaltsqualität" in diesem westlichen Zentrum soll gewahrt bleiben durch den Ausschluss von unerwünschten Minderheiten aus dem öffentlichen Raum. Nicht nur private Wachdienste, sondern auch die Polizei des Landes Berlin zieht mit. 1993 wurde eine operative Gruppe gegründet, die insbesondere die ‚gefährlichen Orte' überwacht. Neben Ausweiskontrollen und Platzverweisen ist an diesen Orten, die im Übrigen nicht öffentlich bekannt gemacht werden müssen, auch die Aufnahme von Fotos von verdächtigen Personen und das Aussprechen von Aufenthaltsverboten erlaubt. Inzwischen ist die Bereitschaft, die Überwachung zu perfektionieren, insbesondere bei der CDU fortgeschritten: die permanente Überwachung von öffentlichen Räumen durch Videokameras wird dabei befürwortet. Sicherheit wird zu einer Dimension des Raums, soziale Kontrollen werden verräumlicht – und dabei wird die Grenze zwischen einer Konformitätskontrolle und dem Erkennen krimineller Handlungen äußerst dünn.

Verstärkte soziale Marginalisierung hat selbstverständlich Auswirkungen auf das Zusammenleben in der Stadt. Wenn sich die angestaute Wut bzw. die wachsende Frustration schon nicht in kollektiven Gewaltakten – wie in England, Frankreich oder in den USA – entlädt, dann verschaffen sie sich doch in provokanter Besetzung öffentlicher Räume und auch in Kleinkriminalität Luft. Das Ergebnis ist Unsicherheit und Angst bei den übrigen Stadtbenutzern – und der Ruf nach Law and Order. Nur zu verständlich, denn eine unbehinderte Begehbarkeit der Stadt gehört zu den zivilisatorischen Standards in Mitteleuropa, die nicht unterschritten werden dürfen. Die Frage ist allerdings, wie dies organisiert werden kann. Der Weg über die technische Aufrüstung der Polizei, über die Ausdehnung von Überwachung und Privatisierung führt sicher in die falsche Richtung, weil er die Stadtkultur im Kern beschädigt und bestimmte Gruppen tendenziell aus der städtischen Öffentlichkeit ausgrenzt. Nur die Gleichzeitigkeit von stärkeren Kontrollen im öffentlichen Raum und der Aufbau von Integrationsperspektiven für die Marginalisierten wäre geeignet, die wachsende Konflikthaftigkeit zu bremsen und die Chancen für eine Regeneration stadtgesellschaftlicher Normen zu vergrößern.

Zweifellos ist es notwendig, in solchen Nachbarschaften, in denen durch soziale Ausgrenzung und hohe räumliche Mobilität soziale Beziehungen zerschnitten und eine integrierte und integrierende Quartiersöffentlichkeit immer unwahrscheinlicher geworden ist, Interventionen von außen einzurichten, die zur sozialen Regeneration eine Hilfe bieten und dem Aufbau einer Perspektive für das Quartier und seiner Bewohner dienlich sind. Im Gegensatz zur Ordnungs- und Sicherheitspolitik, die nur anstrebt, die Probleme in bestimmten Teilen der Stadt zu beherrschen, nicht aber sie zu reduzieren, steht der neue stadtpolitische Ansatz des Quartiersmanagements, der vom Stadtentwicklungssenator im Jahre 1998 als Reaktion auf die zunehmenden Tendenzen der Konzentration von sozialen Problemen in bestimmten Teilgebieten der Stadt eingeführt worden ist.

11.8 Quartiersmanagement

Das Quartiersmanagement ist ein Instrument zur Erhaltung bzw. Förderung zivilgesellschaftlicher Umgangs- und Beteiligungsweisen in den Stadtteilen (vgl. IfS/S.T.E.R.N. 1998). Statt Kontrolle setzt es auf Moderation, Vernetzung, Aktivierung und Beteiligung. Da die sozialen Konflikte im Stadtteil selber auftreten und spürbar werden und der Stadtteil gleichzeitig Identifikationsebene und Ressource für seine Bewohner darstellt (vgl. Herlyn u.a. 1991), ist es nur folgerichtig, Maßnahmen auf der Quartiersebene durchzuführen. In Berlin sind 1998/99 insgesamt 15 Gebiete ausgewiesen worden, in denen ein Quartiersmanagement eingerichtet wurde. Dies sind:

1. Gebiete des sozialen Wohnungsbaus (Rollbergsiedlung, High-Deck-Siedlung, Wassertorplatz/Neues Kreuzberger Zentrum);
2. Innerstädtische Altbaugebiete in West-Berlin (Schillerpromenade, Wrangelstraße, Beusselstraße, Sparrplatz, Soldiner Straße);
3. Die Gebiete Schöneberg-Nord und Magdeburger Platz umfassen sowohl größere Sozialwohnungsbestände wie private Altbauten;
4. Altbaugebiete in Ost-Berlin (Boxhagener Platz, Helmholtzplatz, Falkplatz, Oberschöneweide);
5. Ein Großsiedlungsgebiet in Ost-Berlin (Marzahn Nord/West).

In diesen Gebieten sollen integrierte Projekte verwirklicht werden, die folgende Prinzipien verfolgen:

Aktivierung, Bewohnerbeteiligung und Empowerment: Der Prozess von Marginalisierung und Exklusion in den Gebieten soll gestoppt werden. Dafür ist es wichtig, die Bewohner an Entscheidungen zu beteiligen und ihre Handlungskompetenzen zu stärken. Selbsthilfepotentiale sollen gefördert werden und das Selbstwertgefühl der Bewohner gestärkt werden. Oftmals hat es an diesem Punkt schon Missverständnisse gegeben, wenn unter dem neuen Label ‚Quartiersmanagement' gerade wieder die aktiven Gruppen zusammenkommen und Ressourcen statt Aktivierung verlangen. Dann ist es wichtig, dass sich die Quartiersmanager als Interessenvertretung nach oben verstehen und nicht nur Befriedung nach unten betreiben.

Ressortübergreifende Maßnahmen und Stadtteilbezug:

Die zu planenden Projekte müssen sich der Komplexität der Probleme anpassen, d.h. sie dürfen sich nicht auf einzelne Tätigkeitsbereiche reduzieren, sondern soziale wie auch ökonomische Entwicklungsziele verbinden. Stadterneuerung muss mit Arbeitsplatzschaffung und Qualifizierung für Bewohner des Kiezes verknüpft werden, öffentliche Räume mit den Nutzern zusammen gestaltet und andere Aktivitäten damit verknüpft werden. Ziel ist es, mit den vorhandenen Geldern komplexe Ziele durch Synergien zu erreichen. Bisher stellen diese Maßnahmen das größte Problem dar, da die Ressorts noch nicht gewohnt sind, zusammen zu arbeiten und gemeinsame Projekte zu entwickeln und zu finanzieren. Hierzu sind sie nun durch die Struktur des Quartiersmanagements gezwungen.

Koordinierung, Kooperation, Vernetzung:

In den Quartieren sollen neue Strukturen geschaffen werden, die die vorhandenen Träger zusammenbringen, nach neuen Entwicklungswegen suchen und Potentiale erschließen. Die Chance besteht darin, dass durch Vernetzung und Kooperation auch hier Synergieeffekte für die Arbeit entstehen; aber auch für die Ideenlandschaft zur Nutzung von Ressourcen und Potentialen. Das Quartiersmanagement hat in diesem Zusammenhang die Aufgabe, die Vernetzung von Strukturen, Initiativen, Projekten wie auch der bezirklichen und Landesebene zu fördern und zu unterstützen.

Moderation und Gemeininteresse:

In den Quartieren geht es häufig darum, Institutionen zu schaffen, die bei Konflikten moderieren können. Bezirksämter, Polizei, auch die Schulen und andere öffentlichen Einrichtungen können die Probleme nicht mehr bewältigen bzw. haben dies auch längst aufgegeben. Vereine, Projekte, Initiativen sind aufgrund ungesicherter Wirtschaftslage unfähig, über ihren finanziellen Tellerrand hinaus zu schauen und über Kooperationsmöglichkeiten nachzudenken. Gefragt sind also Instanzen, die von allen Beteiligten möglichst akzeptiert werden, ohne dabei parteiisch zu sein. Dies können nur intermediäre Organisationen sein, die von den Senatsverwaltungen beauftragt und bezahlt werden und mit den Bewohnern selber Projekte entwickeln sollen. Nur durch eine weitgehend unabhängige Instanz kann die Konkurrenz von Trägern untereinander wie auch die klientelistischen Beziehungen einzelner Projektträger zu Senats- oder Bezirksverwaltungen aufgeweicht werden und damit bei Konflikten ein Ausgleich gefunden werden.

Die Aufgabe von Quartiersmanagement ist nicht die Beseitigung von Armut und der Arbeitslosigkeit, auch wenn dies ein erwünschter Nebeneffekt in den Quartieren ist. Damit wäre die Aufgabe des Quartiersmanagement zu hoch angesetzt; es an der Schaffung von Arbeitsplätzen zu messen oder an der Reduktion von Armut wäre eine vollkommen überzogene Vorstellung von den Einwirkungsmöglichkeiten dieses Ansatzes.

Die Hoffnung ist vielmehr, dass viele Probleme gelöst werden können ohne Parkwächter und mobile Schutztrupps in den Straßen. Zivile Konfliktmoderation ist so gesehen das direkte Gegenteil von Zero-Tolerance-

Politik. Wenn die augenscheinlichen Konflikte in den Quartieren um die Nutzung der öffentlichen Flächen erst einmal ausgetragen sind und eine Lösung gefunden ist, können sich die einzelnen Gruppen vielleicht tatsächlich zusammentun und gemeinsam über andere Probleme sprechen. Das setzt aber voraus, dass die Quartiersmanager wirklich zu Aktivität und Engagement anregen und nicht ‚ihre Bewohner‘, ihr Klientel pädagogisch versorgen. An welchen Problemen das Quartiersmanagement ansetzt, welche Wege es verfolgt und wie es diese Ziele am besten umsetzen kann, muss in jedem Gebiet aufgrund der unterschiedlichen Bedingungen und Problemkonstellationen gesondert entschieden werden. So gesehen ist die Durchführung von Wohnumfeldmaßnahmen keine „kleinbürgerliche Befriedungsstrategie", wie in manchen Quartieren von politischen Quartiersgruppen behauptet wird, sondern eine Möglichkeit der Aneignung des Lebensbereiches und damit Basis für soziales und politisches Engagement.

Die Grenzen des Quartiersmanagements liegen sicherlich darin, dass sie eine Arbeitsmarkt-, Sozial-, Bildungs- und Jugendpolitik nicht ersetzen können, sondern vielmehr darauf angewiesen sind, dass diese den nötigen Rahmen für eine Arbeit im Quartier stellen. Gegen eine Sozialpolitik, die die Mittel streicht und keine Wege aus der Sozialhilfe bieten kann, gegen heruntergekommene Schulen, die an chronischem Personalmangel leiden und mit den Problemen im Quartier hoffnungslos überfordert sind, gegen fehlende Lehrstellen und Stellenstreichungen im Sozialbereich, höhere Gebühren von Kindertagesstätten, die rasante Abmeldungen von Kindern vor allem aus armen Zuwandererfamilien zur Folge haben, kann das beste Stadtteilmanagement nicht ankommen. Nicht zuletzt ist die erfolgreiche Arbeit auf der Quartiersebene auch darauf angewiesen, dass in der Wohnungspolitik die Weichen richtig gestellt werden.

11.9 Wohnungspolitik gegen Ausgrenzung

Wie wir in den vorherigen Kapiteln gezeigt haben, war die Wohnungspolitik seit der Demokratisierung des Staates in Deutschland nach 1918 ein wichtiges Instrument für die Integration der Unterschichten in die Stadtgesellschaft. Dafür wurde ein marktfernes Segment, der gemeinnützige bzw. soziale Wohnungsbau, entwickelt. Die Finanznot der öffentlichen Haushalte, das inzwischen übersteuerte Förderungssystem beim sozialen Wohnungsbau, das Überangebot an Wohnungen seit 1996, aber auch die politische Orientierung an der ‚neuen Mitte‘ haben den Senat dazu gebracht, die Förderung von sozialem Mietwohnungsbau zu beenden und dafür die Förderung der Eigentumsbildung auszuweiten. Aus fiskalischen Gründen werden öffentliche Wohnungsbaugesellschaften verkauft. Die Privatisierung von Wohnungen an die Mieter wird ebenfalls gefordert, insbesondere um in Wohnquartieren die soziale Mischung zu stabilisieren oder gar herzustellen. Auch das Planwerk Innenstadt soll dazu beitragen, neue innerstädtische Bauplätze für höhere Einkommensschichten zu kreieren, denen damit eine Alternative zur Wanderung an den Stadtrand geboten werden soll.

Mischung durch sozialen Wohnungsbau

Eine breite soziale Mischung ist vor allem in jenen Stadtteilen vorhanden, in denen neben dem privat bewirtschafteten Wohnungsbestand eine kleinteilige Streuung von Sozialwohnungen vorhanden ist, weniger hingegen in den Großsiedlungen der 60er und 70er-Jahre, die – wie gezeigt – einer sozialen Erosion unterliegen. Die Projekte der 20er und 50er-Jahre hatten durchweg einen kleineren Umfang als die späteren gigantischen Projekte. Diese Kleinteiligkeit hatte verschiedene Vorteile für die interne Organisation und für die Vielfalt der Trägerstrukturen, vor allem aber passten sie sich in räumliche Strukturen ein, die durch die kleinen Projekte nicht dominiert wurden bzw. sie wurden – wenn sie auf der ‚grünen Wiese' gebaut waren – später von anderen, anders finanzierten Strukturen eingekreist und eingebettet. So, und nur so kommt sozialräumliche Mischung auf Dauer zustande. Alle Versuche, sie durch eine geplante soziale Mischung bei der Wohnungsvergabe intern herzustellen, sind weitgehend gescheitert und in den Großsiedlungen aus den 60er und 70er-Jahren bleiben die Haushalte mit höheren Einkommen nur dann wohnen, wenn die Miete für diese Wohnungen deutlich unter derjenigen des frei finanzierten Wohnungsbaus liegt.

Die soziale Mischung muss also in einem mit öffentlichen Mitteln geförderten Wohnungsbestand durch anhaltende Subventionierung teuer erkauft werden – dies ist aber aller Wahrscheinlichkeit nach sozial und materiell immer noch der Weg der geringeren Kosten für die Gesellschaft, denn durch den Fortzug der beruflich Erfolgreichen ergibt sich eine Konzentration von sozial diskriminierten und verarmten Haushalten an Orten, die selbst zu einer Ursache sozialer Ausgrenzung werden.

Als Allheilmittel zur Abwehr oder Bewältigung von Risiken, in die die einkommensschwächeren Haushalte geraten, wird immer wieder das Wohngeld genannt. Zweifellos spricht für das Wohngeld, dass damit keine Fehlsubventionen entstehen, also dass es zielgenau den Haushalten mit geringen Einkommen zugute kommt; das Wohngeld kann in manchen Fällen auch dazu dienen, bei absinkendem Einkommen oder ansteigender Miete die Mietzahlungsfähigkeit von Mieter- (und auch von Eigentümer-Haushalten) zu sichern. Das Wohngeld ermöglicht es aber nicht, eine soziale Mischung in einem Wohnquartier herzustellen! Wo Wohnungen nur nach marktwirtschaftlichen Kriterien vergeben werden, wird die Kaufkraft der Haushalte immer das erste Kriterium darstellen. Dass der wohnungssuchende Haushalt diese durch eine staatliche Transferleistung stärken kann, wird einen Vermieter nur dann interessieren, wenn sich wirklich kein anderer Bewerber findet. Denn der Staat führt es ja selbst immer wieder vor: Das Wohngeld wird nur in großen Abständen und immer nur ein bisschen der Kaufkraftentwicklung angepasst, es ist also ein höchst labiler Faktor bei der Einkommensentwicklung.

Unterschiedlichen Einkommensschichten Wohnmöglichkeiten in einem Quartier zu bieten, ist auf Dauer nur möglich durch die Einflussnahme auf die Miethöhe und auf die Bezugsberechtigung. Das ist das Modell der Objektförderung des sozialen Wohnungsbaus. Nur durch die kleinteilige Streuung von Wohnungen, bei denen die Miete durch öffentliche Subventionen im ‚grünen Bereich‘ der Bezahlbarkeit für Durchschnittsverdiener gehalten wird, kann eine soziale Pluralität auf Dauer erwartet werden. Eine ähnliche Wirkung haben Wohnungen, die ‚sozialen Trägern‘ gehören, also solchen Eigentümern, die nicht in jedem Fall die maximale Rendite aus ihrem Bestand ‚herausholen‘ wollen. Dazu können Genossenschaften gehören, Stiftungen und sozial orientierte Organisationen, aber auch Wohnungsbaugesellschaften in öffentlichem Eigentum – können gehören, denn zwingend ist dies nach der Aufhebung des Gemeinnützigkeitsgesetzes durch die konservativ-liberale Bundesregierung in den 80er-Jahren nicht mehr, und viele der früheren gemeinnützigen Wohnungsbaugesellschaften haben ihre Unternehmenspolitik tatsächlich inzwischen zugunsten einer ‚Shareholder-value‘-Orientierung verändert. Wenn Wohnungen aus öffentlichem in privates Eigentum übergehen, fällt diese Möglichkeit jedoch mit größter Wahrscheinlichkeit weg.

Verkauf von öffentlichen Wohnungsbaugesellschaften

Der Verkauf ganzer Gesellschaften kann aus den oben genannten Gründen sozialräumlich keine stabilisierenden Effekte haben, da die neuen Eigentümer den Bestand nur aufkaufen, um seine bisher stillgelegten Reserven zu mobilisieren. Haushalte, die das ökonomisch oder sozial nicht verkraften können, werden dann in die Bestände abgeschoben, die – noch – mit einer sozialpolitischen Zweckbestimmung verbunden sind. Schon allein durch eine solche soziale Selektion werden die privaten Bestände rentabler: weniger Verwaltungsaufwand, weniger Mietrückstände, weniger soziales Management. Weil Kosten von Not oder Fehlverhalten in Form von Sozialarbeit, Notversorgung,

Wohngeld und zusätzlicher Sozialhilfe auf die öffentliche Hand verlagert werden können, streicht der neue Eigentümer eine höhere Dividende ein. Selbst fiskalisch ist für die Stadt also der Veräußerungsgewinn mittelfristig ein Danaergeschenk.

Der Verkauf von Wohnungsbaugesellschaften aus öffentlichem Eigentum an private Unternehmen macht für diese also nur dann Sinn, wenn sie eine höhere Rendite erwirtschaften als dies bis dahin bei der Verwaltung durch den öffentlichen Eigentümer der Fall war. Dies kann z.B. durch aggressive Mieterhöhungen, Reduzierung des Personalaufwands für Verwaltung und Service oder durch den Verkauf der einzelnen Wohnungen geschehen. Ein Beispiel: Aus dem Bestand der im Jahr 1998 vom Senat verkauften Gehag werden vom neuen privaten Eigentümer den Mietern Wohnungen zu einem Preis angeboten, der das vierfache des ursprünglichen Kaufpreises beträgt. Was bei solchen Kalkulationen nie sichtbar wird bzw. nicht in Rechnung gestellt wird, ist die sozialpolitische oder stadtpolitische Dividende der öffentlichen Hand (vgl. Güldenberg/Mangelsdorff 1998), die ihr aus ihren Wohnungsbeständen zufließt. Da diese beim Verkaufspreis nie eine Rolle spielt – sie ist ja auch kaum pekuniär auszudrücken –, wird sie verschenkt. Aber später wird sie im öffentliche Budget unweigerlich wieder auftauchen – diesmal als Kostenfaktor.

Die stadtpolitische Dividende des öffentlichen Eigentums liegt

- im Einfluss auf die sozialräumliche Struktur der Stadt, insbesondere in der Vermeidung von Elendsquartieren, in denen sich diejenigen Haushalte sammeln und konzentrieren, die vom privatwirtschaftlich gesteuerten Markt als unfähig oder störend aussortiert worden sind. Durch die räumliche Konzentration von problembeladenen Haushalten werden deren Probleme nicht nur weniger lösbar sondern sogar größer, und den Kindern und Jugendlichen, die in solchen Quartieren aufwachsen, wird die Chance auf eine Integration in die ‚Normalgesellschaft' vorenthalten. Der Umgang mit solchen Problemen bleibt eine öffentliche Aufgabe, auch wenn die Wohnungsversorgung vollkommen privatisiert sein sollte;
- in der Vermeidung von Obdachlosigkeit und damit verbundener sozialer Ausgrenzung, weil öffentliche Eigentümer auf Mietschulden und soziale Katastrophen ihrer Mieter mit reintegrativen Maßnahmen reagieren und somit Folgekosten vermeiden können; die Sicherung der Wohnung im ökonomischen oder sozialen Notfall ist nämlich der entscheidende Schritt, um die Aussortierung von Haushalten in eine dann nur noch schwer aufzuhaltende Abwärtsspirale zu vermeiden;
- in der preisdämpfenden Wirkung von Mietwohnungsbeständen, die zwar nicht unrentabel, aber doch auch nicht primär gewinnorientiert verwaltet werden, in denen Mieterhöhungen sich also vor allem an den Kosten und nicht an den möglichen Erträgen orientieren;

- in der sozial- und wohnungspolitisch wichtiger werdenden Fähigkeit, Wohnungen für solche Haushalte bereitzustellen, die sich aus eigener Kraft im privaten Wohnungsangebot nicht versorgen können und/oder dort diskriminiert werden. Die Zahl der belegungsgebundenen Wohnungen nimmt in allen Städten steil ab, und soziale Aufgaben übernimmt ein privater Vermieter nur gegen hohe Preise. Erfolge beim Ankauf von Belegungsbindungen, den die Apologeten von Marktmechanismen als Ersatz propagieren, sind bisher nur in weit geringerem Maße eingetreten, als es für die Bewältigung der absehbaren Aufgaben nötig wäre.

Für Berlin wurde in der Vereinbarung zur Bildung der Großen Koalition im Jahr 1999 festgelegt, dass mindestens 300.000 Wohnungen im öffentlichen Eigentum bleiben sollen. Dieser Bestand soll notwendig, aber auch ausreichend sein, um die sozialpolitischen Aufgaben der Wohnungspolitik zu erfüllen. Mengenmäßig mag das der Fall sein, jedenfalls kann niemand vorhersehen, wie sich die entscheidenden Parameter, nämlich Zahl der Privathaushalte, Arbeitsmarkt und Einkommen der Haushalte entwickeln. Sicher aber dürfte sein, dass die sozialräumliche Struktur, die sich aus der vom Senat betriebenen Privatisierung ergeben wird, zu einem sozialen Problem ersten Ranges entwickeln dürfte. Denn die Bestände mit sozialer Bindung und mit Belegungsrechten bei den Bezirksverwaltungen werden dann nicht nur kleiner, sondern sie werden auch räumlich stark konzentriert sein – und zwar dort, wo die Wohnungsbaugesellschaften bereits bisher mit nachlassender Attraktivität der Wohnstandorte zu kämpfen haben. Verkauft werden sollen Wohnungsbaugesellschaften vor allem in West-Berlin, und zwar jene Bestände, die sowieso bald aus der Bindung herausfallen. Diese befinden sich verstreut hauptsächlich in den Innenstadtgebieten und gelten als die attraktivsten und damit auch hochwertigsten Bestände. Im Ostteil sind auf der Basis des Altschuldenhilfegesetzes bereits 15% des öffentlichen Wohnungsbestandes verkauft worden. Dort allerdings wegen der geringen Attraktivität zu niedrigen Preisen.

Im Westteil der Stadt ergibt sich aus den ‚Jahresringen‘ des Neubaus von Sozialwohnungen eine Konzentration in den Außenbezirken, weil die dort errichteten Sozialwohnungen noch die längste Bindungsfrist aufweisen. In den Bezirken Neukölln, Reinickendorf, Spandau und Tempelhof fallen damit nur 10% der Wohnungen des sozialen Wohnungsbaus von 1997 bis 2002 aus der Bindung. Die höchsten Anteile von Sozialwohnungen, für die bis 2002 die Bindungen auslaufen, liegen in den Bezirken Wilmersdorf und Tiergarten, gefolgt von Charlottenburg und Steglitz. Die relative Konzentration der Wohnungen mit Belegungsbindungen auf die Bezirke Neukölln, Reinickendorf, Spandau, Tempelhof sowie auf die Plattenbauten im Ostteil wird sich also in Zukunft verstärken.

11.10 Welche Möglichkeiten der Integration bietet die Stadtpolitik?

Eine integrierte Stadtgesellschaft gibt es immer weniger (vgl. auch Heitmeyer/Anhut 2000), die Bezugspunkte verschiedener Teile der Stadtbevölkerung differenzieren sich aus. Dabei wird ein Teil der Stadtgesellschaft von der formellen Ökonomie ganz abgekoppelt und auf lokale Ressourcen zur Subsistenzsicherung verwiesen, während sich andere der Anstrengung widmen, die eigene Position im raschen Wandel der postindustriellen Welt zu sichern. Die soziale Fragmentierung wird durch Segregationsprozesse in eine räumliche Fragmentierung übersetzt, bei der das Bewusstsein der gemeinsamen Zugehörigkeit zu einem Gemeinwesen verloren geht. Eine kulturelle Leistung der Stadtpolitik wäre es, die Einheit der Stadtgesellschaft aufrechtzuerhalten, die gesellschaftliche Grenze nicht mitten durch die Stadt laufen zu lassen und die Stadt als politische und kulturelle Einheit bewusst herzustellen und zu pflegen. Aus technischer oder ökonomischer Notwendigkeit bildet sich kein gemeinsames Interesse und kein gemeinsames Bewusstsein der Stadtgesellschaft mehr.

Die Fragmentierung der Stadtgesellschaft zeigt sich auch in der Wahlbeteiligung. Die Karte 11.2 zeigt, dass es einige Gebiete mit sehr niedriger Wahlbeteiligung in Berlin gibt. Neben den Großsiedlungen in Marzahn, Hohenschönhausen, Hellersdorf und Lichtenberg, den Altbauquartieren im nördlichen Prenzlauer Berg, Mitte und Friedrichshain sind es die westlichen Innenstadtgebiete in Wedding, dem nördlichen Tiergarten, Kreuzberg und Neukölln, in denen über 40% der Wahlberechtigten keinen Anlass sehen, zur Wahl zu gehen. In den Gebieten West-Berlins ist jedoch nicht nur die Wahlbeteiligung niedrig, zudem machen dort die Bevölkerung ohne deutschen Pass und damit ohne Wahlrecht rund 30% der Bewohner aus. Hier gehen also nur 40% der Erwachsenen überhaupt zur Wahl. Wenn man hochrechnet, wie groß der Anteil der Bevölkerung ist, der in diesen Gebieten die Regierungskoalition gewählt hat, so kommt man zu dem schockierenden Befund, dass nur eine Minderheit die Koalition aus CDU und SPD auch wirklich gewählt hat. Im Ostteil hat die Regierungskoalition im Jahre 1999 auch bei den abgegebenen Stimmen keine Mehrheit erreicht.

Die Gebiete, die sich durch eine besonders niedrige Wahlbeteiligung auszeichnen, sind – und das ist wohl der wichtigste Befund – auch jene Stadtteile, in denen die sozialen Probleme besonders groß sind. Hohe Arbeitslosigkeit, starke Abwanderung von Erwerbstätigen und Familien und hoher Anteil von Wahlenthaltung überlagern sich räumlich deutlich. Ein großer Teil der Bevölkerung in diesen Gebieten hat es aufgegeben, mit ihre Stimme Einfluss auf die Regierungsbildung und damit auf die Politik zu nehmen. Bisher hat nur ein kleiner Teil rechte Parteien gewählt, aber in diesen Gebieten haben diese die höchsten Stimmenanteile bekommen, im Bezirk Wedding übersteigt der Anteil 5%. Wenn die Volksparteien Wählerstimmen gewinnen wollen, tun sie gut daran, dies in den genannten Gebieten zu versuchen.

Karte 11.2: Nichtwähleranteil 1999

Wahl zum Abgeordnetenhaus von Berlin am 10. Oktober 1999
Nichtwähler nach Wahlkreisen

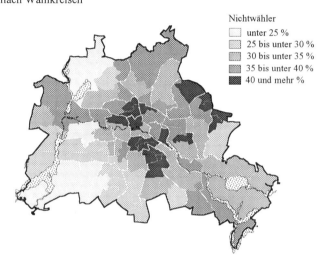

Nichtwähler
☐ unter 25 %
▒ 25 bis unter 30 %
▒ 30 bis unter 35 %
▓ 35 bis unter 40 %
■ 40 und mehr %

Quelle: Statistisches Landesamt Berlin

Ökonomischer Strukturwandel, stärkere soziale Differenzierung, Wahlenthaltung, hohe Arbeitslosigkeit und drängende Finanznot – welche Möglichkeiten hat eine Stadtpolitik, die die drohenden Spaltungen und Ausgrenzungen zu vermeiden sucht? Offensichtlich ist, dass es – im Gegensatz zum Projekt der ‚modernen Stadt' – keine Vision bzw. kein Leitbild mehr gibt, hinter dem sich eine stabile Mehrheit für eine konfliktfähige Stadtregierung versammeln ließe. Zu unterschiedlich sind die Interessenlagen, zu fragmentiert die kollektiven Bestände von Normen und Zielen.

Unter diesen Bedingungen wird es immer schwieriger, eine konsistente Stadtpolitik zu formulieren. In der Tat scheint es so, dass sich die Pluralisie-

270

rung und die Heterogenität von Interessens- und Problemlagen immer direkter auch in stadtpolitischen Programmen spiegelt. Was mit Sicherheit nicht mehr funktioniert, ist die traditionelle Wachstumspolitik, die mit der Stimulierung wirtschaftlicher Entwicklung auch die sozialen Probleme in der Stadt bewältigen wollte. Die Sickereffekte ökonomischen Wachstums haben heute nur noch eine geringe Reichweite, sie kommen nicht mehr bei denen ‚ganz unten' an. Und die Förderung von global operierenden Unternehmen oder von High-Tech-Betrieben hat selbst im Falle des Erfolgs nicht automatisch die Wirkung, dass alle ökonomischen Bereiche der Stadt davon profitieren. Schließlich hängen ökonomisches Wachstum und das Wachstum der Zahl der Arbeitsplätze heute nicht mehr so eng zusammen, wie es noch in den Hochzeiten der fordistischen Steuerung der Fall war.

Zur postmodernen Stadtpolitik gehört heute das Bekenntnis zur Verschlankung der öffentlichen Verwaltung, zur neuen Rolle der staatlichen Steuerung („moderieren statt anordnen") und zur Kooperation mit privaten Akteuren. Die Privatisierung von öffentlichen Aufgaben soll Kostenentlastung bringen und flexiblere Lösungen. Praktisch kein größeres Projekt kann die Stadtpolitik heute noch anfassen, ohne sich vorher mit privaten Kapitalgebern abgestimmt und ihrer Kooperation versichert zu haben. Das muss nicht unbedingt schlecht sein, aber dieser Verlust an Souveränität hat doch Folgen für die Thematisierung von städtischen Problemen überhaupt. Wenn sich eine Initiative ‚nicht rechnet', wenn die Kostenneutralität nicht ‚darstellbar' ist, wie es im Politik-Jargon heute heißt, hat sie nur geringe Chancen, auf die politische Agenda gesetzt zu werden. Die Stadtpolitik wird schlanker und flexibler, ihre soziale Ausgleichsfunktion kann sie unter diesen Umständen aber immer weniger erfüllen.

Die rückwärts gewandte Orientierung an Zuständen, Integrationsmodi und Politikformen, die im Strukturwandel untergegangen sind, ist aber kaum produktiv. Zu den zentralen Aufgaben einer postmodernen Stadtpolitik gehört es daher, neue Formen der städtischen Integration zu erproben – auch solche jenseits des Arbeitsmarktes und der formellen Ökonomie. Berlin war ein Laboratorium der Moderne, warum soll es nicht ein Laboratorium der Postmoderne werden?

Der zentrale Integrationsmechanismus der ‚modernen' Stadt war die Integration über Systeme: Arbeitsmarkt, soziales Sicherungssystem, sozialer Wohnungsbau. Über den Arbeitsmarkt wurden die Zuwanderer in die Stadtgesellschaft integriert, davon abgeleitet war die Integration in die Systeme sozialer Sicherung. Was den Zuwanderern nur nach und nach gelang, war die soziale und politische Integration: Das Proletariat erreichte politische Macht erst mit der Einführung des allgemeinen und gleichen Wahlrechts nach 1918, die meisten Zuwanderer aus dem Ausland nach 1960 haben diesen Status bis heute nicht erreicht.

In unserer Gesellschaft gilt, wer dauerhaft vom Arbeitsmarkt ausgegrenzt ist, als marginalisiert und als ausgeschlossen von der Teilhabe an den Chancen, die diese Gesellschaft gemeinhin bietet. Das ist objektiv und subjektiv so. Arbeitsbeschaffungsmaßnahmen und andere Reintegrationsbemühungen haben nur bei sehr wenigen den Effekt, den Weg in den ersten Arbeitsmarkt wieder zu öffnen. Der wirkliche und wichtige Effekt solcher Maßnahmen besteht in einer sozialverträglichen Herausnahme der Betroffenen aus der Konkurrenz um die knapper werdenden formellen Beschäftigungen. Die Exklusion soll nicht deutlich sichtbar und nicht endgültig hingenommen werden. Damit werden Hunderttausende von Arbeitslosen gleichsam wie die Hamster im Laufrad im Kontakt zur Arbeitsgesellschaft gehalten, ohne wirklich die Hoffnung haben zu können, wieder einen festen Platz im System der formellen Erwerbstätigkeit zu finden.

Ein Ausweg aus dieser strukturellen Kalamität ist allein auf lokaler Ebene kaum zu finden, zumal die Städte durch institutionelle Zwänge und finanzielle Instrumente darauf verpflichtet sind, das Arbeitsgebot praktisch durchzusetzen. Aus finanziellem Eigeninteresse müssen sie sowieso stets versuchen, solche Personen, die von kommunalen Sozialleistungen abhängig sind, in die erwerbszentrierten Systeme von staatlicher Arbeitsmarktpolitik und Sozialversicherung zu transferieren. Da die strukturellen Probleme damit nicht nur nicht gelöst, sondern sogar verfestigt werden, entstehen in den Städten zusätzliche Probleme. Ein alternativer Weg wäre die Differenzierung von Integrationsmodi, d.h. zum Beispiel die Entkoppelung der Existenzsicherung vom Erwerbssystem und damit die Gewährung von sozialer Anerkennung auch für diejenigen Stadtbewohner, die nicht am Arbeitsmarkt partizipieren wollen. Damit wäre zwar ebenfalls eine Zwei-Klassen-Gesellschaft etabliert, aber die Gewinne und Verluste, die mit der Zugehörigkeit zu einer der beiden Klassen verbunden sind, wären nicht mehr so ungleich verteilt. Wichtig ist, dass die Optionen freiwillig wären. Das würde bedeuten, dass die Ausstiegsoption mit einer Existenzsicherung durch ein Mindesteinkommen verbunden wäre und dies die Basis für eine große Bandbreite von sozialen und kulturellen, gesellschaftlich nützlichen Aktivitäten darstellen würde, über deren Umfang und Intensität die ,Aussteiger' freilich selbst entscheiden könnten.

Endlich müsste auch ein Konzept für eine multikulturelle Zukunft der Stadt Berlin entwickelt werden. Die ökonomische und kulturelle Zukunft der Stadt hängt zu einem nicht geringen Teil davon ab, ob sie zu einem integrativen Ort der – sicherlich konfliktreichen – Koexistenz verschiedener Lebensstile und verschiedener ethnischer Gruppen wird. Die tendenzielle Fremdenfeindlichkeit der gesellschaftlichen Mitte und ihrer politischen Repräsentanten in den Regierungsparteien, die sich ab und zu in verächtlichen Formulierungen verrät, steht bereits heute im grotesken Gegensatz zu der faktischen Bedeutung, die die ausländische Bevölkerung für die Innenstadtgebiete hat. An die Stelle diskriminierender Forderungen nach einer Verminderung der Ausländerkonzentration bzw. nach einer Dominanz „deutscher Kultur" in allen Stadtteilen muss eine „Kultur der Anerkennung" (Heitmeyer) treten; mitten in der Stadt wächst mit den Zuwanderern eine neue Stadt, die immer größer und wichtiger wird, und viele Stadtpolitiker tun immer noch so, als könnten sie der Stadt der Zuwanderer Verhaltensregeln auferlegen, ohne zugleich die Anerkennung von Gleichwertigkeit und Gleichberechtigung sicherzustellen. Die ökonomischen und kulturellen Leistungen der Zuwanderer sind ein unverzichtbarer Beitrag zur Zukunft dieser Stadt – dabei geht es nicht um eine von „oben herab" gewährte Toleranz, denn die Stadt Berlin ist auf die Zuwanderer angewiesen und wird vielleicht bald um sie werben müssen.

Für die komplexen Probleme der Stadtentwicklung, die sich in der Transformationsphase der Stadt Berlin zwischen 1990 und 2000 gebündelt haben, gibt es keine einfachen und keine einzig richtigen Konzepte. Wir haben in diesem Buch die Tendenzen zu zeigen versucht, die von der geteilten zu einer gespaltenen Stadt führen. Dabei handelt es sich nicht um eine Gesetzmäßigkeit, sondern um einen Prozess, der gesteuert werden kann – und gesteuert werden muss, wenn die zivilgesellschaftlichen Qualitäten der europäischen Stadt nicht aufs Spiel gesetzt werden sollen. In diesem Schlusskapitel konnten wir nur Ansätze Hinweise für eine sozial integrative Politik geben, die sowohl bei ökonomischem Wachstum als auch bei anhaltender Stagnation zu beachten sind.

Literaturverzeichnis

AG Spas - Arbeitsgemeinschaft für Sozialplanung und angewandte Stadtforschung e. V. 1999: Marzahn Nord und West (Stadtteil 1). Soziale Lage und Strategien für eine soziale Aufwertung. Berlin: Eigenverlag

Alisch, Monika (Hg.) 1998: Stadtteilmanagement. Voraussetzungen und Chancen für die soziale Stadt. Opladen: Leske + Budrich

Alisch, Monika 1997: Soziale Stadtentwicklung – Leitlinien einer Politik für benachteiligte Quartiere. Das Beispiel Hamburg. In: W. Hanesch (Hg.): Überlebt die soziale Stadt? Konzeption, Krise und Perspektiven kommunaler Sozialstaatlichkeit. Opladen: Leske + Budrich, S. 345-361

Alisch, Monika; Dangschat, Jens 1998: Armut und soziale Integration. Opladen: Leske + Budrich

Alisch, Monika; zum Felde, Wolfgang 1990: "Das gute Wohngefühl ist weg!" - Wahrnehmungen, Bewertungen und Reaktionen von Bewohnern im Vorfeld der Verdrängung. In: J. Blasius, J.S. Dangschat (Hg.): Gentrification. Frankfurt/Main, New York: Campus, S. 277-300

Alter, Peter (Hg.) 1993: Im Banne der Metropolen. Berlin und London in den 20er Jahren. Göttingen, Zürich: Vandenhoeck&Ruprecht

Andrusz, Gregory; Harloe, Michael; Szelenyi, Ivan 1996: Cities after socialism: Urban and regional change and conflict in post-socialist societies. Oxford: Blackwell Publishers

Argus – Arbeitsgruppe Gemeinwesenarbeit und Stadtteilplanung GmbH 2000: Wohnmobilität – Wegzugsmotive von Haushalten aus den Sanierungsgebieten in Prenzlauer Berg 1994-1999. Untersuchung im Auftrag der S.T.E.R.N. GmbH

Ashworth, Gregory John; Voogd, Henk 1990: Selling the City: Marketing Approaches in Public Sector Urban Planning. London, New York: Belhaven Press

Asmus, Gesine (Hg.) 1982: Hinterhof, Keller und Mansarde. Einblicke in das Berliner Wohnungselend 1901-1920. Reinbek: Rowohlt

Ausländerbeauftragte des Senats 1995: Bericht zur Integrations- und Ausländerpolitik. Fortschreibung 1995. Berlin: Kulturbuchverlag

Becker, Heidede 1989: Wohnungsfrage und Stadtentwicklung. Strategien, Engpässe und Perspektiven der Wohnungsversorgung. Berlin: Technische Universität

Becker, Heidede; Jessen, Johann; Sander, Robert (Hg.) 1998: Ohne Leitbild? – Städtebau in Deutschland und Europa. Stuttgart, Zürich: Karl Krämer

Becker, Heidede; Keim, K. Dieter (Hg.) 1977: Gropiusstadt: Soziale Verhältnisse am Stadtrand. Stuttgart u.a.: Kohlhammer

Becker, Heidede; Schulz zur Wiesch, Jochen (Hg.) 1982: Sanierungsfolgen. Eine Wirkungsanalyse von Sanierungsmaßnahmen in Berlin. Stuttgart u.a.: Kohlhammer

Beer, Ingeborg 1994: Architektur für den Alltag, Vom sozialen und frauenfreundlichen Anspruch der Siedlungsarchitektur der Zwanziger Jahre. Berlin: Schelzky&Jeep

Beetz, Stephan; Kapphan, Andreas 1997: Russischsprachige Zuwanderer in Berlin und Potsdam. Migrationsregime und ihr Einfluß auf die Wohnsituation von Zuwanderern. In: I. Oswald, V. Voronkov (Hg.): Post-sowjetische Ethnizitäten. Ethnische Gemeinden in St. Petersburg und Berlin/ Potsdam. Berlin: Berliner Debatte, S. 160-188

Berlin Handbuch 1992: Berlin Handbuch, Das Lexikon der Bundeshauptstadt. Berlin: FAB

Best, Ulrich 1999a: Kreuzberg und Kreuzberger. Identität und Lebenswelt unter dem Ghetto-Stigma. Eine diskursanalytische Interpretation. Unveröffentlichte Diplomarbeit am Geographischen Institut der Freien Universität Berlin

Best, Ulrich 1999b: Moscheen und ihre Kontakte nach Außen. In: G. Jonker, A. Kapphan (Hg.): Moscheen und islamisches Leben in Berlin. Berlin: Ausländerbeauftragte des Senats, S. 46-51

Beyme, Klaus von; Durth, Werner; Gutschow, Niels; Nerdinger, Winfried; Topfstedt, Thomas (Hg.) 1992: Neue Städte aus Ruinen. Deutscher Städtebau der Nachkriegszeit. München: Prestel

Blakely, Edward J.; Snyder, Mary Gail 1997: Fortress America - Gated Communities in the USA. Cambridge, Washington: Brookings Institute

Blasius, Jörg 1993: Gentrification und Lebensstile. Wiesbaden: Deutscher Universitäts-Verlag

Bodenschatz, Harald 1987: Platz frei für das neue Berlin! Geschichte der Stadterneuerung seit 1871. Berlin: Transit

Bodenschatz, Harald 1992: Berlin West: Abschied von der ‚steinernen Stadt'. In: K. v. Beyme u.a. (Hg.): Neue Städte aus Ruinen. Deutscher Städtebau der Nachkriegszeit. München: Prestel, S. 58-76

Bodenschatz, Harald 1993: Die Planungen für die "Weltstadt Berlin" in der Weimarer Republik. In: H. Engel, W. Ribbe (Hg.) 1993: Hauptstadt Berlin - Wohin mit der Mitte? Berlin: Akademie Verlag, S. 143-159

Bodenschatz, Harald; Engstfeld, Hans-Joachim; Seifert, Karsten 1995: Berlin: auf der Suche nach dem verlorenen Zentrum. Hamburg: Junius

Bodenschatz, Harald; Heise, Volker; Korfmacher, Jochen 1983: Schluss mit der Zerstörung? Stadterneuerung und städtische Opposition in Westberlin, Amsterdam und London. Berlin: Anabas

Bodenschatz, Harald; Konter, Erich u.a. (Hg.) 1994: Stadterneuerung im Umbruch. Arbeitshefte des Instituts für Stadt- und Regionalplanung. Heft 50. Berlin: Technische Universität

Body-Gendrot, Sophie 2000: The Social Control of Cities? A Comparative Perspective. Oxford: Blackwell

Bohleber, Wolfgang 1990: Mit Marshallplan und Bundeshilfe. Wohnungspolitik in Berlin 1945-1968. Berlin: Duncker & Humblot

Bönker, Frank; Offe, Claus 1994: Die moralische Rechtfertigung der Restitution des Eigentums. Überlegungen zu einigen normativen Problemen der Privatisierung in postkommunistischen Ökonomien. In: Leviathan Jg.22, H.3, S. 318-352

Borngräber, Christian 1986: Die sozialistische Metropole. Planung und Aufbau der Stalinallee und des Zentrums in Ost-Berlin. In: J. Boberg, T. Fichter, E. Gillen (Hg.): Die Metropole. Industriekultur in Berlin im 20. Jahrhundert. München: C.H. Beck, S. 328-337

Borst, Renate; Krätke, Stefan; Mayer, Margit; Roth, Roland; Schmoll, Fritz (Hg.) 1990: Das neue Gesicht der Städte. Basel u.a.: Birkhäuser

Bourdieu, Pierre 1991: Physischer, sozialer und angeeigneter physischer Raum. In: M. Wentz (Hg.): Stadt-Räume. Frankfurt/Main, New York: Campus, S. 25-34

Bourdieu, Pierre u.a. 1997: Das Elend der Welt. Zeugnisse und Diagnosen alltäglichen Leidens an der Gesellschaft. Konstanz: UVK

Breckner, Ingrid; Heinelt, Hubert; Krummacher, Michael; Oelschlägel, Dieter; Rommelspacher, Thomas; Schmals, Klaus M (Hg.) 1989: Armut im Reichtum. Erscheinungsformen, Ursachen und Handlungsstrategien in ausgewählten Großstädten der Bundesrepublik. Bochum: Germinal

Breton, R. 1965: Institutional Completeness of Ethnic Communitites and the Personal Relation of Immigrants. In: American Journal of Sociology Jg.76, S. 33-46

Briesen, Detlef 1992: Berlin, die überschätzte Metropole. Über das System der deutschen Hauptstädte von 1850-1940. Bonn, Berlin: Bouvier

Brunn, Gerhard; Reulecke, Jürgen (Hg.) 1992: Metropolis Berlin. Berlin als deutsche Hauptstadt im Vergleich europäischer Hauptstädte 1870-1939. Bonn, Berlin: Bouvier

Buck, Nick 1996: Social and Economic Change in Contemporary Britain: the Emergence of an Underclass? In: E. Mingione (Hg.) 1996: Urban Poverty and the Underclass. A Reader. Oxford: Blackwell, S. 277-288

Bude, Heinz 1998: Die Überflüssigen als transversale Kategorie. In: P. A. Berger, M. Vester (Hg.): Alte Ungleichheiten, neue Spaltungen. Opladen: Leske + Budrich, S. 363-382

Christopherson, Susan 1994: The Fortress City: Privatized Spaces, Consumer Citizenship. In: A. Amin (Hg.): Post-Fordism. Oxford: Blackwell, S. 409-427

Cochrane, A. 1992: Das veränderte Gesicht der städtischen Politik in Sheffield: vom 'municipal labourism' zu 'public-private partnership'. In: H. Heinelt, M. Mayer (Hg.): Politik in europäischen Städten. Fallstudien zur Bedeutung lokaler Politik. Basel u.a.: Birkhäuser, S. 119-136

Cyrus, Norbert 1999: Die aktuelle Zuwanderung aus Polen nach Berlin. Darstellung anhand einer analytisch-idealtypischen Kategorisierung der Zuwanderer. In: A. Kapphan (Hg.): Paris – Berlin. Formen und Folgen der Migration. Les Travaux du Centre Marc Bloch, Cahier No. 14, S. 51-70

Dahn, Daniela 1987: Prenzlauer Berg-Tour. Halle, Leipzig: Mitteldeutscher Verlag

Dangschat, Jens 1995: ‚Stadt‘ als Ort und als Ursache von Armut und sozialer Ausgrenzung. In: Aus Politik und Zeitgeschichte B 31-32/1995, S. 50-62

Demps, Laurenz 1999: Von der preußischen Residenzstadt zur hauptstädtischen Metropole. In: W. Süss, R. Rytlewski (Hg.): Berlin. Die Hauptstadt. Vergangenheit und Zukunft einer europäischen Metropole. Berlin: Nicolai, S. 17-51

Dieser, Hartwig 1996: Restitution: Wie funktioniert sie und was bewirkt sie? In: H. Häußermann, R. Neef (Hg.): Stadtentwicklung in Ostdeutschland. Opladen: Westdeutscher Verlag, S. 129-138

DIW - Deutsches Institut für Wirtschaftsforschung 1994: Integration deutscher Zuwanderer in den westdeutschen Arbeitsmarkt. DIW-Wochenbericht 35/1994, S. 609-617

Dörries, Cornelia 1998: Gentrification als kulturelles Phänomen. Der Zusammenhang von Innenstadtwandel und Lebensstil. Unveröffentlichte Diplomarbeit im Fach Sozialwissenschaften an der Humboldt-Universität zu Berlin

Dorsch, Pamela; Häußermann, Hartmut; Kapphan, Andreas; Keim, Rolf; Kronauer, Martin; Schumann, Claudia; Siebert, Ingo; Vogel, Berthold 2000: Comparative Statistical Analysis at National, Metropolitan, Local and Neighbourhood Level. Germany: Berlin and Hamburg. Urbex Series No. 4. Amsterdam: AME

Drösel, Susan; Kremin, Michael 1984: Berlin um 1700. Die Idealstadt Charlottenburg. Berlin: Publika

Dubet, François; Lapeyronnie, Didier 1994: Im Aus der Vorstädte. Der Zerfall der demokratischen Gesellschaft. Stuttgart: Klett-Cotta

Eberstadt, Rudolf 1910: Handbuch des Wohnungswesens und der Wohnungsfrage. Jena (2. Auflage)

Eick, Volker 1998: Neue Sicherheitsstrukturen im "neuen" Berlin. Warehousing öffentlichen Raums und staatlicher Gewalt. In: Prokla Jg.28, H.110, S. 95-118

Einem, Eberhard von (Red.) 1991: Metropole Berlin: Mehr als Markt! Dokumentation des Symposiums, 26./27. Nov. 1990: Berlin: Kulturbuchverlag

Ellger, Christof 1995: Zwischen Hauptstadtboom und Niedergang: zur Entwicklung Berlins in den 90er Jahren. In: B. Hofmeister, F. Voss (Hg.): Exkursionsführer zum 50. Deutschen Geographentag; Berliner Geographische Studien Bd. 40, S. 25-35

Elwert, Georg, 1982: Probleme der Ausländerintegration. Gesellschaftliche Integration durch Binnenintegration. In: Kölner Zeitschrift für Soziologie und Sozialpsychologie, Jg.34, S. 696-716

Engel, Helmut 1993: Die Denkmäler- und Geschichtslandschaft der Mitte Berlins. In: H. Engel, W. Ribbe (Hg.) 1993: Hauptstadt Berlin - Wohin mit der Mitte? Berlin: Akademie Verlag, S. 81-88

Engel, Helmut; Ribbe, Wolfgang (Hg.) 1993: Hauptstadt Berlin - Wohin mit der Mitte? Berlin: Akademie Verlag

Engels, Friedrich 1845: Die Lage der arbeitenden Klasse in England. Marx-Engels-Werke (MEW) Bd.2, S. 232-255; 430-455. Berlin: Dietz (Ausgabe 1956)

Erbe, Michael 1999: Aufstieg zur Weltstadt. In: W. Süss, R. Rytlewski (Hg.): Berlin. Die Hauptstadt. Vergangenheit und Zukunft einer europäischen Metropole. Berlin: Nicolai, S. 52-80

Escher, Felix 1985: Berlin und sein Umland. Zur Genese der Berliner Stadtlandschaft bis zum Beginn des 20. Jahrhunderts. Einzelveröffentlichung der Historischen Kommission zu Berlin. Bd. 47. Berlin: Colloquium

Esser, Hartmut 1986: Ethnische Kolonien: „Binnenintegration" oder gesellschaftliche Isolation? In: J. Hoffmeyer-Zlotnik (Hg.): Segregation und Integration. Die Situation von Arbeitsmigranten im Aufnahmeland. Mannheim: Forschung Raum und Gesellschaft, S. 106-117

Fainstein, Susan; Fainstein, Norman 1993: Public-Private Partnerships for Urban (Re)Development in the United States. In: W. Heinz (Hg.): Public Private Partnership - ein Weg zur Stadtentwicklung? Stuttgart u.a.: Kohlhammer

Fainstein, Susan; Gordon, Ian; Harloe, Michael (Hg.) 1993: Divided Cities. New York and London in the Contemporary World. Oxford: Blackwell

Falk, Wilhelm 1994: Städtische Quartiere und Aufwertung: Wo ist Gentrification möglich? Basel u.a.: Birkhäuser

Farwick, Andreas 1998: Soziale Ausgrenzung in der Stadt. In: Geographische Rundschau Jg.50, H.3, S. 146-153

Fassbinder, Horant 1975: Berliner Arbeiterviertel 1800 - 1918. Analysen zum Planen und Bauen 2. Westberlin: Verlag für das Studium der Arbeiterbewegung

Felsmann, Barbara; Gröschner, Annett (Hg.) 1999: Durchgangszimmer Prenzlauer Berg. Eine Berliner Künstlersozialgeschichte in Selbstauskünften. Berlin: Lukas

Fisch, Stefan 1988: Stadtplanung im 19. Jahrhundert. München: Oldenbourg

Flierl, Bruno 1991: Stadtgestaltung in der ehemaligen DDR als Staatspolitik. In: P. Marcuse, F. Staufenbiel (Hg.): Wohnen und Stadtpolitik im Umbruch. Perspektiven der Stadterneuerung nach 40 Jahren DDR. Berlin: Akademie Verlag, S. 49-65

Flierl, Bruno 1998: Gebaute DDR. Über Stadtplaner, Architekten und die Macht. Berlin: Verlag für das Bauwesen

Flierl, Bruno 2000: Privat vor öffentlich? In: Architektur in Berlin. Jahrbuch 2000. Hamburg: Junius, S. 58-63

Freiburghaus, Dieter; Kudat, Ayse 1974: Gemeinschaftsunterkünfte für ausländische Arbeitnehmer in Berlin. Teil 1. Berlin: Wissenschaftszentrum

Freyberg, Thomas von 1996: Der gespaltene Fortschritt. Zur städtischen Modernisierung am Beispiel Frankfurt am Main. Frankfurt/Main, New York: Campus

Friedrichs, Jürgen 1983: Stadtanalyse. Soziale und räumliche Organisation der Gesellschaft. Opladen: Westdeutscher Verlag

Friedrichs, Jürgen 1996: Stadtsoziologie. Opladen: Leske + Budrich

Friedrichs, Jürgen 1998: Do Poor Neighbourhoods Make Their Residents Poorer? Context Effects of Poverty Neighbourhoods on Residents. In: H.-J. Andreß (Hg.): Empirical Poverty Research in a Comparative Perspective. Aldershot u.a.: Ashgate

Friedrichs, Jürgen 2000: Gentrification. In: H. Häußermann (Hg.): Großstadt – Soziologische Stichworte. Opladen: Leske + Budrich (2. Auflage), S. 57-66

Friedrichs, Jürgen; Blasius, Jörg 2000: Leben in benachteiligten Wohngebieten. Opladen: Leske + Budrich

Friedrichs, Jürgen; Kecskes, Robert (Hg.) 1996: Gentrification, Theorie und Forschungsergebnisse. Opladen: Leske+Budrich

Froessler, Rolf; Lang, Markus; Selle, Klaus; Staubach, Reiner (Hg.) 1994: Lokale Partnerschaften. Die Erneuerung benachteiligter Quartiere in europäischen Städten. Basel u.a.: Birkhäuser

Gall, Lothar 1993: Brauchen wir eine Mitte? In: H. Engel, W. Ribbe (Hg.) 1993: Hauptstadt Berlin - Wohin mit der Mitte? Berlin: Akademie Verlag, S. 229-236

GdW - Bundesverband deutscher Wohnungsunternehmen e.V. 1998: Überforderte Nachbarschaften. Zwei sozialwissenschaftliche Studien über Wohnquartiere in den alten und den neuen Bundesländern. Köln: GdW Schriften 48

Geffers, Dieter 1990: Perspektive und Ergebnis der Stadterneuerung. In: Senatsverwaltung für Bau- und Wohnungswesen (Hg.): Stadterneuerung in Berlin. Berlin, S. 7-18

Geißler, Rainer 1992: Die Sozialstruktur Deutschlands. Ein Studienbuch zur Entwicklung im geteilten und vereinten Deutschland. Opladen: Westdeutscher Verlag

Geist, Johann Friedrich; Kürvers, Klaus 1980: Das Berlin Mietshaus. 1740-1862. München: Prestel

Geist, Johann Friedrich; Kürvers, Klaus 1984: Das Berlin Mietshaus. 1862-1945. München: Prestel

Geist, Johann Friedrich; Kürvers, Klaus 1989: Das Berlin Mietshaus. 1945-1989. München: Prestel

Geist, Johann Friedrich; Kürvers, Klaus 1995: Tatort Berlin, Pariser Platz. Die Zerstörung und ,Entjudung' Berlins. In: 1945, Krieg, Zerstörung, Aufbau. Architektur und Stadtplanung 1940-1960 (Schriftenreihe der Akademie der Künste, Band 23). Berlin: Henschel, S. 55-118

Gesemann, Frank 1999: Moscheenvereine und öffentliche Verwaltung: Probleme der Kommunikation und Aneignung. In: G. Jonker, A. Kapphan (Hg.): Moscheen und islamisches Leben in Berlin. Berlin: Ausländerbeauftragte des Senats, S. 21-27

Geyer, Mathias 1999: Die Gropiusstadt. Wohnzufriedenheit und Umzugsabsichten in einer Großsiedlung. Unveröffentlichte Diplomarbeit am Geographischen Institut der Freien Universität Berlin

Goldberg, Andreas; Sen, Faruk 1997: Türkische Unternehmer in Deutschland. Wirtschaftliche Aktivitäten einer Einwanderungsgesellschaft in einem komplexen Wirtschaftssystem. In: H. Häußermann; I. Oswald (Hg.): Zuwanderung und Stadtentwicklung. Leviathan Sonderheft 17, S. 63-84

Gornig, Martin; Häußermann, Hartmut 1999: Der steinige Weg zur Dienstleistungsmetropole. In: Berlin: Offene Stadt. Die Erneuerung seit 1989. Hg. von den Berliner Festspielen und der Architektenkammer Berlin. Berlin: Nicolai, S. 76-89

Gornig, Martin; Häußermann, Hartmut 2000: Die neue Bundeshauptstadt. Zukunftsaussichten einer zurückliegenden Metropole. In: R. Czada; H. Wollmann (Hg.): Von der Bonner zur Berliner Republik. 10 Jahre Deutsche Einheit. Leviathan Sonderheft 19, S. 49-72

Granovetter, Mark S. 1973: The Strength of Weak Ties. In: American Journal of Sociology Jg.78, H.6, S. 1360-1380

Großsiedlungsbericht 1994. Bundestagsdrucksache 12/8406. Bonn: Bundesministerium für Raumordnung, Bauwesen und Städtebau

Grubitzsch, Petra 1995: Prenzlauer Berg. Geschichte der Berliner Verwaltungsbezirke, Band 21. Berlin: Stapp Verlag

Grundmann, Siegfried 1984: Die Stadt - Gedanken über Geschichte und Funktion. Berlin: Dietz Verlag

Grzywatz, Berthold, 1988: Arbeit und Bevölkerung im Berlin der Weimarer Zeit. Eine historisch-statistische Untersuchung. Berlin: Colloquium (Historische Kommission zu Berlin Band 63)

Gude, Sigmar 1972: Wirtschaftsentwicklung, Infrastrukturpolitik und Stadtplanung – Der staatliche Eingriff in die disfunktional werdenden Eigenstrukturen von Gemeinden und Städten. In: H. Korte: Soziologie der Stadt. München: Juventa, S. 152-178

Güldenberg, Eckart; Mangelsdorff, Lukas 1998: Verkauf von Wohnungen durch die öffentliche Hand. In: Die Wohnungswirtschaft, Ausgaben August (S. 15-22) und September (S. 12-15)

Hain, Simone 1992a: Berlin Ost: ‚Im Westen wird man sich wundern'. In: K. v. Beyme u.a. (Hg.): Neue Städte aus Ruinen. Deutscher Städtebau der Nachkriegszeit. München: Prestel, S. 33-57

Hain, Simone 1992b: Reise nach Moskau. Wie Deutsche 'sozialistisch' bauen lernten. In: Bauwelt, H.45, S. 1546-1558

Hain, Simone 1993: Die andere 'Charta'. In: Städte bauen, Kursbuch 112, Berlin: Rowohlt, S. 47-62

Hämer, Hardt-Waltherr 1990: Behutsame Stadterneuerung. In: Stadterneuerung Berlin. Erfahrungen, Beispiel, Perspektiven. Berlin: Senatsverwaltung für Bau- und Wohnungswesen, S. 56-72

Hamm, Bernd 2000: Nachbarschaft. In: H. Häußermann (Hg.): Großstadt – Soziologische Stichworte. Opladen: Leske + Budrich (2. Auflage), S.173-182

Hammerschick, Walter; Karazman-Morawetz, Inge; Stangl, Wolfgang (Hg.) 1995: Die sichere Stadt. Prävention und kommunale Sicherheitspolitik, Jahrbuch für Rechts- und Kriminalsoziologie. Baden-Baden: Nomos

Hanauske, Dieter 1993: Die Berliner Wohnungspolitik in den 50er und 90er Jahren. Berlin: Berlin Verlag

Hannemann, Christine 1993: Stadterneuerung = Bevölkerungserneuerung? Anmerkungen zu sozialräumlichen Konsequenzen der Berliner Stadterneuerung. In: Arbeitskreis Stadterneuerung (Hg.): Jahrbuch Stadterneuerung 1993. Berlin, S. 227-233

Hannemann, Christine 1996: Neubaugebiete in DDR-Städten und ihr Wandel. In: U. Schäfer (Hg.): Städtische Strukturen im Wandel. Opladen: Leske + Budrich

Hannemann, Christine 2000: Die Platte. Industrialisierter Wohnungsbau in der DDR. Berlin: Schelzky&Jeep (2. erweiterte Auflage)

Harlander, Tilmann; Fehl, Gerhard (Hg.) 1986: Hitlers sozialer Wohnungsbau 1940 - 1945. Wohnungspolitik, Baugestaltung und Siedlungsplanung. Hamburg: Christians (Stadt, Planung, Geschichte 6)

Harloe, Michael 1995: The People's Home? Social Rented Housing in Europe & America. Oxford: Blackwell

Harth, Annette; Herlyn, Ulfert; Scheller, Gitta 1998: Segregation in ostdeutschen Städten. Opladen: Leske + Budrich

Harth, Annette; Scheller, Gitta; Tessin, Wulf (Hg.) 2000: Stadt und soziale Ungleichheit. Opladen: Leske + Budrich

Häußermann, Hartmut 1995: Die Stadt und die Stadtsoziologie. Urbane Lebensweise und die Integration des Fremden. In: Berliner Journal für Soziologie Jg.5, Heft 1, S. 89-98

Häußermann, Hartmut 1997: Berlin: Lasten der Vergangenheit und Hoffnungen der Zukunft. In: Aus Politik und Zeitgeschichte B 17/1997, S. 10-19

Häußermann, Hartmut 1998: Zuwanderung und die Zukunft der Stadt. Neue ethnisch-kulturelle Konflikte durch die Entstehung einer neuen sozialen 'underclass'? In: W. Heitmeyer, R. Dollase, O. Backes (Hg.): Die Krise der Städte. Frankfurt/Main: Suhrkamp, S. 145-175

Häußermann, Hartmut 2000a: Institutionentransfer, soziale Konflikte und einheitsstiftende Theorie – die Interpretation gesellschaftlichen Wandels am Beispiel der Stadterneuerung im Bezirk Prenzlauer Berg. In: K. Hinrichs, H. Kitschelt, H. Wiesenthal (Hg.): Kontingenz und Krise. Institutionenpolitik in kapitalistischen und postsozialistischen Gesellschaften. Frankfurt/Main, New York: Campus, S. 219-241

Häußermann, Hartmut 2000b: Die Krise der ‚sozialen Stadt'. In: Aus Politik und Zeitgeschichte B 10-11/2000, S. 13-21

Häußermann, Hartmut 2000c: Die neuen Bauherren. Wer das ‚Neue Berlin' macht. In: Architektur in Berlin, Jahrbuch 2000. Hamburg: Junius, S. 16-19

Häußermann, Hartmut (Hg.) 2000d: Großstadt. Soziologische Stichworte. Opladen: Leske + Budrich (2. Auflage)

Häußermann, Hartmut; Glock, Birgit; Keller, Carsten 1999: Rechtliche Regelungen und Praxis der Restitution in Ostdeutschland seit 1990 unter besonderer Berücksichtigung sozial-räumlicher Differenzierungen. Property restitution Project, Working Paper 3. University of Plymouth

Häußermann, Hartmut; Kapphan, Andreas 1999: Berlin: Bilden sich Quartiere sozialer Benachteiligung. In: S. Herkommer (Hg.): Soziale Ausgrenzungen. Gesichter des neuen Kapitalismus. Hamburg: VSA, S.187-208

Häußermann, Hartmut; Kapphan, Andreas; Münz, Rainer 1995: Migration. Berlin: Zuwanderung, gesellschaftliche Probleme, politische Ansätze. Berlin: Kulturbuchverlag (Hg. von der Senatsverwaltung für Stadtentwicklung, Umweltschutz und Technologie)

Häußermann, Hartmut; Siebel, Walter 1987: Neue Urbanität. Frankfurt/Main: Suhrkamp

Häußermann, Hartmut; Siebel, Walter 1994: Neue Formen der Stadt- und Regionalpolitik. In: Archiv für Kommunalwissenschaften Jg.33, H.1, S. 32-43

Häußermann, Hartmut; Siebel, Walter 1995: Dienstleistungsgesellschaften. Frankfurt/Main: Suhrkamp

Häußermann, Hartmut; Siebel, Walter 1996: Soziologie des Wohnens. Weinheim: Juventus (korrigierte zweite Auflage 2000)

Häußermann, Hartmut; Simons, Katja 2000: Die Politik der großen Projekte – eine Politik der großen Risiken? Zu neuen Formen der Stadtentwicklungspolitik am Beispiel des Entwicklungsgebietes Berlin-Adlershof. In: Archiv für Kommunalwissenschaften Jg.39, H.1, S. 56-71

Healey, Patsy; Cameron, S.; Davoudi, S.J.; Graham, S.; Madanipour, A. (Hg.) 1995: Managing Cities: the New Urban Context. Chichester: John Wiley

Heckmann, Friedrich 1992: Ethnische Minderheiten, Volk, Nation. Zur Soziologie interethnischer Beziehungen. Stuttgart: Enke

Hegemann, Werner 1930: Das steinerne Berlin. Geschichte der größten Mietskasernenstadt der Welt (Reprint Braunschweig 1976)

Heineberg, Heinz 1979: West-Ost-Vergleich großstädtischer Zentrenausstattungen am Beispiel Berlins. In: Geographische Rundschau Jg.31, H.11, S. 434-443

Heinelt, Hubert; Mayer, Margit (Hg.) 1993: Politik in europäischen Städten. Fallstudien zur Bedeutung lokaler Politik. Basel: Birkhäuser

Heinz, Werner 1993: Public Private Partnership - ein neuer Weg zur Stadtentwicklung? Stuttgart u.a.: Kohlhammer (Schriften des Deutschen Instituts für Urbanistik Bd. 87)

Heitmeyer, Wihelm; Anhut, Reimund (Hg.) 2000: Bedrohte Stadtgesellschaft. Soziale Desintegrationsprozesse und ethnisch-kulturelle Konfliktkonstellationen. Weinheim, München: Juventa

Heitmeyer, Wilhelm 1998: Versagt die ‚Integrationsmaschine ‚Stadt'? Zum Problem der ethnisch-kulturellen Segregation und ihrer Konfliktfolgen. In: W. Heitmeyer, R. Dollase, O. Backes (Hg.): Die Krise der Städte, Frankfurt/Main: Suhrkamp, S. 443-467

Heitmeyer, Wilhelm; Dollase, Rainer; Backes, Otto (Hg.) 1998: Die Krise der Städte – Analysen zu den Folgen desintegrativer Stadtentwicklung für das ethnisch-kulturelle Zusammenleben. Frankfurt/Main: Suhrkamp

Heitmeyer, Wilhelm; Müller, Joachim; Schröder, Helmut 1997: Verlockender Fundamentalismus. Frankfurt/Main: Suhrkamp

Herlyn, Ulfert (Hg.) 1974: Stadt- und Sozialstruktur. München: Nymphenburger

Herlyn, Ulfert; Lakemann, Ulrich; Lettko, Barbara 1991: Armut und Milieu. Basel u.a.: Birkhäuser

Hess, Henner; Mechler, Achim 1973: Ghetto ohne Mauern. Ein Bericht aus der Unterschicht. Frankfurt/Main: Suhrkamp

Hinrichs, Wilhelm 1992: Wohnungsversorgung in der ehemaligen DDR. Verteilungskriterien und Zugangswege. Wissenschaftszentrum Berlin für Sozialforschung. WZB-Papers, P 92 - 105

Hoffmann-Axthelm, Dieter 1993: Die dritte Stadt. Frankfurt/Main: Suhrkamp

Hoffmeyer-Zlotnik, Jürgen 1977: Gastarbeiter im Sanierungsgebiet. Das Beispiel Berlin-Kreuzberg. Hamburg: Christians

Hofmeister, Burkhard 1987: Wilhelminischer Ring und Villenkoloniegründung. Sozioökonomische und planerische Hintergründe simultaner städtebaulicher Prozesse im Großraum Berlin 1860 bis 1920. In: H. Heineberg (Hg.): Innerstädtische Differenzierung und Prozesse im 19. und 20. Jahrhundert. Wien: Böhlau, S. 105-117

Hofmeister, Burkhard 1990: Berlin (West). Darmstadt: Wissenschaftliche Buchgesellschaft

Hunger, Bernd 1991: Stadtverfall und Stadtentwicklung – Stand und Vorschläge. In: P. Marcuse, F. Staufenbiel (Hg.): Wohnen und Stadtpolitik im Umbruch. Berlin: Akademie Verlag

Hunger, Bernd u.a. 1990: Städtebauprognose. Berlin: Technische Universität

Huster, Ernst-Ulrich 1993: Neuer Reichtum und alte Armut. Düsseldorf: Patmos

IfS - Institut für Stadtforschung und Strukturpolitik GmbH 1995: Mieterbarometer Marzahn. Befragung der Mieter der Wohnungsbaugesellschaft Marzahn 1995. Berlin: IfS

IfS - Institut für Stadtforschung und Strukturpolitik GmbH 1997: Mieterbarometer Marzahn. Befragung der Mieter der Wohnungsbaugesellschaft Marzahn 1997. Berlin: IfS

IfS; STERN 1998: Sozialorientierte Stadtentwicklung. Berlin: Kulturbuchverlag (Gutachten im Auftrag der Senatsverwaltung für Stadtentwicklung, Umweltschutz und Technologie)

Ipsen, Detlev 1981: Segregation, Mobilität und die Chancen auf dem Wohnungsmarkt. Eine empirische Untersuchung in Mannheim. In: Zeitschrift für Soziologie Jg.10, H.3, S. 256-272

Ipsen, Detlev 1990: Stadt und Land – Metamorphosen einer Beziehung. In: H. Häußermann, D. Ipsen, T. Krämer-Badoni, D. Läpple, M. Rodenstein, W. Siebel: Stadt und Raum. Pfaffenweiler: Centaurus, S. 117-156

Ipsen, Detlev 1992: Über den Zeitgeist der Stadterneuerung. In: Die alte Stadt. Zeitschrift für Stadtgeschichte, Stadtsoziologie und Denkmalpflege Jg.19, H.1, S. 16-29

Ipsen, Detlev; Glasauer, Herbert; Heinzel, Werner o.J.: Teilmärkte und Wirtschaftsverhalten privater Miethausbesitzer. Analysen zur Miethöhe, Instandhaltung und Renditesituation. Gesamthochschule Kassel, Arbeitsberichte des Fachbereichs Stadt- und Landschaftsplanung, Heft 9

Jencks, Christopher; Petersen, Paul E. (Hg.) 1991: The Urban Underclass. Washington: The Brookings Institution

Jessen, Johann; Siebel, Walter; Walther, Uwe-Jens 1979: Acht Jahre Vorbereitende Untersuchung nach §4 StBauFG – nur ein Nachruf? In: Stadtbauwelt Nr. 63, S.1480-1487

Jessop, Bob 1991: The Welfare State in the Transition from Fordism to Post-Fordism. In: B. Jessop u.a. (Hg.): The Politics of Flexibility. Aldershot: Edward Elgar, S. 82-105

Jessop, Bob 1994: Post-Fordism and the State. In: A. Amin (Hg.): Post-Fordism. Oxford: Blackwell, S. 251-279

Jonker, Gerdien; Kapphan, Andreas (Hg.) 1999: Moscheen und islamisches Leben in Berlin. Berlin: Ausländerbeauftragte des Senats (Miteinander Leben in Berlin)

Kapphan, Andreas 1999: Berlin: Zuwanderung, Segregation und Arbeitsmarkt. In: A. Kapphan (Hg.): Paris – Berlin. Formen und Folgen der Migration. In: Les Travaux du Centre Marc Bloch, Cahier No.14, S. 9-32

Kapphan, Andreas, 1995: Nichtdeutsche in Berlin-West: Zuwanderung, räumliche Verteilung und Segregation 1961-1993. In: Berliner Statistik 12/1995, S. 198-208

Kapphan, Andreas, 1997a: Zuwanderung und Stadtstruktur. Die Verteilung ausländischer Bevölkerung in Berlin. In: R. Amann, B. von Neumann-Cosel (Hg.): Berlin. Eine Stadt im Zeichen der Migration. Darmstadt: Verlag für wissenschaftliche Publikationen, S. 36-41

Kapphan, Andreas, 1997b: Russisches Gewerbe in Berlin. In: H. Häußermann und I. Oswald (Hg.): Zuwanderung und Stadtentwicklung. Leviathan Sonderheft 17/1997, S.121-137

Kapphan, Andreas, 1997c: Zuwanderung, Arbeitsmarkt und ethnisches Gewerbe. Selbständige Gewerbetreibende aus der ehemaligen Sowjetunion in Berlin. In: I. Oswald, V. Voronkov (Hg.): Post-sowjetische Ethnizitäten. Ethnische Gemeinden in St. Petersburg und Berlin/ Potsdam. Berlin: Berliner Debatte, S. 189-212

Kecskes, Robert 1999: Wohnungsmarkt und Sozialstruktur. Zur Entwicklung der räumlichen Verteilung der Bevölkerung in Großstädten. In: Archiv für Kommunalwissenschaften Jg.38, H.2, S. 212-236

Keim, Rolf 1999: Wohnungsmarkt und soziale Ungleichheit. Über die Entwicklung städtischer Polarisierungsprozesse. Basel u.a.: Birkhäuser

Keller, Carsten 1999: Armut in der Stadt. Zur Segregation benachteiligter Gruppen in Deutschland. Opladen: Westdeutscher Verlag

Kil, Wolfgang 1992: Prenzlauer Berg - Aufstieg und Fall einer Nische. In: H. G. Helms (Hg.): Die Stadt als Gabentisch. Leipzig: Reclam, S. 508-520

Kil, Wolfgang 1996: Transitstation Hoffnung. Ein Stadtteil für Einsteiger, Aufsteiger, Aussteiger. In: E. Franke (Hg.): Prenzlauer Berg. Ein Bezirk zwischen Legende und Alltag. Berlin: Nicolai, S. 19-30

Knecht, Michi (Hg.) 1999: Die andere Seite der Stadt. Armut und Ausgrenzung in Berlin. Köln u.a.: Böhlau

Korff, Gottfried 1993: Vibrationen der Mitte. Großstadtleben und Mentalitätsprägung. In: H. Engel, W. Ribbe (Hg.) 1993: Hauptstadt Berlin - Wohin mit der Mitte? Berlin: Akademie Verlag, S. 67-78

Körner, Hans-Michael; Weigand, Katarina (Hg.) 1995: Hauptstadt. Historische Perspektiven eines deutschen Themas. München: DTV

Kracauer, Siegfried 1930: Die Angestellten. Frankfurt/Main (Nachdruck 1981 Leipzig und Weimar)

Krätke, Stefan 1991: Strukturwandel der Städte: Städtesystem und Grundstücksmarkt der „post-fordistischen" Ära. Frankfurt/Main, New York: Campus

Krätke, Stefan 1998: Berlin: Strukturanpassung oder offener Strukturbruch. In: Archiv für Kommunalwissenschaften Jg.37, H.2, S. 191-209

Kreße, Jan-Michael 1977: Die Industriestandorte in mitteleuropäischen Großstädten. Ein entwicklungsgeschichtlicher Überblick anhand der Beispiele Berlin sowie Bremen, Frankfurt, Hamburg, München, Nürnberg und Wien. Berlin: Berliner Geographische Studien Band 3

Kronauer, Martin 1997: ‚Soziale Ausgrenzung' und ‚Underclass': Über neue Formen der gesellschaftlichen Spaltung. In: Leviathan Jg.25, H.1, S. 28-49

Kronauer, Martin; Vogel, Berthold; Gerlach, Frank 1993: Im Schatten der Arbeitsgesellschaft. Arbeitslose und die Dynamik sozialer Ausgrenzung. Frankfurt/Main, New York: Campus

Krummacher, Michael 2000: Zuwanderung, Migration. In: H. Häußermann (Hg.): Großstadt. Soziologische Stichworte. Opladen: Leske + Budrich (2. Auflage), S. 321-333

Landeskommission Berlin gegen Gewalt (Hg.) 2000: Kriminalität, Gewalt und Gewalterfahrungen von Jugendlichen nichtdeutscher Herkunft in Berlin. Dokumentation eines Erfahrungsaustausches. Berlin

Lang, Barbara 1998: Mythos Kreuzberg. Ethnographie eines Stadtteils 1961 - 1995. Frankfurt/Main, New York: Campus

Läpple, Dieter 2000: Ökonomie der Stadt. In: H. Häußermann (Hg.): Großstadt – Soziologische Stichworte. Opladen: Leske + Budrich (2. Auflage), S. 194-208

Lassak, Siegfried 1991: Zerstreute Städtebaugesetzgebung von gestern und die Erfordernisse von heute. In: P. Marcuse, F. Staufenbiel (Hg.): Wohnen und Stadtpolitik im Umbruch. Berlin: Akademie Verlag, S. 241-249

Laurisch, Bernd 1981: Kein Abriß unter dieser Nummer. 2 Jahre Instandbesetzung in der Cuvrystraße in Berlin-Kreuzberg. Giessen: Anabas

Lehmbrock, Michael 1982: Sanierungsverfahren. In: H. Becker, J. Schulz zur Wiesch (Hg.): Sanierungsfolgen. Eine Wirkungsanalyse von Sanierungsmaßnahmen in Berlin. Stuttgart u.a.: Kohlhammer, S. 57-122

Lehnhardt, Kathrin 1998: "Bubble-Politics" in Berlin. Das Beispiel Koordinierungsausschuss für innerstädtische Investitionen: Eine "Blackbox" als Macht- und Entscheidungszentrale. In: Prokla Jg.28, H.110, S. 41-66

Leibfried, Stefan; Leisering, Lutz u.a. 1995: Zeit der Armut. Lebensläufe im Sozialstaat. Frankfurt/Main: Suhrkamp

Leinemann, Jürgen 1991: Der gemütliche Moloch. Zwei Berlin auf dem Weg zu einer Hauptstadt. Hamburg: Rasch und Röhring

Lenhart-Roth, Karin 2000: Wem gehört die Mitte Berlins? Stadtentwicklungspolitik in Berlin-Mitte nach der Wende. Phil. Diss. FU Berlin

Leyden, Friedrich 1995: Gross-Berlin. Geographie der Weltstadt. Berlin: Gebr. Mann Verlag (Reprint von 1930)

Lindner, Rolf 1990: Die Entdeckung der Stadtkultur. Soziologie aus der Erfahrung der Reportage. Frankfurt/Main: Suhrkamp

Lubowitzki, Jutta 1990: Der ‚Hobrechtplan‘. Probleme der Berliner Stadtentwicklung um die Mitte des 19. Jahrhunderts. In: W. Ribbe (Hg.): Berlin-Forschungen V. Publikationen der Sektion für die Geschichte Berlins, Band 7. Berlin: Colloquium

Luther, Ulla 1995: Wohnen in der City. In: Stadt Haus Wohnung. Wohnungsbau der 90er Jahre in Berlin, herausgegeben von der Senatsverwaltung für Bau- und Wohnungswesen. Berlin: Ernst & Sohn, S. 140-145

Marinis, Pablo de 2000: Überwachen und Ausschließen. Machtinterventionen in urbanen Räumen der Kontrollgesellschaft. Pfaffenweiler: Centaurus

Mayer, Margit 1990: Lokale Politik in der unternehmerischen Stadt. In: R. Borst u.a. (Hg.): Das neue Gesicht der Städte. Basel u.a.: Birkhäuser, S. 190-208

Mayer, Margit 1991: ‚Postfordismus‘ und ‚lokaler Staat‘. In: H. Heinelt, H. Wollmann (Hg.): Brennpunkt Stadt. Stadtpolitik und lokale Politikforschung in den 80er und 90er Jahren. Basel u.a.: Birkhäuser

Mayer, Margit 1994: Postfordist City-Politics. In: A. Amin (Hg.): Post-Fordism. Oxford: Blackwell, S. 316-337

Metzger, Karl-Heinz; Duncker, Ulrich 1986: Der Kurfürstendamm. Leben und Mythos des Boulevards in 100 Jahren deutscher Geschichte. Berlin: Konopka

Mingione, Enzo (Hg.) 1996: Urban Poverty and the Underclass. A Reader. Oxford: Blackwell

Mönninger, Michael (Hg.) 1999: Stadtgesellschaft. Frankfurt/Main: Suhrkamp

Mönninger, Michael 2000: Stadtluft macht frei. Wie Architekten und Raumplaner sich vom städtischen Zivilisationsmodell verabschieden. In: Merkur Jg.54, S. 36-44

Müller, Heribert 1985: Berlin (West) und Berlin (Ost). Sozialräumliche Strukturen einer Stadt mit unterschiedlichen Gesellschaftssystemen. In: Geographische Rundschau Jg.37, H.9. S. 427-441

Musterd, Sako; Ostendorf, Wim; Breebaart, Matthijs 1998: Multi-ethnic Metropolises. Patterns and Policies. Dordrecht: Kluwer

Musterd, Sako; Ostendorf, Wim; Breebaart, Matthijs 1997: Muster und Wahrnehmung ethnischer Segregation in Westeuropa. In: H. Häußermann, I. Oswald (Hg.): Zuwanderung und Stadtentwicklung. Leviathan Sonderheft 17/1997, S. 293-307

Naroska, Hans-Jürgen 1987: Sozialer Wohnungsbau als lokale Manövriermasse. Soziale Probleme und Strategien kommunaler Sozialpolitik am Beispiel von Wohnsiedlungen der 60er und 70er Jahre. In: Neue Praxis 17, H.6, S. 489-505

Naroska, Hans-Jürgen, 1988: Urban Underclass und „neue" soziale Randgruppen im städtischen Raum. In: J. Friedrichs (Hg.): Soziologische Stadtforschung. Kölner Zeitschrift für Soziologie und Sozialpsychologie Sonderheft 29/1988, S. 251-271

Neckel, Sighard 1992: Das lokale Staatsorgan. Kommunale Herrschaft im Staatssozialismus der DDR. In: Zeitschrift für Soziologie Jg.21, H.4, S. 252 - 286

Neckel, Sighard 1999: Blanker Neid, blinde Wut. In: Leviathan Jg.27, H.2, 145-165

Neuhöfer, Manfred 1998: Überforderte Nachbarschaften. Eine Analyse von Siedlungen des sozialen Wohnungsbaus und die Wohnsituation von Migranten. In: Aus Politik und Zeitgeschichte B 49/1998, S. 35-45

Niederländer, Loni; Gurske, Kirsten; Schuhmann, Wolfgang 1987: Forschungsbericht "Wohnen 1986 - Marzahn". Berlin: HU Berlin

Nitsche, Rainer (Hg.) 1981: Häuserkämpfe 1872, 1920, 1945, 1982. Berlin: Transit

Noller, Peter 1999: Globalisierung, Stadträume und Lebensstile. Kulturelle und lokale Repräsentationen des globalen Raums. Opladen: Leske + Budrich

Noller, Peter; Ronneberger, Klaus 1995: Die neue Dienstleistungsstadt. Berufsmilieus in Frankfurt am Main. Frankfurt/Main, New York: Campus

O'Loughlin, John; Friedrichs, Jürgen 1996: Social Polarization in Post-Industrial Metropolises. Berlin, New York: de Gruyter

Paciarelli, Dorata 1999: Mythos Berlin. Über die Unmöglichkeit der Objektivität in der Wahrnehmung der deutschen Hauptstadt. In: W. Süss, R. Rytlewski (Hg.): Berlin. Die Hauptstadt. Vergangenheit und Zukunft einer europäischen Metropole. Berlin: Nicolai, S. 809-823

Park, Robert E.; Burgess, Ernest W.; Mc Kenzie, Roderick D. 1925: The City. Suggestion for Investigation of Human Behavior in the Urban Environment. Chicago: University of Chicago Press

Peters, Günter 1995: Kleine Berliner Baugeschichte. Von der Stadtgründung bis zur Bundeshauptstadt. Berlin: Stapp Verlag

Posener, Julius 1986: Vororte. In: J. Boberg (Hg.): Die Metropole. Industriekultur in Berlin im 20. Jahrhundert. München: Beck, S. 80-85

Przybyla, Rotraut 1999: Projekte und Perspektiven einer Zentralmoschee. In: G. Jonker, A. Kapphan (Hg.): Moscheen und islamisches Leben in Berlin. Berlin: Ausländerbeauftragte des Senats, S. 59-65

Rada, Uwe 1997: Hauptstadt der Verdrängung. Berliner Zukunft zwischen Kiez und Metropole. Berlin: Schwarze Risse

Reichardt, Hans J.; Schäche, Wolfgang 1990: Von Berlin nach Germania. Über die Zerstörungen der Reichshauptstadt durch Albert Speers Neugestaltungsplanungen. Berlin: Transit

Reimann, Bettina 2000: Städtische Wohnquartiere. Der Einfluss der Eigentümerstruktur. Eine Fallstudie aus Berlin-Prenzlauer Berg. Opladen: Leske + Budrich

Reulecke, Jürgen (Hg.) 1997: Geschichte des Wohnens, 1800-1918 – Das bürgerliche Zeitalter. Stuttgart: DVA

Reulecke, Jürgen 1985: Geschichte der Urbanisierung in Deutschland. Frankfurt/Main: Suhrkamp

Ribbe, Wolfgang; Schmädecke, Jürgen 1994: Kleine Berlin-Geschichte. Berlin: Stapp Verlag

Richarz, Monika 1986: Jüdisches Berlin und seine Vernichtung. In: J. Boberg, T. Fichter, E. Gillen (Hg.): Die Metropole. Industriekultur in Berlin im 20. Jahrhundert. München: C.H. Beck, S. 216-225

Rodríguez-Lores, Juan; Fehl, Gerhard (Hg.) 1987: Die Kleinwohnungsfrage. Zu den Ursprüngen des sozialen Wohnungsbaus in Europa. Hamburg: Christians

Ronneberger, Klaus; Lanz, Stephan; Jahn, Walther 1999: Die Stadt als Beute. Bonn: Dietz

Rose, Mathew D. 1998: Berlin. Hauptstadt von Filz und Korruption. München: Knaur

Rostock, Jürgen 1999: Ost-Berlin als Hauptstadt der DDR. In: W. Süss, R. Rytlewski (Hg.): Berlin. Die Hauptstadt. Vergangenheit und Zukunft einer europäischen Metropole. Berlin: Nicolai, S. 259-294

Ruck, Michael 1988: Die öffentliche Wohnungsbaufinanzierung in der Weimarer Republik. In: A. Schildt, A. Sywottek (Hg.): Massenwohnung und Eigenheim. Frankfurt, New York: Campus, S. 268-287

Rupf, Wolfgang 1999: Der Wirtschaftsstandort Berlin. In: W. Süss, R. Rytlewski (Hg.): Berlin. Die Hauptstadt. Vergangenheit und Zukunft einer europäischen Metropole. Berlin: Nicolai, S. 389-414

Saldern, Adelheid von 1995: Häuserleben. Zur Geschichte städtischen Arbeiterwohnens vom Kaiserreich bis heute. Bonn: Dietz

Sanierung für wen? o.J.: Gegen Sozialstaatsopportunismus und Konzernplanung. Eine Textsammlung (mit Beiträgen von Karl Marx, Florian Mausbach, Stadtteilkomitee KPD/ML, u.a.). Hg. vom Büro für Stadtsanierung und soziale Arbeit Berlin-Kreuzberg. Berlin

Sassen, Saskia 1996: Metropolen des Weltmarkts. Die neue Rolle der Global Cities. Frankfurt/Main: Campus

Scarpa, Ludovica 1995a: Berlin und seine ersten Bauherren. In: Stadt Haus Wohnung. Wohnungsbau der 90er Jahre in Berlin. Hg. von der Senatsverwaltung für Bau- und Wohnungswesen. Berlin: Ernst & Sohn, S. 50-99

Scarpa, Ludovica 1995b: Gemeinwohl und Macht. Honoratioren und Armenwesen in der Berliner Luisenstadt im 19. Jahrhundert. München: Saur

Scheffler, Karl 1910: Berlin. Ein Stadtschicksal. Berlin

Scheiner, Joachim 1999: Die Mauer in den Köpfen – und in den Füßen? Wahrnehmungs- und Aktionsraummuster im vereinten Berlin. Unter Mitarbeit von Andreas Illig und Hartmut Lichtenberg. Berlin: Freie Universität (Berlin-Forschung)

Schlögel, Karl 1999: Die Mitte liegt ostwärts: Berlin im neuen Europa. In: W. Süss, R. Rytlewski (Hg.): Berlin. Die Hauptstadt. Vergangenheit und Zukunft einer europäischen Metropole. Berlin: Nicolai, S. 348-356

Schluchter, Wolfgang 1979: Die Entwicklung des okzidentalen Rationalismus. Eine Analyse von Max Webers Gesellschaftsgeschichte. Tübingen: Mohr

Schneider, Wolfram; Keim, K. Dieter 1977: Wohnungsbau und Belegungspolitik. In: H. Becker, K. D. Keim (Hg.): Gropiusstadt: Soziale Verhältnisse am Stadtrand. Stuttgart u.a.: Kohlhammer, S. 130-163

Schneider-Sliwa, Rita 1995: Stadtentwicklung für das 21. Jahrhundert – das Modell Boston. In: Geographische Rundschau Jg.47, H.10, S. 585-593

Schöller, Peter 1987: Stadtumbau und Stadterhaltung in der DDR. In: H. Heineberg (Hg.): Innerstädtische Diofferenzierung und Prozesse im 19. Und 20. Jahrhundert. Köln, Wien: Böhlau, S. 439-471

Schreiber, Helmut 1986: Stadtstruktur und Gleichheit. Eine Fallstudie zu Berlin (West). Berlin: Berlin-Verlag

Schubert, Herbert 1996: Stadt-Umland-Beziehungen und Segregationsprozesse. In: Informationen zur Raumentwicklung, H.4/5, S. 277-298

Schulz zur Wiesch, Jochen 1982: Die Sozialstruktur im Sanierungsprozeß. In: H. Becker, J. Schulz zur Wiesch (Hg.): Sanierungsfolgen. Eine Wirkungsanalyse von Sanierungsmaßnahmen in Berlin. Stuttgart u.a.: Kohlhammer, S. 123-151

Schulz, Günther 1993: Von der Mietskaserne zum neuen Bauen. Wohnungspolitik und Stadtplanung in Berlin während der zwanziger Jahre. In: P. Alter (Hg.): Im Banne der Metropolen. Berlin und London in den zwanziger Jahren. Göttingen, Zürich: Vandenhoeck&Ruprecht, S. 43-86

Schulz, Marlies 1991: Der Tauschwohnungsmarkt in der zentralistischen Planwirtschaft – das Beispiel von Ostberlin. ISR-Forschungsberichte H.3. Wien: ISR

Schumann, Wolfgang; Marcuse, Peter 1991: Wohnungsprobleme und widersprüchliche Wohnungspolitiken. In: P. Marcuse, F. Staufenbiel (Hg.): Wohnen und Stadtpolitik im Umbruch. Berlin: Akademie Verlag, S. 157-171

Schweitzer, Eva 1996: Großbaustelle Berlin. Wie die Hauptstadt verplant wird. Berlin: Nicolai

Schweitzer, Eva 1998: Traum - Reise - Metropole. Reportagen aus wachsenden, sterbenden und imaginären Städten. Berlin: Jovis

Schwenk, Herbert 1998: Berliner Stadtentwicklung von A bis Z. Kleines Handbuch zum Wreden und Wachsen der deutschen Hauptstadt. Berlin: Edition Luisenstadt

Schwippe, Heinrich Johannes 1987: Prozesse sozialer Segregation und funktionaler Spezialisierung in Berlin und Hamburg in der Periode der Industrialisierung und

Urbanisierung. In: H. Heineberg (Hg.): Innerstädtische Differenzierung und Prozesse im 19. und 20. Jahrhundert. Köln,Wien: Bölau

Senat - Der Regierende Bürgermeister von Berlin 1980: Ausländerintegration 3. Befragung deutscher und ausländischer Haushalte zur Ausländerintegration in Berlin. Berlin

SenSUT 1997: Senatsverwaltung für Stadtentwicklung, Umweltschutz und Technologie: Bevölkerungsprognose für Berlin bis zum Jahr 2010. Berlin: Kulturbuchverlag

SenSUT 1999a: Senatsverwaltung für Stadtentwicklung, Umweltschutz und Technologie: Bevölkerungsprognose für Berlin 1998-2015. Berlin: Kulturbuchverlag

SenSUT 1999b: Senatsverwaltung für Stadtentwicklung, Umweltschutz und Technologie: Planwerk Innenstadt Berlin: Ergebnis, Prozeß, Sektorale Planungen und Werkstätten. Berlin: Kulturbuchverlag

Siebel, Walter 1997: Die Stadt und die Zuwanderer. In: H. Häußermann, I. Oswald: Zuwanderung und Stadtentwicklung. Leviathan Sonderheft 17/1997, S. 30-41

Siedler, Wolf Jobst 1997: Die beiden Stadtzentren Berlins: Unter den Linden und Kurfürstendamm. In: Aus Politik und Zeitgeschichte B 17/1997, S. 3-9

Siedler, Wolf Jobst 1999: Weltstadt ohne Weltstädter. In: Berlin. Metropole. Kursbuch, H. 137, S. 151-160

Siedler, Wolf Jobst 2000: Phönix im Sand. Glanz und Elend der Hauptstadt. München: Goldmann

Sieverts, Thomas 1999: Zwischenstadt. Zwischen Ort und Welt - Raum und Zeit - Stadt und Land. Basel usw.: Birkhäuser (3. Auflage)

Simons, Katja 1999: Ethnische Ökonomie in Berlin – Einblicke in das türkische, griechische, italienische und russische Gewerbe. In: A. Kapphan (Hg.): Paris – Berlin. Formen und Folgen der Migration. Les Travaux du Centre Marc Bloch, Cahier No.14, S. 85-103

Skoda, Rudolf 1985: Die Rosenthaler Vorstadt. Wohnverhältnisse der Stadtarmut 1750-1850. Berlin: Kulturbund der DDR

Smith, Neil 1979: Toward a Theory of Gentrification: A Back to the City Movement by Capital not People. In: Journal of the American Planning Association Jg.45, S. 538-548

Smith, Neil; Williams, Peter (Hg.) 1986: Gentrification of the City. Boston: Allen & Unwin

Speckmann, Christoph 1995: Milieuschutz in Berlin - aller Anfang ist schwer. In: S.T.E.R.N. Gesellschaft der behutsamen Stadterneuerung (Hg.): Erfahrungen mit der Anwendung von Milieuschutzsatzungen. Bericht über eine Fachtagung vom 16.11.1995 in Berlin. Berlin

Stadtentwicklungsbehörde Hamburg 2000: Im Stadtteil arbeiten. Beschäftigungswirkungen wohnungsnaher Betriebe. Bearbeitet von Dieter Läpple und Gerd Walter. Hamburg: Amt für Stadterneuerung und Bodenordnung

Stadterneuerung 1990: Stadterneuerung Berlin. Erfahrungen, Beispiel, Perspektiven. Berlin: Senatsverwaltung für Bau- und Wohnungswesen

Stiftung Bauhaus Dessau 1995: Zukunft aus Amerika. Fordismus in der Zwischen-kriegszeit: Siedlung, Stadt, Raum

Stimmann, Hans 1999: Berlin nach der Wende: Experimente mit der Tradition des europäischen Städtebaus. In: W. Süss, R. Rytlewski (Hg.): Berlin. Die Hauptstadt. Vergangenheit und Zukunft einer europäischen Metropole. Berlin: Nicolai, S. 543-558

Stimmann, Hans 1986: Die autogerechte Stadt. In: J. Boberg, T. Fichter, E. Gillen (Hg.): Die Metropole. Industriekultur in Berlin im 20. Jahrhundert. München: C.H. Beck, S. 306-317

Stoker, G. 1990: Regulation Theory, Local Government and the Transition from Fordism. In: D. S. Kin, J. Pierre (Hg.): Challenges to Local Government. Newbury Park, CA: Sage

Stratmann, Bernhard 2000: Stadtentwicklung in globalen Zeiten. Lokale Strategien, städtische Lebensqualität und Globalisierung. In: H. Häußermann (Hg.): Großstadt – Soziologische Stichworte. Opladen: Leske + Budrich (2. Auflage) S. 57-66

Stremmel, Ralf 1992: Modell und Moloch. Berlin in der Wahrnehmung deutscher Politiker vom Ende des 19. Jahrhunderts bis zum 2. Weltkrieg. Bonn: Bouvier

Süss, Werner; Rytlewski, Ralph (Hg.) 1999: Berlin. Die Hauptstadt. Vergangenheit und Zukunft einer europäischen Metropole. Berlin: Nicolai

Templin, Wolfgang 1999: Gesamt-Berlin - eine Fiktion? Ostberliner Erblasten im Vereinigungsprozess der deutschen Hauptstadt. In: W. Süss, R. Rytlewski (Hg.): Berlin. Die Hauptstadt. Vergangenheit und Zukunft einer europäischen Metropole. Berlin: Nicolai, S. 330-347

Terlinden, Ulla 1994: Gesellschaftliche Modernisierung und Stadterneuerung. In: S. Meyer; E. Schulze (Hg.): Ein Puzzle, das nie aufgeht. Stadt, Region und Individuum in der Moderne. Berlin: edition sigma, S. 65-75

Teuteberg, Hans Jürgen 1987: Eigenheim oder Mietskaserne: Ein Zielkonflikt deutscher Wohnungsreformer 1850-1914. In: H. Heineberg (Hg.): Innerstädtische Differenzierung und Prozesse im 19. und 20. Jahrhundert. Geographische und historische Aspekte. Köln, Wien: Böhlau, S. 21-56

Teuteberg, Hans Jürgen; Wischermann, Clemens (Hg.) 1985: Wohnalltag in Deutschland 1850 - 1914. Bilder - Daten - Dokumente. Münster: Coppenrath

Thienel, Ingrid 1973: Städtewachstum und Industrialisierungsprozeß des 19. Jahrhunderts. Das Berliner Beispiel. Veröffentlichungen der Historischen Kommission zu Berlin 39. Berlin: Colloquium

Thimmel, Stefan 1994: Ausgegrenzte Räume - Ausgegrenzte Menschen. Zur Unterbringung von Flüchtlingen und AsylbewerberInnen am Beispiel Berlin. Frankfurt/Main: Verlag für interkulturelle Kommunikation

Tietzsch, Rainer 1996: Stadtsanierung ohne Verdrängung? Der Schutz der Gebietsbevölkerung in Sanierungsgebieten. Berlin: Arno Spitz

Tuchscherer, Cornelia, 1993: Die Wohnsituation ausländischer Haushalte in Berlin (West) am 25. Mai 1987. In: Berliner Statistik 10/1993, S. 178-184

Ulbrich, Rudi 1992: Verteilungswirkungen wohnungspolitischer Instrumente. Darmstadt: IWU

Voscherau, Henning 1994: Die Großstadt als sozialer Brennpunkt - am Beispiel Hamburg. In: G. Kronawitter (Hg.): Rettet unsere Städte jetzt! Düsseldorf: Econ, S. 77-107

Wacquant, Loïc 1997a: Red Belt, Black Belt: Racial Division, Class Inequality and the State in the French Urban Periphery and the American Ghetto. In: E. Mingione (Hg.): Urban Poverty and the Underclass. A Reader. Oxford: Blackwell, S. 234-274

Wacquant, Loïc 1997b: Vom wohltätigen Staat zum strafenden Staat: Über den politischen Umgang mit dem Elend in Amerika. In: Leviathan Jg.25, H.1, S. 50-66

Weber, Max 2000: Studienausgabe der Max-Weber-Gesamtausgabe, Band 22: Die Stadt. Tübingen: Mohr Siebeck

Weeber + Partner - Institut für Stadtplanung und Sozialforschung 1996: Fluktuation in Marzahn und soziale Auswirkungen. Berlin (im Auftrag der Plattform Marzahn)

Wegener, Bernd 1987: Vom Nutzen entfernter Bekannter. In: Kölner Zeitschrift für Soziologie und Sozialpsychologie, Jg.39, S. 278-301

Weinzen, Hans Willi 1999: Die Hauptstadt Berlin - zu teuer? Daten, Fakten, Positionen zum Streit. In: W. Süss, R. Rytlewski (Hg.): Berlin. Die Hauptstadt. Vergangenheit und Zukunft einer europäischen Metropole. Berlin: Nicolai, S. 415-434

Welch-Guerra, Max 1999a: Hauptstadtplanung als Vereinigungspolitik. In: W. Süss, R. Rytlewski (Hg.): Berlin. Die Hauptstadt. Vergangenheit und Zukunft einer europäischen Metropole. Berlin: Nicolai, S. 610-632

Welch-Guerra, Max 1999b: Hauptstadt Einig Vaterland. Planung und Politik zwischen Bonn und Berlin. Berlin: Verlag Bauwesen

Werner, Frank 1977: Das Stadtzentrum von Berlin (Ost). In: Geographische Rundschau Jg.29, H.8, S. 254-261

Werner, Frank 1981: Stadt, Städtebau, Architektur in der DDR: Aspekte der Stadtgeographie, Stadtplanung und Forschungspolitik, Erlangen: Deutsche Gesellschaft für zeitgeschichtliche Fragen e.V.

Wießner, Reinhard 1990: Soziale und strukturelle Folgen von Modernisierungen in innenstadtnahen Gebieten. In: J. Blasius, J.S. Dangschat (Hg.): Gentrification. Frankfurt/Main, New York: Campus, S. 301-324

Wilson, William Julius 1987: The Truly Disadvantaged. The Inner City, the Underclass, and Public Policy. Chicago: University Press

Zapf, Katrin 1969: Rückständige Viertel. Frankfurt/Main: Europäische Verlagsagentur

Zimm, Alfred 1959: Die Entwicklung des Industriestandortes Berlin. Tendenzen der geographischen Lokalisation bei den Berliner Industriezweigen von überörtlicher Bedeutung sowie die territoriale Stadtentwicklung bis 1945. Berlin

Zimmermann, Clemens 1991: Von der Wohnungsfrage zur Wohnungspolitik. Göttingen: Vandenhoeck&Ruprecht

Zunzer, Daniela 1996: Die ‚Arisierung‘ des jüdischen Grundbesitzes, dargestellt am Fallbeispiel Helmholtzplatz, Berlin - Prenzlauer Berg. Unveröff. Magisterarbeit am Institut für Geschichtswissenschaft, Humboldt-Universität zu Berlin

Zunzer, Daniela 1997: Die Geschichte kommt als Gespenst zurück. Die ‚Arisierung‘ des jüdischen Hausbesitzes am Helmholtzplatz. In: Kulturamt Prenzlauer Berg, Prenzlauer Berg Museum für Heimatgeschichte und Stadtkultur (Hg.): Leben mit der Erinnerung. Jüdische Geschichte im Prenzlauer Berg. Berlin, S. 316-332